W9-AEA-566

5933

DIE DEUTSCHE LITERATUR DER REFORMATIONSZEIT

KOMMENTAR ZU EINER EPOCHE

von Barbara Könneker

BR
305.2
.K6

158072

WINKLER VERLAG MÜNCHEN

Alle Rechte, einschließlich derjenigen des auszugsweisen Abdrucks
und der photomechanischen Wiedergabe, vorbehalten.
© 1975 by Winkler Verlag, München
Umschlag: Else Driessen
Gesamtherstellung:
Graphischer Großbetrieb Friedrich Pustet, Regensburg
Printed in Germany
ISBN 3 538 07019 9

INHALT

EINFÜHRUNG

Wenn man von der „Literatur der Reformationszeit" schreibt oder spricht, muß man sich zunächst darüber klar sein, daß es sich dabei nicht um eine der üblichen Epochenbezeichnungen handelt, welche eine Klassifizierung literarischer Texte unter vorwiegend künstlerisch ästhetischen Gesichtspunkten vornimmt. Denn im Gegensatz zu den angrenzenden Epochen des Humanismus und des Barock hat diese Zeit weder ein eigenes literarisches Programm entwickelt noch neuartige künstlerische Gestaltungsformen hervorgebracht, sondern ihren Namen durch ein historisches Ereignis erhalten, welches primär lediglich eine inhaltliche Zuordnung von Texten erlaubt. Tatsächlich gibt es streng literarhistorisch gesehen keinen Anlaß, die Literatur der Reformationszeit klar gegen vorangegangene Literaturepochen abzugrenzen oder sie gar als den Beginn einer völlig neuen Ära in der Geschichte der deutschen Dichtung zu werten. Eine solche Zäsur zeichnete sich vielmehr erst gegen Ende des 16. Jahrhunderts ab, als die deutsche Literatur, nachdem sie lange im Schatten der Nachbarländer gestanden hatte, allmählich den Anschluß an die gesamteuropäische Entwicklung zu finden begann, während sich die Reformationszeit weithin noch literarischer Formen bediente, die in das späte Mittelalter zurückreichten, und von den Errungenschaften des Humanismus nur in beschränktem Umfang Gebrauch machte. Im übrigen aber war sie charakterisiert durch ein betontes Desinteresse an künstlerisch ästhetischen Fragen, ein Faktum, das W. Stammler dazu veranlaßte, die Zeit zwischen 1520 und 1550 als „Lutherische Pause" zu bezeichnen, da „der Deutsche" in ihr „für eine Generation . . . auf künstlerischen Lebensinhalt" verzichtete und seine literarischen Fähigkeiten ganz in den Dienst seiner aktuellen sozialen, politischen und religiösen Bestrebungen stellte.[1] Versteht man unter Dichtung im eigentlichen Sinne tatsächlich nur zweckfreie, jeder direkten Einflußmöglichkeit enthobene künstlerische Gestaltung von „Lebensinhalten", hat dieses Schlagwort zweifellos eine gewisse Berechtigung, liefert damit aber, paradox ausgedrückt, zugleich auch den Grund, der es rechtfertigt, das Zeitalter der Reformation dennoch als eine selbständige Literaturepoche anzusehen, nämlich eine Literaturepoche, deren Eigenart in erster Linie durch den Gebrauchs*charakter* bestimmt wird, den sie ihren Produkten zuerkannte, deren Bedeutung aber vor allem darauf beruht, daß sie erstmals auch den potentiellen

Gebrauchswert der Literatur ins allgemeine Bewußtsein hob und sich entschlossen zunutze machte.
Denn mit einer Entschiedenheit und Ausschließlichkeit, für die es in anderen Jahrhunderten keine vergleichbare Parallele gibt, trat die Dichtkunst in dieser Zeit aus ihrer ästhetischen Selbstgenügsamkeit heraus, erhielt das geschriebene oder gedruckte Wort einen bestimmenden Einfluß auf die Gestaltung der äußeren Angelegenheiten, wurde die Sprache zum Kampfinstrument und die Literatur selbst zum Forum, auf welchem die aktuellen Probleme und brennenden Lebensfragen der Epoche erörtert und zum nicht geringen Teil auch entschieden wurden. Die Entdeckung des Wortes als Waffe und seine gezielte Einsetzung zur Gewinnung und Mobilisierung der öffentlichen Meinung ist literarhistorisch gesehen eine der wichtigsten Neuerungen dieses Zeitalters, die technisch zwar an die Erfindung des Buchdrucks geknüpft war, de facto aber erst durch das zentrale Ereignis der Reformation ermöglicht wurde, welches auf Jahre hinaus das allgemeine Interesse in einem Maße auf sich zog, daß alle anderen Bestrebungen dahinter zurücktraten und die deutsche Literatur, zwischen 1520 und 1530 ausschließlich, bis 1550 vorwiegend, nichts anderes als Bekenntnis-, Propaganda- und Zweckdichtung war. Und dies keineswegs nur in dem Sinne, in welchem man sich im späten Mittelalter der Literatur zunehmend als eines Mittels zur Kritik und Belehrung bedient hatte, sondern konkret in der Weise, daß sie sich während dieser Zeitspanne nahezu ausnahmslos aktueller Inhalte bemächtigte, unmittelbar in das Tagesgeschehen eingriff und sich als direktes Sprachrohr der Parteien im Kampf um die Verwirklichung ihrer Programme verstand. Es lag hier also ein Funktionswandel vor, durch welchen die Literatur erstmals eine zentrale Stellung im öffentlichen Leben erhielt und als bewußtseinsbildender Faktor in vollem Umfang ernst genommen wurde. Da sich aber dieser Funktionswandel zwangsläufig auch auf die formale und sprachliche Gestaltung der literarischen Texte auswirken mußte, d. h. ihre veränderte Zielsetzung die Erprobung neuer Stilmittel und Techniken erforderlich machte, hat die Reformation über die inhaltliche Festlegung hinaus dem Schrifttum dieser Zeit auch in ästhetischer Hinsicht ein besonderes Gepräge gegeben, das es in scheinbarem Widerspruch zu dem eingangs Gesagten erlaubt, auch unter diesem Aspekt von einer eigenen Literaturepoche zu sprechen. Was sie auszeichnet, ist freilich weniger die ausgewogene künstlerische Einzelleistung als die ausgesprochene Experimentierfreudigkeit ihrer Autoren, deren leidenschaftliches Engagement sich an keine Nor-

men gebunden fühlte, gerade dadurch aber den vorgegebenen literarischen Formen gelegentlich überraschend neue Wirkungsmöglichkeiten abgewann und der Sprache eine bis dahin kaum gekannte Unmittelbarkeit und Überzeugungskraft verlieh.

I

Daß die Reformation derart zum Kristallisationskern einer Epoche werden und für eine Generation das gesamte geistige und kulturelle Leben in ihren Bann ziehen konnte, liegt im wesentlichen daran, daß sie als Teil der allgemeinen europäischen Erneuerungsbewegung an der Schwelle vom Mittelalter zur Neuzeit wenigstens in ihrem Anfangsstadium den Charakter einer Revolution angenommen hatte, in der für das Reich nicht nur religiöse, sondern mindestens ebenso wichtige soziale, politische und nationale Interessen auf dem Spiel standen. Ihre Ursachen reichten schon weit zurück und beruhten in erster Linie auf der seit dem späten Mittelalter sich abzeichnenden Verschiebung der sozialen und wirtschaftlichen Machtverhältnisse, welche das lange Zeit für unantastbar gehaltene Ordnungsgefüge in Staat und Gesellschaft ins Wanken gebracht und direkt oder indirekt sämtliche Stände des Reiches in Mitleidenschaft gezogen hatte. Diese fühlten sich gleicherweise, wenn auch aus je verschiedenen Gründen, durch die neue Entwicklung in ihren Rechten benachteiligt bzw. in ihrer Existenz bedroht und drängten dementsprechend entweder auf eine Veränderung der bestehenden Verhältnisse oder aber auf die Wiederherstellung früherer, besserer Zustände. So sah sich der niedere Adel, der einst die wichtigste Position im Reich innegehabt hatte, durch die Technisierung des Kriegswesens nicht nur aus seiner ehemaligen Rolle verdrängt, sondern durch die mächtig aufstrebenden Territorialfürsten und Handelsstädte in zunehmendem Maße auch seiner Lebensmöglichkeiten beraubt; das Bürgertum, obwohl längst zum bedeutenden ökonomischen Faktor geworden, hatte gegen Adel und Geistlichkeit noch immer um soziale Anerkennung zu kämpfen und war überdies, soweit es die große Menge der Handwerker und kleinen Gewerbetreibenden betraf, durch das Patriziat in seinen Expansionsmöglichkeiten und politischen Rechten eingeschränkt. Nicht zuletzt durch den Einfluß der Hussitenbewegung in Böhmen, in der revolutionäre und kirchlich oppositionelle Elemente von Anfang an eng miteinander verflochten waren, hatte sich schließlich auch in den unteren Schichten die soziale Gärung verstärkt, meldeten die Bauern immer entschiedener ihre Forderungen nach einer gerechteren Verteilung der irdischen Güter und Lasten an. Spätestens seit den Tagen der großen Konzilien von Konstanz und Basel fanden das Krisenbewußtsein und die allgemeine Unzufriedenheit auch in der Literatur ihren Niederschlag und führten schließlich dazu, daß Zeitklage und Zeitkritik als Vorboten des künftigen Sturms um die Jahrhundertwende zu ihrem alles beherrschenden Thema wurden. Die Hauptpunkte, gegen die sich die Kritik, soweit sie konkrete Formen annahm, in erster Linie richtete, war einmal die Macht des „Herrn Pfennig", des Kapitals, das, in den Händen weniger konzentriert, in seinen Möglichkeiten auch nur von wenigen durchschaut und genutzt werden konnte, war zum anderen die allgemeine Rechtsunsicherheit infolge der allmählichen Ablösung des alten germanischen durch das neue römische Recht und nicht zuletzt die territoriale Zersplitterung, die das Reich nach außen hin schwächte und es im Innern zum Schauplatz ständiger Fehden und Spielball der Interessen ehrgeiziger einzelner werden ließ. Der gemeinsame Feind der im übrigen einander heftig befehdenden Stände aber war die römische Kirche, die mehr und mehr als die Hauptschuldige an der allgemeinen Misere betrachtet, d. h. auch dort zur Verantwortung gezogen wurde, wo es statt um religiöse Belange um Fragen des Rechts, der Wirtschaft, der sozialen Unterdrückung oder der politischen Ohnmacht des Reiches ging.

Das hatte insofern reale Gründe, als die Konflikte, wie sie durch den Zusammenstoß zwischen neu entstehenden Wirtschaftsformen und überkommener Feudalstruktur damals überall in Europa entstanden waren, im Reich noch dadurch verschärft wurden, daß sich hier infolge des Fehlens einer straffen Zentralgewalt der Einfluß der Kirche wesentlich stärker bemerkbar machte als in den Nachbarländern, speziell in den geistlichen Territorien weltliche und kirchliche Belange kaum voneinander zu trennen waren und sich dementsprechend die allgemein beklagten Mißstände im Ämter- und Pfründenwesen, in der Seelsorge und nicht zuletzt der päpstlichen Finanzpolitik unmittelbar auf das soziale und wirtschaftliche Leben auswirkten. Daher zog die Kirche als Gegenstand zunehmender Erbitterung bald die generelle Unzufriedenheit auf sich, sah man schon im 15. Jahrhundert in der Beseitigung oder wenigstens Eindämmung ihrer Machtposition die wichtigste Voraussetzung für eine Neuordnung der Verhältnisse auch in Staat und Gesellschaft.

Das galt sowohl für den niederen Adel und die Bauernschaft, die in der Existenz der geistlichen Fürstentümer und Feudalherren die eigentliche Ursache ihrer sozialen Bedrängnis erblickten, als auch für das von der neuen Entwicklung profitierende Bürgertum, das sich von der Aufhebung der engen Verflechtung von religiösen und weltlichen Herrschaftsinteressen zugleich eine Aufhebung der Schranken erhoffte, die sich seinem wirtschaftlichen Expansionsdrang entgegenstellten. Hinzu kam, daß die Kurie die Zersplitterung des Reiches für ihre politischen Ziele geschickt auszunutzen verstand und zur Sicherung ihres Einflusses immer mehr wichtige Ämter mit Italienern besetzte, so daß zu dem Vorwurf der sozialen Unterdrückung und wirtschaftlichen Ausbeutung bald auch noch der der nationalen Überfremdung hinzukam, den sich in ihrem neu erwachten Selbstbewußtsein vor allem die Humanisten zu eigen machten. Da endlich die Kirche aufgrund der Unwürdigkeit ihrer hohen und höchsten Vertreter in weiten Kreisen der Bevölkerung auch ihre Glaubwürdigkeit als Heilsvermittlerin weitgehend eingebüßt hatte, breitete sich mit der wachsenden Opposition gegen sie in der Literatur des 15. Jahrhunderts auch ein Gefühl allgemeiner religiöser Unsicherheit und Lebensangst aus, das durch die Untergangsvisionen der zahlreich entstehenden Prognostiken zusätzliche Nahrung erhielt und in der Ausmalung der Schrecken des Jüngsten Gerichts und der furchtbaren Folgen des Gotteszornes in den Weltgerichtsspielen, Totentänzen und Sterbebüchlein zu erschütterndem Ausdruck gelangte. Diesem auch im geistlichen Bereich spürbaren Autoritätsverlust suchte die Kirche durch die Förderung offenkundiger religiöser Entartungserscheinungen wie des Heiligenkults, der Reliquienverehrung oder des Hexenglaubens entgegenzuwirken, was insgesamt die Tendenzen zur Veräußerlichung und Kommerzialisierung der Frömmigkeit noch gefährlich verstärkte und vor allem die Gebildeten zu scharfer Kritik herausforderte.

Diese kaum entwirrbare Verquickung von sozialen, wirtschaftlichen, nationalen und religiösen Motiven in der wachsenden Opposition gegen die römische Kirche, die es allein verständlich macht, daß Luthers Thesenanschlag eine allgemeine Volksbewegung auslösen konnte, tritt zum ersten Mal in der sog. *Reformatio Sigismundi* hervor, einer Reformschrift in deutscher Sprache, die im Umkreis des Basler Konzils entstanden war und sich gedanklich in mancher Hinsicht mit den später mehrfach erneuerten *Gravamina der deutschen Nation* berührt, welche der Erzbischof von Mainz 1457 dem

Papst unterbreitet hatte. In dieser „ersten deutschen Reformschrift eines Laien vor Luther"[2], deren Verfasser wahrscheinlich dem humanistisch gebildeten Stadtbürgertum angehörte, wurde bereits die Reformierung des geistlichen Standes als Vorbedingung für eine Veränderung der politisch-sozialen Verhältnisse bezeichnet, gehörte die Forderung nach drastischer Einschränkung des Kirchenbesitzes, strenger Trennung von geistlichen und weltlichen Aufgaben, fester Besoldung des Klerus und staatlicher Aufsicht über die von Rom aus regierten Orden zu den wichtigsten Programmpunkten, deren Verwirklichung zugleich eine straffere Organisation des Reiches sowie eine entscheidende Verbesserung seiner Sozial- und Wirtschaftsstruktur ermöglichen sollte, wurde endlich auch der Ruf laut nach einer allgemeinen sittlichen und religiösen Erneuerung als Voraussetzung für die Errichtung eines wahrhaft christlichen Reiches des Friedens und der Gerechtigkeit auf Erden. Das waren Vorstellungen, die ca. achtzig Jahre später wenigstens teilweise tatsächlich realisiert werden konnten, um die Mitte des 15. Jahrhunderts jedoch weithin noch den Charakter einer Utopie besaßen, zumal der unbekannte Verfasser ihre Verwirklichung an die mythische Person des in Sage und Legende längst schon prophezeiten Kaisers Friedrich knüpfte, der dereinst erscheinen würde, um die gestörte „ordenung gots" wieder „zu krafft"[3] zu bringen. Immerhin läßt die Tatsache, daß die *Reformatio Sigismundi* 1476, im Jahr des Aufstands des „Pfeifers von Niklashausen" erstmals gedruckt wurde, daß sie kurz nach Ausbruch des Glaubenskampfes noch einmal mehrere Auflagen erlebte und u. a. auch das um 1510 entstandene radikale Aktionsprogramm des sog. „Oberrheinischen Revolutionärs" entscheidend beeinflußt hat, deutlich die revolutionäre Sprengkraft erkennen, die in derartigen Forderungen beschlossen lag, sobald sie erst einmal in das allgemeine Bewußtsein eingedrungen, d. h. über den Bereich interner Erörterungen hinaus zur Kenntnis breiterer Bevölkerungsschichten gelangt waren.

Im übrigen war jedoch in Literatur und Dichtung um diese Zeit von einem solchen Reformwillen oder gar dem Geist latenter Empörung noch wenig zu spüren. Zwar veröffentlichte der Jurist Gregor Heimburg als Vertreter der nationalbewußten humanistischen Bildungsschicht um 1460 seine wortgewaltigen *Invektiven* gegen die autoritäre Gewalt des Papsttums, pries etwa gleichzeitig der Nürnberger Büchsenmeister Hans Rosenplüt in einem seiner Spruchgedichte mit deutlicher Spitze gegen das Mönchstum die Arbeit als den „gotlichts orden, so . . . ye auf erden gestifft ist worden"[4], waren

auch in den Schwänken und Ständesatiren Priester und Mönche längst schon zur beliebtesten Zielscheibe unverhohlenen Spotts oder heftiger Anklage geworden. Insgesamt aber war der Grundton eher auf Resignation gestimmt, die sich angesichts der Zustände in Reich und Kirche bei einigen zu düsteren Weltuntergangsprognosen steigerte, vielen jedoch aus Angst vor einer ungewissen Zukunft bzw. den Kräften, die in ihr entfesselt werden könnten, das Festhalten am Bestehenden als das kleinere Übel erscheinen ließ. So faßte der Straßburger Prediger Geiler von Kaisersberg in seinem erst posthum veröffentlichten zeitkritischen *Buch von der Omeissen* seine Enttäuschung über das Scheitern des auf den Konzilien mit großen Erwartungen begonnenen Reformwerks in die bittere Feststellung zusammen: „Es ist . . . kein hoffnūg das es besser werd umbe die cristenheit", und knüpfte daran die Forderung, daß ein „ieglicher . . . in d' sund'heit" (im besonderen) sehen müsse, „das er gotes gebot halte uñ thu das recht sei"[5]. In der berühmtesten deutschen Dichtung vor der Jahrhundertwende, dem *Narrenschiff* von 1494, hielt Sebastian Brant denjenigen, die glaubten, das bevorstehende Ordnungsgefüge verändern zu können, die Vision vom drohenden Schiffbruch der Narren vor Augen, die sich leichtsinnig aus dem sicheren Hafen in die Stürme des Meeres hinausgewagt hatten. Brant führte die auch für ihn offen zutage liegenden Krankheitssymptome der Zeit statt auf äußere Ursachen auf die „sörglich stat" der Narrheit[6], die gefährliche, weil auf Blindheit und Unvernunft beruhende seelische Grundverfassung der Menschen zurück und richtete ihr gegenüber ein Weisheitsideal auf, welches praktisch einem Rückzug in die private Moral und dem Verzicht auf aktive Daseinsbewältigung gleichkam. Schon einige Jahrzehnte vorher hatte der unbekannte Autor der Moralsatire *Des Teufels Netz* in einer detaillierten Musterung sämtlicher weltlichen und geistlichen Stände ein erschreckendes Bild von der Teufelsherrschaft auf Erden entworfen und deutlich gezeigt, daß er an der Hoffnung verzweifelte, die Welt und die Lebensbedingungen in ihr sinnvoll verändern zu können.
Trotzdem waren es Satiren dieser Art, die der Reformation in Deutschland wenigstens stimmungsmäßig den Boden bereiteten, da sie den Blick der Öffentlichkeit auf die allgemeinen Mißstände lenkten und sie zwangen, sich mit den aktuellen Problemen der Gegenwart auseinanderzusetzen. Dies um so mehr, als es um die Jahrhundertwende kaum noch eine deutschsprachige Dichtung, sei es Fastnachtspiel, Schwank, Spruchweisheit, Morallehre oder Erbauungstraktat gab, die nicht satirisch oder anklagend zu diesen Miß-

ständen Stellung genommen und damit gewollt oder ungewollt zur allmählichen Ausbreitung revolutionärer Tendenzen beigetragen hätte. Vor allem aber wurde, je mehr die aktuelle Zeitsatire das literarische Leben beherrschte, die Kritik konkreter und damit wirkungsvoller, begnügte man sich nicht mehr mit der Feststellung einer generellen Verschlechterung der Verhältnisse, sondern begann, nach den Schuldigen dafür zu suchen und sie zumindest rhetorisch zur Verantwortung zu ziehen. Eine Schrift wie die des „Oberrheinischen Revolutionärs", die das Volk mehr oder weniger offen zum Strafgericht über die Reichen und Mächtigen in Staat und Kirche aufrief, damit der Weg frei werde für den Aufbau einer besseren und gerechteren Welt, stand freilich vereinzelt da und konnte, da sie aufgrund ihrer radikalen Äußerungen niemals im Druck erschien, auch kaum eine größere Wirkung entfalten. Wenn aber der anonyme Autor der *Welschgattung* von 1513, der im übrigen noch in der Tradition Geilers und Brants stand, den Titel seines umfangreichen zeitkritischen Opus damit rechtfertigte, daß alles Böse, das über Reich und Kirche hereingebrochen war, aus dem Welschland, d. h. speziell aus Rom gekommen sei, und alle Rechtgesinnten aufforderte, sich zur Abwehr des aus dem Süden heraufziehenden Verderbens um den Kaiser zu scharen, deutete sich darin schon ganz konkret die Stoßrichtung an, in welcher einige Jahre später der Angriff erfolgen sollte. Ähnliches gilt im Prinzip auch für die 1519 entstandene, gleichwohl in Geist und Haltung keineswegs reformatorische Schrift *Onus Ecclesiae*, welche die Verderbtheit der römischen Kirche im Licht der joachimitischen Weissagungen vom Weltende interpretierte und gleichzeitig eine Parallele zwischen dem Antichrist und einzelnen Vertretern des Papsttums zog, eine Vorstellung, die bereits in der antikirchlichen Polemik von Wiclef und Hus eine wichtige Rolle gespielt hatte, allerdings erst von Luther auf die Institution des Papsttums selbst übertragen wurde. Der weitaus schärfste und wortmächtigste Ankläger aber, den die Kirche vor Ausbruch der Reformation unter den deutschsprachigen Schriftstellern fand, war der Straßburger Franziskaner Thomas Murner, dessen 1512 entstandene Satiren zusammen mit den wenig später erschienenen humanistischen *Dunkelmännerbriefen* als die wichtigsten literarischen Vorboten der Reformation in Deutschland gelten können.

Murner, der später zu den leidenschaftlichsten Verteidigern der alten Kirche gehörte, war erst durch das Erlebnis des Berner Jetzerprozesses von 1509 zum Zeitkritiker geworden, ein Prozeß, der damals Aufsehen erregte und von vielen später als erstes Anzeichen des bevorstehenden Sturmes gewertet wurde. Gegenstand dieses Prozesses war eine Betrugsaffäre, die mit der von den Dominikanern propagierten Lehre von der Himmelfahrt Mariä zusammenhing und den Zeitgenossen als erschreckendes Beispiel für die schon tief eingewurzelte Verderbnis der geistlichen Orden galt. Auch Murner, obwohl als Franziskaner Partei, zeigte sich in seiner Reimdichtung *Von den fier ketzeren Predigerordens* stark von der Erkenntnis betroffen, in welchem Maße man hier das Heilsbedürfnis der Menge zu eigensüchtigen Zwecken mißbraucht hatte. In seinen 1512 veröffentlichten Moralsatiren *Narrenbeschwörung* und *Schelmenzunft* richtete er daher sein Augenmerk vor allem auf die zahlreichen Anzeichen von Habsucht und Eigennutz, die unter dem Deckmantel falscher Frömmigkeit und geschützt durch die Macht gesellschaftlicher Konventionen die auf Gottes Gebot sich gründende Weltordnung von innen her zu zerstören drohten. Wenn auch keineswegs ausschließlich, fand er sie doch besonders stark ausgeprägt bei den Vertretern seines eigenen, nämlich des Mönchs- und Priesterstandes: so bei den Theologen, die mit dem ihnen von Gott verliehenen „Petersschlüssel" nur noch die Beutel der Gläubigen öffnen, den Bischöfen, die unter dem Vorwand von Reformen ständig neue Steuern erpressen oder den Heilslehrern, die selbst noch die Gnadenmittel der Kirche als Ware feilbieten, ja sogar Gott, käme er „yetz selb uff erdt", unbedenklich dem Mammon zum Opfer brächten.[7] Was Murner über die durchgängige Kommerzialisierung der Kirche und den Ausverkauf ihrer höchsten Glaubensgüter zu sagen hatte, wirkte um so schärfer, als er sich zur Schilderung der attackierten Mißstände erstmals der Technik der mimischen Satire bediente, d. h. mit den Methoden indirekter Entlarvung, Überraschungseffekten, plötzlichen Demaskierungen und aus dem Hinterhalt geführten Angriffen arbeitete, eine Technik, die dann auch die Humanisten auf ihre Weise in den *Epistolae Obscurorum Virorum* erprobten und die aufgrund ihrer beträchtlichen satirischen Wirkung später zu den beliebtesten Darstellungsmitteln der Reformationszeit gehörte. Während sie dort aber mit den literarischen Formen der Überredung und des Werbens für die eigene, emphatisch gepriesene Sache verschmolz, herrschte bei Murner ausschließlich die Negation, zeichnete sich kein Weg ab, der durch wirksame Bekämpfung des Übels aus der satirischen Weltbetrachtung herausführen konnte – sah Murner doch auch in Luther später nichts anderes als die Verkörperung des Bösen, das von der Welt endgültig Besitz ergriffen hatte. Daher gingen die wichtigsten Impulse auf die Streitschriftenliteratur der Reformationszeit nicht von ihm oder der von ihm vertretenen Richtung, sondern von den Humanisten aus, die sich zwar in ihren Satiren ebenfalls durchweg auf die Verspottung oder Karikierung des Gegners beschränkten, der römischen Kirche aber zumindest ein gesteigertes Selbstgefühl sowie einen vertrauensvoll in die Zukunft gerichteten Optimismus entgegenzusetzen hatten.

Obwohl gerade die Humanisten durch ihr an der Antike orientiertes Vernunftideal und ihren Glauben an die aufklärende Macht der Wissenschaften zur Unterminierung der kirchlichen Lehrautorität entscheidend beigetragen hatten, traten sie erst verhältnismäßig spät mit ausgesprochen satirischen, gegen die Kirche und ihre Vertreter gerichteten Dichtungen an die Öffentlichkeit. Bis in das zweite Jahrzehnt des 16. Jahrhunderts spielte sich im Bereich der neulateinischen Poesie das eigentliche literarische Leben auf anderer Ebene ab, waren die maßgebenden Autoren, von Ausnahmen abgesehen, keineswegs engagiert, behaupteten gerade unter den Angehörigen der geistigen Führungsschicht die ästhetischen, künstlerischen und wissenschaftlichen Interessen eindeutig den Vorrang. Gerade die Jahrzehnte zwischen ca. 1490 und 1510, in welchen in der volkssprachigen Literatur Untergangsprognosen und Zeitklagen zu einem breiten Strom anschwollen, können als die Blütezeit der neulateinischen Dichtung in Deutschland gelten, in welcher die deutschen Poeten endlich den Anschluß an Italien und Frankreich gefunden zu haben glaubten und mit den anderen Nationen in der Abfassung hochstilisierter Elegien und Oden, allegorischer Festspiele und kunstvoll geschliffener Epigramme wetteiferten. Wenn in den Dichterkreisen, wie sie sich etwa in Wien um Conrad Celtis, in Erfurt um Mutianus Rufus oder zuvor schon in Heidelberg um Johannes Reuchlin gebildet hatten, Opposition gegen die Kirche nach außen hin sichtbar wurde, so vor allem in ihrem in zunehmendem Maße freigeistig sich gebenden Lebensstil, ihrer offen zur Schau getragenen Verachtung gegen die Kuttenträger und Theologen, welche den „studia humanitatis" an den Universitäten noch immer den Rang streitig zu machen versuchten, sowie nicht zuletzt in dem nationalen Selbstbewußtsein, mit welchem sie sich sowohl gegen den kulturellen Führungsanspruch Italiens wie gegen die geistige Bevormundung durch Rom zur Wehr setzten. Daß sie sich im übrigen von der allgemein herrschenden negativ pessimistischen Stimmung wenig berührt zeigten und trotz gelegentlicher scharfer Kritik den Mißständen innerhalb der Kirche nur wenig Beachtung schenkten – die konservativen elsässischen Humanisten wie Brant und Wimpheling, der 1510 für Kaiser Maximilian noch einmal eine Reihe deutscher *Gravamina* gegen die Kurie zusammenstellte, bildeten hier durchaus eine Ausnahme –, liegt wohl in erster Linie daran, daß sie die Kirche in ihrer Funktion als Heilsvermittlerin nicht mehr unbedingt ernst nahmen und es ihnen außerdem gelungen war, sich durch ihre strenge Abschließung nach außen einen geistigen Freiraum zu sichern, in dem sie ihren künstlerischen und wissenschaftlichen Neigungen ungestört nachgehen konnten. Das humanistische Überlegenheitsgefühl, das sich innerhalb dieses Freiraums gegenüber der Kirche allmählich herausbildete, fand seinen treffendsten Ausdruck in dem 1511 erschienenen, ganz von Spott und Ironie durchtränkten *Moriae Encomium* des Erasmus, einem kleinen Meisterwerk humanistischer Sprachkunst, das von seinen Anhängern überschwenglich gepriesen wurde, weil sie die spielerische Leichtigkeit bewunderten, mit der es den geistigen Abstand sichtbar machte, der sie von den Dienern einer in Äußerlichkeiten erstarrten bzw. in verstaubter Schulweisheit befangenen Religion trennte. Denn das *Moriae Encomium*, zu dessen Abfassung Erasmus zweifellos durch Brant inspiriert worden war, ist eine fingierte Lobrede auf die menschliche Narrheit, welche im Ton scheinbarer Apologie die Kirche und ihre Vertreter mit boshaftem Witz an den Pranger stellt, sie im Namen einer höheren Geistigkeit dem allgemeinen Gelächter preisgibt und hinter dem Zerrbild von Dummheit und Aberglauben, das sich in ihr repräsentiert, zugleich das Ideal einer wahrhaft christlichen, von Vernunft und menschlicher Sittlichkeit getragenen Frömmigkeit aufleuchten läßt. Statt mit schwerem Geschütz wurde hier also mit elegantem Florett gekämpft, wobei bei Autor und Publikum das Vergnügen am geistreich hintergründigen Spiel mit Begriffen und Worten sicherlich mindestens ebenso groß war wie das Interesse am Gegenstand selbst. Wirklich herausgefordert und zu entschiedenem Vorgehen gegen die Kirche veranlaßt fühlten die Humanisten sich erst, als sie den von ihnen sorgsam gehüteten Freiraum bedroht, d. h. die Kirche mit offiziellen Verboten in den Bereich von Kunst und Wissenschaft eindringen sahen. Das geschah im sog. Reuchlinstreit, der die Humanisten fast geschlossen gegen sie auf den Plan rief und daher, obwohl vornehmlich auf wissenschaftlicher und literarischer Ebene geführt, den Auftakt zu Luthers Auftreten bildete.

Dieser Streit entzündete sich, als Reuchlin, der neben Erasmus führende Gräzist, daranging, nach den großen literarischen Leistungen des klassischen Altertums auch das Schrifttum der Juden gelehrten Studien zugänglich zu machen, nachdem er zuvor bereits eine hebräische Grammatik herausgegeben und seinen Zeitgenossen in dem Traktat *De verbo mirifico* eine Vorstellung von den philosophisch-mystischen Spekulationen der Kabbala zu vermitteln versucht hatte. Sein Bemühen stieß jedoch, nicht zuletzt wohl aufgrund der zunehmenden Judenfeindlichkeit in Europa, auf den erbitterten Widerstand der Dominikaner, die sich als Träger der Inquisition und berufenste Hüter des Glaubens für ein offizielles Verbot aller jüdischen Bücher einsetzten, sofern sie den christlichen Lehren widersprachen. Wortführer dieser Bestrebungen war der konvertierte Jude Johannes Pfefferkorn, der seit 1507 eine Reihe von Schriften gegen seine ehemaligen Glaubensbrüder veröffentlichte, die auf Veranlassung des deutschen Großinquisitors Jacob von Hochstraten nachträglich ins Lateinische übersetzt wurden. In seinem *Handspiegel* von 1511 ging er dann auch zum Angriff gegen Reuchlin vor, der noch im gleichen Jahr mit dem *Augenspiegel* (= Brille, die zur Erkenntnis der Wahrheit verhelfen soll) antwortete. Bald aber griff die Auseinandersetzung in andere Bereiche über, schalteten sich die führenden europäischen Universitäten mit Gutachten und Stellungnahmen ein, wurde schließlich der Reuchlinstreit zu einem öffentlichen, die Lebensinteressen der neuen Bildungsschicht unmittelbar berührenden Skandal, in welchem sich die Humanisten als Anhänger einer von den Fesseln des Dogmas befreiten Wissenschaft ebenso einhellig um Reuchlin scharten wie die reformwilligen Kreise später um Luther. 1514 konnte Reuchlin in den *Clarorum Virorum Epistolae* voller Stolz eine Reihe von Briefen vorlegen, die er zur Unterstützung seiner Sache von den in Kunst und Wissenschaft führenden Männern aus allen Teilen Europas erhalten hatte und die als „erste gemeinsame öffentliche Demonstration" gegen Theologie und Kirche in Deutschland[8] zugleich das Vorbild für die *Epistolae Obscurorum Virorum* abgaben, die in zwei Teilen 1515 und 1517 veröffentlicht wurden. Bei dieser berühmten und mit Abstand wirkungsvollsten Humanistensatire handelte es sich um eine Sammlung fingierter Briefe, die, angeblich aus der Feder seiner Schüler und Freunde stammend, an das Haupt der Anti-Reuchlinpartei in Deutschland, den Kölner Professor Ortwin Gratius gerichtet waren und der Mitwelt endgültig die Augen über die Ignoranz und Sittenlosigkeit der höchsten geistigen Autoritäten der Kirche öffnen sollten. Ihre satirische Wirkung verdankten sie nicht zuletzt der Tatsache, daß sie sich zur Entlarvung des Gegners vornehmlich des Mediums der Sprache bedienten, dessen rechte Beherrschung den Humanisten seit jeher als untrügliches Zeichen wahrer Bildung und

Sittlichkeit gegolten hatte. Dementsprechend sind die *Epistolae* durchgängig in dem berüchtigten Mönchs- oder Küchenlatein geschrieben, das nach Absicht der Verfasser die zutiefst inhumane Seelenverfassung der viri obscuri in ihrer Mischung von heuchlerischer Anmaßung, dumpfer Begierde und blindem Fanatismus zur Schau stellen und mit ihnen selbst auch die von ihnen vertretene Sache kompromittieren sollte. Der Komik der *Dunkelmännerbriefe*, einem Produkt des Sprachwitzes ebenso wie der mimischen Satire oder der mitunter ins Obszöne abgleitenden Karikatur, fehlt jede Beimischung von Empörung oder zorniger Erbitterung, wie sie kennzeichnend waren für Murners *Narrenbeschwörung* und *Schelmenzunft*. Es fehlt ihr aber auch jenes Element sublimer Ironie, welches dem *Moriae Encomium* des Erasmus trotz allem etwas Versöhnliches gegeben und es weit über den Rang einer Satire im engeren Sinne hinausgehoben hatte. Statt dessen wollte sie verletzen, den Gegner ein für allemal mundtot machen, und sie erreichte dies, indem sie sich – erstmals in der Geschichte der satirischen Literatur in Deutschland – direkt gegen lebende, allseits bekannte und bis dahin auch weithin geachtete Persönlichkeiten richtete, die sie mit den Mitteln der Verunglimpfung, böswilligen Karikierung oder offenen Verhöhnung in eine Zielscheibe allgemeinen Spottes verwandelte und auf diese Weise als ernst zu nehmende Gegner außer Gefecht setzte. Ihre volle Wirksamkeit konnte diese Methode freilich nur entfalten, solange die Leserzahl auf einen Kreis intimer Kenner der Lebensumstände und menschlichen Schwächen der Attackierten beschränkt war. Trotzdem hat sie auch in der Streitschriftenliteratur der Reformationszeit Schule gemacht und zumindest am Anfang ihren Charakter weithin geprägt, und zwar nicht nur aufgrund der in ihr angelegten reichhaltigen satirischen Möglichkeiten, sondern weil die Leidenschaft des Glaubenskampfes, der tief in das Schicksal jedes einzelnen eingriff und um lebenswichtiger Interessen willen geführt wurde, eine Unterscheidung zwischen der Person und der von ihr vertretenen Sache häufig unmöglich machte.

II

„Als Reuchlin siegte, konnte Luther sein Werk beginnen." Mit diesem Satz hat Heinrich Heine in seiner Abhandlung *Zur Geschichte der Religion und Philosophie in Deutschland* die Bedeutung jener „öffentlichen", gegen Kirche und Theologie gerichteten „Demonstration" der Humanisten zu charakterisieren versucht.[9] Dieser Ausspruch trifft, da der Reuchlinstreit offiziell erst 1521, und zwar durch ein päpstliches Dekret gegen Reuchlin entschieden wurde, zwar nicht die Sache, wohl aber ihren Kern, da die Humanisten, nachdem sie sich für die Freiheit der Wissenschaften geschlagen hatten, zunächst auch fast geschlossen für Luther Partei ergriffen, weil sie seinen mit den Ablaßthesen von 1517 eröffneten Feldzug gegen die Kirche anfangs als eine Art Fortsetzung des Reuchlinstreites betrachteten. Dementsprechend wurde der literarische Kampf, der die erste Phase der „Literatur der Reformationszeit" einleitete, bis 1520/21 vorwiegend noch in lateinischer Sprache und im Stil der *Epistolae Obscurorum Virorum* weitergeführt, und zwar unter direkter und indirekter Beteiligung derjenigen Männer, die sich, allen voran Erasmus und Reuchlin, wenig später schon in Erkenntnis der gefährlichen Konsequenzen seiner Bestrebungen von Luther lossagten, nachdem sie kraft ihrer Autorität seinem Auftreten erst das nötige Gewicht verliehen hatten. Zu den lateinischen Texten, die hier zu nennen sind, gehören, um nur die wichtigsten anzuführen, einige Satiren, die im Zusammenhang mit der Leipziger Disputation und der gegen Luther gerichteten Bannandrohungsbulle entstanden sind, wie der *Eckius dedolatus* (Berger, *Sturmtruppen*, S. 65 ff.), die Hermann von dem Busche zugeschriebenen *Acta academiae Lovaniensis* und *Hochstratus ovans*, die frühen Huttenschen Dialoge *Febris prima, Febris secunda* und *Inspicientes*, sowie bedingt auch die Hutten feiernden *Dialogi Septem* (Böcking, *Hutteni Opera*, Bd. 4, S. 553 ff.) oder die Murnersatiren *Murnarus Leviathan* (Scheible, *Das Kloster*, Bd. 10, S. 321 ff.) und *Auctio Lutheromastigum*. Abgesehen von den Huttenschen Dialogen handelte es sich dabei ebenso wie bei den *Epistolae Obscurorum Virorum* oder der Mehrzahl der späteren Flugschriften um anonyme Texte, die aufgrund der Fülle persönlicher Invektiven oder gelehrter Anspielungen ausschließlich für die interne Auseinandersetzung innerhalb des Kreises der Gebildeten bestimmt waren, so wie auch Luther seine Thesen gegen den Ablaßhandel zunächst in lateinischer Sprache veröffentlicht hatte oder Murner seine ersten Schriften gegen Luther in Latein abfaßte.

Dennoch gehören sie in den Zusammenhang der Reformationsliteratur insoweit hinein, als sie das volkssprachige Schrifttum zumindest formal entscheidend beeinflußt haben und in dem auf die Antike zurückgehenden Prosadialog eine Gattung zum Leben erweckten, die in der kommenden Auseinandersetzung von den deutsch schreibenden Autoren begeistert aufgegriffen wurde. Der zündende Funke aber, dem die Literatur der Reformationszeit im engeren Sinne ihre Entstehung verdankte, ging nicht von den Humanisten aus, sondern von Luther, und zwar von seinen beiden 1520 in deutscher Sprache veröffentlichten Schriften *An den christlichen Adel deutscher Nation von des christlichen Standes Besserung* und *Von der Freiheit eines Christenmenschen*, die durch ihre Breitenwirkung der allgemeinen Krise endlich zum offenen Ausbruch verhalfen und mit dazu beitrugen, daß die Reformation den Charakter einer Volksbewegung annahm, in der sich nahezu alle Schichten des Reiches aus den verschiedensten Motivationen zum Kampf gegen die römische Kirche zusammenfanden.

> „Ich hab unserm furnehmen nach zusammen tragenn etlich stuck Christlichs stands besserung belangend, dem Christlichenn Adel deutscher Nation furtzulegen, ob got wolt doch durch den leyen standt seiner kirchen helffen, seintemal der geistlich stād, dem es billicher geburt, ist gantz unachtsam worden."[10]

So lauten die ersten Sätze aus Luthers berühmter Schrift *An den christlichen Adel deutscher Nation*, die von den „drey mauren" der Romanisten handelt, welche es um der Rettung der Christenheit willen niederzureißen gilt – nämlich der Sonderstellung des geistlichen Standes, der ausschließlichen Lehrautorität der Kirche und der absoluten Gewalt des Papsttums – und im folgenden in der Form einer detaillierten Aufzählung noch einmal sämtliche Anklagen zusammenfaßt, welche die „deutsche Nation" seit den Tagen des Konstanzer Konzils gegen die Kirche erhoben hatte. Mit diesem Appell an die Laien, die Reform der Christenheit selbst in die Hand zu nehmen, da die Geistlichkeit so schmählich versagte, einem Appell, der hier zunächst nur dem Adel galt, schon bald aber auch die übrigen Bevölkerungsschichten miteinschloß, wurde der Kampf gegen die römische Kirche in Deutschland eröffnet, bekam auch die Literatur als Medium zur Gewinnung und Mobilisierung der öffentlichen Meinung eine neue Rolle und Verantwortung zugewiesen. Luther verfaßte seinen Aufruf in deutscher Sprache und tat auf diese Weise

kund, daß die Auseinandersetzung über die äußere und innere Erneuerung der Kirche, die er im internen Kreis der Gelehrten zu führen begonnen hatte, künftig vor dem Forum der ganzen Nation ausgetragen werden sollte. Gleichzeitig erflehte er für ihn von Gott die Kraft der „Basaunen . . . do mit die mauren Hiericho wurden. umbworffen"[11], sprach also dem geschriebenen Wort ausdrücklich die Funktion eines Kampfinstrumentes zu, dessen rechter Gebrauch über Sieg oder Niederlage entscheiden würde. Damit aber wurde diese Schrift richtungweisend für die Literatur der Reformationszeit, die sich auf Jahre hinaus völlig dem „Dienst an der Wahrheit" verschrieb und in der Polemik, Agitation und Propaganda ihre vornehmste Aufgabe sah. Als einer der ersten folgte Ulrich von Hutten dem Lutherschen Beispiel, als er 1520/21 seine bis dahin entstandenen lateinischen Dialoge ins Deutsche übersetzte und als Begründung dafür angab: „Latein ich vor geschrieben hab / das was eim jeden nit bekannt. / Jetzt schrei ich an das Vaterland / teutsch Nation in ihrer Sprach, / zu bringen diesen Dingen (d. h. dem von Rom zugefügten Unrecht) Rach"[12]. Ihm folgten andere, und bald ergoß sich eine wahre Flut von deutschsprachigen Pamphleten über das Reich, die sich nach dem Titel einer Flugschriftenreihe Eberlins von Günzburg als „Bundesgenossen" Luthers im Kampf gegen die römische Kirche verstanden, indem sie dem „teütschen volck die ougen" öffneten, daß es „anneme () die warheit" und erkenne, „was unbillichs biß har [ihm] sey uffgeleit worden, wider gott und eer".[13]
Nach außen hin machte sich dieser Funktionswandel der Literatur fast unmittelbar in dem sprunghaften Aufschwung des Verlagswesens bemerkbar, das sich in wenigen Jahren zu einer grundlegenden Umstellung seiner bisherigen Produktionsweise gezwungen sah, indem es anstelle kostspieliger Folianten, deren Herstellung langwierige Vorarbeiten erforderte, plötzlich rasch und billig gedruckte Texte in großer Zahl auf den Markt bringen mußte. Luthers Schrift *An den christlichen Adel*, die im August 1520 in 4000 Exemplaren erschien, war bereits nach wenigen Tagen vergriffen, so daß noch im gleichen Monat mit einer Neuauflage begonnen werden mußte, der bald darauf eine zweite und innerhalb kürzester Zeit nicht weniger als 12 Nachdrucke folgten. Ähnliches gilt für die meisten der übrigen Lutherschriften sowie einen Großteil der Publikationen seiner zahlreichen Anhänger. Das hatte zur Folge, daß die Produktion der Verlage von 1520 bis 1525 um das rund Vierfache anstieg, das Verlagswesen sich zu einem der ertragreichsten Gewerbe entwickelte und mit den sog. Buchführern ein neuer Berufszweig entstand, dessen

Aufgabe es war, die Druckerzeugnisse auf Jahrmärkten oder Messen zu vertreiben und in die entlegensten Dörfer hineinzutragen. Diese „Revolution ... auf dem Gebiete des Buchdrucks"[14] ist eine der bemerkenswertesten Neben- oder Folgeerscheinungen der Reformation, ohne die Luther schwerlich so rasch zum Sieg gelangt wäre, zumal ihm, da seine Schriften reißenden Absatz fanden, bald fast 9/10 der deutschen Druckerpressen zur Verfügung stand, während es seinen Gegnern nur unter erheblichen Schwierigkeiten gelang, ihre Meinung der Umwelt zu Gehör zu bringen. Die mannigfachen Klagen der Altgläubigen über die Profitgier der Drucker, die aus reinem Geschäftssinn den Markt mit lutherischen Pamphleten überschwemmten, ihnen selbst aber jede Möglichkeit zu wirksamem Gegenangriff vorenthielten, klingen wie ein trübes Echo auf die wachsende Zuversicht, die aus den gleichzeitigen Äußerungen der Protestanten spricht, und dokumentieren eindrucksvoll die Bedeutung dieses neuen Publikationsmittels, über dessen Gefahren und Möglichkeiten man sich trotz mancher zuvor schon geäußerten Bedenken bis dahin kaum klargeworden war.
Luthers öffentliche Kampfansage gegen die drei Mauern der römischen Kirche, die vorher trotz aller Kritik noch niemals ernsthaft attackiert worden waren, hätte jedoch für sich allein kaum ein solches Echo hervorgerufen, wäre ihr nicht wenige Monate später, im November 1520, jene zweite epochemachende Schrift *Von der Freiheit eines Christenmenschen* gefolgt, in welcher Luther die Grundsätze seiner neuen Glaubenslehre erstmals offen darlegte und die Mündigkeit des Laien gegenüber dem weltlichen und geistlichen Machtanspruch der Kirche auch vom Religiösen her rechtfertigte. Denn was der Literatur der Reformationszeit, die sich in der Schärfe ihrer Anklagen kaum von dem satirischen Schrifttum der vorangegangenen Jahrzehnte unterschied, ihre unvergleichliche Wirkung und Schwungkraft verlieh, war vor allem die Tatsache, daß sich ihr Angriff gegen die Kirche und deren Institutionen nicht mehr in der bloßen Negation des Bestehenden erschöpfte, sondern verknüpft war mit der Proklamierung neuer Inhalte, die an die Stelle des alten, abgelebten und durch Mißwirtschaft gründlich diskreditierten Systems treten sollten. Diese Tatsache hatte Paul Böckmann vor Augen, als er in seiner *Formgeschichte der deutschen Dichtung* die „Überwindung der satirischen Haltung durch ein reformatorisches Pathos"[15] als das hervorstechendste Merkmal der Reformationsliteratur bezeichnete. Allerdings konnte dieses „Pathos", je nachdem, welche Interessen für den einzelnen im Vordergrund standen, eine

höchst unterschiedliche Färbung annehmen. So war es etwa bei Hutten, dem geistigen Führer der antirömischen Adelspartei in Deutschland, fast einseitig national geprägt, während es bei Thomas Müntzer, der neben Luther profiliertesten Persönlichkeit der sog. „Kampfjahre", von Anfang an stark sozialrevolutionäre Züge trug. In erster Linie aber war es ein Glaubenspathos, das deshalb so unwiderstehlich wirkte, weil sich in ihm – kennzeichnend für die noch keineswegs säkularisierte Vorstellungswelt jener Zeit – das Bewußtsein, für eine bessere und gerechtere Welt zu kämpfen, mit der Überzeugung verband, im Besitz einer Heilswahrheit zu sein, deren Annahme dem Gläubigen eine Lösung seiner Konflikte sowohl im irdischen Leben wie im Verhältnis zu Gott versprach. In reiner Form trat es erstmals in jener Lutherschen Schrift hervor, die den einzelnen, indem sie ihn im Namen des Christentums von längst als lästig und schädlich empfundenen Bindungen lossprach, gleichzeitig auch von seinen religiösen Ängsten befreite und damit einem Heilsbedürfnis Rechnung trug, dem die Lehren der alten Kirche keine echte Nahrung mehr hatten bieten können. Nicht zuletzt aus diesem Grund gehörte sie zu den wohl am meisten gelesenen Schriften Luthers, die das Bewußtsein der Zeit nachhaltig beeinflußt hat und gerade auch dort ihre Spuren hinterließ, wo man seine Definition der christlichen Freiheit („Eyn Christen mensch ist eyn freyer herr über alle ding und niemandt unterthan" und: „Eyn Christen mensch ist eyn dienstpar knecht aller ding und yderman unterthan"[16]) mißverstand oder im Sinne radikaler Bestrebungen ausdeutete.

Die Vielfalt des kämpferisch polemischen, von Glaubenspathos erfüllten und von lutherischem bzw. reformatorischem Geist geprägten Schrifttums, das zwischen 1520 und 1525 in Deutschland entstand und in dieser Zeit das literarische Leben beherrschte, wird von der Forschung gemeinhin unter dem Begriff „Flugschriftenliteratur" zusammengefaßt. Flugschriften oder Flugblätter selbst hatte es freilich in vereinzelter Form schon früher gegeben, da man sich verhältnismäßig bald schon der Vorteile des Buchdrucks bewußt geworden war, wenn es galt, Neuigkeiten von allgemeinem Interesse innerhalb kürzester Zeit einem größeren Publikum zugänglich zu machen. Eine nennenswerte Rolle hatten sie jedoch im öffentlichen Leben bis dahin noch nicht gespielt, vor allem aber hatte man vorher noch nicht entdeckt, daß sie neben der Möglichkeit, der eigenen Meinung auf breiter Basis Gehör zu verschaffen, auch Raum boten für die Entfaltung literarischer Techniken, deren Wirksamkeit auf der Aktualität der vermittelten Inhalte beruhte, d. h. an die rasche Herstellung und Verbreitung der Texte gebunden war. So gesehen ist die Anwendung des terminus „Literatur" hier tatsächlich gerechtfertigt, unterscheidet man aber zweckmäßigerweise zugleich zwischen der Flugschrift im engeren Sinne, die sich als Aufruf, Erläuterung oder Darlegung meist an bestimmte Adressaten richtete, zwischen Autor und Leserschaft eine direkte Beziehung herstellte und sich der Sprache in erster Linie als eines Mediums der Verständigung und Mitteilung bediente, und der eigentlichen Flugschriftenliteratur, die dem neuen Gedankengut eine mehr oder weniger anspruchsvolle künstlerische Prägung zu geben versuchte und auf diese Weise der Zweckform der Polemik und Propaganda neuartige Ausdrucksmöglichkeiten abgewann. Zu der ersten Gruppe, die in diesem Zusammenhang nicht erörtert werden kann, gehören nicht nur die Manifeste und Artikelbriefe der Bauern, sondern auch die programmatischen Schriften der geistig führenden Männer der Reformation wie Luthers, Müntzers, Karlstadts oder Zwinglis, in denen sie ihre Ideen darlegten und sich um die Klärung oder gegenseitige Abgrenzung ihres jeweiligen Standorts bemühten, während die zweite Gruppe das gesamte, in seiner Mannigfaltigkeit kaum übersehbare Schrifttum umfaßt, welches diese Ideen durch Umsetzung in literarische Gestaltung popularisierte und ihnen dadurch in der Öffentlichkeit zu einem breiteren Echo verhalf. Daß die Grenzen im einzelnen fließend waren, ja genaue Unterscheidungen häufig unmöglich sind, macht im übrigen gerade das Charakteristikum dieses Genres aus, da die wichtigsten Merkmale der Flugschrift im engeren Sinne, nämlich „Aktualität, Popularität und Publizität"[17], d. h. der „aus den Ereignissen und Zuständen des Tages geschöpfte () Stoff", die „kurze, leicht verständliche Form der sprachlichen Gestaltung", die „auf rascheste Verbreitung zielende Beweglichkeit der Ausgabe" und „die einen fast unbegrenzten Massenabsatz versprechende Billigkeit in Herstellung und Umfang"[18], auch konstitutiv für die Texte der zweiten Gruppe sind.

Über die Gesamtzahl dieser zur zweiten Gruppe zu rechnenden Texte, die in der Regel mit zugkräftigen Holzschnitten versehen waren, im übrigen aber, sosehr sie in der Zielsetzung übereinstimmten, in Aufmachung und Form oft stark voneinander abwichen, lassen sich kaum konkrete Angaben machen. Viele von ihnen müssen als verschollen gelten oder ruhen noch unentdeckt in den Archiven der Bibliotheken, nur ein Bruchteil ist in neueren Ausgaben zugänglich, und nur wenige auch lassen sich eindeutig bestimmten Autoren zuordnen, da die meisten entweder anonym oder unter fingiertem Namen erschienen sind. Die Anonymität oder Pseudonymität, die sich mitunter auch auf die Angaben über Ort und Jahr des Erscheinens erstreckt, ist sogar eines der auffallendsten Kennzeichen der Flugschriftenliteratur, welches wohl nicht nur aus der Furcht vor möglichen Repressalien seitens der offiziellen Zensur zu erklären ist – durch das Wormser Edikt von 1521 wurde, in Vorwegnahme der späteren, seit 1559 publizierten päpstlichen Indices, jeder mit dem Bann bedroht, der lutherfeindliche Schriften verfaßte oder vertrieb –, sondern mindestens ebensosehr der Neigung zur Mystifikation, d. h. zum „Spiel mit der Maske" entsprang, von dem schon die Humanisten in reichem Maße Gebrauch gemacht hatten. Obwohl es in der Forschung nicht an intensiven Versuchen gefehlt hat, der Identität der Verfasser auf die Spur zu kommen, sind sie daher in den meisten Fällen erfolglos geblieben und haben nur insofern zu konkreten Ergebnissen geführt, als sie den Nachweis erbringen konnten, daß die überwiegende Mehrheit nicht, wie man lange geglaubt hatte, den unteren Bevölkerungsschichten entstammte, sondern dem Kreis der Gebildeten angehörte, die sowohl mit der humanistischen Dichtungstradition wie mit der wissenschaftlichen Disputationstechnik vertraut waren und sich lediglich den Anschein zu geben versuchten, als spreche aus ihnen die Stimme des „gemeinen Mannes", sei es der lang angestaute Volkszorn, der sich in ihren Schriften Luft verschafft habe, um endlich der Wahrheit zum Sieg zu verhelfen. Unter den namentlich bekannten oder mit Sicherheit erschlossenen Autoren, die sich auch sonst durch literarische Tätigkeit hervorgetan haben oder als Theologen in der Reformation eine führende Rolle spielten, ist an erster Stelle Ulrich von Hutten zu nennen, einer der wenigen, dessen Individualität in seinen Schriften unverkennbar zutage tritt, ferner der Straßburger Reformator Martin Butzer, der spätere Fabeldichter Erasmus Alberus, der Berner Maler und Politiker Niklaus Manuel sowie nicht zuletzt auch Hans Sachs, der jedoch insofern eine Ausnahme bildet, als er als Angehöriger der unteren Schichten der Stimmung des „gemeinen Mannes" tatsächlich direkten Ausdruck verlieh. Andere dagegen wie der Franziskaner Johann Eberlin von Günzburg oder der Schweizer Utz Eckstein sind literarisch vor allem als Flugschriftenautoren hervorgetreten, während wir von wiederum anderen, wie dem Ulmer Heinrich von Kettenbach, wenig mehr als den Namen auf dem Titelblatt ihrer Publikationen kennen. In den weitaus meisten Fällen ließ sich jedoch die

Autorschaft entweder nicht ermitteln oder ist bis heute umstritten. So hat, um nur zwei Beispiele zu nennen, Paul Merker 1912 eine Reihe von Flugschriften dem St. Galler Reformator Joachim Vadianus zuschreiben wollen, für die Alfred Götze wenige Jahre zuvor aus den gleichen, nämlich inhaltlichen und stilistischen Gründen Urbanus Rhegius, den Reformator Augsburgs, als Verfasser namhaft gemacht hatte, und ebenfalls Merker war es, der den Straßburger Juristen Nikolaus Gerbel als Autor u. a. der *Dialogi Septem* identifizierte, die Walther Brecht bereits Crotus Rubeanus, dem vermutlichen Hauptredaktor der *Dunkelmännerbriefe*, zugewiesen hatte. Derartige Beispiele gibt es noch mehr, wobei sich bei den betreffenden Forschern mitunter die Tendenz erkennen ließ, einem Autor, hatte man ihn erst einmal als Verfasser einer bestimmten Flugschrift „entdeckt", auch noch eine Reihe vergleichbarer anderer Texte zuzuschreiben, unbekümmert darum, daß sich weder direkte noch indirekte zeitgenössische Zeugnisse zur Bestätigung beibringen ließen. Mit Recht ist daher die Verfasserfrage in der neueren Forschung in den Hintergrund getreten, hat sich statt dessen die Einsicht durchgesetzt, daß die Anonymität dieser Schriften vielfach einem bewußten Stil- und Ausdruckswillen entsprang, da diese häufig weniger die persönliche Meinung eines einzelnen Autors wiedergeben als Beiträge zu einer allgemeinen, vor dem Forum der Öffentlichkeit auszutragenden Diskussion sein wollten, ebenso darauf berechnet, die Entstehung einer Volksbewegung voranzutreiben wie ihr Vorhandensein nach außen hin glaubhaft zu machen. Immerhin ist es wahrscheinlich, daß neben der großen Zahl derer, die sich nur aus diesem aktuellen Anlaß zum Schreiben gedrängt fühlten, auch viele der bereits profilierten Schriftsteller oder geistig führenden Männer ihren Beitrag zur Flugschriftenliteratur geleistet haben, wobei die gemeinsame Zielsetzung und vergleichbare geistige Haltung der Ausbildung eines überindividuellen Sprachgestus sicherlich förderlich waren.

Inhaltlich spiegeln die Flugschriften, in denen der Kampf gegen die römische Kirche mit nicht geringerer Leidenschaft als im wirklichen Leben geführt wurde, die zu Beginn der Reformation wirksamen Tendenzen und Strömungen mit einer Genauigkeit wider und vermitteln insgesamt ein so anschauliches Bild jener dramatisch bewegten Epoche, daß man mehrfach versucht hat, den Verlauf der sog. „Kampfjahre" anhand ihrer Aussagen im einzelnen nachzuzeichnen. Luthers erster öffentlicher Auftritt in der Disputation mit Eck, die Verbrennung der Bannbulle, das Wormser Edikt, die Bauernkriege sowie die verschiedenen Reichstage und Religionsgespräche, auf denen die Sache des Protestantismus verhandelt wurde, sind die zentralen Ereignisse, die jeweils eine große Zahl von Flugschriften hervorriefen. Luther, aber auch Hutten waren ihre begeistert gefeierten Helden, denen sich anfangs auch Erasmus hinzugesellte, um bald jedoch, nachdem er mit den Reformatoren gebrochen hatte, neben Eck, Murner, dem päpstlichen Nuntius Aleander u. a. zu denen zu gehören, die als „Pfaffenknechte" oder Verräter an der gerechten Sache geschmäht wurden. Oft genug läßt sich der geistige Werdegang eines Autors, auch wenn sonst von ihm nur wenig bekannt ist, aus der Haltung ablesen, die er in seinen Flugschriften zu Lutherischem, Karlstadtischem oder Müntzerischem Ideengut einnahm, so im Falle Eberlins von Günzburg, der 1521 im 10. und 11. „Bundsgenoß" einen radikalen Gesellschaftsentwurf vorlegte, wenig später aber entschieden für Luther Partei ergriff und sich zuletzt zu den Erziehungsidealen des Erasmus bekannte. Dabei ist es kennzeichnend für die soziale Herkunft der meisten Autoren, daß der Bauernkrieg, obwohl ideell durch die Flugschriften der frühen zwanziger Jahre entscheidend mit vorbereitet, auf fast einhellige, scharfe Ablehnung stieß, während Hutten und vor allem Sickingen in Heinrich von Kettenbach oder Hartmuth von Cronberg auch dann noch Bewunderer fanden, als der von ihnen im Stil eines ritterlichen Beutezuges inszenierte „Pfaffenkrieg" von 1522/23 kläglich gescheitert war.

Trotz ihres z. T. beträchtlichen Dokumentationswertes, der, wie angesichts einer derartigen „Massenproduktion" nur allzu verständlich, ihren künstlerischen Ausdruckswert häufig weit übersteigt, ist aber die Flugschriftenliteratur für den Literarhistoriker vor allem deshalb interessant, weil in ihr der leidenschaftliche Wille, zu wirken, d. h. den Gegner entweder geistig zu vernichten oder durch die Überzeugungskraft der Argumente zu bekehren, innerhalb kürzester Zeit eine Fülle literarischer Formen hervorgebracht hat, welche neben sämtlichen damals gebräuchlichen Gattungen die ganze Skala vom einfachen Pamphlet bis hin zu weitgespannten Allegoresen oder komplizierten dramenähnlichen Gebilden umfassen. Dabei hat man häufig den Eindruck, daß der Erfindungsreichtum der Autoren in der Erprobung überraschender Effekte oder kühner Motivkombinationen weniger einer sorgfältig vorausbedachten Planung als der Erregung des Augenblicks entsprang, d. h. tatsächlich in erster Linie das Ergebnis propagandistischen Eifers war, der sich mitunter direkt in schöpferische Produktivität umsetzen konnte.

Gleichwohl sah Eberlin von Günzburg sich 1524 zu dem Vorwurf veranlaßt, daß viele, indem sie scheinbar der Sache dienten, nur mit ihren künstlerischen Fähigkeiten und originellen Einfällen prunken wollten, ein Vorwurf, der insofern Beachtung verdient, als er die Aporie jeder engagierten Literatur sichtbar macht und die Grenzen ihrer Wirkungsmöglichkeit aufzeigt.

Daß die protestantischen Autoren vielfach noch auf die überlieferten satirischen Techniken zurückgriffen, versteht sich angesichts ihrer bereits erprobten Wirksamkeit von selbst, auch wenn die Bloßstellung des Gegners meist nur noch den Hintergrund für die Propagierung der eigenen Sache abgab. So war etwa die Methode, gegnerische Äußerungen oder Handlungen in scheinbar zustimmender, witzig ironischer Form zu glossieren, wie dies u. a. in dem 1521 in deutscher und lateinischer Sprache erschienenen *Argumentum Libelli* (Buchwald, *Ein Nachklang der EOV*) aus Anlaß der Verbrennung von Luthers Büchern oder ein Jahr später in der *Ernstliche(n) Ermahnung Hugo von Landenbergs* (Clemen, Bd. 4, S. 275 ff.) mit einem Hirtenbrief des Bischofs von Konstanz geschah, weitgehend dem satirischen Stil der *Dunkelmännerbriefe* angepaßt, und wenigstens indirekt dürften diese auch auf die sog. *Höllenbriefe* eingewirkt haben, in denen Luzifer seine irdischen Helfershelfer, die Vertreter der Papstkirche, zur Standhaftigkeit ermahnte oder ihnen für den Fall ihres Sieges einen bevorzugten Platz in der Hölle versprach. Zu ihnen gehört u. a. das 1521 erschienene Pamphlet *Ain großer preis so der fürst der hellen genant Lucifer ietz den gaistlichen als bäpst, bischoff, cardinel und der gleichen zu weist* (Schade, Bd. 2, S. 85 ff), ein Pamphlet, welches zu Texten wie der *Absag oder Fehdschrift Lucifers an Luther* (Clemen, Bd. 3, S. 355 ff.) ein wirksames Gegenstück bildete und in den sog. *Himmelsbriefen,* in denen sich Christus zu den Anhängern Luthers als den Vorkämpfern des wahren Glaubens bekannte, seine positive Entsprechung fand. Auch Schriften wie Heinrichs von Kettenbach *Vergleichung des allerheiligsten Herrn und Vater des Papst gegen Jesus,* die in Anknüpfung an eine schon auf Wiclef zurückreichende literarische Tradition den Papst in scharfem Kontrast zu seinem himmlischen Vorbild mit dem Antichrist identifizierten, gehören noch zur Satire im engeren Sinne, obwohl sich auch in ihnen das „reformatorische Pathos" unüberhörbar zu Wort meldete. In der 1521 auf Betreiben Luthers veröffentlichten Holzschnittfolge Lukas Cranachs, dem *Passional Christi et Antichristi,* wurde diese Idee ebenso verwertet wie in Niklaus Manuels Fastnachtspiel *Von Papsts und Christi Gegensatz* und klang u. a.

auch an in der umfangreichen, 1521 unter dem Pseudonym Judas Nazarei erschienenen Schrift *Vom alten und neuen Gott* (Neudrucke, Nr. 142/43), in welcher in theologisch sorgfältig begründeter Form der Nachweis geführt wurde, daß nicht Luther, sondern die Papstkirche die christliche Lehre verfälscht habe.

Neben derartigen, bereits vielfach bewährten Techniken der satirischen Entlarvung und Überführung des Gegners war die Allegorese eine der bevorzugten Darstellungsformen der Flugschriftenliteratur, da sie einmal der Vorliebe für bildhaft einprägsame Gestaltung entgegenkam, zum anderen aber, indem sie sich sowohl zu Zwecken der Propaganda wie der Polemik verwenden ließ, eine größere Flexibilität in der Wahl der zur Verfügung stehenden agitatorischen Mittel erlaubte. Die allegorische Einkleidung war freilich in vielen Fällen nur lose, bezog sich mitunter, wie in den „15 Bundsgenossen“ Eberlins von Günzburg, nur auf den Titel oder bildete, wie in der früher Vadian zugeschriebenen Flugschrift vom *Wolfgesang* (Schade, Bd. 3, S. 1ff.), die das Bibelwort von den „Wölfen im Schafskleid“ auf die römische Kirche übertrug, nur das äußere Gerüst, das im übrigen durch leidenschaftliche, in ihrer Direktheit unmittelbar aufrüttelnde Anklagen ausgefüllt wurde. Gelegentlich wirkt sie auf den modernen Leser auch etwas befremdlich, so u. a. in der Schweizer Spruchdichtung *Die Göttliche Mühle* (Schade, Bd. 1, S. 19ff.), in welcher Erasmus als Müllersknecht, Luther aber als Bäcker auftritt, der vom „Karsthans“ gegen die Anschläge böser „Wölfe“ geschützt, aus dem Wasser des Evangeliums und Mehl des Glaubens das Wort Gottes zur Speisung der Hungrigen bäckt. Ausgesprochen geistreich und von hintergründiger Ironie erfüllt ist dagegen die Idee des Gedichtes vom *Kegelspiel* (Clemen, Bd. 3, S. 219ff.), das allerdings insofern eine Sonderstellung einnimmt, als bis heute nicht eindeutig geklärt werden konnte, ob der unbekannte Verfasser ein Protestant, ein Katholik oder aber ein über den Parteien stehender neutraler Beobachter war. Denn in diesem in seiner Revuetechnik entfernt an das Fastnachtspiel erinnernden Gedicht treten nacheinander Luther, Hutten, Erasmus und Melanchthon als Kegler auf, um vor Papst und Kaiser als kritischem Publikum mit der Kugel der Heiligen Schrift um den Preis der Wahrheit zu kegeln, ein Versuch, der ihnen sämtlich mißlingt, da die Bahn schief und ihre Kunstfertigkeit, wie Zwingli mit Bedauern feststellen muß, noch nicht groß genug ist. In allen übrigen uns überlieferten Flugschriften ist dagegen die allegorische Aussage eindeutig. Sie dient entweder, wie in *Doktor Martin Luthers passion* (Schade, Bd. 2, S. 108ff.), die Luthers Auftritt vor dem Reichstag zu Worms mit dem Leidensweg Christi vergleicht, oder in Hans Sachs' Spruchgedicht von der *Wittembergisch nachtigall*, die mit ihrem Gesang die Stimmen der wilden Tiere, d. h. des Papstes und seiner Helfer, zum Schweigen bringt, der Glorifizierung der eigenen Sache oder soll den Gegner mittels der bildhaft plastischen Zurschaustellung seiner Laster und Bosheiten entlarven. In diesem Zusammenhang ist u. a. Niklaus Manuels *Krankheit und Testament der Messe* von 1528 zu nennen sowie vor allem das überaus häufig verwandte und in seiner satirischen Intention ungemein bösartige Motiv vom Totenfressen, welches die Geldgier der Kirche, die sich nach einhelliger Ansicht nicht zuletzt in dem Mißbrauch der Seelenmessen dokumentierte, auf drastische Weise versinnbildlichte. Seine vermutlich früheste Gestaltung fand es in dem Fastnachtspiel *Die Totenfresser*, das früher vielfach dem Basler Buchdrucker Pamphilius Gengenbach zugeschrieben wurde. Besonders eindrucksvoll, da sie die erregte Stimmung der Zeit am überzeugendsten widerspiegeln, sind ferner die zahlreichen Kampfallegorien, die auch in Sprache und Wortwahl der einzelnen Schriften deutliche Spuren hinterlassen haben und stets in der einen oder anderen Form den *Sik der warheit* (so lautet der Titel eines 1524 in Nürnberg entstandenen Reimgedichts, Schade, Bd. 2, S. 196ff.) über die Mächte der Finsternis darstellten. Mitunter griffen die Autoren dabei auf volkstümliches Brauchtum zurück, so in der Zürcher Flugschrift vom *Gyrenrupfen* („Geierrupfen"), deren Titel sich von einem alten Pfänderspiel herleitet, oder der *Lutherischen Strebkatz* (Schade, Bd. 3, S. 112ff.) von 1524, in welcher Luther in einer Art Tauziehen („Strebkatz") nacheinander u. a. den Papst, Emser, Murner und Hochstraten im Zweikampf besiegt. Meist aber lehnte man sich direkt oder indirekt an die geistliche Kampfmetaphorik des Epheserbriefes an, die dem religiösen Sendungsbewußtsein der als „Gottesstreiter" auftretenden Verkünder der neuen Lehre am stärksten entgegenkam. So wurde etwa Hutten in dem letzten der *Dialogi Septem*, dem *Huttenus illustris*, in genauer Entsprechung zu den Paulusworten in Eph. 5, 13ff. von der „Frau Wahrheit" feierlich mit dem Panzer der Gerechtigkeit, dem Helm des Heils und dem Schwert des heiligen Geistes belehnt und auf diese Weise zum „miles christianus", zum Gottesritter geschlagen, während er sich selbst in einem seiner letzten lateinischen Dialoge als Bullentöter („Bullicida") präsentierte, unter dessen wuchtigen Schlägen die gegen ihn und Luther gerichtete Bannandrohungsbulle wie eine Eiterbeule (lat. bulla bedeutet sowohl päpstliche Bulle wie Blase) zerplatzt. Als

„miles christianus“, eine Symbolfigur, die durch Dürers berühmten Kupferstich zum Sinnbild des Zeitalters wurde, trat auch Luther auf in dem schon erwähnten Reimgedicht *Triumphus Veritatis oder sic der warheit mit dem schwert des geistes durch die wittenbergische Nachtigall erobert,* nachdem ihn Thomas Murner zwei Jahre zuvor in seiner Reformationssatire *Von dem Großen Lutherischen Narren* zum Hauptmann des „evangelischen hauffens“ ernannt hatte, und schließlich wurde in der Flugschrift *Die scharf Metz wider die, die sich evangelisch nennen und doch dem Evangelio entgegen sind* (Clemen, Bd. 1, S. 97ff.) das schwere Geschütz (= Metz) des Gotteswortes auch gegen die Bauern gerichtet, die die zahlreichen Aufforderungen zum Losschlagen wörtlich genommen, d. h. von der metaphorischen Ebene in die Wirklichkeit übertragen hatten.
Lebte in manchen der z. T. in Reimpaaren verfaßten allegorischen Flugschriften noch spätmittelalterliche Dichtungstradition fort und waren die zahlreichen Prosatraktate, die unter Verzicht auf literarische Ausschmückung meist direkt für die neue Lehre warben, häufig vom Stil der Predigt beeinflußt, so haben die Humanisten neben einer Reihe satirischer Techniken vor allem die Gattung des Prosadialogs beigesteuert, in der sich die Intentionen der Flugschriftenautoren am reinsten verwirklichen konnten. Als ihr Schöpfer oder Wiederentdecker gilt allgemein Ulrich von Hutten, der auch sonst zu den profiliertesten Autoren der frühen Reformationszeit gehört und durch seine publizistische Tätigkeit zum raschen Erfolg des Protestantismus erheblich mit beigetragen hat. Huttens polemisch agitatorisches Talent hatte sich bereits in seinem Erstlingswerk von 1512, den *Querelen,* gezeigt, die einen persönlichen Streitfall zum Angriff gegen die in ihm verkörperte humanistische Poesie emporstilisierten, und fand bald darauf ein adäquateres Objekt in der Gestalt des Herzogs von Württemberg, gegen den er zwischen 1515 und 1517 wegen der Ermordung eines seiner Verwandten eine Reihe leidenschaftlicher Schmähschriften richtete. Gegen den Herzog wandte sich auch sein erster, 1516/17 entstandener Dialog *Phalarismus,* der noch ganz im Stil seines Vorbildes Lukian gehalten war und auf seinem Titelblatt zum erstenmal das „jacta est alea“ oder „ich habs gewagt“ trug, jene Devise, unter der Hutten fortan seine sämtlichen Publikationen veröffentlichte und die auch das Leitmotiv seines bekannten Liedes von 1521 bildete. Zwei Jahre später stand er, nachdem er auch an den *Epistolae Obscurorum Virorum* mitgewirkt hatte, schon ganz im Dienst der Reformation, die freilich von ihm in erster Linie als eine nationale Erhebung des Adels aufgefaßt

wurde, und schrieb in rascher Folge die vier gegen Rom gerichteten Dialoge *Febris prima, Febris secunda, Inspicientes* und *Vadiscus sive Trias Romana*, die in dem *Gesprächbüchlin* von 1521 auch in deutscher Sprache erschienen und direkt oder indirekt zum Vorbild der gesamten, sowohl lateinischen wie volkssprachigen Dialogliteratur der Reformationszeit geworden sind.

Daß der von den *Toten- und Göttergesprächen* Lukians inspirierte satirisch realistische Prosadialog von den Flugschriftenautoren so begeistert aufgegriffen und innerhalb kürzester Zeit zur bevorzugten literarischen Gattung der „Kampfjahre" wurde, hat sicher mehrere Gründe. Zunächst verdankte er seine Beliebtheit wohl vor allem der Tatsache, daß er es ermöglichte, die beiden wichtigsten Absichten, die man im Kampf für die neue Lehre verfolgte, nämlich Propaganda und Polemik, in einer Kunstform zu vereinen, d. h. die satirische Entlarvung des Gegners mit der Werbung für die eigene Sache zu verknüpfen; zum anderen aber bot er wie kaum eine andere Gattung Gelegenheit, sich in Rede und Gegenrede mit den zahlreichen damals vertretenen Anschauungen auseinanderzusetzen, den Gegner mit der Kraft der Argumente zu widerlegen oder die eigene Position nach außen hin wirksam zur Geltung zu bringen, und schließlich stellte er als „Disputationsfeld"[19] und geistiger Austragsort der aktuellen Konflikte so etwas wie ein fiktives öffentliches Forum dar, auf welchem sich die Vertreter sämtlicher Stände zu Wort melden und ihren – vorgeblichen oder tatsächlichen – Interessen Gehör verschaffen konnten. Dementsprechend weist die Dialogliteratur als charakteristischste Erscheinung der frühen Reformationszeit nicht nur die bedeutsamsten literarischen Leistungen auf, die in jenen Jahren in Deutschland entstanden sind, sondern vermittelt, indem sie vor dem Leser das ganze Spektrum der damals zur Lösung anstehenden Probleme entfaltet, auch ein lebendiges Bild von dem Bewußtseinswandel und gedanklichen Klärungsprozeß, wie er sich nach und nach im geistigen Leben der Zeit vollzog. So sind etwa die frühen lateinischen Dialoge fast durchweg noch reine Satiren, in denen die Auseinandersetzung unter Ausschluß der breiten Öffentlichkeit vornehmlich auf persönlicher Ebene ausgetragen wurde, ohne daß es den Verfassern schon gelungen wäre, eine in jeder Hinsicht überzeugende und nach außen hin wirksam zu vertretende Gegenposition aufzubauen. Das gilt u. a. für das *Conciliabulum Theologistarum*, die Parodie einer theologischen Fakultätssitzung aus den *Dialogi Septem*, für die Murnersatire *Murnarus Leviathan*, die den allseits verhaßten Franziskaner als gift- und gallespeienden Drachen schildert, sowie bedingt auch für den *Eckius dedolatus*, den künstlerisch gelungensten der lateinischen Reformationsdialoge, in welchem Luthers Kontrahent auf der Leipziger Disputation zur Kurierung seiner zahlreichen Laster und Irrlehren einer drastischen medizinischen Prozedur unterzogen wird. Auch die im *Gesprächbüchlin* veröffentlichten Huttenschen Dialoge waren vielfach noch einseitig satirisch gefärbt. Am schärfsten äußerte er sich im *Vadiscus*, in dem er in der Form boshaft witziger Triaden („Drei Ding seind, damit Rom alle Ding unter sich bringt: Gewalt, Betrug und angenommene Heilikeit"[20]) ein kraß negatives Bild von der römischen Kirche entwarf, dessen Einzelelemente zum großen Teil den *Gravamina der deutschen Nation* entlehnt worden waren. Dagegen läßt sich in den deutschsprachigen, von vornherein für einen größeren Leserkreis bestimmten Dialogen von Anfang an das Bestreben erkennen, die Diskussion nicht nur auf breiterer Basis, sondern auch von einem möglichst klar umrissenen positiven Standort aus zu führen. Das zeigt sich bereits im *Karsthans* (Clemen, Bd. 4, S. 1 ff.), dem wahrscheinlich frühesten der volkssprachigen Dialoge, der sich inhaltlich zwar weithin noch auf der Ebene der lateinischen Murnersatiren bewegt und voll von Latinismen und gelehrten, für ein breites Publikum unverständlichen Anspielungen ist, trotzdem aber schon den Charakter eines echten, um Auseinandersetzung und geistige Klärung bemühten Streitgesprächs trägt und vor allem mit der Titelfigur des „Karsthans", des mit der Hacke (= Karst) arbeitenden, einfachen Bauern, eine Gestalt in die Dialogliteratur eingeführt hat, in der sich erstmals ein neues Ideal vom Menschen abzeichnete. Die Gestalt des Karsthans, der in der Einfalt seines gläubigen Herzens das Lügengespinst der römischen Theologen durchschaut und durch sein schlichtes Bekenntnis zu Christus den Sieg über die pfäffischen Winkelzüge davonträgt, hat diesen Dialog, den man früher gleichfalls Vadian zuschrieb, mit Recht berühmt gemacht. Denn in ihr triumphierte der bis dahin verachtete „gemeine Mann" zumindest moralisch über die Vertreter der mächtigsten Institution der Christenheit, sie machte neben den religiösen auch die sozialen Ursachen der Kirchenfeindschaft in Deutschland nach außen hin sichtbar und bot darüber hinaus vielen die Möglichkeit, sich mit den in ihr verkörperten Tugenden direkt zu identifizieren. Dementsprechend gehörte der Karsthans bald zu den feststehenden Figuren der Reformationspublizistik, wurde sein Name zum Schlagwort, mit dem die Protestanten um Anhänger warben oder unter dem sie wie der Prädikant Johann Locher gelegentlich selbst auftraten, gab er schließlich das Vorbild für die zahlreichen kleinen Bauern, armen Gesellen und biederen Handwerker ab, die fortan in den Dialogen als Verteidiger der neuen Lehre auftraten und ihren Klagen und Hoffnungen Ausdruck verliehen. Schon bald nach der Drucklegung des *Karsthans* erschien, gewissermaßen als seine Fortsetzung, das *Gesprech Büechlin Neuw Karsthans* von Martin Butzer, ein Dialog, der trotz der Verherrlichung Sickingens die Probleme der Zeit bereits vorwiegend aus der Perspektive des „gemeinen Mannes" darstellte, und seitdem gab es bis zum Ende seiner Blütezeit um ca. 1525 kaum einen Dialog, in dem nicht mindestens ein Repräsentant der unteren Stände auftrat oder gar, wie schon aus den Überschriften der einzelnen Texte hervorgeht – *Hans Knüchel* (Clemen, Bd. 1, S. 213ff.), der *Gestryfft Schwyzer Bauer, Tholl und Lamp* (Lenk, S. 146ff.), *Cuntz und Fritz* (Schade, Bd. 2, S. 119ff.), *Petrus und Bauer* (Lenk, S. 168ff.) usw., – als Wortführer des Gesprächs die Hauptrolle spielte. Am überzeugendsten hat zweifellos Hans Sachs, da selbst einer von ihnen, den Ton des kleinen Mannes getroffen, als er 1524 seine *Disputation zwischen einem Chorherrn und Schuchmacher* veröffentlichte, in welcher der „Schuster Hans" anläßlich der Rückgabe eines Paars geflickter Pantoffeln einen durch Wohlleben und Müßiggang stumpf gewordenen Domherrn in der Heiligen Schrift unterweist. In seinen anderen Reformationsdialogen wagte er sich gelegentlich auch zu offener Kritik an den Vertretern der neuen Lehre hervor, die ihren christlichen Worten keine Taten folgen ließen, d. h. sich der Bedrängnis der Armen nur mit frommen Sprüchen annahmen und ihren theologischen Streitigkeiten oft größeren Wert beimaßen als der Sorge um die Besserung der irdischen Zustände. Derartige Töne klangen in den übrigen Dialogen, in denen die Bauern und Handwerker meist nur als fiktives Sprachrohr der gehobenen Schichten fungierten, relativ selten an. Denn so beredt sie dort, an die Adresse der römischen Kirche gerichtet, das ihnen zugefügte Unrecht zu schildern wußten, so entschieden wiesen sie meist, in Übereinstimmung mit den Soziallehren Luthers, den Gedanken an eine Veränderung der herrschenden Ordnung im weltlich sozialen Bereich zurück, und zwar um so entschiedener, je stärker sich die tatsächlichen Anzeichen für einen bevorstehenden Ausbruch der sozialen Konflikte unter der Bauernschaft mehrten und die Bauern selbst mit ihren Programmen und Forderungen an die Öffentlichkeit traten. Der Wille zur Mobilisierung der öffentlichen Meinung, dem die Flugschriftenliteratur der ersten Jahre der Reformation ihre Entstehung verdankte, machte also an einem bestimmten Punkt halt und

schlug hier um in die Tendenz zu ihrer Manipulierung, ein Faktum, welches in der Doppelfunktion des „gemeinen Mannes" in den lutherisch orientierten Texten der Zeit am deutlichsten sichtbar wird.
Da sich die Autoren derartiger fingierter Gespräche zur Steigerung der propagandistischen Wirkung meist um größtmögliche Lebensechtheit bemühten, konnte es nicht ausbleiben, daß sich die Grenzen zwischen den Gattungen mitunter verwischten, d. h. die Dialoge durch Konkretisierung des Schauplatzes, Erweiterung des Personenkreises oder Hereinnahme szenischer Elemente ein dramenähnliches Aussehen erhielten. Dieser szenisch dramatische Charakter ist sogar eines der wichtigsten Kennzeichen des Reformationsdialogs und steht, da er den Eindruck der Wirklichkeitsnähe erhöht bzw. vielfach sogar erst hervorruft, zur Aktualität seiner Inhalte in genauer Entsprechung. Darüber hinaus dürfte er wenigstens indirekt auch mit den Besonderheiten der Rezeption des antiken Dramas in Deutschland zusammenhängen, da auch die Humanisten bei ihren Versuchen zur Neubelebung klassischer Dramenformen zwischen dialogischen und spielbaren Texten anfangs noch keineswegs klar unterschieden und bis in das 16. Jahrhundert hinein die termini comoedia und dialogus als austauschbare Begriffe verwandten. Dementsprechend waren in den lateinischen Dialogen der frühen Reformationszeit die dramatischen Elemente häufig besonders stark ausgeprägt, zumal sie den humanistisch gebildeten Autoren eine willkommene Gelegenheit boten, sich die reichhaltigen satirischen Möglichkeiten der antiken Komödie zunutze zu machen, ohne sich zugleich allzu streng an die Aufbaugesetze des klassischen Dramas halten zu müssen. Das charakteristischste Beispiel einer solchen dialogisch-dramatischen Mischform bietet der *Eckius dedolatus*, der fast sämtliche typischen Merkmale einer Terenz- oder Plautuskomödie aufweist und sich lediglich durch seine phantastisch irreale Handlung als nicht aufführbar zu erkennen gibt. Dieser phantastische Zug findet sich, da sich im Bereich der persönlichen Satire mit den Stilmitteln der Groteske am effektvollsten arbeiten ließ, in den lateinischen Dialogen relativ häufig. In den volkssprachigen Texten war dagegen die Szenerie durchweg realistisch gehalten, entzündete sich der vorzugsweise in Wirtshäusern oder auf Marktplätzen geführte Disput meist an konkreten Begebenheiten des alltäglichen Lebens, machte sich dementsprechend der Einfluß des einheimischen Fastnachtspiels stärker bemerkbar, das in Themenstellung und Personal seit jeher auf „Volkstümlichkeit" angelegt war. Sieht man

von den Unterschieden ab, wie sie üblicherweise zwischen Prosa- und Reimpaardichtung bestehen, sind die Beziehungen zwischen dem Fastnachtspiel und den volkssprachigen Dialogen in Sprachgebung, Personenzeichnung und „Handlungs“-führung in der Tat vielfach so eng, daß eine eindeutige Abgrenzung mitunter kaum möglich ist, zumal das Fastnachtspiel in seiner dramatischen Struktur zu dieser Zeit noch keineswegs festgelegt war und schon vor der Reformation in zunehmendem Maße satirische und moralisierende Tendenzen entwickelt hatte. In den gereimten Dialogen Utz Ecksteins, die z. T. unter dem Eindruck von Manuels Spielen entstanden sein dürften, fällt selbst dieser Unterschied fort, während in anderen dagegen, wie der *Wallfahrt im Grimmetal* (1523/24, Lenk, S. 179ff.), dem Gespräch *Von der Gült* (Lenk, S. 141ff., = Pacht- oder Leihzins, 1522) oder dem *Weggespräch gen Regensburg* (1525, Schade, Bd. 3, S. 159ff.), um nur wenige Beispiele noch zu nennen, das szenisch dramatische Element in der Dialogführung stärker ausgeprägt ist als in den meisten der überlieferten Fastnachtspiele (Eder hat dies auch am Vergleich zwischen den Reformationsdialogen und den frühen Fastnachtspielen von Sachs gezeigt) und der *Dialog von den vier größten Beschwernissen eines jeglichen Pfarrers* (Clemen, Bd. 3, S. 27ff.) von 1521/22 sogar eine vergleichsweise komplizierte „Handlung“ aufweist.

Wie man aber im einzelnen das Verhältnis von Reformationsdialog und Fastnachtspiel auch beurteilen mag, so hat es auch als selbständige Gattung in der konfessionellen Polemik der Zeit Verwendung gefunden, ja bot sich aufgrund seines Stegreifcharakters und seiner traditionell „offenen“ Form den protestantischen Autoren als besonders geeignetes dramatisches Genre an, als diese die Bühne für ihre Zwecke zu entdecken begannen. Das geschah freilich vorerst nur vereinzelt und zögernd, wobei die Randgebiete zunächst eine führende Rolle spielten, während sich die protestantische Bühnenkunst erst auf breiterer Basis entfaltete, nachdem in der zweiten, nachrevolutionären Phase der Reformation die Voraussetzungen für eine Rezeption des antiken Dramas und Theaters im Bereich der Volkssprache geschaffen waren. Sollte er tatsächlich als Autor der *Totenfresser* in Frage kommen, was von der neueren Forschung freilich entschieden bestritten wird, wäre Pamphilius Gengenbach der erste gewesen, der das Fastnachtspiel, und zwar möglicherweise schon 1518, in den Dienst der Bekämpfung der alten Lehre gestellt hätte, nachdem er zuvor schon im Spiel vom *Nollhart* als Kritiker von Reich und Kirche hervorgetreten war. Klar liegen die Dinge dagegen bei Niklaus Manuel, dessen Fastnachtspiele in direktem Zusammenhang mit der Einführung der Reformation in Bern entstanden sind. Von ihnen hat das Spiel *Vom Papst und seiner Priesterschaft,* das in der Art eines großangelegten Sittengemäldes ein grelles Bild von der zynischen Verderbtheit der römischen Kirche entwirft, auf die Zeitgenossen die nachhaltigste Wirkung ausgeübt, während der etwas später entstandene *Ablaßkrämer* trotz seiner aktuellen Thematik und dramatisch bewegten Handlung nur handschriftlich überliefert ist. Manuels Einfluß verrät auch das 1532 in Bern aufgeführte Spiel des Hans von Rüte vom *Ursprung und Ende heidnischer und päpstlicher Abgötterei,* und ebenfalls aus der Schweiz stammen die nur in späteren Bearbeitungen vorliegenden Bühnenstücke *Ein frischer Combiszt* (compositum = Sauerkohl) und *Der neu deutsch Bileamsesel,* (Goedeke, *P. Gengenbach,* S. 292ff. u. 310ff.), in welchen die vergeblichen Versuche des Papsttums zur Bekämpfung der lutherischen „Ketzerei" satirisch verspottet wurden. Untersucht man die „dramatische Struktur" dieser Texte und vergleicht sie mit Spielen wie dem niederdeutschen *Klaus Bur* (Schafferus, *Zwei niederdeutsche Dramen der Reformationszeit*), der ebenfalls aus der Frühzeit der Reformation stammt, strenggenommen aber in die Gruppe der gereimten Dialoge gehört, so stellt man rasch fest, daß diese Fastnachtspiele häufig nicht viel mehr als den Namen gemeinsam haben, also ein ähnlich reiches Spektrum an Formen wie die Dialogliteratur oder das übrige kämpferisch-polemische Schrifttum der zwanziger Jahre aufweisen. Vollends schließlich hat Burkard Waldis den überlieferten Rahmen gesprengt, als er 1527 in Riga, inmitten der dort herrschenden religiösen Wirren und gerade erst zum neuen Glauben bekehrt, sein „geystlike(s) vastelauendt"-Spiel, die *Parabell vam vorlorn Szohn,* zur Aufführung brachte. Es ist das formal zweifellos interessanteste und in seiner Aussage bedeutendste reformatorische Bühnenstück jener Zeit, das vielfach auch als erstes neueres Drama in deutscher Sprache bezeichnet wird, weil Waldis, obwohl er die offene Form des Fastnachtspiels z. T. noch beibehielt, die Handlung in zwei Akte aufgliederte, deren spiegelbildliche Anordnung die dem Stoff immanente Antithese von Gesetz und Gnade, d. h. von römischer „Werkheiligkeit" und lutherischer Rechtfertigungslehre, veranschaulichen sollte. Um den Zuschauern diesen Gegensatz eindringlich vor Augen zu führen, nahm Waldis sogar am Stoff selbst eine Änderung vor, indem er den älteren, gehorsamen Sohn als Gegenspieler des jüngeren auftreten und am Schluß als Inkarnation des stolz auf seine Verdienste pochenden

Mönchstums der Verdammnis anheimfallen ließ. Dieses bewußte Sichhinwegsetzen über den Wortlaut der biblischen Vorlage, das man damals durchaus noch als Kühnheit empfand, steht in genauer Entsprechung zu der Unbekümmertheit, mit welcher er in seinem Spiel die unterschiedlichsten dramatischen Strukturelemente zu einem neuen eigenwilligen Ganzen zusammenfügte, und ist das vielleicht prägnanteste Beispiel dafür, wie fruchtbar sich in dieser Zeit der leidenschaftliche Wille zu überzeugen, auf die künstlerische Produktivität auswirken konnte, ja in welchem Maße mitunter gerade das Gelingen des Experiments von der Intensität des persönlichen Engagements abhängig war.

Dieser Zusammenhang zwischen persönlichem Engagement und künstlerischer Produktivität bzw. Experimentierfreudigkeit tritt in der deutschen Literatur dieser Jahre überall unverkennbar hervor. In ihm ist neben den Schwierigkeiten, geeignete Drucker bzw. ein aufnahmewilliges Publikum zu finden, wohl der tiefere Grund dafür zu sehen, daß angesichts der Fülle von Schriften, die damals den literarischen Markt überschwemmten, die Zahl der Autoren, welche die alte Kirche gegen die Angriffe Luthers verteidigten und seinen Anhängern mit gleicher Münze heimzahlten, so verschwindend gering war, obwohl gerade sie die Zensur nicht zu fürchten brauchten, ja sich in Übereinstimmung mit den offiziell immer noch geltenden Anschauungen wußten. Sieht man von Theologen wie Johannes Eck, Hieronymus Emser, Augustin von Alfeld oder Johann Cochläus ab, welche die Auseinandersetzung mit Luther vorwiegend auf der Basis persönlicher Angriffe oder gelehrter Disputationen führten, sind es strenggenommen nur zwei, die von katholischer Seite aus durch Wort und Schrift in den Meinungsstreit eingriffen und es mit dem Gegner an Überzeugungskraft und satirischer Schärfe aufnehmen konnten, nämlich Thomas Murner und Hans Salat, beides Männer, die, wenn auch aus je verschiedenen Gründen, im eigenen Lager eine Außenseiterposition einnahmen und von der römischen Kirche keineswegs als berufene Verteidiger betrachtet wurden. Der Schweizer Hans Salat, der längere Zeit in verantwortlicher Stellung im altgläubig gebliebenen Luzern tätig war, später aber die Stadt verlassen mußte, trat allerdings mit seinen polemischen Dichtungen erst an die Öffentlichkeit, als die Reformation in der Schweiz durch den Tod Zwinglis 1531 ein kritisches Stadium erreicht hatte, während in Deutschland die eigentliche Kampfzeit bereits vorüber war. Im Spruchgedicht vom *Tanngrotz* (Tannenzweig, das Abzeichen der katholischen Orte im Kappeler Krieg) feierte er den Sieg der Rechtgläubigen über die neue Bewegung, die er im 1532 erschienenen *Triumphus Herculis Helvetici* mit einem wilden, vom „Hercules" Zwingli angeführten Teufelsheer verglich. Auch in Murners Satire *Von dem Großen Lutherischen Narren,* die zehn Jahre früher entstanden ist und hellsichtig den Ausbruch der Bauernkriege vorwegnahm, bildet die blinde Zerstörungswut der Lutherischen, die selbst vor den heiligsten Gütern des Glaubens nicht haltmacht, den Kernpunkt der Anklage, steht dementsprechend die Schilderung des Sturmangriffs des „evangelischen hauffens" gegen die Klöster und Burgen als Bollwerke einer in Gott gegründeten geistlichen und weltlichen Ordnung im Zentrum der Darstellung. Aber im Gegensatz zu Salat dominierte bei ihm das Gefühl der Trauer angesichts des Chaos, auf das er die Welt zusteuern sah, sollte es Luther tatsächlich gelingen, das in Jahrhunderten mühsam zurechtgezimmerte Gebäude der Kirche zum Einsturz zu bringen. Diese Trauer, die Murner in dem etwa gleichzeitig entstandenen Lied *Von dem undergang des Christlichen glaubens* unverhüllt aussprach, bricht auch im *Großen Lutherischen Narren* immer wieder durch. Sie gibt seinen satirischen Einfällen die bittere Schärfe, steigert sich gelegentlich zu leidenschaftlichem Zorn oder äußert sich in ebenso bösartigem wie treffsicherem Witz, erweckt insgesamt aber den Eindruck, als sei Murner selbst sich bewußt gewesen, auf verlorenem Posten zu kämpfen, da er jenem „Sturmangriff" gegen die römische Kirche, die auch er einst so heftig attackiert hatte, nichts Wirksames mehr entgegenzusetzen wußte. Als scharfzüngigste und in mancher Hinsicht auch scharfsichtigste literarische Abfuhr, die dem Luthertum damals von katholischer Seite erteilt wurde, stellt der *Große Lutherische Narr* unstreitig den Höhepunkt der volkssprachigen Satire des 15. und 16. Jahrhunderts in Deutschland dar. Sie führte noch einmal sämtliche bewährten satirischen Techniken gegen den Gegner ins Feld, machte sich in der ständigen Vertauschung der Stilebenen, dem Überspielen der Gattungsgrenzen und der Vorliebe für allegorisch bildhafte Gestaltung auch die typischen Methoden der Reformationsdialoge zunutze und übertraf an Einfallsreichtum und gezieltem Witz vieles von dem, was damals aus protestantischer Feder im Druck erschien. Da sie sich jedoch zu einer Zeit, als die Öffentlichkeit fast täglich mit neuen Ideen, Reformprogrammen und Glaubensbotschaften konfrontiert wurde, auf die Konstatierung des Negativen beschränkte, blieb ihr sogar die Wirkung im eigenen Lager versagt, blieb sie auf deutschem Boden auch das einzige Beispiel ihrer Art, obwohl Murner selbst, nachdem er aus dem Elsaß vertrieben worden war, den literarischen Kampf in der Schweiz mit allerdings stark verminderter Kraft fortsetzte.

Fragt man abgesehen von ihrer propagandistischen Funktion nach dem historischen Stellenwert der Flugschriftenliteratur und dem Einfluß, den sie auf die literarische Entwicklung im 16. Jahrhundert ausgeübt hat, so wird man sich auf der Suche nach einer Antwort kaum auf die Leistung einzelner Autoren berufen können oder deren Rolle allzusehr herausstreichen dürfen. Die Bedeutung, die sie gehabt hat und die Wirkung, die von ihr ausging, beruhen vielmehr auf der Tatsache, daß sie sich als Sprachrohr von Ideen verstand, deren Realisierung unmittelbar in die Lebensinteressen jedes einzelnen eingriff, und daß sie dementsprechend als eine Art Massenmedium fungierte, das von vorherein auf Breitenresonanz abzielte und gleichmäßig alle Stände anzusprechen bemüht war. Denn dadurch hat sie nicht nur diesen Ideen innerhalb kürzester Zeit zu allgemeiner Anerkennung verholfen, sondern auch zur Ausbildung einer „Gemeinsprache" beigetragen, in der sich die verschiedenen sozialen Gruppen ohne Ansehen von Herkunft und Bildung verständigen konnten und die es zugleich ermöglichte, daß die Literatur in weit stärkerem Maße als jemals zuvor tatsächlich zum geistigen Allgemeingut breiter Bevölkerungsschichten wurde. Dabei war die vielzitierte „Volkstümlichkeit" und Allgemeinverständlichkeit des literarischen Stils, welche sich die Flugschriftenautoren mit wachsendem Erfolg zu eigen machten, einerseits das Ergebnis bewußter Bemühungen, da sie bestrebt waren, ihre Aussagen möglichst konkret zu halten, sie durch Sprichwörter oder Vergleiche aus der Alltagswelt zu verdeutlichen und sich in Syntax und Vokabular der emotionell gefärbten mündlichen Sprechweise anzupassen, andererseits aber die einfache Folge der Tatsache, daß sie sich, um Ähnliches auszudrücken, vielfach auch der gleichen Worte und Bilder bedienten und immer wieder auf einen bestimmten Vorrat an Redemustern zurückgriffen, so daß innerhalb kürzester Zeit ein gewisser Sprachschatz zur Verfügung stand, der sich durch ständige Wiederholung nachdrücklich einprägte und schließlich, zumindest unter den Gleichgesinnten, zur allgemeinen Sprachnorm erhoben wurde. Dem widerspricht auch nicht, daß einige der Flugschriftenautoren in beträchtlichem Ausmaß sprachschöpferisch wirkten und bis dahin völlig unbekannte oder ungebräuchliche Wendungen in die deutsche Sprache einführten, da sich viele dieser Neuprägungen nicht nur rasch einbürgerten, sondern mitunter sogar zu Schlagworten wurden, die komplizierte Sachverhalte auf stark vereinfachte Formeln brachten und dadurch den Vorgang der Rezeption erheblich beschleunigten. F. Lepp hat eine große Zahl solcher Schlagworte zusammengetragen, von denen freilich viele nur Schimpfwörter oder Namensverdrehungen von allenfalls temporärer Verwendbarkeit waren, nicht wenige aber als fester Bestandteil in die deutsche Sprache und Literatur des 16. Jahrhunderts eingegangen sind und als Verständigungshilfen in ihr eine wichtige Rolle spielten. Vergleichbares gab es vorher noch nicht, nicht nur, weil es bis dahin an geeigneten Publikationsmöglichkeiten gefehlt hatte, sondern weil auch niemals zuvor die Übereinstimmung weiter Bevölkerungskreise in der Einschätzung oder Verurteilung bestimmter Dinge derartig groß gewesen war, daß das Bedürfnis nach einer gemeinsamen Verständigungsbasis zwischen den verschiedenen sozialen Gruppen und Bildungsschichten bestanden hätte. Diesem Bedürfnis kamen die Flugschriften entgegen, und indem sie es weitgehend auch erfüllten, haben sie gleichzeitig dem Prozeß einer gewissen „Demokratisierung" von Sprache und Literatur Vorschub geleistet, der wenigstens in Teilbereichen weit über das 16. Jahrhundert hinaus fortgewirkt hat.

Der wirksamste Anstoß zu diesem Prozeß ging allerdings weithin doch auf die Leistung eines einzelnen Mannes zurück, nämlich auf die Bibelübersetzung Luthers und das durch ihn ins Leben gerufene protestantische Kirchen- oder Gemeindelied. Beide gehören noch in die Frühzeit der Reformation – die Übersetzung des Neuen Testaments, die sog. *Septemberbibel*, erschien bereits 1522, und zwei Jahre später veröffentlichte Luther auch den größten Teil seiner geistlichen Lieder – und sind neben den Flugschriften der wichtigste literarische Ertrag dieser Jahre, ja insofern um vieles wichtiger noch, als sie im Gegensatz zu diesen das Jahrhundert weit überdauerten und ihre Bedeutung bis heute bewahrt haben. Über Luthers Anteil an der Entstehung der neueren deutschen Schrift- bzw. Literatursprache ist viel geschrieben und viel diskutiert worden. Neigte man früher mitunter dazu, ihn in Überschätzung der Rolle, die ein einzelner in einem solchen Zusammenhang spielen kann, geradezu als ihren „Schöpfer" anzusehen, dem in einem einzigen großen Wurf gelungen sei, worum sich viele Generationen vergeblich bemüht hatten, so tendierten andere zur Übertreibung in entgegengesetzter Richtung, indem sie ihm mit dem Hinweis auf eine Entwicklung, die schon „Jahrhunderte vor ihm eingesetzt" und erst „ein Jahrhundert nach ihm einen gewissen Abschluß gefunden" habe, jede Bedeutung in dieser Hinsicht absprachen und ihn allenfalls als literarischen und sprachgeschichtlichen „Sonderfall" verstanden wissen wollten.[21] Heute dagegen ist man sich weitgehend darüber einig, daß Luther zwar die neuere deutsche Schriftsprache nicht „geschaffen", wohl aber den Prozeß ihrer Entstehung und allmählichen Ausbildung erheblich beschleunigt hat, und zwar dadurch, daß seine Bibelübersetzung, die sich im wesentlichen auf die ohnehin auf sprachlichen Ausgleich angelegte Mundart der mitteldeutschen Kanzleien stützte, zum historisch „richtigen" Zeitpunkt erschien und als meistgekauftes Buch des 16. Jahrhunderts nicht nur in fast jedem protestantischen Haushalt gelesen wurde, sondern auch dem evangelischen Gottesdienst und Schulunterricht als sprachliche Grundlage diente. Als solche erfuhr sie zwar noch im 16. Jahrhundert eine Reihe von Veränderungen, da Luther selbst den Text, der erst 1534 vollständig vorlag, mehrfach revidierte und die verschiedenen Drucker ihn in Lautung und Wortwahl dem jeweiligen Entwicklungsstand anpaßten, blieb aber in Ausdrucksweise und sprachlicher Intention das richtungweisende Vorbild, an dem sich bis in die frühe Barockzeit hinein die Pädagogen, Pfarrer und Schriftsteller orientierten. Wenigstens indirekt hat sie auch über den Geltungsbereich des Protestantismus hinaus sprachbildend gewirkt, da sich auch die katholischen Bibelübersetzungen des 16. Jahrhunderts auf ihren Text stützten und ihn vielfach sogar bis in den Wortlaut getreu kopierten. Aus dem gleichen Grund hat sie auch auf die Literatur des 16. Jahrhunderts einen entscheidenden Einfluß ausgeübt, stellte sie doch als vielfach einzige Bildungsquelle zugleich die bei weitem beliebteste Stoffsammlung dar, ohne welche etwa das biblische Drama oder die Psalmendichtung kaum denkbar gewesen wären.

Trotzdem hat die Lutherbibel keineswegs eine neue Blütezeit in der Geschichte der deutschen Dichtung begründet, ja ist im Gegensatz zu späteren Jahrhunderten in jener Zeit als spezifisch sprachkünstlerische Leistung weder in echtem Sinne gewürdigt noch nachgeahmt worden. Das lag jedoch weniger an dem geringen ästhetischen Einfühlungsvermögen der Zeitgenossen als an der Tatsache, daß ihre ästhetischen Maßstäbe sich beträchtlich von denen des 18. oder 19. Jahrhunderts unterschieden und sie im übrigen Luthers Absichten besser und richtiger einzuschätzen wußten, als es späteren Generationen über den Abstand der Zeiten hinweg möglich war. Denn als Luther 1522 mit der Übersetzung des Neuen Testamentes begann und sie innerhalb weniger Monate beendete, hatte er keineswegs im Sinn, ein „Kunstwerk" von hohem poetischem Rang zu schaffen, ja hätte sein Vorhaben geradezu als gescheitert betrachtet, hätte man es in dieser Weise mißverstanden. Für ihn war die Sprache vielmehr primär ein Instrument der Verständigung, dessen besondere, ja einzigartige Bedeutung ausschließlich darauf beruhte, daß es als einziges Medium der göttlichen Offenbarung zugleich auch alleiniger Träger der „Wahrheit" war. Diese Wahrheit wollte er in seiner Übersetzung vermitteln, wollte sie, indem er sie aus der Sakralsprache in die Volkssprache übertrug, in eine „Wahrheit für jedermann" verwandeln, um ihr auf diese Weise ihre Verbindlichkeit für das alltägliche Leben zurückzugeben, so wie er sich zwei Jahre später auch um die Einführung der deutschen Messe bemühte, weil seiner Ansicht nach das Gotteswort seine volle Kraft nur außerhalb der Sakralsphäre, d. h. im Bereich des Verstehens und der lebendigen Aneignung entfalten konnte. Um es aber den Menschen in rechter Weise nahezubringen, mußte er sich einer Ausdrucksweise bedienen, die tatsächlich dem allgemeinen Vorstellungsvermögen angepaßt war, mußte also, wie er es später in dem berühmten *Sendbrief vom Dolmetschen* formulierte, der „mutter jhm hause", den „kinder[n] auff der gassen" und dem „gemeinen man auff dem marckt . . auff das maul sehen", damit sie es „verstehen . . und mercken, das man Deutsch mit jn redet".[22] Luthers epochemachende Leistung bestand also gerade darin, daß er die Heilige Schrift in die Umgangssprache bzw. das gesprochene Deutsch übertrug, nicht etwa, um diesem zu literarischer Anerkennung zu verhelfen, sondern um jener einen festen Platz in der Alltagswelt des „gemeinen Mannes" zu sichern. Darin unterschied er sich grundsätzlich sowohl von den früheren Übersetzern der Bibel, die sich aus Ehrfurcht vor dem heiligen Text meist streng an den Wortlaut der Vulgata gehalten hatten, als auch von den Humanisten, deren Bestrebungen lange Zeit auf eine deutsche Kunstsprache gerichtet waren, die in Syntax und Stil dem Lateinischen angepaßt war. Wie bewußt Luther vorging und wie intensiv er sich um ein „richtiges" Deutsch, d. h. die Nähe zur Umgangssprache bemühte, zeigt sich nicht nur an einem Vergleich der *Septemberbibel* oder frühesten Psalmenübersetzung mit der „Ausgabe letzter Hand", sondern geht u. a. auch aus der Tatsache hervor, daß er viele Veränderungen, die der ursprüngliche Wortlaut durch Abschleifungen oder ungenaue Zitierweise im täglichen Gebrauch erfahren hatte, in die späteren Textrevisionen aufnahm, um den Abstand zwischen dem schriftlich fixierten und dem gesprochenen Wort möglichst gering zu halten. Denn, so heißt es bei ihm: Das Evangelium ist „eygentlich nicht das, das ynn büchern stehet und ynn buchstaben verfasset wirtt, sondernn mehr eyn mundliche predig und lebendig wortt und eyn stym, die da ynn die gantz wellt erschallet und offentlich wirt außgeschryen, das mans uberal höret".[23] Ein „stym" aber, so muß man hinzufügen, die nur dann „uberall" gehört werden kann, wenn sie sich den natürlichen Veränderungen der Zeiten und Landschaften anpaßt, d. h. jederzeit in dem Ton erklingt, der unmittelbar verstanden wird und „durch alle sinne ... ynns hertz" eindringt.[24] Daß Luther auf diese Weise tatsächlich ein literarisches Kunstwerk von bleibendem Wert geschaffen hat, konnte daher erst in vollem Umfang gewürdigt werden, als die Sprache seiner Bibel den direkten Kontakt mit der gesprochenen Sprache verloren hatte, d. h. ihrerseits zur „Sakral"- oder „Kunstsprache" geworden war, die sich aufgrund ihrer nunmehr gewonnenen Distanz zur alltäglichen Sprechweise auch unter vorwiegend ästhetischen Gesichtspunkten bewerten ließ. Im 16. Jahrhundert existierte diese Distanz noch nicht. Daher wurde die Lutherbibel in dieser Zeit zwar nicht als Kunstwerk gefeiert, konnte dafür aber in echtem Sinne zum Haus- und Volksbuch werden, welches das Denken und Sprechen der Menschen auf Jahrzehnte hinaus in entscheidendem Maße geprägt hat und den Protestanten zugleich als geistiger Rückhalt diente, dessen sie, um sich als Gemeinde konstituieren zu können, bedurften.

Ähnliche Intentionen wie in seiner Bibelübersetzung verfolgte Luther mit seinen Kirchenliedern. Auch hier ist zunächst darauf hinzuweisen, daß er keineswegs generell als „Schöpfer" des Kirchenliedes gelten kann oder als erster die besondere Eignung des Liedes für die Formulierung der neuen Glaubensinhalte erkannt hätte. Denn einerseits hatte der Gemeindegesang, der bei Prozessionen und Wallfahrten schon immer gepflegt worden war, seit dem späten Mittelalter in zunehmendem Maße auch in den Kirchenraum Eingang gefunden, hatte auch das 15. Jahrhundert, wie die Lutherschen Bearbeitungen zeigen, eine Reihe gesungener und rasch volkstümlich gewordener geistlicher Lieder hervorgebracht; andererseits aber spielte in den Anfangsjahren der Reformation das Kampf- oder Bekenntnislied schon vor Luther eine gewisse Rolle, hatte jene Zeit gerade auf diesem Gebiet einige Leistungen von hohem Aussagewert und z. T. sogar individueller Ausdruckskraft aufzuweisen. Das gilt wohl an erster Stelle für Huttens 1521 entstandenes *Ich habs gewagt mit sinnen*, in dem sich nach P. Hankamer verwirklichte, was „an rein dichterischer Möglichkeit im Bannkreise der Reformation in Deutschland" vorhanden war[25], oder für die zuerst als Meistersang konzipierte *Wittembergisch nachtigall* von Hans Sachs, deren Eingangsverse: „Wacht auff! es nahent gen dem tag..." von Wagner in den Text der *Meistersinger* aufgenommen wurden. Aber auch Michael Stifels 1522 veröffentlichtes Lied *Von der christförmigen Lehre Luthers* (Wackernagel, Bd. 3, Nr. 107) ist hier zu nennen, sowie Murners bewegte Klage über den *Undergang des christlichen Glaubens* (Wackernagel, Bd. 5, Nr. 1130), der ein Anonymus bald darauf in dem gleichen, volksliedhaft balladesken Ton sein triumphierendes *Lied vom auffgang der Christenheyt* (Scheible, *Das Kloster*, Bd. 8, S. 671 ff.) entgegenhielt. Trotzdem nimmt Luther auch in dieser Hinsicht eine Schlüsselstellung ein, da er dem Gemeindegesang, der in der katholischen Messe stets nur eine allenfalls geduldete Randerscheinung geblieben war, nicht nur einen festen Platz im Ablauf der kirchlichen Liturgie einräumte, ja ihm neben Predigt und Schriftverlesung sogar die bedeutendste Rolle im künftigen evangelischen Gottesdienst zuwies, sondern das Lied durch seine Festlegung auf die zentralen Glaubensinhalte gleichzeitig auch zum wichtigsten Träger eines kollektiven religiösen Erlebens erhob, welches zur Entstehung des Gemeinschaftsgefühls unter den Neubekehrten entscheidend mit beitrug. Welchen Wert Luther dem Kirchenlied für den Aufbau der evangelischen Gemeinde beimaß, zeigt sich daran, daß er in der *Formula Missae* von 1523, in welcher er erste Vorschläge zur Reform der katholischen Messe unterbreitete, gleichzeitig auch einen dringenden Appell an die „poetae germanici" richtete, ihm „cantilenas" zur Verfügung zu stellen, „quae dignae sint in ecclesia Dei frequentari"[26], und selbst aus diesem Anlaß seine ersten 24 Lieder verfaßte, die ein Jahr später, im sog. „Liederjahr", im Druck erschienen und den Grundstock der rasch anwachsenden Zahl von Gesangbüchern in allen Teilen Deutschlands bildeten. Ihrer gottesdienstlichen und gemeinschaftsbezogenen Funktion entsprechend waren diese Lieder trotz der Unmittelbarkeit und persönlichen Ausdruckskraft, die aus einigen von ihnen spricht, in erster Linie religiöse Zweckdichtung, dazu bestimmt, die neuen Glaubensinhalte den Menschen in einprägsamer Form nahezubringen, das Gefühl ihrer Zusammengehörigkeit im Bekenntnis zur Wahrheit der christlichen Lehre zu festigen und die aktive Teilnahme der Gemeinde am Gottesdienst zu gewährleisten. Das bringen seine

Vorreden zu den verschiedenen Gesangbüchern unmißverständlich zum Ausdruck, das wird auch durch das Faktum bestätigt, daß viele seiner Texte trotz ihres grundsätzlichen Bekenntnischarakters ein betont objektives, lehrhaftes oder sogar katechetisches Gepräge tragen, und damit hängt schließlich wohl auch zusammen, daß von den 36 Liedern, die er geschrieben hat, weniger als ein Drittel echte Neuschöpfungen sind, da er überall dort, wo eine inhaltliche Übereinstimmung mit den Grundzügen seiner Lehre gesichert schien, unbedenklich an bereits Vorhandenes anknüpfte. Freilich ist mit dem Terminus „religiöse Zweckdichtung" noch nicht allzuviel ausgesagt. Denn worauf die rasche Verbreitung und große Wirkung seiner Lieder beruhte und was an ihnen im Gegensatz zu ähnlich gearteten Bestrebungen der gleichen oder vorangegangenen Zeit als nachahmenswert empfunden wurde, war ihre Nähe zum Volkslied, die es dem einzelnen ermöglichte, sich mit ihren Aussagen spontan zu identifizieren und ihren Bekenntnisgehalt aus eigenem Erleben nachzuvollziehen. Diese Nähe zum Volkslied macht sich nicht nur in der sprachlichen Gestaltung, wie der Vorliebe für einprägsame Formeln und bildhafte Wendungen, der Neigung zum affektbetonten, ausdrucksstarken Wort usw. bemerkbar, sondern tritt auch in der weitgehenden Übereinstimmung von Wort und Weise hervor und wird sichtbar in der Bevorzugung einfacher Strophenformen, unter denen die später vielfach übernommene siebenzeilige „Reformationsstrophe" mit dem Reimschema ababccd, wie sie Luther u. a. in *Aus tiefer Not* verwandte, den ersten Platz einnahm. Daß Luther die Nähe zum Volkslied bewußt erstrebte, und zwar aus Gründen, die unmittelbar mit seinem religiösen Sendungsbewußtsein zusammenhingen, geht nicht nur aus seiner scharfen Polemik gegen die im Rahmen der katholischen Messe geübte Form des Kirchengesangs, sondern auch aus seiner Kritik an Müntzer hervor, der schon vor Luther den deutschen Gottesdienst in Zwickau eingeführt und aus diesem Anlaß, unter Beibehaltung des üblichen Ritus, eine Reihe lateinischer Hymnen übersetzt hatte. Denn bezeichnete er den Gesang in der römischen Kirche schlichtweg als „missebrauch und Abgötterey", da man „ynn den Stifften und Klöstern" die lateinischen Texte stets nur mechanisch vor sich hin ge-„plöcket" habe, statt sie mit „hertz und verstand" in frommer Andacht zu singen[27], so hielt er Müntzer entgegen, daß eine „deutsche Messe" auch „eyne rechte deutsche art" haben, d. h. in „text und notten, accent, weyse und geperde" nach „rechter muttersprach und stymme" gestaltet sein müsse.[28] Mit „hertz und verstand . . nach rechter deutscher art" –

das ist daher in etwa auch die Formel, mit der sich die Intention der Lutherschen Kirchenlieddichtung in Übereinstimmung mit den im *Sendbrief vom Dolmetschen* entwickelten Prinzipien am treffendsten charakterisieren läßt. Der hohe Grad an Gefühlsintensität, der ihr vielfach zu eigen ist, steht daher keineswegs im Widerspruch zu ihrer Zweckgebundenheit, sondern ist das Ergebnis einer künstlerischen Zielsetzung, welche den Wert der Sprache an der Überzeugungskraft maß, mit welcher sie den Menschen die „Wahrheit" vermitteln und in eine ihr Dasein lebendig durchdringende Macht verwandeln konnte. Am überzeugendsten hat Luther diese Zielsetzung zweifellos in dem um 1527 entstandenen Lied *Ein feste Burg* verwirklicht, in welchem religiös verbindliche Aussage, aufrüttelndes reformatorisches Pathos und emotionale Ausdruckskraft der Sprache zu organischer Einheit verschmolzen sind. Es stellt denn auch nach allgemeiner Forschungsansicht seine bedeutendste dichterische Leistung dar und wurde von Friedrich Engels nicht zu Unrecht als die „Marseillaise des 16. Jahrhunderts"[29] bezeichnet. Denn als evangelisches „Bekenntnislied" katexochen ist es zugleich ein Kampf- und Trutzlied, in welchem Luther die revolutionäre Stimmung des jungen Protestantismus eingefangen und seiner Siegeszuversicht den Ausdruck religiöser Glaubensgewißheit verliehen hat, die über alle irdischen Widerstände und Rückschläge triumphiert, weil diese letztlich nichts anderes sind als das ohnmächtige Aufbegehren des Satans gegen die Verwirklichung des Herrschaftsanspruchs Gottes auf Erden. In Anlage und Motivik hat dieses Lied manches mit Huttens berühmtem *Ich habs gewagt mit sinnen* gemeinsam, ja verdankte wie dieses seine rasche Popularität nicht zuletzt der Tatsache, daß Luther sich in ihm einer Bildsprache bediente, die durch eine Reihe reformatorischer Flugschriften weiteren Kreisen bereits vertraut geworden war und aufgrund ihrer Gegenwartsnähe als besonders einprägsam empfunden wurde. Seine einzigartige Wirkung aber beruhte wohl darauf, daß Luther in ihm diese Bildsprache wiederum ins Geistliche transponierte, d. h. religiöse Kampfmetaphorik und aktuellen Zeitbezug derart miteinander verknüpfte, daß die Auseinandersetzung zwischen der alten und der neuen Lehre, ohne ihren Realitätsgehalt einzubüßen, den Charakter eines Ringens zwischen Gott und Teufel annahm, in welchem sich die Protestanten auf der richtigen Seite wußten und sich dadurch in ihrem Selbstbewußtsein immer wieder neu bestätigt fühlen konnten. Aus diesem Grund ist wohl *Ein feste Burg* bis heute das evangelische Bekenntnislied schlechthin geblieben, nimmt es schließlich auch insofern eine Sonderstellung ein, als es als einziges der Lutherlieder, ja als einziges der im 16. Jahrhundert entstandenen Kirchenlieder überhaupt, den Kampfgeist der frühen Reformationszeit ungebrochen widerspiegelt und in eine Epoche hinübergetragen hat, in welcher das Luthertum seinerseits zur Orthodoxie erstarrte und sich aus einer zumindest ansatzhaft revolutionären Bewegung zu einer das geistige und soziale Leben nach strengen Gesetzen formenden normativen Religion entwickelte.

III

Mit der Flugschriftenliteratur in ihren verschiedenen Spielarten, mit dem Prosadialog, dem satirisch polemischen Fastnachtspiel, der Lutherschen Bibelübersetzung und dem frühen protestantischen Kirchenlied sind bereits die wichtigsten Zeugnisse der „deutschen Literatur der Reformationszeit“ aufgezählt, deren Höhepunkt, sofern man darunter die Konzentration aller Kräfte auf die Beseitigung der Herrschaftsgewalt der römischen Kirche versteht, mit den sog. „Kampfjahren“, d. h. der Zeit zwischen 1520 und 1525, zusammenfiel. Als die eigentlich kämpferische Phase der Reformation zu Ende ging und das Luthertum mit Hilfe der Landesfürsten in den ihm zugefallenen Gebieten eine eigene Kirche zu errichten begann, verlor auch die Literatur ihre polemisch propagandistische Funktion und büßte mit ihrem Aktualitätsgehalt weithin auch jenes religiöse Pathos ein, welches ihrer Sprache den rhetorischen Schwung und ihren Argumenten die leidenschaftliche Überzeugungskraft verliehen hatte. In Deutschland setzte diese Veränderung, die nach außen hin in dem Versiegen der Flugschriftenproduktion am deutlichsten sichtbar wird, fast schlagartig mit dem Ende der Bauernkriege ein, deren Erlebnis Luther dazu veranlaßte, den Aufbau des protestantischen Schul- und Gemeindewesens zur Sicherung seines von revolutionären Kräften bedrohten Reformwerks beschleunigt in Angriff zu nehmen. Seine maßlose Polemik gegen die „räuberischen und mörderischen Rotten der Bauern“ zog endgültig den Schlußstrich unter eine Epoche, in der auch unter seinen Anhängern der Wille, die irdischen Verhältnisse vom Glauben her zu erneuern, wenigstens teilweise lebendig gewesen war. In der Schweiz dagegen brachte erst der Tod Zwinglis die entscheidende Wende, nachdem die Religionsgespräche und -kämpfe der späteren zwanziger Jahre mit den Dialogen Utz Ecksteins, Manuels *Krankheit und Testament der Messe* und den letzten Satiren Murners noch einmal eine größere Zahl polemischer Schriften hervorgerufen hatten. Selbstverständlich hörte die „guerre des pamphlets“[30] in dem Stil, in dem sie während der Kampfjahre geführt worden war, nicht vollständig auf, sondern erhielt durch die zähen Versuche der römischen Kirche zur Rückeroberung des verlorenen Terrains, welche die wechselvollen inneren Geschicke des Reiches im 16. Jahrhundert bestimmten, ständig neue Nahrung und fand auf beiden Seiten immer wieder engagierte Verfechter. So veröffentlichte, um nur wenige Beispiele noch zu nennen, Burkhard Waldis vor dem Ausbruch des Schmalkaldischen Krieges einige bissige Streitgedichte gegen den Herzog Heinrich von Braunschweig, den von Luther als „Hans Worst“ geschmähten Führer der katholischen Liga, schrieb Erasmus Alberus 1542 seinen *Barfüßer Eulenspiegel und Alcoran*, in welchem er in Anknüpfung an die Streiche des damals schon berühmten Schwankhelden die angeblichen Wundertaten des heiligen Franziskus verspottete, und verfaßte der Dramatiker Thomas Naogeorgus noch zehn Jahre später das von Waldis ins Deutsche übertragene *Regnum Papisticum*, eine Aufzählung sämtlicher Greueltaten, deren sich das Papsttum seit den Anfängen seiner Geschichte schuldig gemacht hatte. Erst während der dreißiger Jahre wurden auch die Katholiken in größerem Umfang aktiv, entstanden u. a. die Luthersatiren von Johann Cochläus (*Ein heimlich Gesprech von der Tragedia Johannis Hussen*, 1538) und Simon Lemnius (*Monachopornomachia* oder *Mönchshurenkrieg*, 1538/39) sowie die unter dem Pseudonym Daniel von Soest erschienene *Gemeyn Bicht* von 1539, welche in mehr als 3000 Versen aus katholischer Sicht die Vorgänge um die Einführung der Reformation in Soest schilderte (Berger, *Satirische Feldzüge*, S. 194ff.). Schließlich gab auch das gegen die Protestanten gerichtete kaiserliche „Interim“ von 1548 zu zahlreichen literarischen Protesten Anlaß, flammte endlich mit dem Vordringen der Gegenreformation gegen Ende des Jahrhunderts die konfessionelle Polemik auf breiterer Basis noch einmal auf und fand in Johann Fischart und dem Jesuitenpater Johannes Nas ihre profiliertesten Vertreter. Im Vergleich zu den zwanziger Jahren war das Echo, das derartige Texte hervorriefen, später jedoch nur noch gering und fand in breiteren Schichten der Bevölkerung um so weniger Resonanz, je mehr die Entscheidung zwischen Protestantismus und Katholizismus in den Sog fürstlicher Machtinteressen und politischen Kalküls geriet – eine Entwicklung, die in der Kompromißformel des Augsburger Religionsfriedens von 1555 „cuius regio, eius religio“ ihren vorläufigen

Abschluß fand – und die Einheit der protestantischen Bewegung durch aufbrechende innere Gegensätze und theologische Richtungskämpfe verlorenging. Welche Desillusionierung diese Zersplitterung in den eigenen Reihen bewirkte und wie sehr sie geeignet war, die anfängliche religiöse Begeisterung erlahmen zu lassen, kommt u. a. in den während der vierziger Jahre veröffentlichten Spruchgedichten von Hans Sachs *Das klagendt Evangelium* und *Die gemartert Theologia* deutlich zum Ausdruck. Der zündende Funke, der einst die Leidenschaften der Menge entfacht hatte, war um diese Zeit schon weithin erloschen, und das Luthertum, welches unter dem Zeichen des Kampfes gegen eine institutionalisierte und mit den weltlichen Mächten verbündete Religion angetreten war, schickte sich nunmehr an, selbst zur Institution zu werden, welcher an der Festigung der Ordnung im eigenen Machtbereich mehr gelegen war als an der Verkündigung einer in ihrem Kern revolutionären, da gegen etablierte Herrschaftsformen gerichteten Glaubensbotschaft.

Der beherrschende Einfluß, den das lutherisch prostestantische Ideengut auf das Schrifttum der Kampfjahre ausgeübt hatte, verringerte sich freilich auch in der Folgezeit nicht, sondern blieb bis zum Vordringen der Gegenreformation für die deutsche Literatur des 16. Jahrhunderts bestimmend. Aber er verlagerte sich und verband sich nunmehr mit dem Einfluß von Kräften, die zwar am Vordringen der Reformation von Anfang an beteiligt gewesen, durch die aktuellen religiösen und sozialen Probleme jedoch zunächst in den Hintergrund gedrängt worden waren, nämlich mit dem Einfluß einer in erster Linie praxisbezogenen bürgerlichen Ethik einerseits und dem eines spezifisch humanistischen Bildungsinteresses andererseits. Da die protestantische Ethik, wie Luther sie formuliert hatte, ohnehin einen betont bürgerlichen Charakter trug und die Erneuerung des Erziehungs- und Bildungswesens – wollte sie ihre Position sichern und auf die Dauer nach außen hin festigen – zu den vordringlichsten Aufgaben der neu errichteten Kirche gehörte, konnten diese Kräfte mit den religiösen Intentionen des Luthertums rasch zu einer Synthese verschmelzen, welche das geistige Gesicht des protestantischen Deutschland im 16. Jahrhundert bestimmte und auch der Literatur, soweit sie repräsentative Geltung besaß, ihr typisches und im Vergleich zu den Literaturen der Nachbarländer durchaus eigenständiges Gepräge verlieh. Der bewußte und gleichsam systematische Ausbau dieser Synthese ging in erster Linie auf Melanchthon, den Praeceptor Germaniae, zurück und fand in der von ihm 1527 begonnenen Reform des höheren Schulwesens seinen charakteristischsten Ausdruck. Denn in den Gymnasien, wie sie auf Betreiben Melanchthons bald überall in den protestantischen Gebieten entstanden, verfolgte man fortan das Ziel, die künftigen Pfarrer, Lehrer oder Beamten nicht nur zu glaubensstrengen und fest auf die Luthersche Lehre eingeschworenen Christen, sondern auch zu pflichtbewußten und gesetzestreuen Mitgliedern des Gemeinwesens zu erziehen, die denjenigen, für deren Wohl sie einmal in verantwortlicher Stellung tätig sein würden, sowohl in religiöser wie in moralischer Hinsicht als Vorbild dienen konnten. Daher stand in den Unterrichtsplänen das Studium der alten Sprachen und des antiken Schrifttums, welches nach damaliger Auffassung für die Bewältigung der praktischen Lebensprobleme das reichhaltigste Anschauungsmaterial bereithielt, d. h. dem Schüler neben dem zur Erfüllung seiner späteren Aufgaben notwendigen geistigen Rüstzeug auch die „Exempla" für ein richtiges oder falsches Verhalten in der Welt lieferte, nahezu gleichberechtigt neben der Lektüre der Heiligen Schrift, ja galt die gründliche Kenntnis des klassischen Altertums vielfach geradezu als Voraussetzung für das rechte Verständnis und die sinngemäße Anwendung der biblischen Lehren. Was man aber in der klassischen Dichtung zu finden glaubte, nämlich Anweisungen zum vernünftig sittlichen Handeln, welche die christlichen Lebensmaximen vom Praktischen her ergänzten, erwartete man erst recht von der Literatur der eigenen Gegenwart, die also mit Kirche und Schule Hand in Hand arbeiten und auf ihre Weise einen Beitrag zur Erziehung der Menschen zu christlicher Frömmigkeit und bürgerlicher Tugend leisten sollte. Diesen Anspruch hat der Lutheraner Wenzeslaus Linck klar formuliert, als er in einem Brief von 1539 aus der Tatsache der stets zur Leichtfertigkeit neigenden „tollen Welt" die Forderung ableitete, ihr „jetzund Gottes Wort . . ., Lehre" und „gute Sitten . . . mit Gesängen, Reimen, Liedern, Sprüchen, Spielen der Komödien" usw. vor Augen zu halten, damit „vielleicht die, die das Predigen nicht hören noch sonst Zucht leiden wollen, durch Spiele oder Gesänge könnten erworben werden".[31] Dementsprechend behielt die deutsche Literatur auch nach den „Kampfjahren" ihren funktionalen Charakter grundsätzlich bei, waren in der zweiten Phase der Reformation die Beziehungen zwischen Kirche und Schule einerseits und dem Bereich der Dichtung andererseits überaus eng, was nicht zuletzt durch das Faktum bestätigt wird, daß die weitaus meisten protestantischen Autoren Pfarrer oder Schulmeister waren, die ihre schriftstellerische Tätigkeit vielfach nur als Fortsetzung ihres

Lehr- bzw. Predigtamtes betrachteten und ihre humanistischen Kenntnisse und künstlerischen Fähigkeiten bewußt in den Dienst der Ausbreitung und Festigung der bürgerlich protestantischen Lebensordnung stellten.

Diese Lehr- und Erziehungsfunktion wurde für die meisten der im 16. Jahrhundert gepflegten literarischen Gattungen auf die eine oder andere Weise bestimmend. Sie brachte u. a. die Fabeldichtung zu neuer Blüte, um die sich neben Luther, der den Äsop zur Pflichtlektüre in den Schulen empfahl, in erster Linie Burkhard Waldis (*Esopus*, 1548), Erasmus Alberus (*Das Buch von der Tugent und Weißheit*, 1550) und Hans Sachs verdient gemacht haben. Sie veranlaßte u. a. Jörg Wickram dazu, die Gattung der Moralsatire wieder ins Leben zu rufen und sich in seinen beiden letzten Prosaromanen (*Knabenspiegel* u. *Nachbarn*, 1554/56) im Bruch mit der bisherigen Tradition gegenwartsnahen Themen zuzuwenden. Vor allem aber prägte sie das umfangreiche Oeuvre von Sachs, der seine zahllosen Meisterlieder und Spruchdichtungen nach eigener Aussage „zu straff der laster, lob der tugendt, zu lehre der blüenden jugendt“ und „zu ergetzung trawriger gmüt“[32] verfaßt und in ihnen nicht nur zu nahezu sämtlichen sozialen, religiösen oder moralischen Fragen der Zeit Stellung genommen, sondern nacheinander auch die gesamte Bibel in deutsche Verse gebracht hat. Vielfach wirkte sich freilich diese Lehr- und Erziehungsfunktion nur auf die ethische und religiöse Durchformung der Stoffe aus, die im übrigen, wie gerade das Beispiel von Sachs am deutlichsten zeigt, aus fast allen Bereichen des alltäglichen Lebens bzw. der historischen oder literarischen Überlieferung entlehnt werden konnten, während die Formen, deren sich die Autoren bedienten, vielfach noch der Tradition des 15. Jahrhunderts verpflichtet waren. Direkt dagegen hat das Luthertum, sieht man von der weitverbreiteten Predigt- und Erbauungsliteratur einmal ab, seinen Einfluß auf das Welt- und Menschenbild jener Epoche über das Drama und Kirchenlied geltend gemacht, die auch insofern besonders hervorgehoben zu werden verdienen, als sie die beiden einzigen Gattungen sind, denen erst der Sieg der Reformation zu literarischem Durchbruch verholfen hat.

Luthers Appell an die „poetae germanici“ in der *Formula Missae* von 1523 hatte ein unerwartet starkes Echo hervorgerufen. Bereits ein Jahr später, im sog. „Liederjahr“, waren in Erfurt, Wittenberg und Nürnberg vier geistliche Liederbücher erschienen, denen innerhalb kürzester Zeit ähnliche Sammlungen in fast allen Teilen des Reiches folgten, u. a. in Zwickau und Rostock 1525, in Königsberg 1527, Augsburg 1529 und Straßburg 1541 (hier waren, ehe Martin Butzer 1541 ein eigenes Gesangbuch herausgab, auch schon vorher einige Sammlungen entstanden), und bald griff diese Bewegung auch auf benachbarte Gebiete über, so auf Böhmen, wo 1531 das erste deutsche Gesangbuch der böhmischen Brüder erschien, und auf die Schweiz, wo trotz anfänglicher religiöser Widerstände der Zwinglianer 1540 ein *Nüw gsangbüchle* für die Zürcher reformierte Gemeinde veröffentlicht wurde. Viele dieser Sammlungen erlebten mehrere Auflagen und wurden ständig um neues Liedgut bereichert, so daß die Kirchenliedproduktion bald einen erstaunlichen Umfang erreichte, zu dem außer einer großen Zahl sonst unbekannter Autoren fast alle derzeit namhaften Protestanten ihren Beitrag geleistet haben. Unter ihnen sind, um nur einige der wichtigsten zu nennen, aus dem Wittenberger Kreis Johannes Walther, Paul Speratus und Erasmus Alberus zu erwähnen, in Nürnberg trat außer Lazarus Spengler auch Hans Sachs als Verfasser geistlicher Lieder hervor, in Straßburg waren es u. a. Konrad Huber und Wolfgang Capito, und unter den böhmischen Liederdichtern nahm schließlich Michael Weiße eine ähnlich herausragende Stellung ein wie Ambrosius Blaurer im schwäbisch-alemannischen Raum. Einen weithin selbständigen Bereich bildete die Psalmendichtung, die vor allem mit dem Namen von Burkhard Waldis verknüpft ist, der, wiederum den Anregungen Luthers folgend, als erster den gesamten Psalter in kunstvolle deutsche Verse übertrug. Das bedeutendste Zentrum der Kirchenlieddichtung blieb zunächst jedoch Wittenberg, wo sich vor allem die Zusammenarbeit zwischen Luther und dem Komponisten Johannes Walther, die gemeinsam einige mehrfach nachgedruckte Gesangbücher herausgaben, überaus fruchtbar auswirkte. Die Anregungen, die von hier ausgingen, strahlten nicht nur auf die Liederdichtung der Wiedertäufer aus, welche als von allen Seiten Verfolgte außerhalb der offiziell anerkannten Glaubensgemeinschaften standen, sondern wurden schließlich sogar von der katholischen Kirche aufgegriffen, die seit 1537 in Deutschland eigene Gesangbücher herauszugeben begann, und zwar vielfach unter Benutzung von Texten protestantischer Autoren, die von ihr mit z. T. nur geringfügigen Veränderungen übernommen wurden.

Dieses plötzliche Hervortreten und sprunghafte Anwachsen der Kirchenliedproduktion ist zweifellos primär auf die Tatsache zurückzuführen, daß es sich beim Kirchenlied ähnlich wie bei den zwischen 1521 und 1525 entstandenen Flugschriften um eine literarische

Zweckform handelte, die in ihren Inhalten weitgehend festgelegt war und auf künstlerische Qualitäten erst in zweiter Linie Anspruch erhob. Trotzdem nahm es in der Liederdichtung des 16. Jahrhunderts bald eine zentrale Stellung ein und entwickelte sich schließlich trotz seiner ursprünglich strengen kirchlichen Bindung zur bevorzugten lyrischen Ausdrucksform der Epoche, die erst zu Beginn des Barock durch eine an französischen und neulateinischen Vorbildern orientierte Kunstlyrik abgelöst wurde. Das hängt sicher u. a. damit zusammen, daß es durch seine Verankerung im protestantischen Gemeindeleben rasch zum Gemeinbesitz breiter Bevölkerungsschichten wurde und damit wenigstens zum Teil in die Funktionen eintrat, welche das Volkslied bis dahin erfüllt hatte, ein Vorgang, der durch die zahlreichen Kontrafakturen noch erheblich beschleunigt wurde und durchaus auch den Intentionen Luthers entsprach, der in einer seiner Gesangbuchvorreden die Hoffnung geäußert hatte, daß seine geistlichen Lieder der Jugend als Ersatz für die sonst von ihr bevorzugten „bul lieder und fleyschlichen gesenge“ dienen möchten.[33] Indem das Kirchenlied aussprach, was die meisten Menschen des 16. Jahrhunderts bewegte oder doch von ihnen als gemeinsames Anliegen empfunden wurde, gelang es ihm außerdem, eine Lücke zu schließen, die sich im Laufe der Zeit gerade auf diesem Gebiet empfindlich bemerkbar gemacht hatte, da die an der Antike orientierte neulateinische Lyrik nur wenigen Gebildeten zugänglich war, der Meistersang und das Gesellschaftslied aber, die beiden wichtigsten Zweige der deutschsprachigen Lyrik, weitgehend schon zu formelhaften, auf äußere Effekte bedachten oder handwerklich gelehrten Kunstformen erstarrt waren, von denen keine echten Impulse mehr ausgehen konnten. Im Kirchenlied fanden sich dagegen Allgemeinverbindlichkeit und Allgemeinverständlichkeit der Aussage zusammen, gewann die Lyrik ihre einstige Funktion, komprimierter Ausdruck der Welt- und Lebenserfahrung eines Zeitalters zu sein, wenigstens ansatzweise zurück, zeigte es dementsprechend auch verhältnismäßig früh schon Tendenzen, die strenge kirchliche Bindung abzustreifen und seinen Themenkreis durch die Einbeziehung der äußeren und inneren Erlebniswelt auszuweiten.

Diese Tendenzen standen zunächst in einem gewissen Gegensatz zu der von Wittenberg geförderten objektiv-liturgischen Richtung, traten aber schon in der Frühzeit der Reformation bei dem (erst von F. Spitta wiederentdeckten) Herzog Albrecht von Preußen hervor, der in einigen seiner Lieder, die den Grundstock des Königsberger Gesangbuchs von 1527 bildeten, seinen persönlichen Glaubensnöten auf gleichsam privater Ebene Ausdruck zu geben versuchte, und lassen sich in der Betonung der gemüthaft empfindsamen Komponente des religiösen Erlebens u. a. auch bei Ambrosius Blaurer oder den Kinderliedern des Johann Mathesius erkennen. Da im übrigen die weitaus meisten Kirchenlieder des 16. Jahrhunderts in der Ich- oder Wir-Form geschrieben waren, also im Vergleich zur kirchlichen Gemeinschaftsdichtung des Mittelalters von vornherein ein stärker subjektives Gepräge trugen, konnte es nicht ausbleiben, daß sie neben dem Bekenntnis zur christlichen Heilsbotschaft bald auch zum Sprachrohr der kollektiven oder persönlichen Ängste und Hoffnungen wurden, in denen sich das Lebensgefühl der Menschen jenes Zeitalters spiegelte. Daneben aber war man bestrebt, den Bereich des in der geistlichen Lyrik Sagbaren auch nach anderer Richtung hin auszudehnen, d. h. auch die großen und kleinen Vorkommnisse des täglichen Lebens in die religiöse Erlebniswelt einzubeziehen. So entstanden neben geistlichen Liedern auf die verschiedenen Jahres- und Tageszeiten oder Gebeten für öffentliche Anlässe und private Anliegen bald in größerem Umfang Lieder auf Geburt, Eheschließung, Krankheit und Tod oder auf Ereignisse, die wie Teuerung, Seuchen, Unwetter und vor allem der Krieg das Schicksal des einzelnen wie der Gemeinschaft betrafen, entwickelte sich also das Kirchenlied allmählich zur religiösen Erbauungslyrik, die ihre Wirksamkeit vorwiegend außerhalb des Kirchenraumes entfaltete und ihre wichtigste Aufgabe in der christlichen Durchformung auch der privaten Lebensbereiche erblickte. Spätestens mit den 1560 von Nikolaus Herman veröffentlichten *Geistlichen Gesängen für die Kinder und christlichen Hausväter* war dieser Übergang auch nach außen hin sichtbar vollzogen und damit zugleich ein erster wichtiger Schritt getan, der die Entstehung einer neuen weltlichen Lyrik auf deutschem Boden ermöglichte. Denn obwohl zu der sog. Erlebnislyrik des 18. Jahrhunderts keine direkte Brücke führt und obwohl auch die Barockdichter in Formgebung und poetischer Diktion von einem prinzipiell andersgearteten Kunstwillen ausgingen, dürfte doch kaum ein Zweifel daran bestehen, daß sie ohne das reichhaltige Material an neuen sprachlichen Ausdrucksmitteln, welche ihnen das Kirchenlied zur Verfügung stellte, den Anschluß an die gesamteuropäische Entwicklung schwerlich so rasch gefunden hätten, ebenso wie auch das im 18. Jahrhundert entstandene „Erlebnislied“ in mancher Hinsicht an die Entdeckung der religiösen Gefühlswelt in der geistlichen Lyrik der Reformationszeit gebunden war.

Seinem Anspruch nach war auch das protestantische Drama, neben dem Kirchenlied die wichtigste literarische Neuschöpfung der Reformation, religiöse Dichtung, unterschied sich aber vom geistlichen Spiel des Mittelalters grundsätzlich dadurch, daß es die Bühne nicht mehr direkt in den Dienst der Vermittlung der in der Heilsgeschichte offenbarten Wahrheiten stellte, sondern statt dessen die Möglichkeit ihrer Realisierung im konkreten geschichtlichen Raum aufzeigte, d. h. anhand sinnfälliger Beispiele zu demonstrieren versuchte, welche Verpflichtungen dem einzelnen daraus im Umkreis seiner täglich zu bewältigenden Lebensaufgaben erwuchsen. Diese veränderte Zielsetzung führte zwangsläufig zum Bruch mit der mittelalterlichen Theatertradition und ließ die protestantischen Autoren statt dessen an die humanistischen Versuche zur Wiederbelebung des antiken Dramas anknüpfen, dessen dramatische Struktur die Darstellung in sich geschlossener, zielgerichteter und streng auf den intendierten Aussagegehalt konzentrierter Handlungskomplexe ermöglichte. Auch hierin folgten sie zunächst den Anregungen Luthers, der sich aus religiösen Gründen entschieden von den Oster- und Passionsspielen distanzierte und statt dessen die Aufführung von Terenzkomödien empfahl, die, wenn auch nicht Anweisungen zu vorbildlichem christlichem Verhalten, so doch zu konkretem sittlichem Handeln vermittelten, indem sie anzeigten „die listigen Anschläge ... der bösen Bälge" und „fein künstlich ... fur die Augen" stellten, „wie sich ein Jglicher in seinem Stande halten soll".[34] Dementsprechend spielte die Aufführung von Terenzkomödien fortan eine wichtige Rolle im Lehrprogramm der Gymnasien, begann man bald auch nach ihrem Muster neue Bühnenstücke zu schreiben, die das Publikum, und zwar vorwiegend anhand biblischer Stoffe, mit den Grundsätzen evangelischer Lebensführung und protestantischer Ethik vertraut machen sollten. Der entscheidende Anstoß dazu ging von einem neulateinischen Dramatiker aus, nämlich dem Niederländer Wilhelm Gnaphäus, der in seiner *Acolastus*-Komödie von 1529, zwei Jahre nach der Aufführung von Waldis' *Verlorenem Sohn*, den Parabelstoff zu einem bürgerlichen Familienschauspiel mit lehrhaft pädagogischem Einschlag umformte und damit das Vorbild abgab, an dem sich die meisten der deutsch schreibenden Bühnenautoren direkt oder indirekt orientierten. Die ersten Zentren des neuen Dramenschaffens bildeten sich in Sachsen, dem Stammland der Reformation, und in der Schweiz heraus, wobei in Sachsen an erster Stelle Paul Rebhun mit seiner *Susanna* (1535) und *Hochzeit zu Cana* (1538), Hans Ackermann (Spiel vom *Verlorenen Sohn*, 1536 u. *Tobias*, 1539), Valten Voith (*Vom herlichen Ursprung, betrübten Fall und gnädiger Widerbringung des Menschen*, 1538) und Joachim Greff mit Dramen über den Abraham-, Jacob-, Susannen- und Judithstoff zu nennen sind, während die Anfänge der neuen Bühnendichtung in der Schweiz vor allem mit den Namen von Heinrich Bullinger (*Lucretia und Brutus* 1533), Johannes Kolroß (*Fünferlei Betrachtnisse, die den Menschen zur Buße reizen*, 1532), Jacob Ruf (*Von des Herrn Weingarten*, 1539) und Sixtus Birck verknüpft sind, der schon um 1530 mit der Abfassung einiger alttestamentlicher Spiele begonnen hatte. Von dort aus breitete sich der neue Dramentypus dann auch in den übrigen protestantischen Gebieten des deutschen Sprachraumes aus, wo er z. T., wie bei den Elsässern Wickram und Thiebolt Gart, mit überlieferten einheimischen Spielformen verschmolz oder, wie in den Meistersingerdramen von Sachs, eine den theatralischen Bedürfnissen der unteren Bevölkerungsschichten angepaßte eigenständige Prägung erhielt. Aufschlußreich, was den starken Anteil der Humanisten an ihrer Entstehung betrifft, ist ferner die Tatsache, daß in der protestantischen Bühnendichtung des 16. Jahrhunderts deutsche und lateinische Texte von Anfang an gleichberechtigt nebeneinander standen, gerade auf diesem Gebiet also die Unterschiede zwischen der volkssprachigen und neulateinischen Literatur kaum eine Rolle spielten, was u. a. daraus hervorgeht, daß der *Pammachius* des Thomas Naogeorg, das mit Abstand gelungenste Kampfdrama jener Zeit, durch zwei zeitgenössische Übersetzungen sofort einem größeren Publikumskreis zugänglich gemacht wurde, während umgekehrt Sixtus Birck seine ursprünglich deutschen Bühnentexte nachträglich ins Lateinische übertrug.

Da das protestantische Drama des 16. Jahrhunderts seine Entstehung und rasche Ausbreitung in erster Linie der Intention zur Nutzung der erzieherischen und propagandistischen Möglichkeiten des Theaters verdankte, unterschied es sich in seiner künstlerischen Ausprägung wesentlich von der zeitgenössischen Bühnenkunst der übrigen europäischen Länder, insbesondere Italiens und Frankreichs, machten sich die Autoren die Aufbaugesetze des antiken Dramas häufig auch nur insoweit zu eigen, als sie ihren speziellen Absichten entgegenkamen, und waren im übrigen mehr auf Publikumswirkung als auf die Einhaltung abstrakter Regeln bedacht. Das gilt vor allem für die sog. Kampfdramen, denen die Bühne auch weiterhin als Austragsort der konfessionellen Polemik diente und deren Struktur weithin durch den Willen zur Aktivierung der Zuschauer bestimmt wurde, welche das dargestellte Geschehen als Teil ihrer eigenen, durch sie selbst zu bestimmenden Lebenswirklichkeit begreifen lernen sollten. So fehlt in Naogeorgs *Pammachius*, einem großangelegten Geschichtsdrama, welches auf drei verschiedenen Ebenen die Verwandlung der Papstkirche in eine Kirche des Teufels behandelt, der an sich intendierte 5. Akt, weil, wie der Proclamator am Ende des Spiels versichert, der Kampf zwischen den Anhängern Gottes und den Knechten des Satans noch nicht zu Ende ist. So bediente sich Jacob Ruf im Spiel *Von des Herrn Weingarten* aus ähnlichen Gründen des Mittels der Verfremdung und Illusionsdurchbrechung, indem er fiktive, allegorische, zeitgenössische und biblische Personen zusammen auf der Bühne agieren und die „ungetreuen Knechte" des Herrn gleichzeitig in der Rolle der historischen Verfolger Christi und der gegenwärtigen höchsten Repräsentanten der Papstkirche auftreten ließ. Vor allem aber bemühten sich die Autoren zu diesem Zweck um eine direkte Verknüpfung von Heils- und Weltgeschehen, indem sie in ihren Spielen den Kampf zwischen Gott und Teufel in den konkreten Geschichtsablauf selbst verlegten, der dadurch den Charakter eines dramatischen Ringens erhielt, welches die Zuschauer zu aktiver Stellungnahme herausforderte. Dieser religiöse Dualismus, der statt eines möglichen Ausgleichs der Spannungen nur ein klares Entweder-Oder zuließ, tritt in Valten Voiths Drama *Vom herlichen Ursprung, betrübten Fall und gnädiger Widerbringung des Menschen* ebenso deutlich hervor wie in der erst 1580 entstandenen *Geistlichen Aktion* von Bartholomäus Krüger, die in der ständigen Abfolge von actio und reactio die gesamten Vorgänge vom Sündenfall bis zum Jüngsten Gericht zur Darstellung brachte, oder in Naogeorgs zweitem wichtigem Drama, dem *Mercator,* welches den Kampf zwischen der katholischen und evangelischen Rechtfertigungslehre um die Seele des „Jedermann" schildert. Er bestimmte aber letztlich auch den Aufbau und Inhalt derjenigen Spiele, die das Publikum von der Bühne herab mit sorgfältig ausgewählten und vorpräparierten Modellen christlicher Lebensführung konfrontierten und von der Forschung allgemein als „Schuldramen" bezeichnet werden, nicht nur, weil sie z. T. direkt aus dem Unterricht in den Gymnasien erwachsen sind, sondern weil sie tatsächlich auch so etwas wie eine „Schule des christlichen Lebens"[35] waren und sein wollten.

Da die Thematik der Schuldramen eine Handlungsführung erforderte, in der es statt auf die Herausarbeitung großangelegter historischer Perspektiven mehr auf die plastische Darstellung alltäglicher

Situationen und Lebensvorgänge ankam, hielten sie sich meist enger an die Aufbaugesetze der antiken Komödie und zeigten, wie am Vergleich von Waldis' *Verlorenem Sohn* und Gnaphäus' *Acolastus* vielleicht am deutlichsten sichtbar wird, gegenüber den Kampfdramen auch sonst erhebliche Unterschiede, die sich sämtlich aus ihrer besonderen Zielsetzung ableiten lassen, welche neben ihrer Struktur auch ihre Stoffwahl in entscheidendem Maße bestimmte. Fast ausschließlich nämlich griffen die deutschen Schuldramatiker des 16. Jahrhunderts auf das Alte Testament als Vorlage zurück, wobei sie mit Vorliebe solche Stoffe behandelten, die wie die Geschichten von Abraham, Jacob, Esther, Tobias und nicht zuletzt auch Susanna in der einen oder anderen Form um die Thematik von Familie und Ehe kreisten oder sich doch in diesem Sinne interpretieren ließen. Denn die Familie als Fundament jeder bürgerlichen Ordnung und erste von Gott gestiftete irdische Institution war das bevorzugte Modell, an welchem sie das von den Zuschauern geforderte vorbildliche Verhalten in der Welt bis ins Detail genau demonstrierten. Um diesen ihren Modellcharakter einsichtig zu machen, übertrugen sie sämtliche Stoffe in die Lebenswirklichkeit des 16. Jahrhunderts, schalteten in den Handlungsablauf umfangreiche moralisierende und reflektierende Passagen ein und formten die Personen zu Typen um, die in ihren Reaktionen und Eigenschaften auf Verhaltensmuster festgelegt waren, denen Luthers Auffassung von der Aufgaben- und Pflichtenverteilung im Bereich der Familie zugrunde lag. Letzteres gilt vor allem für die deutschen Autoren, während sich die Schweizer aufgrund der engen Verflechtung von religiöser und staatlich politischer Erneuerung im Reformwerk Zwinglis in ihren Dramen gleichzeitig auch um die Aufstellung von Normen für ein vorbildliches, von Bürgersinn und gegenseitiger Verantwortung getragenes Gemeinwesen bemühten. In beiden Fällen aber erfuhren die Stoffe eine Umdeutung, die ihren ursprünglichen Sinngehalt oft weithin verdeckte, wurde der Staunen oder Schrecken erregende Einzelfall zum exemplarischen Vorgang umstilisiert, in welchem die Zuschauer ihr eigenes, durch strenge Gesetze geregeltes Dasein gespiegelt finden und aus welchem sie lernen sollten, „wie ein jeder Mensch sich in seinem Leben, beid gegen Gott und Menschen, Christlich und Erbarlich" zu verhalten habe.[36] So hat, um nur einige Beispiele zu nennen, Valten Voith sein Spiel von der Königin Esther, welche ihr Volk einst durch ihre Tapferkeit vor dem sicheren Untergang rettete, ganz auf dem Gegensatz zwischen der ungehorsamen ersten und gehorsamen zweiten Ehefrau des Perserkönigs Ahasver aufgebaut, nehmen in Rebhuns *Susanna* die Familienszenen, in denen sich die „Heldin" als vorbildliche Ehefrau, Hausfrau und Mutter präsentiert, breiteren Raum ein als die Darstellung ihrer Konfrontation mit den Richtern, beansprucht dagegen bei Sixtus Birck die Gerichtsszene mehr als ein Drittel der Handlung, weil ihm vor allem daran gelegen war, die Bedeutung einer intakten Rechtsprechung für ein gut funktionierendes Gemeinwesen aufzuzeigen. Infolgedessen fehlt es den meisten dieser Dramen an wirklichen Höhepunkten, gibt es in ihnen, da das Verhalten der Spieler stets mit demselben Maß gemessen und hinsichtlich der Ausdeutung des Geschehens nach einem von vornherein feststehenden Schema verfahren wird, weder eine individuelle Personendarstellung noch eine echte Konfliktgestaltung, finden sich schließlich überall gleiche oder ähnlich geartete Szenen genrehaften Gepräges, die für den Handlungsablauf entbehrlich sind und sich erst vom Epilog her als notwendig zu erkennen geben. Denn in diesem werden die auf der Bühne gezeigten Vorgänge jeweils noch einmal Punkt für Punkt rekapituliert und auf die konkrete Nutzanwendung befragt, welche die Zuschauer je nach Alter, Stand oder Berufszweig aus ihnen zu ziehen hatten, wobei gerade jenen scheinbar überflüssigen Szenen besondere Beachtung geschenkt wurde, weil sie aufgrund ihres Genrecharakters das anschaulichste Demonstrationsmaterial für das im bürgerlichen Alltag geforderte Verhalten lieferten. Trotzdem spielt sich in diesen Dramen wenigstens der Intention nach Ähnliches ab wie in den Kampfdramen, ging es letztlich ebenfalls um den Kampf zwischen Gott und Teufel, der hier lediglich, ohne an metaphysischer Tragweite einzubüßen, auf einer anderen, privateren Ebene ausgetragen wurde. Dafür spricht außer der Tatsache des Absolutheitscharakters, den die in ihnen aufgestellten Normen besitzen, vor allem die strenge Scheidung der Personen in Gute und Böse, die in ihrem Verhalten stets auf den einen oder anderen Pol des Wertschemas festgelegt sind und daher letztlich nur als Vollzugsorgane übergeordneter Mächte fungieren, deren weltumspannender Gegensatz auf der „Bühne des irdischen Lebens" ständig neu zum Austrag gelangt und selbst den scheinbar banalsten Vorgängen noch eine weit über sie hinausweisende Bedeutung verleiht. Das zeigt sich in keinem Drama so deutlich wie in Rebhuns *Susanna*, die auch sonst vielfach als die vollkommenste Ausprägung des Schuldramas gilt, weil es Rebhun wie keinem anderen gelungen ist, in Dialogführung, Aufbau, Personenzeichnung und Szenengestaltung seinen Anspruch, eine „Schule des christlichen Lebens" zu sein, so bis ins Detail getreu zu verwirklichen. Das eigentliche Anliegen, welches die protestantische Literatur des 16. Jahrhunderts im Anschluß an die „Kampfjahre" verfolgte und das im Grunde ein doppeltes war, nämlich die lutherische Glaubenslehre fest in der sozialen Ordnung der Zeit zu verankern und diese Ordnung zugleich als gottgewollt darzustellen, hat daher in diesem Drama seine überzeugendste Realisierung gefunden, so wie denn überhaupt die Bühnendichtung, da auf Öffentlichkeitswirkung angelegt und von den Reaktionen des Publikums abhängig, über den Geist und die Intentionen eines Zeitalters am sichersten Auskunft zu geben pflegt.

Nur der Vollständigkeit halber sei am Schluß noch auf einen Literaturzweig verwiesen, der ohne Luther wohl schwerlich in Erscheinung getreten wäre, in seiner Verflechtung von Aberglauben, Religiosität und bürgerlichem Moralismus aber den einzigen in jeder Hinsicht originellen Beitrag der Zeit zur Gattung der Moralsatire darstellt, nämlich auf die sog. Teufelstraktate, die sich seit den vierziger Jahren zunehmender Beliebtheit erfreuten und in dem später mehrfach erweiterten *Theatrum Diabolorum* von 1569 dem Publikum in einer geschlossenen Sammlung präsentiert wurden. Denn in diesen Teufelstraktaten, die sämtlich aus der Feder protestantischer Geistlicher stammten, wurde die Luthersche Teufelslehre, die mit dem Teufel als dem „princeps huius mundi" erstmals in vollem Umfang ernst gemacht und ihn dementsprechend vor allem dort am Werk gesehen hatte, wo es darum ging, dem Menschen das Fundament seines Heils, den Glauben an die alleinseligmachende Gnade streitig zu machen, mit der traditionellen Stände- und Sittenkritik verknüpft und zu einem Instrument der Verurteilung spezifisch bürgerlicher Untugenden umgemünzt. Was dabei herauskam, war, wie schon die verschiedenen Titel *Tanz-*, *Spiel-*, *Sauf-*, *Huren-*, *Faul- oder Wucherteufel* usw. zeigen, ein mit negativen Vorzeichen versehenes und religiös bzw. dämonologisch verbrämtes Handbuch der praktischen Moral, in welchem der „Fürst dieser Welt" fast nur noch in der Rolle des Spezial- oder Lasterteufels fungierte, dessen vornehmste Aufgabe darin bestand, die Menschen vom Pfade bürgerlicher Tugend fortzulocken bzw. den Warnungen vor dem konkreten Normverstoß durch die in Aussicht gestellten Höllenstrafen Nachdruck zu verleihen. Dieser mitunter fast gewaltsam anmutende Versuch zur Moralisierung einer Idee, die ursprünglich gegen die von der katholischen Kirche geübte „Werkfrömmigkeit" gerichtet war und damit wenigstens ansatzhaft die Möglichkeiten zur Revolutionierung des gesamten damals gültigen Wertsystems in sich enthalten hatte, verdeutlicht vielleicht am sinnfälligsten den Wandlungsprozeß, dem die Luthersche Lehre unterworfen war, nachdem sich der Protestantismus aus einer revolutionären Bewegung zum systemstabilisierenden Faktor entwickelt hatte, d. h. selbst einer auf ihn sich berufenden Sitten- und Lebensordnung als Rechtfertigungsgrund und geistige Basis diente. Es war ein Wandlungsprozeß, an dem nach den wenigen Jahren des Aufbruchs und Neubeginns in mehr oder weniger ausgeprägter Form die gesamte von Luther beeinflußte Literatur des 16. Jahrhunderts teilhatte, der durch sie gefördert und durch den sie in ihrer Entwicklung bestimmt wurde. Ihn in seinen einzelnen Stadien zu verfolgen und auf seine Hintergründe zu untersuchen gehört zu den vielen wichtigen Aufgaben, die sich künftigen Literarhistorikern in dieser immer noch unzureichend durchforschten Epoche stellen.

ANMERKUNGEN ZUR EINFÜHRUNG

1. W. Stammler: Von der Mystik zum Barock, S. 303f.
2. Untertitel von H. Werners Ausgabe in: Archiv f. Kulturgeschichte 6, 1908, 3. Erg.heft.
3. Zit. nach der Ausgabe v. H. Koller (Staatsschriften des späteren Mittelalters, Bd. 6), S. 334.
4. Zitiert nach A. v. Keller: Fastnachtspiele aus dem fünfzehnten Jahrhundert, Bd. 3, S. 1155 (BLV 30, Stuttgart 1853), Neudr. Darmstadt 1965.
5. Die Emeis, das ist das Buch von der Omeißen. Deutsche Übersetzung von J. Pauli. Straßburg 1517, S. XXI u. XXII.
6. Das Narrenschiff. Hg. v. F. Zarncke. Leipzig 1854 (Neudr. Hildesheim 1961), Vorr. V. 52.
7. Die Narrenbeschwörung. (Murners Deutsche Schriften. Hg. v. F. Schultz u. a., Bd. 2), Kap. 82, V. 85ff.
8. H. O. Burger: Renaissance, Humanismus, Reformation, S. 401.
9. Heinrich Heine: Sämtliche Werke. Hg. v. E. Elster. Leipzig, Wien o. J. Bd. 4, S. 198.
10. WA, Bd. 6, S. 404.
11. ebda, S. 407.
12. Huttens Deutsche Schriften. Hg. v. P. Ukena, S. 207.
13. Eberlin v. Günzburg: Schriften. Hg. v. L. Enders, Bd. 1, S. 84.
14. O. Clemen: Die lutherische Reformation und der Buchdruck, S. 7.
15. P. Böckmann: Formgeschichte der deutschen Dichtung, S. 247.
16. WA, Bd. 7, S. 21.
17. V. Eichstädt: Die bibliographische Erschließung der deutschen politischen Flugschriften. Zentralblatt f. Bibliothekswesen 53, 1936, S. 611.
18. K. Schottenloher: Flugblatt und Zeitung, S. 18.
19. W. Lenk: Die Reformation im zeitgenössischen Dialog, S. 13.
20. Huttens Deutsche Schriften. Hg. v. P. Ukena, S. 111.
21. A. Schirokauer: Frühneuhochdeutsch. Deutsche Philologie im Aufriß, [2]Bd. 1, Sp. 910 u. 908.
22. WA, Bd. 30, 2, S. 637.
23. WA, Bd. 12, S. 259.
24. WA, Bd. 30, 2, S. 639.
25. P. Hankammer: Die Sprache, ihr Begriff und ihre Deutung, S. 74.
26. WA, Bd. 12, S. 218.
27. WA, Bd. 35, S. 322.
28. WA, Bd. 18, S. 123.
29. Karl Marx u. Friedrich Engels: Über Kunst und Literatur. Hg. v. M. Lifschitz. Berlin 1953, S. 196.
30. M. Gravier: Luther et L'Opinion Publique, S. 19ff.
31. Zit. nach W. Stammler: Von der Mystik zum Barock, S. 304.
32. Hans Sachs Werke. Hg. v. A. v. Keller u. A. Götze, Bd. 7, S. 209.

33. WA Bd. 35, S. 474.
34. WA Tischreden, Bd. 1, S. 431, Nr. 867.
35. H. Kindermann: Theatergeschichte Europas Bd. 2, S. 303.
36. Aus der Vorrede von Johann Baumgarts Komödie vom Gericht Salomonis v. 1561. Zit. nach: W. Kawerau: Johann Baumgarts Gericht Salomonis. In Vierteljahrschr. f. Litteraturgeschichte 6, 1893, S. 5.

ZEITTAFEL

(Von Luthers Thesenanschlag bis zum Augsburger Religionsfrieden)
Ermittelte oder zweifelhafte Verfasser, Druckorte und Druckjahre sind in Klammern angegeben.

1517 Dichterkrönung Huttens durch Kaiser Maximilian (Juli). – Anschlag von Luthers 95 Thesen gegen den Ablaß an der Schloßkirche zu Wittenberg (31. Okt.). – Bauernaufstand in Württemberg.
Epistolae Obscurorum Virorum, 2. Teil (Köln 1517).
Erasmus v. Rotterdam: *Querela pacis*. Basel 1517.
Pamphilius Gengenbach: *Nollhart*. Fastnachtspiel. Aufführung Basel 1517. Druck ebda.
Ulrich v. Hutten: *De Donatione Constantini*. o. J. u.O. (1517). Erstveröffentlichung der Schrift v. Laurentius Valla „De falso credita et ementita Constantini donatione".
Johannes Reuchlin: *De arte cabbalistica*. Hagenau 1517.

1518 Antrittsvorlesung Melanchthons („De corrigendis adolescentiae studiis") als Professor f. Hebräisch u. Griechisch in Wittenberg (Aug.). – Luther verweigert in Augsburg vor Kardinal Cajetan den Widerruf seiner Thesen (Okt.).
Martin Luther: *Ein Sermon von Ablaß und Gnade*. Wittenberg 1518
Von den guten Werken. Wittenberg 1518.

1519 Antrittspredigt Zwinglis in Zürich (Jan.). – Tod Maximilians I. (Jan.) und Wahl Karls V. (Juni). – Leipziger Disputation zwischen Eck, Karlstadt und Luther (Juni/Juli. Bruch Luthers mit Rom). – Vertreibung Herzog Ulrichs v. Württemberg durch den Schwäbischen Bund.
Erasmus v. Rotterdam: *Colloquia familiaria*. Erste Ausgabe. Löwen 1519 (vollständige Ausgabe 1533).

1520 Bannandrohungsbulle Leos X. „Exsurge domine" gegen Luther (Juni). – Kaiserkrönung Karls V. in Aachen (Okt.). – Verbrennung der Schriften Luthers in Köln (Nov.). – Verbrennung der Bannandrohungsbulle durch Luther in Wittenberg (Dez.).

(Hermann v. d. Busche): *Hochstratus ovans.* Dialog. o. J. u. O. (1520?).
Cotta Lembergius (Pseud.): *Eckius dedolatus.* Dialog. o. J. mit fingierter Ortsangabe (1520).
Ulrich v. Hutten: *Dialogi* (*Fortuna, Febris* 1 u. 2, *Inspicientes, Vadiscus sive Trias Romana).* Mainz 1520 (Apr.).
Conquestiones = Klagschriften u. Ermahnungen (lat.-dt.). Straßburg 1520 (Sept.-Nov.)
Klag und Vormahnung gegen dem übermäßigen unchristlichen Gewalt des Papsts zu Rom. Straßburg 1520 (Okt./Nov.).
Judas Nazarei (Pseud.): *Der Wolfgesang.* o. J. u. O. (Basel 1520/21).
Martin Luther: *An den christlichen Adel deutscher Nation von des christlichen Standes Besserung.* Wittenberg 1520 (Aug.).
De Captivitate Babylonica Ecclesiae. Wittenberg 1520 (Okt.).
Ein Sendbrief an den Papst Leo X. Von der Freiheit eines Christenmenschen. Wittenberg 1520 (Nov.).
Thomas Murner: *Vier Schriften gegen Luther (Ein christliche und brüderliche Ermahnung; Von Dr. Martin Luthers Lehren u. Predigen; Von dem Papsttum; An den Großmächtigsten Adel deutscher Nation).* Straßburg 1520 (Nov./Dez.).

1521 Bannbulle Leos X. gegen Luther (Jan). – Reichstag zu Worms (Jan.–Mai). Luther in Worms (Apr.), anschließend Flucht auf die Wartburg. Wormser Edikt (Mai). – „Pfaffensturm" in Erfurt (Juni). – Müntzer in Prag. – Eroberung Belgrads durch die Türken (Aug). – Unruhen in Wittenberg (Dez). – Beginn der Kriege zwischen Karl V. und Franz I. v. Frankreich. – Tod Leos X. (Dez.).
(Martin Butzer): *Gesprächbüchlein Neu-Karsthans.* o. J. u. O. (Straßburg 1521).
Ein schöner Dialogus zwischen einem Pfarrer und einem Schultheiß. o.J.u.O. (Augsburg 1521).
Abydenus Corallus (Pseud).: *Dialogi Septem Festiue Candidi.* o. J. u. O. (1521).
Ein schöner Dialogus Cunz und der Fritz o. J.u. O. (Augsburg? 1521).

Eberlin v. Günzburg: *Die 15 Bundsgenossen.* Flugschriftensammlung. Basel 1521 (Sept.).

Hieronymus Emser: *Wider das unchristenliche Buch Martini Luthers an den deutschen Adel.* Leipzig 1521.

(Pamphilius Gengenbach?): *Die Totenfresser.* Fastnachtspiel. o.J.u.O. (1512?).

Simon Hessus (Pseud).: *Argumentum libelli* o.J.u.O. (Basel o. Augsburg 1521).

Dialogus Simonis Hessi et Martini Lutheri. Landshut 1521.

Ulrich v. Hutten: *Gesprächbüchlin (Erst u. ander Feber; Vadiscus oder die Römische Dreifaltigkeit; Die Anschawenden).* Straßburg 1521 (März).

Novi Dialogi (Bulla vel Bullicida; Monitor 1 u. 2; *Praedones*). o.O. 1521 (Jan./März).

Ein neu Lied: Ich habs gewagt. Schlettstadt 1521 (Sommer).

Judas Nazarei (Pseud.): *Vom alten und neuen Gott, Glauben und Lehre.* (Basel) 1521.

Karsthans. Dialog. o.J. u. O. (Straßburg 1521, Jan).

Philipp Melanchthon: *Loci communes rerum theologicarum* (Erste dogmatische Grundlegung der Lutherschen Theologie). Wittenberg 1521.

(Sebastian Meyer): *Vom Pfründmarkt der Curtisanen.* Flugschrift. Basel 1521.

Die göttliche Mühle. Allegorisches Gedicht. o. J. u. O. (1521).

Thomas Müntzer: *Prager Manifest* (1521, ungedruckt).

Raphael Musaeus (Pseud.).: *Murnarus Leviathan, Vulgo dictus Geltnar.* Dialog. o.J.u.O. (1521).

(Johannes Römer): *Dialogus von den vier größten Beschwernissen eines jeglichen Pfarrers.* (Schlettstadt) 1521.

1522 Papstwahl Hadrians VI. (Jan.). – Rückkehr Luthers nach Wittenberg (März). Reichstag zu Nürnberg (März-Apr., Reichshilfe gegen die Türken). – Eroberung Mailands durch Karl V. (Apr.). – Erhebung d. Reichsritterschaft unter Führung Sickingens. Fehde Sickingens gegen das Erzbistum Trier (Aug.–Mai 23). – 2. Nürnberger Reichstag (Nov.). – Eroberung v. Rhodos durch die Türken (Nov.).

Hartmuth v. Cronberg: *Schriften* (Sendbrief an Karl V. u. Franz v. Sickingen; Drei Christliche Schriften; Die Bestallung = Statuten einer „militia Christi"). Wittenberg 1522.

Von der Gült. Dialog. o.J.u.O. (Straßburg 1522?)
Andreas Karlstadt: *Von Abtuhung der Bilder*. Flugschrift. Wittenberg 1522.
Das Kegelspiel. Allegorisches Gedicht. (Augsburg) 1522.
Martin Luther: *Eine treue Vermahnung zu allen Christen, sich zu hüten vor Aufruhr und Empörung*. Wittenberg 1522 (März).
Vom ehelichen Leben. Wittenberg 1522
Das Newe Testament Deutzsch. Wittenberg 1522 (Septemberbibel, 2. Ausg. Dezember 1522).
Thomas Murner: *Ein neu Lied von dem Untergang des Christlichen Glaubens*. o.J.u.O. (1522).
Von dem Großen Lutherischen Narren. Straßburg 1522 (Dez.)
Michael Stifel: *Lied von der christförmigen Lehre Luthers*. Straßburg 1522.
Ulrich Zwingli: *Von Erkiesen und Freiheit der Speisen*. o.J.u.O. (Basel 1522).

1523 Disputation zwischen Zwingli und Joh. Fabri (Jan.) und Beginn der Reformation in Zürich. – Nürnberger Reichstagsabschied (Febr., Forderung nach Abstellung der Beschwerden der deutschen Nation u. Einberufung eines Konzils). – Tod Sickingens (Mai) und Huttens (Aug. auf der Insel Ufenau bei Zürich) u. Strafaktion des Schwäbischen Bundes gegen die fränkische Ritterschaft. – Müntzer Prediger in Allstedt. Gründung des „Allstedter Bundes". – Tod Hadrians VI. (Sept.) u. Wahl v. Clemens VII. (Nov.–1534).
(Erasmus Alberus?): *Ein schöner Dialogus von Martin Luther und der geschickten Botschaft aus der Hölle*. o. O. 1523.
Bado v. Minden: *Klaus Bur*. Fastnachtspiel. o. O. 1523.
Ein Dialogus . . . zwischen einem Vater und Sohn die Lehre Martini Luthers . . . belangend. Erfurt 1523.
Utz Eckstein: *Gespräch zwischen Christus und Adam*. o.J.u.O. (1523).
Hieronymus Emser: *Aus was grund unnd ursach Luthers Dolmatschung uber das nawe testament . . . billich verbotten worden sey*. Leipzig 1523.
Ein Gespräch . . . von der Wallfahrt im Grimmetal. Erfurt (1523/24).

Judas Nazarei (Pseud.) *Der Schlüssel David.* Flugschrift. (Basel) 1523.

Heinrich v. Kettenbach: *Ein Gespräch mit einem frommen Altmütterlein von Ulm.* (Augsburg) 1523.

Vergleichung des allerheiligsten Herrn und Vater des Papst gegen Jesus. (Bamberg) 1523.

Ein Vermahnung Junker Franzen v. Sickingen zu seinem Heer. (Augsburg) 1523.

Apologia . . . Martini Luthers wider der Papisten Mordgeschrei. (Bamberg) 1523.

Martin Luther: *Von weltlicher Obrigkeit, wie weit man ihr Gehorsam schuldig sei.* Wittenberg 1523 (März).

Formula missae et communionis. Wittenberg 1523 (Dez.).

Niklaus Manuel: *Von Papsts und Christi Gegensatz; Vom Papst und seiner Priesterschaft.* Fastnachtspiele. Aufführung Bern, Feb. 1523. Druck (Zürich) 1524.

(Sebastian Meyer): *Ein kurzer Begriff von Hans Knüchel.* Dialog. Basel 1523.

Thomas Müntzer: *Das Deutsche Kirchenamt; Ordnung u. Berechnung des Deutschen Amtes zu Allstedt.* Eilenburg 1523.

Die Reformation Kaiser Friedrichs III (= Teutscher Nation Notturft). Flugschrift. o.O.u.J. (1523).

Hans Sachs: *Die Wittembergisch Nachtigall.* Meisterlied u. Spruchgedicht o.J.u.O. (Nürnberg? 1523).

(Christoph Schappeler): *Verantwortung und Auflösung etlicher vermeinter Argument.* Flugschrift. Augsburg (1523).

Balthasar Stanberger: *Dialogus zwischen Petro und einem Bauern.* Erfurt 1523.

Ein schöner Dialogus von . . . Hans Tholl und Claus Lamp. o.J.u.O. (1523?).

Ulrich Zwingli: *Lehrbüchlein, wie man die Knaben unterweisen und erziehen soll.* Basel 1523.

Von göttlicher und menschlicher Gerechtigkeit. Zürich 1523.

1524 Reichstag zu Nürnberg (Jan.–April. Einberufung einer „gemeinen Versammlung deutscher Nation" nach Speyer, v. Karl V. verboten). – Bündnis der katholischen Kantone der Schweiz gegen Zwingli (Apr.). – Aufstand der Bauern in Stühlingen/Schwarzwald (Stühlinger Artikel) als Beginn des Bauernkrieges in Deutschland (Juni). – Müntzers „Fürstenpredigt" vor Herzog Johann v. Sachsen (Juli) und Flucht nach Mühlhausen. – „Regensburger Reformation" = Zusammenschluß der katholischen Fürsten (Juli). – Einführung der Reformation in Zürich und Bern.

Absag oder Fehdschrift Lucifers an Luther. Teufelsbrief. (Speyer) 1524.

(Erasmus Alberus?) *Gesprächsbüchlein von einem Bauern, Belial, Er. Rotterodam und D. J. Fabri.* o.J.u.O. (Speyer 1524).

Augustin v. Alfeld: *Wider den wittenbergischen Abgott Martin Luther.* o.O. 1524.

Eberlin v. Günzburg: *Mich wundert, daß kein Geld im Land ist.* Dialog. Eilenburg 1524.

Ein schöner Spiegel des christlichen Lebens. Straßburg 1524.

Erasmus v. Rotterdam: *De libero arbitrio.* Basel 1524.

Hans Freiermut (Pseud.): *Triumphus veritatis oder Sieg der Wahrheit.* Allegorisches Streitgedicht. o.J.u.O. (Nürnberg 1524).

Gespräch zwischen einem Christen, Juden und Wirt . . ., den Eckstein Christum betreffend. Jena 1524.

Nikolaus Hermann: *Eyn Mandat Jhesu Christi an alle seine getreuen Christen.* Himmelsbrief. (Wittenberg) 1524.

Andreas Karlstadt: *Gesprechbüchlein von dem greulichen und abgöttischen Mißbrauch des hochwürdigsten Sacraments Jesu Christi.* (Basel) 1524.

Liederjahr: *Achtliederbuch.* Wittenberg 1524.

Johann Walther: *Geistliches Gesangbuch* (mit 24 Liedern Luthers). Wittenberg 1524.

Enchiridion oder Handbüchlein . . . geistlicher Gesänge. Zwei Ausgaben. Erfurt 1524.

Martin Luther: *An die Ratsherren aller Städte . . ., daß sie christliche Schulen aufrichten und halten sollen.* Wittenberg 1524 (Febr.)

Von Kaufshandlung und Wucher. Wittenberg 1524.

Der Psalter deutsch. Wittenberg 1524.

Die scharf Metz wider die, die sich evangelisch nennen und doch dem Evangelio entgegen sind. Flugschrift o.J.u.O. (1524/25).

Thomas Müntzer: *Deutsch-Evangelische Messe.* (Eilenburg) 1524.

Von dem gedichteten Glauben. Eilenburg 1524.
Protestation oder Entbietung. Eilenburg 1524.
Auslegung des andern Unterschieds Danielis (Fürstenpredigt). (Allstedt?) 1524 (Juli).
Ausgedrückte Entblößung des falschen Glaubens. Nürnberg 1524 (Okt.).
Hochverursachte Schutzrede ... wider das geistlose, sanftlebende Fleisch zu Wittenberg. Nürnberg 1524.

Hans Sachs: *Disputation zwischen einem Chorherren und Schuhmacher.* (Bamberg) 1524.
Ein Gespräch von den Scheinwerken der Geistlichen und ihren Gelübden. (Nürnberg) 1524.
Dialogus ... ein Argument der Römischen wider das christlich Häuflein, den Geiz betreffend o.J.u.O. (Nürnberg 1524).
Ein Gespräch eines evangelischen Christen mit einem Lutherischen, darin der ärgerlich Wandel etlicher Lutherischen angezeigt wird. (Nürnberg) 1524.

Die Lutherische Strebkatz. Allegorisches Streitgedicht. o.J.u.O. (Nürnberg) 1524.

1525 Ausweisung der „Schwärmer" Hans Denck u. a. aus Nürnberg und Ludwig Hätzers u. a. aus Zürich (Jan). – Sieg Karls V. über Franz I. bei Pavia (Febr.). – Einsetzung des „Ewigen Rates" in Mühlhausen und „Christliche Vereinigung" der Allgäuer-, Bodenseer- und Baltringerhaufen (März). – Säkularisierung des preußischen Ordensstaates durch Albrecht v. Brandenburg (April). – Tod Kurfürst Friedrichs des Weisen (Mai). – Schlacht bei Frankenhausen und Hinrichtung Müntzers (Mai). Schlacht bei Schwäbisch-Hall und Tod Florian Geyers (Juli). Ende der Bauernkriege in Deutschland. – Beginn des Abendmahlsstreites zwischen Lutheranern und Zwinglianern.

Johannes Agricola: *Dialog zwischen einem Müntzerischen Schwärmer und einem evangelischen frommen Bauern.* Wittenberg 1525.

Die Zwölf Artikel der Bauernschaft. (Augsburg) 1525 (März).

Johannes Brenz: *Von Milderung der Fürsten gegen die aufrührerischen Bauern.* Augsburg 1525 (Sommer).

Johannes Cochläus: *Antwort auf Luthers Schrift gegen die Bauern.* Köln 1525.
Eberlin v. Günzburg: *Wie sich ein Diener Gottes Wortes in seinem Tun halten soll.* Wittenberg 1525.
Utz Eckstein: *Klage des Glaubens. – Concilium.* Dialoge o.J.u.O. (1525).
Andreas Karlstadt: *Anzeig etlicher Hauptartikel christlicher Lehre* (Schrift gegen Luther). Rothenburg 1525.
Entschuldigung D. Andres Carolstads des falschen Namens des Aufruhrs. Wittenberg 1525.
Martin Luther: *Wider die himmlischen Propheten.* Wittenberg 1525 (Jan).
Wider die räuberischen und mörderischen Rotten der Bauern. Wittenberg 1525 (Mai).
De servo arbitrio (gegen Erasmus). Wittenberg 1525 (Dez).
Niklaus Manuel: *Der Ablaßkrämer.* Fastnachtspiel. Ungedruckt. Aufführung Bern? 1525.
Philipp Melanchthon: *Eine Schrift wider die Artikel der Bauernschaft.* Wittenberg 1525.
Histori Thome Müntzers, des Anfängers des Thüringischen Aufruhrs. Hagenau 1525 (anonym).
Thomas Müntzer: *Manifest an die Bergknappen.* (Brief v. 26./27. Apr. 1525, ungedruckt).
Rostocker Liederbuch. Erstes niederdeutsches Gesangbuch. Rostock 1525.
Hans Sachs: *Etliche geistliche Lieder.* (Nürnberg) 1525.
Ein Weggespräch gen Regensburg. Dialog. o.J.u.O. (1525).
Friedrich Weigandt: *Reichsreformentwurf für die fränkische Bauernschaft.* 1525 (Mai, ungedruckt).
Zwickauer Gesangbuch. Zwickau 1525.
Ulrich Zwingli: De vera et falsa religione commentarius (dt. von Leo Jud: Vom wahren und falschen Glauben). Zürich 1525.

1526 Friede von Madrid zwischen Karl V. und Franz I. (Jan.). – Bündnis der protestantischen deutschen Fürsten in Gotha (Febr.). – Disputation in Baden/Schw. zwischen Oecolampadius u. Eck u.a. (Mai). Gründung der hlg. Liga gegen Karl V. (Mai). – Reichstag zu Speyer (Juni–Aug., Aufschub der Durchführung des Wormser Edikts). – Ferdinand I. Kö-

nig von Böhmen (Okt.). – Aufstellung von Kirchenordnungen in Hessen, Preußen und Schwaben.
Utz Eckstein: *Der Reichstag.* Dialog. o.J.u.O. (1526)
Michael Gaismair: *Landesordnung.* Gesellschaftsentwurf. 1526 (April).
Martin Luther: *Die deutsche Messe.* Wittenberg 1526 (Jan.)
Niklaus Manuel: *Barbali.* Dialog. Zürich. 1526.
Lied auf Ecks und Fabers Badenfahrt. Zürich (1526).
Hans Sachs: *Dreizehn Psalmen.* (Nürnberg) 1526.

1527 Hinrichtung von Täufern in Zürich, München, Nürnberg u. a. – Sacco di Roma = Plünderung Roms durch kaiserliche Truppen (Mai). – Einführung der Reformation in Schweden durch Gustav Wasa (Juli). – Wiedertäufersynode in Augsburg (Aug.) – Gründung der ersten protestantischen Universität in Marburg.
Hans Denck u. Ludwig Hätzer: Deutsche Übersetzung der *Propheten.* Worms 1527.
Hieronymus Emser: Übersetzung des *Neuen Testaments.* Leipzig 1527.
Königsberger Liederbuch. 2 Ausgaben. Königsberg 1527.
Thomas Murner: *Der Lutherischen Evangelischen Kirchendieb- und Ketzerkalender.* Luzern 1527.
Urbanus Rhegius: *Wider den neuen Tauforden.* Augsburg 1527.
Hans Sachs: *Ein wunderliche Weissagung von dem Pabsttum.* Nürnberg 1527.
Michael Sattler: *Brüderlich Vereinigung etlicher Kinder Gottes sieben Artikel betreffend.* Wiedertäuferschrift (1527). Überlieferter Druck o.O. 1533.
Die deutsche Vigilie der gottlosen Papisten, Mönch und Pfaffen. Flugschrift. o.J.u.O. (1526 o. 27).
Burkard Waldis: *Parabel vom verlorenen Sohn.* Drama. Aufführung Riga 17. 2. 1527. Druck Riga 1527.

1528 Zusammenschluß der protestantischen Städte der Schweiz (Jan.). – Hinrichtung Balthasar Hubmaiers in Wien (März). – Tod Dürers (Apr.).
Niklaus Manuel: *Krankheit und Testament der Messe.* Dialog. Zürich 1528.
Philipp Melanchthon: *Unterricht der Visitatoren an die Pfarrherren im Kurfürstentum Sachsen.* Wittenberg 1528.

Thomas Murner: *Die gottesheilige Messe von Gott allein gestiftet.* Luzern 1528.

1529 Hinrichtung Ludwig Hätzers in Konstanz (Febr.). – Bündnis der katholischen Kantone der Schweiz (Febr.). – Reichstag zu Speyer (Febr.–Apr. Protestation der evangelischen Stände = Protestanten). – Friede von Cambrai zwischen Karl V. und Franz I. (Aug.). – Belagerung Wiens durch die Türken (Sept.–Okt.). – Religionsgespräch in Marburg zwischen Lutheranern und Zwinglianern (Okt.).

Wilhelm Gnaphäus: *Acolastus.* Drama vom verlorenen Sohn. Antwerpen 1529.

Ulrich v. Hutten: *Arminius.* Dialog. Hagenau 1529 (posthum).

Leo Jud, Ulrich Zwingli u. a.: *Das Alt . . und Neuw Testamet . . . verteütscht* (Zürcher Bibel). Zürich 1529.

Martin Luther: *Der Große* und der *Kleine Katechismus.* Wittenberg 1529.

1530 Kaiserkrönung Karls V. in Rom (Febr.). – Reichstag zu Augsburg (Apr.–Okt. Luther während dieser Zeit auf der Coburg). Übergabe der Augsburgischen Confession an den Reichstag (Juni). Verlesung der Confutatio der katholischen Stände (Aug.). Augsburger Reichstagsabschied (Nov.: Verbot aller kirchlichen Neuerungen aufgrund des Wormser Edikts). – Gründung des Schmalkaldischen Bundes der Protestanten (Dez.).

Johannes Eck: Fünf Bände *deutscher Predigten.* Ingolstadt, Augsburg 1530–39.

Confessio fidei . . . Augsburg 1530.

Martin Luther: *Eine Predigt, daß man Kinder zur Schulen halten solle.* Wittenberg 1530.

Sendbrief vom Dolmetschern. Wittenberg 1530.

Spiel vom reichen Mann und armen Lazarus. Aufführung Zürich 1529. Druck Zürich 1530.

Ulrich Zwingli: *Ad Carolum Romanorum imperatorum fidei ratio* (lat. u. dt.). Zürich 1530.

1531 Wahl Ferdinands zum römischen König (Jan.). – Schlacht bei Kappeln (Okt. Zwingli fällt, sein Nachfolger wird Bugenhagen). Friede zwischen Zürich und den katholischen Orten der Schweiz (Nov.). – Kriegsverfassung des Schmalkaldischen Bundes (Dez.).

(Johannes Cochläus): *Bockspiel Martini Luthers.* Allegorisches Spiel. Mainz 1531 (Aufführung im gleichen Jahr).

Sebastian Franck: *Chronica, Zeitbuch oder Geschichtsbibel.* (erste nichtkatholische Universalgeschichte). Straßburg 1531.

Philipp Melanchthon: *Confessio fidei exhibito Imp. Carolo ... anno MDXXX. Addita est Apologia Cōfessionis.* (= Confessio Augustana). Wittenberg 1531.

Hans Salat: *Der Tanngrotz.* Spruchgedicht auf den Sieg v. Kappeln. – *Das Lied vom Krieg.* – *Das Liedlin vom Zwingli.* o.O. 1531.

Michael Weiße: *Gesangbuch der böhmischen Brüder.* Jungbunzlau 1531.

1532 Einfall der Türken in Österreich und Ungarn (Juni). – Religionsfriede zu Nürnberg (Juli. Freie Religionsausübung der Protestanten bis zu einem allgemeinen Konzil).

Sixtus Birck: *Historie von der frommen, gottesfürchtigen Frau Susannen.* Schauspiel. Aufführung Basel 1532. Druck ebda.

Johannes Kolroß: *Spiel von fünferlei Betrachtnissen, den Menschen zur Buße reizend.* Aufführung Basel 1532. Druck ebda.

Hans v. Rüte: *Fastnachtspiel vom Ursprung und Ende heidnischer und päpstlicher Abgötterei.* Aufführung Basel 1531. Druck ebda 1532.

Hans Salat: *Triumphus Herculis Helvetici.* Satirisches Spruchgedicht auf Zwingli (1532 entstanden, aber nur in späteren Abschriften überliefert).

1533 Heinrich Bullinger: *Lucretia und Brutus.* Schauspiel. Aufführung Basel 1533. Druck ebda.

Martin Luther: *Von der Winkelmesse und Pfaffenweihe.* Wittenberg 1533.

1534 Beginn der Wiedertäuferherrschaft in Münster (Febr.). – Heinrich VIII. v. England wegen Doppelheirat in Bann (März). – Wiedereinsetzung Herzog Ulrichs v. Württemberg und Durchführung der Reformation in Württemberg (Juni). – Tod von Clemens VII. und Wahl Pauls III. (Sep./Okt.).

Johannes Agricola: *Siebenhundertfünfzig deutsche Sprichwörter.* Hagenau 1534.
Erasmus Alberus: *Etliche Fabeln Esopi.* Hagenau 1534.
Sebastian Franck: *Paradoxa.* Ulm 1534.
Weltbuch (erste allgemeine Weltbeschreibung). Tübingen 1534.
Joachim Greff: *Spiel von Jacob und seinen Söhnen.* Aufführung Magdeburg 1534. Druck ebda.
Martin Luther: *Biblia, das ist die gantze Heilige Schrifft Deudsch* (erste vollständige Bibelübersetzung). Wittenberg 1534.
Bernhard Rotmann: *Restitution oder Wiederherstellung rechter und gesunder christlicher Lehre.* Darstellung der Lehren der Wiedertäufer v. Münster. Münster 1534.
Jörg Wickram: *Spiel: Die Zehn Alter nach gemeinem Lauf der Welt.* Aufführung Colmar 1531. Druck Straßburg 1534.
Gesangbuch der Katharina Zell. Straßburg 1534.

1535 Hinrichtung von Thomas Morus in England (Juli). – Einführung der Reformation in Brandenburg. – Vernichtung des Wiedertäuferreiches in Münster (Juli).
Georg Binder: *Acolastus* (dt. Bearbeitung des Spiels von Gnaphäus). Aufführung Zürich 1535. Druck ebda.
Sixtus Birck: *Tragödie wider die Abgötterei aus dem Propheten Daniel.* Aufführung Basel 1535. Druck ebda.
Johann Calvin: *Institution de la réligion chréstienne.* Basel 1535.
Erasmus v. Rotterdam: *Ecclesiastes.* Basel 1535.
Urbanus Rhegius: *Enchiridion eines christlichen Fürsten.* Fürstenspiegel. Wittenberg 1535.

1536 Hinrichtung Johanns v. Leyden in Münster (Jan.). – Wittenberger Concordie (Mai, Schlichtung des Abendmahlsstreites). – Tod von Erasmus in Basel (Juli). – Sieg der Reformation in Dänemark.

Hans Ackermann: *Ein geistliches Spiel vom verlorenen Sohn.* Aufführung Zwickau 1536. Druck ebda (2. Fassung: *Spiel vom ungeratenen Sohn.* Zwickau 1540).
Erasmus Alberus: *Utilissima Praecepta morum.* Deutsch-

sprachige Sammlung antiker Sentenzen u. Lehrsprüche. Frankfurt/M. 1536.
Ein gut Buch von der Ehe. Hagenau 1536.

Gesangbüchle von Psalmen und geistlichen Liedern. Erstes Zürcher Gesangbuch. Zürich 1536.

Joachim Greff: *Tragödie von Judith.* Wittenberg 1536.

Theophrastus Paracelsus: *Die Große Wundarznei.* Ulm, Augsburg 1536.

Paul Rebhun: *Ein geistlich Spiel von der gottesfürchtigen und keuschen Frau Susannen.* Aufführung Kahla 1535. Druck Zwickau 1536.

1537 Konvent zu Schmalkalden (Febr.) – Erbfolgekrieg zwischen Karl V. und dem Herzog von Jülich, Kleve und Berg.

Johannes Agricola: *Tragödia Johannis Huß.* o.J.u.O. (Wittenberg 1537).

Sixtus Birck: *Susanna.* Schauspiel (lat.). Augsburg 1537.

Johannes Eck: *Bibel. Alt und neu Testament.* Ingolstadt 1537.

Michael Vehe: *Gesangbüchlein.* Erstes katholisches Gesangbuch. Leipzig 1537.

Valten Voith: *Esther.* Schauspiel. Magdeburg 1537

Hans Salat: *Spiel vom verlorenen Sohn.* Basel 1537.

1538 Beendigung des 3. Krieges zwischen Karl V. und Franz I. in Nizza (Juni).

(Johannes Cochläus = Vogelsang): *Ein heimlich Gespräch von der Tragödia Johannis Huß.* Satirisches Schauspiel. (Mainz) 1538.

Martin Luther: *Die Schmalkaldischen Artikel* (Erläuterung der Hauptpunkte der Lutherschen Lehre). Wittenberg 1538.

Thomas Naogeorgus: *Pammachius.* Schauspiel. Wittenberg 1538.

Paul Rebhun: *Spiel von der Hochzeit zu Cana.* Zwickau 1538.

Valten Voith: *Spiel vom herrlichen Ursprung, betrübten Fall und gnädiger Wiederbringung des Menschen.* Magdeburg 1538.

Jörg Wickram: *Der treue Eckart.* Fastnachtspiel. Straßburg 1538.

Simon Lemnius: *Apologia Simonis Lemnii contra decretum, quod imperio et tyrannide M. Lutheri ... evulgavit.* Köln 1538.
Monachopornomacchia. Satirisches Schauspiel gegen Luther. o.J.u.O. (1538/39, anonym).

1539 Hans Ackermann: *Ein geistliches Spiel von Tobias.* Zwickau 1539.
Lienhart Culmann: *Ein christlich Spiel, wie ein Sünder zur Buße bekehrt wird.* Aufführung Nürnberg 1539. Druck ebda.
Daniel v. Soest (Pseud.): *Ein gemeyne Bicht.* Satirische Darstellung der Einführung der Reformation in Soest. Soest 1539 (entstanden 1533/34).
Sebastian Franck: *Kriegsbüchlein wider den Krieg.* Ulm 1539.
Georg Macropedius: *Hecastus.* Jedermanndrama. Aufführung 1538 in Utrecht. Druck Köln 1539.
Jacob Ruf: *Spiel von des Herrn Weingarten.* Aufführung Zürich 1539 (ungedruckt).
Hans Sachs: *Die gemartert Theologia.* Spruchgedicht. Entstanden 1539 (Druck Nürnberg 1552).
Hans Tyrolf: *Schöne Historia von der Heirat Isaacs und Rebeckas.* Schauspiel. Wittenberg 1539.
Jörg Wickram: *Ritter Galmy aus Schottland.* Prosaroman. Straßburg 1539.

1540 Religionsverhandlungen und -gespräche in Hagenau und Worms (Juni/Nov.). – Bestätigung des Jesuitenordens durch Paul III. (Sept.).
Thiebolt Gart: *Joseph.* Schauspiel. Aufführung Schlettstadt 1540. Druck Straßburg 1540.
Thomas Naogeorg: *Mercator.* Jedermanndrama. o.O. 1540.
Hans Sachs: *Das klagend Evangelium.* Spruchgedicht. (Entstanden 1540). Druck Nürnberg 1552.
Jörg Wickram: *Spiel vom verlorenen Sohn.* Aufführung Colmar 1540. Druck ebda.

1541 Religionsgespräche in Worms und Regensburg (Jan., Mai). – Eroberung Ofens durch die Türken (Aug.) – Calvins Reformation in Genf. Tod von Paracelsus (Sept.). – Tod Karlstadts (Dez.).

Martin Butzer: *Gesangbuch.* Straßburg 1541.

Erasmus Alberus: *Von der Schlangen Verführung.* Dialog (Von den ungleichen Kindern Evä). Berlin 1541.

Comoediae ac tragoediae aliquot ex novovetere testamento desumpta. Dramensammlung, Basel 1541.

Sebastian Frank: *Sprichwörter.* Basel 1541.

Martin Luther: *Wider Hans Worst.* Streitschrift gegen Herzog Heinrich v. Braunschweig. Wittenberg 1541.

Thomas Naogeorgus: *Incendia seu Pyrgopolinices.* Schauspiel (gegen Herzog Heinrich v. Braunschweig). Wittenberg 1541.

1542 Reichstag zu Speyer (Febr.–Apr. Türkenhilfe). – 4. Krieg zwischen Franz I. und Karl V. (Juli). – Vertreibung Herzog Heinrichs v. Braunschweig durch den Schmalkaldischen Bund. – Einführung der Reformation im Erzbistum Köln.

Erasmus Alberus: *Der Barfüßer Mönche Eulenspiegel und Alcoran.* Satire auf den Franziskanerorden. Wittenberg 1542.

Burkard Waldis: *Vier Streitgedichte gegen Herzog Heinrich v. Braunschweig.*o.O. 1542.

1543 Tod von Eck (Febr.) und Kopernikus (Mai).

Das Klugsche Gesangbuch von 1543. Wittenberg 1543 (enthält erstmals sämtliche Lieder Luthers).

Nicolaus Kopernikus: *De revolutionibus orbium coelestium libri VI.* Nürnberg 1543.

Johannes Krüginger: *Spiel vom reichen Mann und armen Lazarus.* Crimmitsch 1543.

Thomas Naogeorgus. *Hamanus.* Tragödie. Leipzig 1543.

1544 Reichstag zu Speyer (Febr.–Juni. Allgemeiner Landfrieden bis zum Konzil). – Friede v. Crépy zwischen Karl V. und Franz. I. (Sept. Franz I. verzichtet auf Italien). – Gründung der Universität Königsberg.

Johannes Chryseus: *Hofteufel.* Schauspiel. Wittenberg 1544.

Hans Sachs: *Ein artlich Gespräch der Götter, die Zwietracht des Römischen Reichs betreffend.* Entstanden 1544 (Druck Nürnberg 1553).

1545 Eröffnung des Konzils von Trient (Dez.–1563).
Joachim Greff: *Lazarus.* Ein geistliches Spiel. Wittenberg 1545.
Martin Luther: *Wider das Papsttum zu Rom, vom Teufel gestiftet.* Wittenberg 1545.

1546 Tod Luthers in Eisleben (Febr.). – Bündnis zwischen Karl V. und Papst Paul III. gegen die Selbständigkeit der deutschen Fürsten (Juni). – Beginn des Schmalkaldischen Krieges (bis 1547).
Martin Luther: *Die deutsche Bibel.* Wittenberg 1546. (Ausgabe „letzter Hand").
Hans Sachs: *Epitaphium auf Luthers Tod.* Spruchgedicht, Entstanden 1546. Druck o.J.u.O. (Nürnberg).
Wunderlicher Dialogus und neue Zeitung. Zeitkritischer Prosadialog (ungedruckt). 1546.

1547 Tod Franz I. v. Frankreich (März). – Schlacht bei Mühlhausen (Apr. Sieg des Kaisers über den Kurfürsten v. Sachsen, Einzug in Wittenberg). – Gefangennahme Philipps v. Hessen durch Karl V. (Juni).
Dramata sacra ex vetere testamento desumpta. Dramensammlung. Basel 1547.

1548 Übergang der sächsischen Kurwürde an Moritz v. Sachsen (Febr.). – Kaiserliches Interim (Juni. Weitgehende Einschränkung der Religionsfreiheit der Protestanten). – Adiophoristische Streitigkeiten der Protestanten infolge des Interims.
Hans Sachs: *Klage über das Interim.* Spruchgedicht (ungedruckt) 1548.
Burkard Waldis: *Esopus.* Fabelsammlung. Frankfurt/Main 1548.

1549 Tod Papst Pauls III. (Nov.). – Einführung des Common Prayer Book in England. – Belagerung Magdeburgs wegen Widerstandes gegen das Interim.
Johannes Cochläus: *Commentaria de actis et scriptis Martini Lutheri.* Mainz 1549. Erste (katholische) Lutherbiographie.

Hans Sachs: *Hecastus.* Deutsche Bearbeitung des Jedermanndramas v. Macropedius. Entstanden 1549. Aufführung Nürnberg 1552?

1550 Wiedereinführung des katholischen Gottesdienstes in Straßburg. – Beginn des „Osiandrischen Streites“ über die lutherische Rechtfertigungslehre.

Erasmus Alberus: *Buch von der Tugend und Weisheit.* Neubearbeitung der Fabelsammlung von 1534. Frankfurt/M. 1550.

Ein Dialogus vom Interim. O. J. u. O. (1550).

Jörg Wickram: *Gabriotto und Reinhard.* Prosaroman. Straßburg 1550.

1551 Kapitulation Magdeburgs (Nov.). – Beginn des Majoristischen Streites über die Notwendigkeit „guter Werke“.

Valentin Boltz: *Weltspiegel.* Geistliches Schauspiel. Aufführung Basel 1550. Druck ebda. 1551.

Thomas Naogeorgus: *Hieremias.* Tragödie. Basel 1551.

Jörg Wickram: *Spiel von Tobias.* Straßburg 1551.

1552 Fürstenkrieg gegen Karl V. unter Führung v. Moritz v. Sachsen (März–Juli). Passauer Vertrag (Juli. Abschaffung des Interims. Erneute Bestätigung der Religionsfreiheit der Protestanten). – Gründung des Collegium Germanicum der Jesuiten in Rom (Aug.). – Besetzung der Bistümer Metz, Toul u. Verdun durch die Franzosen.

Thomas Naogeorgus: *Judas.* Tragödie. Basel 1552.

1553 Tod v. Moritz v. Sachsen in der Schlacht bei Sievershausen (Juli). – Verbrennung von Michael Servet in Genf auf Veranlassung Calvins (Okt.) Protestantenverfolgung in England durch Maria die Katholische.

Thomas Naogeorgus: *Regnum Papisticum.* Basel 1553 (Schrift gegen das Papsttum, 1555 von Waldis ins Deutsche übersetzt).

Burkard Waldis: *Der deutsche Psalter.* Frankfurt/M 1553 (erste vollständige Umdichtung des Psalters).

1554 Jörg Wickram: *Der Goldfaden; – Knabenspiegel.* Prosaromane. Straßburg 1554.

1555 Augsburger Religionsfriede (Sept. Gleichberechtigung der lutherischen mit der katholischen Kirche nach dem Grundsatz: cuius regio, eius religio. Zu dieser Zeit ist fast ganz Nordddeutschland östlich der Weser evangelisch; im Westen und Süddeutschland sind Kleve, Bayern, die habsburgischen Länder und die geistlichen Reichsstände katholisch).
Erasmus Alberus: *Wider die verfluchte Lehre der Carlstadter.* Neubrandenburg 1555.
Andreas Musculus: *Vom Hosenteufel.* Frankfurt/O 1555.

KOMMENTARE

Eckius dedolatus

Der *Eckius dedolatus* (= der „enteckte Eck“, von lat. dedolare = behauen), der 1520 mit fingierter Ortsangabe unter dem Pseudonym Cotta Lembergius veröffentlicht wurde, gehört in die Reihe der lateinischen Dialoge, die als gezielte Angriffe gegen namhafte Luthergegner 1520/21 in rascher Folge erschienen und wohl sämtlich aus der Feder bekannter Humanisten stammten, die ihre Identität hinter mehr oder weniger phantasievollen Pseudonymen verbargen. Er richtet sich gegen den Ingolstädter Theologen Johannes Eck (von den Wittenbergern auch „Dreck“, „Keck“ oder „Geck“ genannt), der durch sein Auftreten gegen Luther und Karlstadt auf der Leipziger Disputation von 1519 in das Blickfeld des öffentlichen Interesses geraten war, ist inhaltlich aber noch stark vom Geist der *Epistolae Obscurorum Virorum* geprägt und schlägt auf diese Weise die Brücke zwischen der Humanistensatire und der Streitschriftenliteratur der Reformationszeit. Außerdem stellt er das wahrscheinlich früheste und künstlerisch zweifellos gelungenste Beispiel jener dialogisch-dramatischen Mischform dar, die bald zu den bevorzugten literarischen Formen der Reformationspublizistik gehörte.

Das dramatische Element ist im *Eckius dedolatus* so ausgeprägt, daß die Zeitgenossen selbst ihn als Komödie bezeichneten und A. Berger von einer „wie von selbst“ sich anbietenden Einteilung in einzelne Akte gesprochen hat (*Sturmtruppen*, S. 46). Eine epische Einkleidung fehlt, die Personen heben sich als lebendig gezeichnete Charaktere in Gestik und Sprache scharf voneinander ab, die Dialogführung ist lebhaft und anschaulich, und auch die „Handlung“ weist einen übersichtlichen, durch mehrfachen Wechsel des Schauplatzes klar gegliederten Aufbau auf. Die erste Szene zeigt den an den Folgen seiner übermäßigen Neigung zu Bacchus und Venus krank darniederliegenden Eck, der mit dem Pathos eines tragischen Helden die Auswirkungen seiner Trunksucht beklagt und schließlich von seinen Freunden überredet wird, einen Arzt aus Leipzig kommen zu lassen, der einzigen Stadt, in der er noch auf Unterstützung hoffen kann, nachdem er sich durch sein Auftreten gegen Luther alle früheren Anhänger zu Feinden gemacht hat. Die (aus Horaz entlehnte) Hexe Canidia, die für den Ingolstädter Professor schon mehrfach Kupplerdienste geleistet hatte, besteigt ihren Ziegenbock, einen

Vetter des „Bockes Emser" (dies die Bezeichnung, deren sich Luther, in Anspielung auf das von Emser geführte Wappen, in seinen Streitschriften gegen den Hofkaplan Georgs von Sachsen bediente), und begibt sich nach Leipzig zu Ecks Intimus Rubeus (ein Johann Rubeus Longopolitanus hatte kurz zuvor eine für Eck überaus positive Darstellung der Leipziger Disputation veröffentlicht). Dieser platzt mitten in eine Fakultätssitzung der Leipziger Professoren hinein, welche über etwaige heimliche Anschläge gegen Luther beraten, trägt ihnen Ecks Anliegen vor und findet auch schließlich einen für seine Gewaltkuren berüchtigten Medikus, mit dem er auf abenteuerliche Weise hoch durch die Lüfte zurück nach Ingolstadt fliegt. Dort legt Eck, bevor die Kur beginnt, vor einem lutherischen Seelsorger eine Beichte ab, in der er unfreiwillig seine ganze Dummheit und Bosheit zur Schau stellt, und dann folgt als Höhepunkt und Abschluß des Geschehens jener Vorgang, der der Satire den Namen gegeben hat. Um von seinen Lastern und Irrtümern kuriert zu werden, wird Eck nacheinander geschoren, verprügelt, purgiert, gehäutet und schließlich sogar entmannt und bittet zuletzt seine Peiniger flehentlich um strengstes Stillschweigen, damit der peinliche Vorgang nicht seinen Wittenberger Feinden zu Ohren komme und ihnen Anlaß zu einer „comoedia" gebe. Ein abschließender Chor stellt jedoch die Wirksamkeit der Prozedur ironisch in Frage, da auf die Bekehrung eines Theologen wie Eck nicht zu hoffen sei.

P. Merker hat den *Eckius dedolatus* als eine in ihrer „Technik" einzigartige Mischung aus Fastnachtspiel, attischer Komödie und akademischer Satire bezeichnet (*Der Verfasser des E. D.*, S. 90). Dem Fastnachtspiel sind hauptsächlich die grobianischen Züge entlehnt, die als Mittel zur Herabsetzung des Gegners schon in den *Epistolae Obscurorum Virorum* Verwendung fanden; die Schilderung der Leipziger Fakultätssitzung gehört zu den zahlreichen Parodien, in welchen die Humanisten veraltetes akademisches Brauchtum oder überholte Wissenschaftsmethoden verspotteten und deren vorläufigen Abschluß das im Rahmen der *Dialogi Septem* veröffentlichte *Conciliabulum Theologistarum* bildete; an die attische Komödie schließlich erinnern neben manchen Motiven und direkten Zitaten (insbesondere aus Aristophanes' *Plutus*) vor allem der Chor und die aus burlesken, satirischen und phantastischen Elementen bunt zusammengewürfelte Handlung. Darüber hinaus aber ließ sich der Autor zweifellos auch von Lukian inspirieren, dem er u. a. die Technik des parodistischen Gebrauchs von Zitaten verdankte, die gleich in Ecks Eingangsmonolog, der sich eng an Passagen aus Senecas

Herculestragödie anschließt, eine wichtige Rolle spielt und ihre komische Wirkung aus dem Kontrast zwischen banalem Inhalt und rhetorisch übersteigertem Pathos bezieht. Aber auch sonst prallen gerade im sprachlichen Bereich die Stile und Ebenen ständig hart aufeinander, indem sich das primitive Küchenlatein unter kunstvoll nach klassischem Muster gebaute Sätze mischt, Wortwitz und Wortspiel zwischen heterogenen Bedeutungssphären überraschende Sinnbezüge herstellen und die oft willkürlich aus ihrem ursprünglichen Kontext herausgelösten Zitate die Welt der Tragödie, der Bibel und des niederen Schwanks zu einer grotesken Einheit zusammenfügen.

Da eine Aufführung des *Eckius dedolatus*, wie sich u. a. an der drastischen Schilderung des Hexenritts zeigt, offenbar von vornherein nicht beabsichtigt war, dürfte der Grund für seine Annäherung an das Drama, welche die Grenze zur Bühnendichtung fast schon erreicht hat, vor allem in der intendierten satirischen Wirkung zu suchen sein. Denn indem der Autor Eck als Hauptakteur in den Mittelpunkt eines turbulenten Geschehens stellte, konnte er sich zu seiner Bloßstellung des Mittels der indirekten Entlarvung bedienen und ihn damit wirksamer treffen als durch offenen Angriff oder unverhüllte Kritik, konnte ihn also, indem er seinem Auftreten den Charakter einer unfreiwilligen Selbstpersiflage zu geben verstand, zur komischen Figur degradieren, die jeden Anspruch auf Würde eingebüßt hat und als ernsthafter Gesprächspartner nicht mehr in Frage kommt. Er bediente sich also der gleichen Waffen, die sich schon in den *Dunkelmännerbriefen* als so erfolgreich erwiesen hatten, steigerte aber deren Wirkung noch durch die fast bühnengerechte Vorführung der an Eck vollzogenen Operation, die den Leser zugleich in die Rolle des Zuschauers versetzt und ihm als quasi unmittelbar Beteiligtem ein Gefühl zusätzlicher Überlegenheit gegenüber dem Gegner verschafft. Die Gewaltkur selbst hat allegorische Bedeutung. Sie geht z. T. auf die sog. „Depositio beani“ zurück, die drastischen Einweihungsriten, denen sich nach akademischem Brauch die Neuankömmlinge (beani) an den mittelalterlichen Universitäten zu unterziehen hatten (vgl. F. Zarncke: *Die deutschen Universitäten im Mittelalter*, Leipzig 1857, S. 227), hängt darüber hinaus mit dem volkstümlichen Motiv des „Narrenschneidens“ zusammen und beruht auf der Gleichsetzung von körperlichen Gebrechen und geistig sittlichen Mängeln, die in der Moraldidaktik schon immer eine gewisse Rolle gespielt hatte, für das „grobianische Zeitalter“ aber offenbar eine besondere Faszinationskraft besaß. So hatte schon Brant sich im *Narrenschiff* zur Charakterisierung der Unvernunft und Verblendung der sündigen Menschheit gelegentlich medizinischer Termini bedient, die von Murner, der in der *Narrenbeschwörung* und *Schelmenzunft* gleichzeitig in der Funktion des Exorzisten und Arztes auftrat, übernommen und zu einer selbständigen Bildsprache umgeformt wurden. Aber erst der Verfasser des *Eckius dedolatus* hat die abstrakte Metaphorik durchgängig in allegorische Handlung umgesetzt und damit zwischen den Körperfunktionen und der moralischen Haltung des Menschen eine direkte Verbindung geschaffen. Seine „schlechtverdauten" bzw. törichten Schriften (hier liegt in dem lat. „austultationis" ein unübersetzbares Wortspiel vor) bricht Eck aus, sein Stuhlgang fördert die von ihm einkassierten Bestechungs- und Ablaßgelder ans Tageslicht, unter seiner Haut verbergen sich seine zahlreichen Laster als häßliche Eiterbeulen, und seine Haare schließlich sind von Sophismen und Syllogismen verlaust. Die Drastik des Geschehens wird nicht zuletzt dadurch erhöht, daß der Verfasser es als erster gewagt hat, einen allseits bekannten und hochgeachteten Gelehrten zur Zielscheibe eines derartigen, die persönliche Integrität empfindlich verletzenden Angriffs zu machen. Wie hoch man damals jedoch die satirische Wirkung solcher Methoden einschätzte, geht aus der Tatsache hervor, daß der *Eckius dedolatus* in humanistischen Kreisen begeistert gefeiert wurde und daß Thomas Murner, der selbst bald das Opfer ähnlicher Verunglimpfungen bildete, im *Großen Lutherischen Narren* ein vergleichbares Verfahren auch auf Luther und dessen Freunde anwandte, während Naogeorg sich seiner noch zwei Jahrzehnte später in seinem Jedermanndrama zur Bekämpfung der katholischen Rechtfertigungslehre bediente.

Welcher Autor sich hinter dem Pseudonym Cotta Lembergius verbirgt, ließ sich bisher nicht eindeutig klären. P. Merkers Versuch, den Straßburger Juristen Nikolaus Gerbel als Verfasser namhaft zu machen (dem er darüber hinaus auch die meisten der übrigen um 1520/21 entstandenen lateinischen Satiren zuschreiben wollte), hat in der Forschung so wenig allgemeine Zustimmung gefunden wie H. Rupprichs Vorschlag, den Dialog dem mit Hutten befreundeten Humanisten Fabius Zonarius zuzuweisen. Auch die Autorschaft des Nürnberger Humanisten Willibald Pirkheimer bleibt letztlich umstritten, obwohl sich in seinem Nachlaß der Entwurf zu einer Fortsetzung des *Eckius dedolatus* gefunden hat und u. a. gerade auch Eck von ihr so fest überzeugt war, daß er seinen Namen in die gegen Luther gerichtete Bannandrohungsbulle aufnehmen ließ. Fest steht jedoch, daß der Autor im Kreis der gelehrten Humanisten zu suchen ist, die Luthers Kampf gegen die römische Kirche anfangs mit Wohlwollen verfolgten, da sie in ihm einen willkommenen Bundesgenossen in ihrer eigenen Fehde gegen die „viri obscuri" erblickten, seinem religiösen Anliegen jedoch nur ein vergleichsweise geringes Verständnis entgegenbrachten und vielfach noch für einen auf persönlicher Ebene auszutragenden Gelehrtenstreit hielten, was bereits den Charakter einer Volksbewegung von weitreichenden Folgen angenommen hatte. Denn obwohl im *Eckius dedolatus*, vor allem in der Szene zwischen Eck und seinem Beichtvater, die religiösen Fragen, um die in der Leipziger Disputation so erbittert gerungen wurde, durchaus zur Sprache kommen und in der Person des Ingolstädter Theologen zugleich die Verderbtheit und Heuchelei der vom wahren Glauben abtrünnig gewordenen Kirche an den Pranger gestellt werden soll, steht die religiöse Auseinandersetzung keineswegs im Zentrum des Interesses, sondern gibt letztlich nur den wirksamen Hintergrund für die Abrechnung mit der Persönlichkeit eines Mannes ab, dem man nicht verzeihen konnte, daß er, obwohl dem Anliegen der Humanisten zunächst keineswegs fernstehend, in Leipzig öffentlich für die „Dunkelmänner" Partei ergriffen hatte. Das gleiche trifft, sogar in verstärktem Maß, auch für die lateinischen Satiren zu, die als Fortsetzung des *Eckius dedolatus* bzw. in Anlehnung an ihn entstanden sind, nämlich die *Decoctio* (= Badekur) und den *Eckius monachus* (Böcking, *Hutteni Opera*, Bd. 4, S. 544ff. u. 549ff.), beide in einem Sammeldruck wohl noch 1520 erschienen, sowie für die ein Jahr später unter dem Pseudonym Raphael Musaeus veröffentlichten Murnersatiren *Murnarus Leuiathan* (Scheible, *Das Kloster*, Bd. 10, S. 321ff.) und *Auctio Lutheromastigum*. Handelt es sich bei der *Decoctio*, die in Abwandlung des aus dem *Eckius dedolatus* übernommenen Motivs Eck und den englischen Theologen Edward Lee zur Heilung ihrer „theologica insania" einer Badekur unterwirft, im wesentlichen um ein bloßes Plagiat, so schildert der *Eckius monachus*, wie Eck, nachdem er sich auch noch mit seiner Geliebten Eckilla entzweit hat (Ecks Anfälligkeit auf diesem Gebiet war für die Protestanten auch in späteren Jahren noch ein Gegenstand unaufhörlichen Spottes) und seiner Umwelt bereits als Hund, Fuchs, Panther und Affe gegenübergetreten war, zuletzt, von der Verzweiflung getrieben, in die Kutte eines Mönchs schlüpft und sein Leben, von allen Freunden verlassen, in dumpfer Hoffnungslosigkeit beschließt. Der Tiervergleich als Illustrierung der dem jeweiligen Gegner zugeschriebenen niedrigen, gemeinen, verächtlichen

Motive und Eigenschaften muß auch im *Murnarus Leuiathan, Vulgo dictus Geltnar oder Genßprediger*, einer in Technik und szenischer Gestaltung dem *Eckius dedolatus* verwandten Satire, herhalten, um die um eine Klärung der religiösen Streitfragen bemühten Schriften, die Murner 1520 gegen Luther veröffentlicht hatte, als ohnmächtiges Gegeifer eines gift- und gallespeienden Monstrums zu entlarven, das sich am Schluß sogar um seine erhoffte Belohnung betrogen sieht und schließlich in der *Auctio Lutheromastigum*, dem „Ausverkauf" der Luthergegner, als kostbarstes Stück des römischen Panoptikums zu Höchstpreisen versteigert wird. Obwohl man auch in den deutschsprachigen Flugschriften dieser Zeit vor der persönlichen Diskriminierung und groben Beschimpfung des Gegners niemals zurückschreckte und dabei, wie sich an zahlreichen Beispielen verdeutlichen ließe, in der Wahl der Methoden alles andere als kleinlich war, ist doch die Beschränkung darauf vornehmlich ein Charakteristikum der lateinischen Satiren, was u. a. auch aus der Tatsache erhellt, daß die bösartigsten literarischen Angriffe, die von katholischer Seite aus gegen Luther erfolgten und sich hauptsächlich mit dem Eheleben des Reformators beschäftigten, ebenfalls in lateinischer Sprache veröffentlicht wurden, so u. a. das 1530 erschienene Spiel *Ludus Ludentem Luderum Ludens* des Leipziger Magisters Johannes Hasenberg oder das acht Jahre später entstandene Drama *Monachopornomachia* oder *Mönchshurenkrieg*, mit welchem sich der Schweizer Humanist Simon Lemnius für seine auf Betreiben Luthers zustande gekommene Relegation von der Universität Wittenberg rächte. Der Grund dafür dürfte in erster Linie darin zu suchen sein, daß sich die lateinischen Satiren ausschließlich an eine zahlenmäßig eng begrenzte Schicht von Professoren und Literaten wandten, die untereinander in engem Kontakt standen, voneinander meist eine intime Kenntnis besaßen und in der gegenseitigen Verunglimpfung vielfach das geeignetste Mittel erblickten, mit ihren sachlichen Divergenzen auch ihre persönlichen Spannungen auszutragen, die oft um so weniger voneinander zu trennen waren, als aufgrund gleicher Lebensumstände ihre beruflichen und materiellen Interessen häufig genug konkurrierten. Die Wechselbeziehung und gegenseitige Beeinflussung von Autor und Publikum bzw. literarischem Medium und angesprochenem Leserkreis läßt sich also anhand der inhaltlichen und stilistischen Unterschiede, die zwischen den volkssprachigen Flugschriften und lateinischen Satiren bestehen, anschaulich demonstrieren, obwohl das Gesagte selbstverständlich nicht für sämtliche einschlägigen lateinischen Texte gilt, die in dieser Zeit an die Öffentlichkeit traten. Für die Huttenschen Dialoge etwa, die 1521 im *Gesprächbüchlin* auch in deutscher Sprache erschienen, trifft es nicht, oder allenfalls nur bedingt zu, ebenso wie für die im gleichen Jahr unter dem Pseudonym Abydenus Corallus gedruckten *Dialogi Septem Festiue Candidi*, von denen nur das schon erwähnte *Conciliabulum theologistarum* zur Humanistensatire im engeren Sinne zu rechnen ist, während der *Carolus* (die Schilderung eines Besuchs Karls V. in der Unterwelt) zu den vielen öffentlichen Appellen gehört, welche anläßlich des Wormser Reichstags von den reformwilligen Kreisen an den Kaiser gerichtet wurden, und im *Momus* (Personifikation der Kritik, eine Figur aus den Dialogen Lukians) sowie den *Apophthegmata Vadisci et Pasquilli* Gedankengänge aus Luthers Reformschrift an den „christlichen Adel" und dem *Vadiscus* Ulrichs von Hutten verarbeitet wurden, letzterer der gefeierte Held des *Huttenus captivus* und *Huttenus illustris*, mit denen die Dialogsammlung schließt. Obwohl der Einfluß, den der *Eckius dedolatus* auf die formale, d. h. die szenisch dramatische Gestaltung der deutschsprachigen Dialoge der Reformationszeit ausgeübt hat (deren Verfasser ja ebenfalls fast ausschließlich der humanistischen Bildungsschicht angehörten), sicher erheblich war, dürften daher die inhaltlichen Impulse, die von den *Dialogi Septem* oder Huttens *Gesprächbüchlin* ausstrahlten, zweifellos größer gewesen sein, da in ihnen – was der *Eckius dedolatus* und erst recht die von ihm abhängigen Satiren vermissen lassen – die Auseinandersetzung auf einer Ebene geführt zu werden begann, welche erkennen ließ, daß in dem Kampf gegen die römische Kirche und ihre Vertreter zugleich auch die Lebensinteressen der Nation auf dem Spiel standen, denen gegenüber der Gelehrten- und Humanistenstreit sehr rasch an Bedeutung verlor.

Ulrich von Hutten
Gesprächbüchlin und Novi Dialogi

Neben Luther wurde Ulrich von Hutten, der schon 1523 starb, also nur die Anfangsjahre der neuen Bewegung miterlebte, vielfach als der eigentliche „Held" der Reformation gefeiert. Er selbst sah sich mit Vorliebe in der Rolle des „miles christianus", der mit Waffe und Wort – „armis et litteris" – für den Sieg der Wahrheit und Freiheit kämpfte, eine Selbststilisierung, die u. a. der seinen Schriften beigebenen Devise „Jacta est alea“ oder „Ich habs gewagt“ zugrunde liegt und auch in seinem Lied *Ich habs gewagt mit sinnen* zum Ausdruck kommt. Sie wurde von den Zeitgenossen um so bereitwilliger akzeptiert, als der „christliche Ritter“ eine Symbolgestalt war, in der sich das Selbstverständnis jener Epoche in besonderer Weise gespiegelt fand. So endete der letzte der 1521 erschienenen *Dialogi Septem*, der *Huttenus illustris*, mit seiner feierlichen Investitur zum Glaubensstreiter, und noch auf dem Titelholzschnitt der drei Jahre später veröffentlichten Flugschrift *Triumphus Veritatis* wurde er an die Spitze des siegreich voranschreitenden Heeres der Wahrheit gestellt. Diese Bewunderung galt zweifellos nicht der politischen Rolle, die Hutten gespielt hat, zeigte doch spätestens seine im Herbst 1521, also noch vor Sickingens „Pfaffenkrieg“ begonnene Privatfehde gegen die Kurtisanen, die eigentlich den Auftakt eines allgemeinen Aufstandes bilden sollte, in Wirklichkeit aber nur ein im Raubritterstil unternommener Beutezug war, wie falsch er die damalige Situation einschätzte und wie wenig er zwischen seinen eigenen und den öffentlichen Interessen zu unterscheiden verstand. Um so mehr aber galt sie Hutten, dem Publizisten, der in seinen Dialogen und „Klagschriften“ den Hoffnungen derjenigen Ausdruck verlieh, die in der Reformation nicht in erster Linie eine religiöse, sondern eine nationale Bewegung sahen und unter „Freiheit“ nicht nur die Freiheit des Gewissens und Glaubens, sondern auch die Befreiung vom „Joch“ römischer Unterdrückung verstanden. Denn Hutten, sosehr er als Reichsritter in ständischen Vorurteilen befangen war und in seinen politischen Vorstellungen in einer längst überholten Vergangenheit wurzelte, vertrat so entschieden wie kein anderer in jener Zeit den nationalen Aspekt der Reformation und sprach im Namen derer, die von der Loslösung von Rom vor allem eine Stärkung des Kaisertums und damit die Möglichkeit der Einigung des Reiches erhofften, den Kampf um die „christliche Wahrheit“ also zugleich für die „Freiheit des Vaterlands“ (eine in Huttens Schriften wiederholt auftauchende Doppelformel) führten. Darüber hinaus aber brachte Hutten als Mitverfasser der *Dunkelmännerbriefe* auch die humanistischen Ideale in die neue Bewegung mit ein und fand auf diese Weise, wenn auch sicher nicht in breiteren Bevölkerungsschichten als Luther, so doch gerade in denjenigen Kreisen Gehör, die, wie auch er anfangs, in Luthers Auseinandersetzung mit der Kirche zunächst nichts anderes als „Mönchsgezänk“ zu sehen vermochten. Seine einzigartige Stellung in der Reformationspublizistik beruht also darauf, daß er

im politischen Bereich das Bindeglied zwischen der religiösen und nationalen Befreiungsbewegung bildete, im geistigen Bereich aber eine Brücke schlug zwischen den Bestrebungen des Humanismus und den Zielen des jungen Protestantismus. Er selbst verstand sich daher auch niemals als Anhänger, sondern als (von diesem freilich nur zeitweise und widerwillig akzeptierter) Bundesgenosse Luthers und hat auch, obwohl er seine Texte erst unter dem Eindruck der Lutherschen Schriften verdeutschte, unabhängig von ihm den Schritt vom poeta laureatus zum engagierten Schriftsteller vollzogen. Im literarischen Bereich aber kann er als der eigentliche Begründer des Reformationsdialogs gelten, da die lateinische Fassung des *Erst Feber (Febris prima)* schon ein Jahr vor dem *Eckius dedolatus* im Druck erschien, das um die Jahreswende 1520/21 publizierte *Gesprächbüchlin* aber die Reihe der deutschsprachigen Dialoge anführt, durch welche der Kampf gegen die römische Kirche in die Öffentlichkeit hineingetragen wurde.
Hutten schrieb seine Dialoge unter dem Einfluß der *Toten- und Göttergespräche* Lukians, mit denen er während seiner Italienaufenthalte in Berührung gekommen war und von denen zu jener Zeit schon zahlreiche lateinische Übersetzungen vorlagen. Einen direkten Einfluß Lukians zeigen vor allem der *Phalarismus*, der etwa gleichzeitig, 1516/17 entstandene, aber erst posthum veröffentlichte *Arminius* und die *Inspicientes*. Im *Phalarismus* trifft der schon in den *Ulrichreden* von Hutten heftig attackierte Herzog von Württemberg in der Unterwelt mit Phalaris, einem für seine Grausamkeit berüchtigten sizilianischen Tyrannen des 6. vorchristlichen Jahrhunderts, zusammen, um von diesem in die Geheimnisse fürstlicher Gewaltherrschaft eingeweiht zu werden; im *Arminius*, dem ersten literarischen Zeugnis eines förmlichen „Hermannskultes" in Deutschland, streitet der zum Nationalhelden hochstilisierte Cheruskerfürst frei nach dem Vorbild des 12. Totengespräches mit antiken Feldherren um die Ruhmespalme, die ihm selbstverständlich zuerkannt wird, und in den *Inspicientes* kommentieren Sol und Phaeton vom Himmel herab voll bitterer Ironie die Verhältnisse in Deutschland und das Auftreten des päpstlichen Legaten Cajetan auf dem Reichstag zu Augsburg. In den übrigen Dialogen bleibt der Einfluß Lukians auf einzelne Anspielungen und Motiventlehnungen beschränkt, bis es Hutten im 1. und 2. *Monitor* sowie den *Praedones* gelang, sich völlig von seinem antiken Vorbild zu lösen. – Hutten war keineswegs der erste, der sich von Lukian inspirieren ließ. Denn dieser war schon im 15. Jahrhundert von den Italienern entdeckt

und nachgeahmt worden, und auch die *Colloquia* des Erasmus waren in Inhalt und Stil ganz vom kritisch rationalistischen Geist des Lukian geprägt, in dessen überlegenem Spott auf die Homerische Heroen- und Götterwelt die Humanisten ihre eigene Haltung zur Kirche und ihren in Vorurteilen und Aberglauben befangenen Vertretern gespiegelt fanden. Während sich aber in den *Colloquia* des Erasmus die Kritik auf Allgemeines beschränkte, die ironische Distanz des Betrachters stets gewahrt blieb und die Satire letztlich einen unverbindlich ästhetischen Charakter behielt, gab Hutten, angeregt zunächst durch seinen literarischen Kampf gegen den Herzog von Württemberg, in dessen Umkreis der früheste seiner Dialoge, der *Phalarismus* hineingehört, dieser Gattung eine Wendung ins Konkrete und Aktuelle und wurde damit richtungweisend für die Dialogliteratur der „Kampfjahre". Tatsächlich enthalten von den insgesamt 12 Dialogen, die er zwischen 1516/17 und 1521 schrieb, nur zwei keinen unmittelbaren Zeitbezug, nämlich die Dialoge *Aula* und *Fortuna*, in denen er die Vor- und Nachteile des Hoflebens erörterte bzw. über die Wechselfälle des menschlichen Lebens philosophierte. Von den übrigen nehmen wiederum nur der *Phalarismus* und *Arminius* nicht direkt zu den die Interessen der gesamten Nation berührenden Streitfragen Stellung und wurden daher weder in das *Gesprächbüchlin* noch in die fast gleichzeitig veröffentlichten *Novi Dialogi* aufgenommen.

Durch die Ausklammerung des *Fortuna*-Dialogs, der in der lateinischen Ausgabe die Reihe eröffnet hatte, hat das *Gesprächbüchlin* einen klar überschaubaren, sorgfältig auf Steigerung bedachten Aufbau erhalten. Die beiden ersten Dialoge, das *erst und ander Feber* (= Fieber), sind eine Satire auf das Wohlleben der päpstlichen „Kurtisanen", d. h. der geistlichen Würdenträger, die sich, statt ihren religiösen Verpflichtungen nachzukommen, mit Prunk und Reichtum umgeben, den kostspieligsten Genüssen frönen und sich von geldgierigen Dirnen als williges Werkzeug mißbrauchen lassen. Zu ihnen schickt Hutten, da dort, wo Laster und Üppigkeit herrschen, billigerweise auch Verdruß und Schmerzen zu Hause sein sollten, das Fieber (die Syphilis), jene Krankheit, an der er selbst von Jugend auf litt und an deren Folgen er einige Jahre später gestorben ist. Das Fieber kehrt jedoch bald zu seinem ursprünglichen Herrn zurück, da die Pfaffen und Domherren durch ihre unselige Leidenschaft zu den Dirnen, die ihnen nicht nur alles Geld aus der Tasche ziehen, sondern sie auch dem Gespött der Öffentlichkeit preisgeben, schon genug geplagt seien. In der Enthüllung der moralischen Verderbtheit der Geistlichkeit ist vor allem der zweite Dialog von beträchtlicher satirischer Wirkung, da Hutten fast bis zum Schluß den Ton ironischen Bedauerns über die unter der Last der Weiberherrschaft ächzenden Prälaten beibehält und erst ganz zuletzt die Maske des Mitleids fallen läßt, um mit Hilfe eines Arsenals von Bibelsprüchen, welches den beginnenden Einfluß Luthers verrät, gegen das zu Heuchelei und Lasterhaftigkeit verführende Zölibat der Priester zu Felde zu ziehen. Im dritten Dialog, *Vadiscus*, dem längsten und inhaltlich gewichtigsten, den Hutten geschrieben hat, steigert sich die Satire zu offener Anklage, indem Hutten in ihm das gesamte Herrschaftssystem der Kirche einer scharfen Kritik unterwirft und im Gespräch mit einem „Ernholt" als widerchristlich entlarvt. Er beruft sich dabei auf seinen fiktiven Gewährsmann „Vadiscus" (eine neben dem „Pasquillus" in den satirischen Dialogen der Zeit mehrfach auftauchende Gestalt, deren Name wahrscheinlich von lat. vadere = wandern abgeleitet ist), der viele Jahre in Rom verbracht und seine dort gesammelten Erfahrungen in einer Reihe dreigliedriger Merksprüche zusammengefaßt habe, die etwa folgendermaßen lauten: „Die Römer handlen mit dreierlei Kaufschatz: Christo, geistlichen Lehen und Weibern" (Ukena, S. 81), oder: „Es sein auch dreierlei Burger zu Rom: Simon (=Simonie), Judas und das Volk von Gomorrha" (ebda, S. 86), oder auch, umgekehrt ausgedrückt: „Drei Ding seind in großer Verachtung zu Rom, Armut, Gottsforcht und Gerechtikeit" (ebda, S. 130). Solcherart Sentenzen, die im Text ausführlich kommentiert werden, bilden das innere Gerippe des Dialogs. Von ihnen leitet sich der Untertitel „Trias Romana" oder „Römische Dreifaltigkeit" her, und möglicherweise ist auch Luther von ihnen zu dem Bild der drei Mauern der römischen Kirche inspiriert worden, die er in seiner Schrift *An den christlichen Adel deutscher Nation* niederzureißen versprach. Denn diese Schrift ist einige Monate später als die lateinische Fassung von Huttens *Vadiscus* erschienen und berührt sich mit ihm, wenn auch sehr viel umfassender und programmatischer angelegt, in so vielen Punkten, daß ein direkter Einfluß Huttens auf ihn nicht auszuschließen ist, obwohl Huttens Dialog seinerseits eine Sammlung deutscher „Triaden" zugrunde lag, die bereits in verschiedenen Drucken im Umlauf waren und inhaltlich teilweise auf die *Gravamina der deutschen Nation* zurückgingen. Wie stark aber Hutten, so sehr er in der Analyse mit ihm übereinstimmen mochte, in seiner Zielsetzung von Luther abwich, zeigt sich deutlich in dem letzten Dialog des *Gesprächbüchlins*, den *Inspicientes* oder *Die Anschawenden.* Denn in ihm nahm

er den Auftritt des päpstlichen Legaten Cajetan auf dem Reichstag zu Augsburg 1518 zum Anlaß, um die deutsche Redlichkeit gegen die „welsche Tücke“ auszuspielen und die Deutschen, wenn auch vorerst nur indirekt, zur Abschüttelung des römischen Jochs aufzurufen, welches sie nicht nur ihrer Freiheit beraubt, sondern durch die Gewöhnung an Luxus und Laster auch ihre „angeborene Tugend“ in Gefahr gebracht habe. Auf die Satire und kritische Entlarvung der ersten drei Dialoge folgte hier also statt des Versuchs, neue religiöse Leitbilder aufzustellen, der Appell an die nationalen Interessen des Reiches, der schließlich in den zusammenfassenden Worten des Phaeton in eine kaum mehr verhüllte, an die Adresse des Papstes gerichtete Drohung einmündet: „Das magstu deinem Papst Leo sagen ..., wo er nit fortan mäßigere Legaten ins teutsch Land schickte, werde er etwa sehen ein Zusammenschwerung der Schof wider einen ungerechten, ungütigen und blutdorstigen Hirten, und sie vielleicht auch ein billiche und ihn gebührliche Tat tun“ (Ukena, S. 160).
Die deutsche Übersetzung des *Gesprächbüchlins* entstand, z. T. unter Mitarbeit Martin Butzers, im Winter 1520 auf der Ebernburg Franz v. Sickingens, wo Hutten vor möglichen Verfolgungen Zuflucht gesucht hatte und wo er auch die *Novi Dialogi* und die meisten seiner übrigen Kampfschriften geschrieben hat. Daß er sich entschloß, „alle meine Bücher, die ich bisher in Latin geschrieben ... in teutsche Sprach ... zu transferieren“, geschah in der Absicht, jedermann wissen zu lassen, „welches die Braut sei, darumb man mir tantzen zugemut“ (Ukena, S. 186) oder, wie er es in den schon erwähnten Versen der *Klag und Vormahnung* (seiner ersten von vornherein in deutscher Sprache konzipierten Schrift) formulierte, dem „Vaterland“ die Augen über das ihm von Rom zugefügte Unrecht zu öffnen und es zur „rach“ an seinen Peinigern aufzurufen (ebda, S. 207). Daher stellte Hutten das *Gesprächbüchlin* unter das Motto der „Wahrheit“, die lange Zeit „verdruckt“ gewesen, nun aber durch ihn wieder „herfür geruckt“ worden sei (ebda, S. 25), und bekundete abschließend durch den Leitspruch „umb Wahrheit ich ficht“ seine Bereitschaft zur Tat, während er Luther mit der Devise „Wahrheit, die red ich“ nur die Fähigkeit und den Willen zum „Wort“ zugestand (ebda, S. 163). Betrachtet man aber das *Gesprächbüchlin* unter diesem Aspekt, so war es kaum geeignet, den von Hutten erhobenen Anspruch einzulösen, d. h. mit dem „Licht“ der Erkenntnis auch den Entschluß zum Handeln in die Öffentlichkeit hineinzutragen. Denn mit Ausnahme des *Vadiscus* können die

Dialoge auch in der deutschen Übersetzung nicht verleugnen, daß sie ursprünglich für ein Publikum geschrieben wurden, das an ihrer geschliffenen Form, der Brillanz des sprachlichen Ausdrucks und der Entfaltung eines reichen Spektrums humanistischen Wissens und Könnens ein ebenso großes ästhetisches Vergnügen empfand, wie ihre Aussagen es zu Zorn und Erbitterung reizen mochten, während diejenigen, denen die spezifisch ästhetischen Qualitäten dieser Dialoge verschlossen waren, sich auch von ihren Inhalten schwerlich in der beabsichtigten Weise beeindrucken ließen. Die Versvorreden und Epiloge, die Hutten seinem *Gesprächbüchlin* mit auf den Weg gab, wirken daher wie ein etwas forcierter Versuch, diesen ursprünglichen Produkten einer typischen Humanistensatire nachträglich den Charakter aufrüttelnder Flugschriften zu geben, ein Versuch, der zwangsläufig scheitern mußte, zumal Hutten sich, gerade was den mythologischen Apparat der *Inspicientes* betrifft, zu umständlichen Erläuterungen veranlaßt sah, ohne jedoch begründen zu können, warum er ausgerechnet die antike Heroen- und Götterwelt bemühte, wenn es darum ging, der römischen Kirche im Namen des „Vaterlands" den Kampf anzusagen. Die fast gleichzeitig veröffentlichten *Klagschriften (Conquestiones)* an den Kaiser, die Kurfürsten Sachsens und Brandenburgs sowie die „gemeine deutsche Nation", bei denen es sich ebenfalls um nachträgliche Übersetzungen handelt, geben daher dem Anliegen Huttens sehr viel direkter und unmittelbarer Ausdruck, da er in ihnen nicht als mit seinen Fähigkeiten brillierender Humanistenpoet, sondern als „Kämpfer in eigener Sache" auftrat, der leidenschaftlich darum bemüht war, die „Teutschen" davon zu überzeugen, daß „diese Sach" zugleich „euch insgemein antrifft" (Ukena, S. 182) und hier daher vielfach auch einprägsamere Bilder und ausdrucksstärkere Formulierungen als im *Gesprächbüchlin* fand. Ähnliches gilt auch für die von vornherein in deutscher Sprache geschriebene, ca. 1500 Verse umfassende *Klag und Vormahnung gegen dem übermäßigen unchristlichen Gewalt des Papsts zu Rom*, ja gilt erstaunlicherweise auch für die *Novi Dialogi*, die Hutten, während er gleichzeitig an der Verdeutschung seiner übrigen Schriften arbeitete, auf lateinisch abfaßte und drucken ließ.

Sofern dafür nicht äußere Gründe bestimmend waren, sei es, daß er sich von seiner Ausdrucksfähigkeit im Lateinischen auf die Dauer größere Wirkung versprach oder ihm die zu jener Zeit sich häufenden publizistischen Aufgaben nicht genug Muße ließen, um die mühsame Arbeit des Schreibens in der „lingua barbara" weiterhin auf sich zu nehmen, könnte man in dieser Tatsache eine der typischen Inkonsequenzen sehen, an denen Huttens Leben und Werk so reich sind. Denn tatsächlich entsprachen die *Novi Dialogi*, die wiederum aus einer Sammlung von vier Dialogen bestanden, nämlich der *Bulla vel Bullicida* (Bulle oder Bullentöter), dem *Monitor primus et secundus* (1. u. 2. Warner) und den *Praedones* (Räuber), den publizistischen Absichten, die Hutten verfolgte, in weit stärkerem Maße als das *Gesprächbüchlin*, hatte er den poeta laureatus hier doch ganz abgestreift und trat als Agitator hervor, der sich, indem er die Auseinandersetzung auf einer allgemeinverständlichen Ebene führte, zugleich die verschiedenen Möglichkeiten der Dialogform zunutze machte, um den Leser durch eine allmähliche Enthüllung seiner Bestrebungen zugleich von der Notwendigkeit ihrer Realisierung zu überzeugen. So bediente er sich in der *Bulla* erstmals der Technik des szenisch dramatischen Dialogs, indem er in ihr den Kampf zwischen der Bannandrohungsbulle Leos X. und der bedrängten deutschen Freiheit schilderte, ein Kampf, in welchen auf der einen Seite Eck und die päpstlichen Kurtisanen, auf der anderen aber Sickingen und der „Bullentöter" Hutten eingreifen, bis die Bulle schließlich wie eine überreife Eiterbeule von selbst zerplatzt und Ablaß, Aberglaube, Heuchelei, Hinterlist, Habsucht und Wollust als greulicher Unflat aus ihr hervorquellen. Sickingen, dem Hutten schon das *Gesprächbüchlin* gewidmet hatte, ist der eigentliche Held der *Novi Dialogi*. Er tritt lediglich im *Monitor primus* nicht auf, in welchem Luther einen „Warner" vergeblich für seine Glaubenslehre zu gewinnen versucht, während es Sickingen – und dieser propagandistische Kunstgriff enthüllt Huttens national-politische Zielsetzung in aller Deutlichkeit – in dem darauffolgenden Gespräch mühelos gelingt, eben diesen „Warner" von der Notwendigkeit einer allgemeinen Reichs- und Kirchenreform zu überzeugen. Vor allem der *Monitor secundus* ist gezielt „ad usum delphini" geschrieben, indem er angesichts des unmittelbar bevorstehenden Reichstags zu Worms (dieser trat am 28. Januar 1521 erstmals zusammen) Sickingen statt Luther der Nation als geistigen Führer der Reformation empfiehlt und zugleich den Kaiser, für den Sickingen am Ende dieses Dialogs ein förmliches Aktionsprogramm entwirft, für eine religiös-politische Befreiungsbewegung nach dem böhmischen Vorbild Ziskas zu gewinnen versucht. Der Hoffnung auf den Kaiser, die damals noch von vielen geteilt wurde, gab Hutten um so leidenschaftlicher Ausdruck, als ihm als Angehörigem eines längst funktionslos gewordenen Standes immer noch das Ideal des mittelalterlichen „rîche“ vorschwebte, in welchem das Rittertum als wichtigste Stütze der gegen die Interessen der Fürsten gerichteten kaiserlichen Reichspolitik eine führende Rolle gespielt hatte. Daß die Ritter auch heute noch imstande seien, diese Rolle erfolgreich zu spielen, ja als traditionelle Hüter des Reiches in erster Linie zum Kampf gegen die römischen Unterdrücker berufen sind, sollte im letzten der *Novi Dialogi*, den *Praedones*, bewiesen werden. Denn dieser dient, nachdem Hutten im *Monitor secundus* ein Idealbild Sickingens als eines seiner hervorragendsten Vertreter entworfen hatte, nunmehr der Aufwertung des Ritterstandes selbst, indem er sich zunächst mit dem Vorwurf des Raubrittertums auseinandersetzt, dann aber aufzeigt, wo die echten, wirklich gefährlichen „Räuber“ zu suchen sind, nämlich unter den Kaufleuten, die das Land mit ausländischen Waren überschwemmen, unter den Juristen, welche im Dienst der Fürsten den niederen Adel um seine letzten Güter betrügen, und vor allem unter den Geistlichen, die anstelle eines einzelnen Standes die gesamte Nation ausplündern und mit ihrem Geld die römischen Kassen füllen. Daß Huttens in seinen Schriften immer wieder sich äußernder Zorn auf die Willkür der Fürsten und den Wucher der Kaufleute letztlich auf die gleiche Wurzel zurückging wie sein Haß gegen die „Pfaffen und Kurtisanen“, d. h. vor allem in seinem, von ihm stets sehr entschieden betonten Standesinteresse begründet war, tritt in den *Praedones* so deutlich wie nirgends sonst hervor. Trotzdem aber, und dies war im Rahmen seiner Schriften etwas völlig Neues, machte er sich hier in Vorwegnahme der Politik, die er später auch wirklich verfolgte, zum Anwalt eines Bündnisses zwischen Städten und Ritterschaft, nicht etwa, weil er seine Vorurteile gegen die „Kaufleut“, denen er bereits in den *Inspicientes* beredt Ausdruck zu verleihen wußte, inzwischen aufgegeben hätte, sondern weil ihm klargeworden war, daß nur sie über genügend politisches Gewicht und finanzielle Mittel verfügten, um den Kampf gegen die Fürsten und Pfaffen, ihrer beider gemeinsamen Feind, erfolgreich durchführen zu können.

De facto nämlich dienten die *Novi Dialogi* keinem anderen Zweck als der propagandistischen Vorbereitung jener Umsturzpläne, die Hutten im Winter 1520/21 zusammen mit Sickingen auf der Ebernburg entwarf und die nach dem Vorspiel seiner eigenen, im Herbst 1521 begonnenen Privatfehde gegen das „unchristliche(n), goldgierige(n), rauberische(n) Volk(s) der Kurtisanen“ (Ukena, S. 262) in Sickingens „Pfaffenkrieg“ gegen das Erzbistum Trier so kläglich scheiterten. Die Unterschiede, wie sie in Anlage und Stil zwischen dem *Gesprächbüchlin* und den *Novi Dialogi* bestehen, dürften daher in erster Linie auf die Tatsache zurückzuführen sein, daß inzwischen konkrete Gestalt angenommen hatte, was für ihn längere Zeit nichts anderes als bloßes Gedankenspiel und schließlich eine nur vage ins Auge gefaßte Möglichkeit gewesen war. Denn trotz jener grundsätzlich propagandistischen Funktion, die man zur Zeit des Aufbruchs der neuen Bewegung der Literatur allgemein zuerkannte, liegt die direkte Beziehung zwischen schriftstellerischer Tätigkeit und persönlichen bzw. politischen Interessen und Bestrebungen bei kaum einem anderen Autor jener Jahre so offen zutage wie gerade bei Hutten, obwohl er seine Herkunft aus der humanistischen Dichtungstradition niemals verleugnete und sich auch im publizistischen Tageskampf der künstlerischen Techniken bediente, welche die Humanisten unter völlig anderen Bedingungen und mit anderer literarischer Zielsetzung entwickelt hatten. Huttens Weg, der ihn innerhalb weniger Jahre vom poeta laureatus über den Satiriker und engagierten Schriftsteller bis hin zum Propagandisten und „Mann der Tat" führte, läßt sich daher in seinen Schriften und Dichtungen bis ins einzelne verfolgen, ein Faktum, welches ihnen nicht nur eine besondere zeit- und geistesgeschichtliche Relevanz verleiht, sondern ihr Studium auch für den Literarhistoriker interessant und wichtig macht, auch wenn man in Rechnung stellt, daß Hutten aufgrund seiner typisch humanistischen Neigung zur Selbststilisierung und Selbstinszenierung seine eigene historische Rolle zweifellos weit überschätzt hat. Unter diesem einschränkenden Hinweis auf sein Bedürfnis zur Selbststilisierung ist schließlich auch sein Lied *Ich habs gewagt mit sinnen* als echte „Bekenntnis"dichtung zu werten. Denn Hutten schrieb es im Sommer 1521, zu einer Zeit also, in der sich seine Hoffnungen auf Kaiser und Reichstag endgültig zerschlagen hatten und er entschlossen war, nunmehr selbst die Initiative zu ergreifen und die „Feder mit dem Schwert" zu vertauschen. Es ist also das „Bekenntnislied" eines Mannes, der eben dabei war, die Brücken hinter sich abzubrechen und ein Wagnis auf sich zu nehmen, dessen Gelingen auch ihm nur zweifelhaft sein konnte. Die Zeitgenossen aber dürfte es beeindruckt haben, weil Hutten in ihm unter Verzicht auf rhetorisches Phathos auf den einfachen Ton des Volkslieds zurückgriff und seinem immer wieder erhobenen Anspruch, als einzelner Repräsentant der gerechten Sache zu sein und seinen persönlichen Kampf im Interesse der Allgemeinheit zu führen, hier auf eine Weise Ausdruck verlieh, die es ihnen ermöglichte, sich selbst mit der Symbolgestalt des „christlichen Ritters" zu identifizieren, der im Namen von Wahrheit, Ehre und Recht allein gegen eine Welt voll Lüge und Bosheit ficht.

Der Karsthans

Der *Karsthans* ist nicht nur der wahrscheinlich früheste volkssprachige Reformationsdialog, sondern gehört gleichzeitig auch zu den wirkungsvollsten und meistgelesenen Flugschriften jener Epoche und hat im gesamten deutschen Sprachgebiet ein nachhaltiges Echo hervorgerufen. Der Dialog wurde erstmals Anfang 1521 in Straßburg gedruckt – der genaue Zeitpunkt läßt sich u. a. dadurch bestimmen, daß Murner bereits am 13. Januar vom Rat der Stadt seine Konfiszierung verlangte – und erlebte innerhalb weniger Monate 9 Nachdrucke, von denen 2 in Straßburg, 3 in Basel und 4 in Augsburg erschienen. Inhaltlich stellt er eine Auseinandersetzung mit den Schriften dar, welche Murner kurz zuvor gegen Luther veröffentlicht hatte – insbesondere die Schrift *Von dem babstenthum, Das ist von der höchsten oberkeyt Christlichs glaüben wyder doctor Martinum Luther* wird im 2. Teil, dem Gespräch zwischen Karsthans und seinem gelehrten Sohn erörtert –, und gehört damit in die Reihe der Murnersatiren, die den Franziskaner aufgrund der Assoziationen, die mit seinem Namen verbunden waren, mit Vorliebe als geilen, liebedienerischen Kater darstellten, der „mit der zungen ... leckt, und mit den hindrn füssen zu kratzen“ pflegt und dabei den Frauen gern ... „uff den schossen“ liegt (Clemen, Bd. 4, S. 77). Seine Wirkung aber verdankte der Dialog in erster Linie der Titelfigur, die innerhalb kürzester Zeit Symbolcharakter erhielt und deren Name zum Losungswort wurde, welches die Anhänger der neuen Lehre gegen die römische Kirche ins Feld führten. „Karsthans“ war ursprünglich ein im elsässischen und schwäbisch-allemannischen Raum verbreiteter Spottname für den mit der zweizinkigen Feldhacke (=Karst) arbeitenden Bauern, der nach Ausweis H. Burckhardts als Synonym für den „Bawren klotz“ erstmals in den *Narrenschiff*-Predigten des Straßburger Predigers Geiler von Kaisersberg von 1498 Verwendung fand und in ähnlicher Bedeutung („hanß karst und die uffrürige“ bzw. „unverstendig gemein“) auch von Murner in den Schriften gegen Luther gebraucht wurde. Mit Sicherheit war es vor allem diese zweimalige Erwähnung bei Murner, die den unbekannten Autor dazu bewog, seine Hauptfigur unter einem Namen auftreten zu lassen, der bis dahin der Verachtung der geistigen Oberschicht gegenüber dem unwissenden, groben, in Dumpfheit dahinvegetierenden Bauern Ausdruck verliehen hatte, nunmehr aber zum Ehrentitel des einfachen, unverbildeten und wahrhaft gläubigen Menschen wurde, der sich aus natürlichem Gerechtigkeits- und Sittlichkeitsempfinden gegen die Unterdrückungsmaßnahmen der römischen Kirche und ihre Verfälschung der reinen Lehre empört. Diese hier erstmals bewußt vorgenommene Umstilisierung des Bauern zu einer positiv vorbildhaften Figur war freilich nur möglich, weil die Vorstellungen, die sich für den Autor mit dem Begriff des Karsthans verbanden, längst eine gewisse Popularität erreicht hatten. Denn konzipiert wurde diese Gestalt vor dem Hintergrund der Diskussionen, die seit dem 15. Jahrhundert in zunehmendem Maße über die bedrängte Lage der Bauern geführt worden waren, wobei sich (wie u. a. aus dem einschlägigen Kapitel in F. Martinis *Das Bauerntum im Deutschen Schrifttum* und F. Bezolds *Die ‚armen Leute' in der deutschen Literatur des späteren Mittelalters* hervorgeht) in der Argumentation Anklage gegen die ihre Macht mißbrauchenden Herren, Warnung vor Aufruhr und das Bemühen um eine positive religiöse Sinngebung der Armut in etwa die Waage gehalten hatten; ihre geistigen Wurzeln gehen aber wenigstens teilweise auf die Adamsmystik der Renaissance zurück, welche im „Ackermann" Adam das Idealbild des gottgewollten, frei über sich verfügenden und zu höchster Vollkommenheit befähigten Menschen verherrlichte, und gleichzeitig machte sich der Autor die wachsende Gärung unter den Bauern selbst zunutze und wertete sie, indem er ihre Unzufriedenheit auf religiöse Ursachen zurückführte und sie damit zu aktiven Parteigängern Luthers erklärte, geschickt für seine propagandistischen Zwecke aus.

Obwohl die vom Autor vorgenommene Aufwertung des Karsthans selbstverständlich soziale Implikationen hatte, blieb daher die soziale Problematik aus dem Dialog ausgeklammert, bewegt sich das Gespräch ausschließlich auf religiös theologischer Ebene. Karsthans, der den von seinen Partnern zahlreich verwendeten lateinischen Floskeln hilflos gegenübersteht, tritt dennoch unerschrocken gegen den gelehrten Theologen Murner ins Feld, durchschaut sein scheinheiliges Gebaren als bloße Maske, hinter der sich Laster und Bosheit verbergen, und erkennt schließlich in Luther, der ihm als gefährlicher Ketzer präsentiert worden war, den Verkünder des wahren Christentums, dessen Lehre mit dem Wortlaut der Heiligen Schrift in Einklang steht. Die Überlegenheit der natürlichen Verstandeskräfte, die, da unverbildet, auch unbestechlich sind und mit der Einfalt echter Frömmigkeit gepaart mühelos den Sieg über scholastische Spitzfindigkeit und angelernten Wissensstoff davontragen, sollte dem Publikum auf diese Weise eindrucksvoll demonstriert und ihm zugleich vor Augen gehalten werden, daß vor der lauteren Klarheit des Gotteswortes das komplizierte Lehrgebäude der Kirche wie ein schlecht gezimmertes Kartenhaus zusammenfällt. Die Bibelkenntnis, über die der ungelehrte Karsthans in reichem Maße verfügt, stellte daher für den Autor keineswegs einen Stilbruch oder inneren Widerspruch dar, sondern erfüllte vielmehr eine in doppelter Hinsicht notwendige propagandistische Funktion, zeigte sie doch, wie sehr die römische Kirche die Heilige Schrift als Waffe in der Hand des „gemeinen Mannes" zu fürchten hatte, wie wenig dieser aber zugleich auf andere als geistige Waffen angewiesen war, um sich von ihrer Autorität zu befreien. Trotzdem kann gerade dieser Dialog, der den Typus des einfältigen Bauern als Vorkämpfer des Glaubens und Inkarnation des neuen, aus „evangelischem" Geist geborenen Menschenideals feiert, seine gelehrte Herkunft selbst nicht verleugnen, sondern erweist sich als das Werk eines humanistisch geschulten und theologisch versierten Autors, dem man die Anstrengung, den „volkstümlich schlichten" Ton zu treffen, noch oft genug anmerkt. Formal nämlich stellt der *Karsthans* eine eigentümliche Mischung aus Humanistensatire und Reformationsdialog dar, steht also noch ganz im Zeichen des Übergangs und läßt deutlich erkennen, wohin die literarische Entwicklung tendierte und woher sie ihre Anregungen und Impulse bezog. Humanistischen Ursprungs sind im *Karsthans* vor allem die latinisierende Syntax, die Häufung der lateinischen Zitate und gelehrten Anspielungen, sowie nicht zuletzt die aus Lukian entlehnte Gestalt des Merkur, der als Kommentator des Gespräches fungiert und mit seinem mitunter fast zynischen Witz einen merkwürdigen Kontrast zur Karsthansfigur und dem reformatorischen Geist, den sie ausstrahlt, bildet. Auch das stark hervortretende Element der persönlichen Satire, die vor allem im 1. Teil vorherrscht, weist noch in diese Richtung, ebenso wie die Anspielungen auf den Reuchlinstreit und die Ecksatiren, die ausgerechnet – und hier allerdings wird die Fiktion vom „ungelehrten" Bauern auf fast groteske Art und Weise durchbrochen – dem Karsthans in den Mund gelegt werden. Dagegen hat das Gespräch im 2. Teil, der Auseinandersetzung zwischen Karsthans und seinem stolz auf seine akademische Weisheit pochenden Sohn, die humanistischen Fesseln schon weitgehend abgestreift und wird auf der Ebene einer nur gelegentlich ins gelehrt Theologische abgleitenden Dis-

kussion geführt, die zwar primär auf die Widerlegung bzw. Karikierung der Murnerschen Schriften abzielt, aber doch die grundsätzlichen, das Zeitalter bewegenden Streitfragen zum Gegenstand hat.
Aufgrund dieser und ähnlicher Charakteristika ließ sich die These, daß die Flugschriftenliteratur mehr oder weniger spontan entstandene „Volksdichtung“ gewesen sei, auf den *Karsthans* nie anwenden, hat man den Autor seit jeher im Kreis der Humanisten gesucht, ohne daß es bis heute gelungen wäre, ihn eindeutig zu bestimmen. Allerdings galt längere Zeit nahezu einhellig der St. Galler Reformator Joachim Vadian (Watt) als Verfasser, auf den zuerst der kritische Herausgeber H. Burckhardt aufmerksam gemacht hatte und dem man im Laufe der Zeit insgesamt noch 14 weitere Flugschriften zuwies (vgl. dazu die Übersicht bei Th. Schieß: *Hat Vadian deutsche Flugschriften verfaßt*?, S. 66). Erst als Th. Schieß 1927 den Nachweis erbrachte, daß sich Vadian, nachdem er zunächst noch eine Einigung zwischen Luther und Rom für möglich gehalten hatte, frühestens um die Mitte des Jahres 1522 von der alten Kirche losgesagt hat und zwischen den ihm zugeschriebenen und unter seinem Namen erschienenen Texten in sprachlicher und stilistischer Hinsicht erhebliche Unterschiede bestehen, ist diese These wieder ins Wanken geraten, hat sich in diesem wie in vielen anderen ähnlich gelagerten Fällen die Einsicht durchgesetzt, daß es unmöglich sein dürfte, allein aufgrund sprachlicher und inhaltlicher Kriterien in der Zuordnung der Flugschriften zu sicheren Ergebnissen zu gelangen.
Die Belegstellen für das Echo, welches der *Karsthans* in der Flugschriftenliteratur der Reformationszeit hervorgerufen hat, hat H. Burckhardt in seiner Einleitung zur Ausgabe zusammengetragen. Aus ihnen geht hervor, daß die Bezeichnung „Karsthans“ innerhalb kürzester Zeit zum feststehenden Begriff wurde, der „als Sammelname für alle Pfaffenfeinde und Reformationsfreunde der unteren Volksschicht“ Verwendung fand (Clemen, Bd. 4, S. 40) und in diesem Sinne u. a. auch von Luther gebraucht wurde, als er 1522 in der *Treuen Vermahnung . . , sich zu hüten vor Aufruhr und Empörung* von der bedrängten Lage des „gemeyn[en]man[nes]“ sprach, der „redliche ursach habe, mit pflegeln und kolben dreyn tzu schlagen, wie der Karsthans drawet“ (WA, Bd. 8, S. 676). Schon ein Jahr zuvor hatte Luther Melanchthon gegenüber geäußert, daß Deutschland „multos Karsthansen“ habe (WA *Briefe*, Bd. 3, S. 164), viele also, die sich auch aus sozialen Gründen gegen die Kirche auflehnten und daher zu den potentiellen Anhängern der Reformation

zu rechnen seien. Dabei klang, wie schon aus den Lutherzitaten ersichtlich ist, wenigstens indirekt stets das Motiv der Gewaltandrohung mit an, sooft vom Karsthans die Rede war, wurde das schon im Dialog selbst mehrfach auftauchende: „Wo ist myn pflegel?“ zum häufig benutzten und variierten Stichwort, um der Empörung über die herrschenden Zustände und der Notwendigkeit, sie zu ändern, Ausdruck zu geben. So u. a. in dem im Sommer 1521 in Zürich entstandenen Gedicht *Die göttliche Mühle* (Schade, Bd. 1, S. 19ff), in welchem Karsthans seinen Flegel drohend gegen die Pfaffen erhebt, so im 1525 anläßlich des Regensburger Religionsgesprächs veröffentlichten *Weggespräch gen Regensburg*, wo es heißt, daß es „ie kein wunder“ wäre, wenn „der Karsthans mit dem pflegel drein schlüg und die rappennäster alle zerstörte“ (Schade, Bd. 3, S. 178), und so auch in dem ein Jahr früher erschienenen *Dialogus zwischen Petro und eynem Bawern*, der mit der Wendung „karsthans und flegelhans“ (Lenk, S. 177) zugleich auf ein in Hexametern verfaßtes lateinisches Gedicht von 1521 mit dem Titel *Karsthans und Kegelhans* anspielt. Von besonderer Bedeutung aber wurde das Karsthansmotiv für den süddeutschen Wanderprediger Johann Rot-Locher, der 1523/24 in Zwickau einige Schriften drucken ließ, in denen er sich eingehend mit der Lage der Bauern und ihrem, von ihm freilich nur bedingt bejahten Recht auf Widerstand gegen die geistliche und weltliche Obrigkeit auseinandersetzte. Und zwar richtete Locher seine Mahn- und Sendschreiben vornehmlich an Karsthans als fiktiven Adressaten und Typus des besonnenen, von echt christlichem Geist erfüllten Bauern, der kraft seiner höheren Einsicht imstande sei, seinen Mitbrüdern Trost und Hilfe zu spenden und sie von verzweifelten Schritten zurückzuhalten. Gelegentlich scheint er sich sogar selbst den Beinamen Karsthans zugelegt zu haben, ebenso wie vor ihm schon der Arzt und Prediger Hans Murer, der als Aufrührer im Kerker endete und damit ein ähnliches Schicksal erlitt, wie es auch Locher zuteil wurde. Es war daher in gewissem Sinne durchaus berechtigt und im Gebrauch dieses Schlagwortes selbst begründet, wenn Thomas Murner in seinem *Großen Lutherischen Narren* von 1522 die Karsthansfigur – und zwar in direkter Anspielung auf den Dialog – zur Inkarnation der revolutionären Kräfte der neuen Bewegung umstilisierte, die, statt lediglich an einer Verbesserung der bestehenden Ordnung interessiert zu sein, in Wirklichkeit auf ihre Zerstörung hinarbeiteten.

Trotzdem dürfte es kein Zufall sein, daß der Name Karsthans, obwohl damals in aller Munde, nach Ausweis H. Burckhardts in den programmatischen Schriften der Bauern selbst nicht auftauchte und niemals „als Schlag- oder Fahnenwort des Bauernkrieges" Verwendung fand (Clemen, Bd. 4, S. 48). Denn schwerlich konnten sich diejenigen, die tatsächlich eine gewaltsame Veränderung der sozialen Verhältnisse anstrebten, mit einer Gestalt identifizieren, die man eigens ins Leben gerufen hatte, um breiteren Bevölkerungsschichten eindringlich klarzumachen, daß zwar die Herrschaft der römischen Kirche aus religiösen Gründen beseitigt werden müsse, die im sozialen Bereich existierende Ordnung jedoch, da von Gott selbst eingesetzt, aus ebendiesen Gründen nicht antastbar sei. Dementsprechend wurde (wie vor allem P. Böckmann in seinem Aufsatz: „Der gemeine Mann in den Flugschriften der Reformation" ausführlich darstellt) in fast sämtlichen Texten, in denen das Karsthansmotiv eine Rolle spielte, das Problem des Widerstands angesprochen und dem „gemeinen Mann" das Recht auf Mündigkeit in geistlichen Dingen ausdrücklich zugesprochen (so u. a. auch in dem *Gestryfft Schwytzer Baur* von 1522, der sich in seiner Thematik eng mit dem *Karsthans*-Dialog berührt), sein Recht auf Empörung gegen die weltliche Obrigkeit jedoch meist ebenso entschieden geleugnet, bzw. seine Erbitterung in eine den Interessen der Reformatoren entsprechende Richtung gelenkt. Letzteres geschieht auch in dem *Dialogus zwischen Petro und eynem Bawrn*, in welchem Petrus als von Christus selbst eingesetzter irdischer Stellvertreter den Herrschaftsanspruch der Päpste als widerchristlich entlarvt, im übrigen aber den auf Abhilfe seiner Beschwernisse drängenden Bauern auf den Trost des Evangeliums verweist, welches ihm sagt, „das dir got kommen sey, dich zu erlösen, selig zu machen und dir auß allen nöthen zu helfen ahn alles dein zuthuen" (Lenk, S. 175). Die Haltung, die Luther in dieser Frage einnahm und die er in seinen Schriften wiederholt mit Nachdruck vertrat (so vor allem in: *Eine treue Vermahnung zu allen Christen, sich zu hüten vor Aufruhr und Empörung*, 1522, *Von weltlicher Obrigkeit, wie weit man ihr Gehorsam schuldig sei*, 1523, und am entschiedensten in der Schrift *Wider die räuberischen und mörderischen Rotten der Bauern*, 1525, deren Ton bei Feinden und Freunden gleichermaßen Befremden hervorrief), wurde auch von den meisten Flugschriftenautoren geteilt bzw. zur Erhöhung der propagandistischen Wirkung dem „gemeinen Mann" in den Mund gelegt, der an den Verhältnissen im weltlich sozialen Bereich in der Regel nur insoweit Kritik üben durfte, als die Kirche davon betroffen war oder er sich in Übereinstimmung mit der auch von Luther vertretenen Meinung befand. Letzteres gilt u. a. für den Dia-

log *Von der Gült* (Lenk, S. 141ff.), in welchem ein Bauer, frei nach Luthers *Sermon von dem Wucher*, gegen die Bürger und Pfaffen Klage führt, weil sie sich durch den Pacht- und Leihzins unrechtmäßig an ihm bereichert haben. Das extremste Beispiel für die Versuche, den Bauern als Sprachrohr der Lutherschen Lehren fungieren zu lassen, stellt vielleicht der bald nach der Schlacht von Frankenhausen in Wittenberg gedruckte *Nützliche(r) Dialog zwischen einem Müntzerischen Schwärmer und einem evangelischen frommen Bauern* von Johann Agricola dar (Kaczerowsky, S. 199ff.), in welchem der „fromme Bauer", indem er sich die oft vorgebrachten Vorwürfe gegen Müntzer und seine Anhänger zu eigen macht und ihnen gegenüber Luthers Forderung nach Gehorsam gegenüber der Obrigkeit mit warmen Worten verteidigt, wenigstens implizit die gegen die Aufrührer ergriffenen Maßnahmen und damit auch Luthers Haltung in dieser Frage rechtfertigt.
Eine gewisse und, geht man den Gründen nach, recht bezeichnende Sonderstellung in der Frage des Widerstandsrechts nimmt allerdings das *Gesprech Büchlin Neuw Karsthans* ein, das im Spätsommer 1521 als eine Art Fortsetzung des *Karsthans* in Straßburg erschien und ebenso wie das *Gesprech zwischen aim Pfarrer und aim Schulthayß* allem Anschein nach von Martin Butzer verfaßt worden ist. Butzer, der aus dem Dominikanerorden hervorgegangen war, bei der Durchführung der Reformation in Straßburg eine maßgebliche Rolle spielte und seit den dreißiger Jahren zu den führenden protestantischen Theologen gehörte, hatte sich schon 1518 an Luther angeschlossen und hielt sich nach seiner Flucht aus dem Kloster 1520/21 zusammen mit Hutten auf der Ebernburg Franz von Sickingens auf, wo er sich u. a. an der Übersetzung der Huttenschen *Klagschriften* beteiligte. Sein Dialog diente daher nicht zuletzt der Verherrlichung Sickingens, der hier als Gesprächspartner des Karsthans auftritt und von Butzer geschickt in Szene gesetzt wird, schildert er doch u. a., wie Hutten und er „disen winter zu Eberburg ob meinem tisch und nach der malzeit allwegen und on underläßlich die lutherischen bücher gelesen, und von dem ewangelio und der apostolischen geschrift geredt" hätten (Berger, *Sturmtruppen*, S. 176). Als das *Gesprech Büchlin* entstand, hoffte man vielfach noch, Sickingen für die neue Bewegung zu gewinnen bzw. durch seinen Einfluß den Kaiser für sie günstig stimmen zu können. Daher war es wichtig, ihn der Öffentlichkeit als überzeugten Anhänger Luthers zu präsentieren, der statt seiner Standesinteressen die „gemeine sach" und das Wohl des Glaubens im Auge hatte. Insofern berührten sich Butzers

Intentionen hier eng mit denjenigen Huttens in den *Novi Dialogi*, während zwei weitere zeitgenössische Propagandisten Sickingens, der Ritter Hartmuth von Cronberg und Heinrich von Kettenbach, für ihn auch öffentlich noch Partei ergriffen, als sein „Pfaffenkrieg" gegen Trier schon verloren war. Kettenbach bezeichnete diesen Pfaffenkrieg in seiner *Vermahnung Junker Franzen von Sickingen zu seinem Heer* sogar nachträglich als gerechten Glaubenskrieg, der geführt worden war, um das Volk „von dem schweren entchristlichen joch und gesetz der pfaffhait . . . zu erlösen" und es „zu Euangelischen, liechten gesetzen und christlicher freihait" zu bringen (Clemen, Bd. 2, S. 210). Etwas von dieser veränderten Haltung zum Widerstandsrecht, sofern es um die Vertreter der höchsten sozialen Schichten ging, klingt auch im *Neuw Karsthans* schon an, allerdings nur verhüllt und in Formulierungen, die jederzeit einen Rückzug erlaubten. Denn Sickingen tritt hier auf in der Rolle des besonnenen Lehrers und Ratgebers, der sich die von Karsthans vorgebrachten zornigen Anklagen in vollem Umfang zu eigen macht, ja ihre Berechtigung durch eine Fülle von Schriftbelegen ausdrücklich bestätigt, auf seine Forderung, nun endlich zu handeln, jedoch stets ausweichend antwortet und nur indirekt zu erkennen gibt, daß er nicht abgeneigt sei, sich in dieser Sache dem „vaterland" als „hauptman" zur Verfügung zu stellen – „wil mich nun got auch zu solichen brauchen oder nicht, ich bin bereit, sein götlich gebot zu erfüllen" (Berger, *Sturmtruppen*, S. 177). Leitmotivisch fast zieht sich dieses Frage- und Antwortspiel durch das Gespräch, in dessen Verlauf Sikkingen das damals vielzitierte Wort aus dem Römerbrief von der „weltlichen Obrigkeit, die Gewalt über Euch hat" geschickt gegen die geistlichen Fürsten ausspielt und schließlich so etwas wie ein Bündnis zwischen Bauern und niederem Adel in Aussicht stellt, da diese von der Herrschaft der „pfaffheit" am ärgsten betroffen sind, während die Fürsten von ihr profitieren und daher den Versuchen, sie abzuschütteln, „wol ein hindernüs thun . . . möchten" (ebda, S. 199). Wenn Karsthans endlich im gleichen Zusammenhang auf das Beispiel Ziskas und die Vorgänge in Böhmen verweist und energisch verlangt, die „gemeine sach" höher zu achten als fürstlichen Eigennutz, so geht daraus trotz aller Verklausulierungen recht deutlich hervor, daß auch die gemäßigte protestantische Mittelschicht die Frage des gewaltsamen Vorgehens gegen die bestehende Ordnung durchaus verschieden beurteilte, je nachdem, ob der Anstoß dazu von oben oder von unten ausging. Die Tatsache, daß dem Dialog 30 Artikel hinzugefügt wurden, die den „Pfaffenkrieg" nunmehr in aller Offenheit proklamierten, wirkt daher zwar wie ein Stilbruch, keineswegs aber wie eine nachträglich vorgenommene grundsätzliche Verfälschung der Intentionen des Dialogs, auch wenn diese Artikel nicht von Butzer selbst stammen dürften, sondern wahrscheinlich eine eigenmächtige Zutat des Straßburger Druckers Hans Schott darstellten (vgl. dazu Kalkoff, *Hutten und die Reformation*, S. 540ff.)

In Inhalt und Darbietungsweise hat der zweite *Karsthans*-Dialog längst alles abgestreift, was an die humanistische Herkunft dieser Gattung erinnern könnte. Das Gespräch knüpft an einen konkreten Vorfall an, nämlich den Versuch eines Ketzermeisters, Karsthans wegen seines allzu geliebten „pfertlins" ein übermäßig hohes Bußgeld aufzuerlegen, und weitet sich erst allmählich zu einer umfassenden Kritik an den Herrschaftsmethoden der Kirche aus, wobei die negative Wirklichkeit ständig mit den Lehren der Schrift konfrontiert wird und die Frage nach möglicher Abhilfe das Gespräch wie ein roter Faden durchzieht. Auch die Gestalt des Karsthans ist sehr viel realistischer gezeichnet, wird er hier doch tatsächlich annähernd als einfacher Bauer geschildert, der voller Eifer den Belehrungen Sikkingens lauscht, selbst stets von der persönlichen Erfahrung her urteilt und auch in seiner Forderung nach praktischem Handeln stets auf dem Boden der Wirklichkeit bleibt, während Sickingen den eigentlich theoretischen Part übernommen hat und das Gespräch unter Berufung auf Luther und Hutten immer wieder vom Konkreten aufs Allgemeine und Grundsätzliche lenkt. Indem sich beide auf diese Weise „die Bälle" zuspielen und, ohne sich in ihrer Beurteilung der Lage nennenswert voneinander zu unterscheiden, ein und denselben Sachverhalt jeweils nur aus verschiedener Perspektive beleuchten, wird im Publikum im übrigen der Eindruck erweckt, als seien die unterschiedlichen sozialen Interessen von Bauern und Adel angesichts des gemeinsamen Feindes, der Kirche, ohne Belang, ja als sei diese die einzig Schuldige an der sozialen Misere und führe der Adel im Kampf gegen sie daher auch die Sache der unteren Bevölkerungsschichten. Auch wenn Butzer, wie fast sämtliche seiner zahlreichen Mitstreiter, seine humanistische und theologische Bildung keineswegs verleugnen konnte, zeigt sich doch im Vergleich zu dem unbekannten Verfasser des *Karsthans* an seinem Beispiel sehr deutlich, wie rasch es den protestantischen Autoren gelang, sich in Stil und Darstellungsweise ihren Absichten anzupassen, d. h. ihre schriftstellerischen Fähigkeiten in den Dienst einer möglichst großen propagandistischen Breitenwirkung zu stellen. Eine vergleichende Untersuchung der Dialoge und Flugschriften unter diesem Aspekt würde vermutlich zu interessanten Ergebnissen führen und ist daher ein dringendes Desiderat der Forschung, wobei es nicht zuletzt auch erforderlich wäre, die Rolle, die der „gemeine Mann“ in ihnen zu spielen hatte, genauer als dies bisher (etwa bei P. Böckmann) geschehen ist, zu bestimmen und mit der Selbstdarstellung der Bauern in den von ihnen selbst oder in ihrem Interesse verfaßten programmatischen Schriften zu vergleichen.

Johann Eberlin von Günzburg
Die 15 Bundsgnossen

Neben Luther und Hutten war Eberlin von Günzburg, bis 1521 Franziskanermönch in Ulm, zweifellos einer der profiliertesten deutschen Publizisten der frühen Reformationszeit, obwohl er nicht zu den Persönlichkeiten gehörte, von denen eine große geistige Ausstrahlungskraft ausging, sondern sich eher rezeptiv verhielt, d. h. in seinen Schriften Ideen und Anregungen unterschiedlichster Herkunft verarbeitete. Denn war er ursprünglich wohl durch Zwingli für die Sache der Reformation gewonnen worden und blieb er selbst in den Jahren seines entschiedensten Kampfes gegen die römische Kirche ein Verehrer von Erasmus, den er neben Luther und Hutten als Vorkämpfer der neuen Bewegung feierte, so war er in seinen religiösen Vorstellungen gleichzeitig vom Gedankengut Luthers und Karlstadts geprägt und geriet wenigstens vorübergehend auch unter den Einfluß radikalerer Gruppen, welche der Lösung der aktuellen sozialen Probleme gleiche Bedeutung zumaßen wie der Klärung der grundlegenden religiösen Streitfragen. Gerade diese nach keiner Seite sich verschließende geistige Offenheit aber verleiht seinen zahlreichen, zwischen 1521 und 1525 veröffentlichten Schriften ihren einzigartigen Dokumentationswert und sichert ihnen als einem Spiegel der mannigfachen Kräfte und Strömungen, welche der Reformation in Deutschland zum Durchbruch verhalfen, einen wichtigen Platz in der Literatur jener Zeit.
Das gilt vor allem für die *15 Bundsgnossen*, eine Sammlung von 15 Flugschriften, die im Spätsommer 1521 in der Basler Offizin Pamphilius Gengenbachs erschienen und zwei Jahre später durch eine weitere, 16. Schrift ergänzt wurden. Ihre Entstehung reichte z. T. noch in die Zeit des Wormser Reichstags zurück und entsprach in

ihrer ursprünglichen Reihenfolge wohl nicht der späteren Anordnung, da Eberlin, wie W. Lucke gezeigt hat, offenbar erst nachträglich den Plan faßte, sie als geschlossene Sammlung zu veröffentlichen. Dementsprechend weisen die einzelnen Schriften in Inhalt, Aufbau und Anlage verhältnismäßig große Unterschiede auf, wird in ihnen ein reiches Spektrum von Themen entfaltet, welches die Aufmerksamkeit des Lesers ständig vom Allgemeinen auf das Besondere, von den offenkundigen Mißständen auf die Möglichkeiten zu ihrer Behebung lenkt, tritt der Autor selbst sowohl in der Rolle des Anklägers wie des Gesetzgebers auf, der bald im Namen der gesamten Nation, bald als Anwalt einer Gruppe besonders Bedrängter spricht und vom gehobenen Kanzleistil bis zur volkstümlich derben Invektive über eine reiche Skala von Tönen verfügt. So wird im 2., 4. und 7. *Bundsgnoß* scharfe Kritik an einzelnen kirchlichen Einrichtungen wie dem 40tägigen Fasten, den Stundengebeten und dem „Jahrmarkt" der Seelenmessen geübt, nahm Eberlin, ein Thema, das ihm als ehemaligem Franziskaner besonders am Herzen lag, im 3. und 9. *Bundsgnoß* zu den Mißständen innerhalb der Klöster Stellung, übertrug er im 6. und 14. einige besonders bissige satirische Passagen aus Erasmus' *Moriae Encomium* ins Deutsche und richtete im 13. eine Mahnung an die Schweizer Eidgenossen, der reinen Lehre treu zu bleiben, während er im 5. und 12. *Bundsgnoß* konkrete Vorschläge zur Reformierung des Predigerstandes und Klosterwesens unterbreitete und im 10. und 11. schließlich, den Kernstücken der Sammlung, den Entwurf einer neuen Ordnung im geistlichen und weltlichen Bereich vorlegte. Von Planlosigkeit und Willkür des Aufbaus läßt sich gleichwohl nicht sprechen. Vielmehr hat H. Weidhase nachzuweisen versucht, daß der Anordnung der einzelnen Flugschriften das „dialektische(n) Prinzip von These und Antithese" (S. 275) zugrunde liegt, d. h. Anklage, Satire und programmatische Forderung als die wichtigsten Mittel des literarischen Kampfes in wohlberechneter Folge einander ablösen, um auf diese Weise gleichsam bildhaft zu demonstrieren, daß es, um den Angriff gegen die bestehende Ordnung erfolgreich durchzuführen, des gemeinsamen Einsatzes aller verfügbaren Kräfte bedarf. Den Zusammenschluß dieser Kräfte auf konkreter geschichtlicher Basis zu ermöglichen bzw. auf seine Notwendigkeit eindringlich hinzuweisen, ist nach Weidhase vor allem Aufgabe des 1., 8. und 15. *Bundsgnoß* als des Mittelstücks und der beiden Rahmenteile der Sammlung, in welchen sich Eberlin in direktem Appell an die Öffentlichkeit wandte, indem er Karl V. im Namen der deutschen Nation aufforderte, sich an die Spitze der neuen Bewegung zu stellen, die Glaubensartikel aufzählte, welche für die künftigen Christen verbindlich sein sollten, Erasmus, Luther und Hutten zu den geistigen Führern der Reformation erklärte und schließlich dafür plädierte, die Diskussion um die aktuellen Probleme nur noch in deutscher Sprache zu führen, „do mit ein jetlicher verstendiger die weil hab zů urtheilen dar uber by im selbs" (Enders, Bd 1, S. 84). Somit entspräche also der Aufbau der Flugschriftenreihe dem programmatischen Titel, den Eberlin seiner Sammlung gegeben hat, weil sich in ihr die einzelnen Schriften „zu gůt gemeiner teütscher nation zůsamen geschworen" haben, „zů entblössen gemeinen mercklichen schaden, so lange jar uff allen gemeincklich gelegen ist", und zu „entdecken gemeinen christen, mit was lästerlicher unträglicher burde sy beladen sind" (Enders, Bd 1, S. 144 u. 16). Dabei stand ihm als Modell zweifellos in erster Linie das Vorbild der Schweizer Eidgenossen vor Augen, obgleich in dem Titel, angeregt durch die zunehmende Beliebtheit der Kampfmetaphorik in der Reformationspublizistik, auch eine unüberhörbare militante Note mitschwingt, die Thomas Murner dazu veranlaßte, die *15 Bundsgnossen* in seinem *Großen Lutherischen Narren* als Kerntrupp des lutherischen Heeres auftreten zu lassen, welches sich die gewaltsame Zerstörung der bestehenden Ordnung in Staat und Kirche zum Ziel gesetzt hat.

Mit dieser Interpretation tat Murner aus seiner einseitig negativen Sicht Eberlin insofern nicht völlig unrecht, als seine Flugschriftensammlung tatsächlich eine Reihe von Forderungen enthält, die nur auf revolutionärem Weg zu verwirklichen waren. Sie finden sich vor allem im 10. und 11. *Bundsgnoß*, den beiden wichtigsten Stücken der Reihe, da sie die erste und in ihrer Art auch einzige „konkrete Gesetzesfassung ... eines utopischen Staatsgebildes in der deutschen Reformationsliteratur" darstellen (H. Weidhase, S. 275). Denn in ihnen wird neben einer Reihe von „statutē", welche die „reformierung geystlichen stand" betreffen, auch eine „newe ordnung weltlich stādts" proklamiert, die im „Land Wolfaria", im „Monat genat Gutwyle" und „jar, do man den bättel münchen die kutten staubt" entworfen wurde und, nachdem sie vor „allem volck in allen vogtyen" diskutiert worden ist, in Kraft treten soll (Enders, Bd. 1, S. 131). Als Verfasser gab Eberlin einen gewissen „Psitacus" (von psittacus = Papagei) an, eine Verballhornung des Namens seines Vetters Huldrich Sittich, der auch in seiner Flugschrift *Mich wundert, daß kein Geld im Land ist* als Gesprächspartner auftritt. Die literarische Einkleidung verleiht Eberlins „Gesetzesfassung" eindeutig den Charakter einer Utopie und unterscheidet sie damit grundsätzlich von den konkreten Forderungen der Bauern, obwohl eine Kenntnis der wenige Jahre zuvor entstandenen *Utopia* des Thomas Morus nicht nachzuweisen ist. Trotzdem bleibt es aufschlußreich, daß die Statuten des Landes Wolfaria z. T. verblüffende Übereinstimmungen mit den Programmen der revolutionären Bauernführer aufweisen, die allerdings erst an die Öffentlichkeit traten, nachdem sich Eberlin, der 1524 in Erfurt gegen die dort ausgebrochenen Unruhen predigte, von derartigen Bestrebungen offiziell distanziert hatte. Und zwar betreffen diese Übereinstimmungen vor allem die soziale Grundstruktur seiner „Gesetzesfassung", die völlig auf den agrarisch-bäuerlichen Bereich zugeschnitten ist, Städte nur als Verwaltungseinheiten mehrerer Dörfer kennt, mit Ausnahme des für die Landwirtschaft wichtigen Schmiedehandwerks jeder gewerblichen Tätigkeit strenge Beschränkungen auferlegt und mit der Abschaffung der „fuckery," also des Handelskapitals, auch den Handel auf die Versorgung mit unbedingt lebensnotwendigen, im eigenen Lande nicht herstellbaren Gütern reduzieren will. Angesichts der tatsächlichen sozialen und wirtschaftlichen Verhältnisse im damaligen Deutschland, angesichts der Tatsache vor allem, daß die Reformation ihren raschen Erfolg nicht zuletzt der tatkräftigen Unterstützung weiter Kreise des Bürgertums verdankte, welches als selbständiger Stand bei Eberlin kaum in Erscheinung tritt, muten diese Vorstellungen merkwürdig illusionär, ja reaktionär an, obwohl die Bauern kurze Zeit später ihren Kampf gegen die geistliche und weltliche Obrigkeit mit ähnlicher Zielsetzung eröffneten. Das gleiche gilt für Eberlins Forderung, anstelle des gerade erst sich etablierenden Römischen Rechts die alten Volksrechte wiedereinzuführen, während sich demgegenüber seine Vorschläge zur Reform des Bildungswesens und der Sozialfürsorge vergleichsweise modern ausnehmen und er mit der Konzeption eines einheitlichen, straff gegliederten und ansatzhaft demokratischen Staatsgefüges – „Kein oberhand soll gewalt haben etwas zů thůn on hylff und rat deren, so vom hauffen der underthon dar zů gesatzt oder geordnet sind", und: „In allen räten söllen als vyl edelleüt als baurßleüt sitzen" (Enders, Bd. 1, S. 122f.) – seiner Zeit sogar um einiges voraus war. Auch sonst fehlt es in Eberlins Gesellschaftsprogramm nicht an Widersprüchen. Denn lassen einige Passagen, wie das Statut über die Duldung Andersgläubiger, den aufgeklärten Humanisten erkennen, so tritt er in den Bestimmungen zur Kontrolle der öffentlichen

Moral mit ihren z. T. drakonischen Strafmaßnahmen („All offenlich eebrächer söllen getödt werden“ und: „Alle mann söllen by grosser pein lang bärt tragen“, Enders, Bd. 1, S. 123 u. 127) als religiöser Eiferer auf, der das meist nur lässig ausgeübte Aufsichtsamt der römischen Kirche durch eine bis ins einzelne gehende strenge Reglementierung des öffentlichen und privaten Lebens ersetzen wollte. Vor allem aber fällt auf, daß hinsichtlich ihres utopisch illusionären Charakters zwischen den geistlichen und weltlichen Statuten erhebliche Unterschiede bestehen. Denn während diese an den tatsächlichen Gegebenheiten der Zeit beträchtlich vorbeizielten, konnten Eberlins Vorschläge zur Kirchenreform, wenn nicht im lutherischen, so doch im Zwinglischen oder Calvinschen Bereich, weitgehend verwirklicht werden. Das gilt nicht nur für die Umwandlung der Klöster in Hospitäler und Stifte oder die Bestimmungen zur Umgestaltung des Gottesdienstes und Reduzierung der Feiertage, sondern gilt auch für die Einsetzung, Besoldung und öffentliche Stellung der Geistlichen sowie nicht zuletzt für die strengen Moralvorschriften. Dieses Faktum wirft ein bezeichnendes Licht auf die damalige Situation in Deutschland, in welcher man aufgrund der widerstreitenden Interessen der verschiedenen sozialen Gruppen von den Möglichkeiten zur Neuregelung der gesellschaftlichen Verhältnisse allenfalls verschwommene Vorstellungen hatte, dafür aber recht genau wußte, wie das zukünftige kirchlich religiöse Leben aussehen sollte und welche Schritte zu seiner Realisierung zu unternehmen waren.

Gerade unter diesem Aspekt wäre eine sorgfältigere Analyse von Eberlins Utopie überaus lohnend, wobei gleichzeitig danach zu fragen wäre, woher er seine Ideen im einzelnen bezog und inwieweit sie direkt oder indirekt auf die Artikelbriefe und Programmschriften der Bauern eingewirkt haben. Genauere Untersuchungen liegen dazu bislang noch nicht vor. Bekannt ist nur, daß Eberlin zeitweise in enger Verbindung zu dem Prädikanten Johann Rot-Locher stand, der, wie übrigens auch Heinrich von Kettenbach, aus dem gleichen Kloster hervorgegangen ist, seinerseits zu den Zwickauer Schwärmern Beziehungen unterhielt und 1524 oder 25 in München hingerichtet wurde. Eberlin selbst dürfte um diese Zeit seinen in den *Bundsgnossen* entwickelten Ideen schon recht fern gestanden haben. So veröffentlichte er schon 1522 unter Luthers Einfluß einen Traktat *Vom Mißbrauch christlicher Freiheit* und äußerte sich zwei Jahre später in der Flugschrift *Mich wundert, daß kein Geld im Land ist*, über sein Erstlingswerk folgendermaßen: „Hetten sie [d. h. die *15*

Bundsgnossen] die selbig weil helffen statgraben rawmen, oder pflaster seuberen, were schier so nütz gewesen, und mich rewet ubel meines zusatz darbey" (Enders, Bd. 3, S. 148).
Der weitere Inhalt dieser Schrift, die nach Weidhase „eine der gelungensten Satiren der Reformationszeit" darstellt (S. 280), deutet allerdings darauf hin, daß dieser Bemerkung auch noch etwas anderes zugrunde lag, nämlich Eberlins wachsende Skepsis hinsichtlich der Wirkung, die von den immer zahlreicher hervortretenden protestantischen Flugschriften ausging. Denn in dieser Satire, die an zeitkritischer Schärfe den *15 Bundsgnossen* keineswegs nachstand, sich aber nicht mehr einseitig gegen die römische Kirche und ihre Parteigänger richtete, untersuchte Eberlin die Gründe für die zunehmende wirtschaftliche und soziale Misere im Reich und nannte als wichtigste erstens die „schedlichen kriege(n) unserer herren", zweitens die „unnutze(r) böße(r) ware, domit teütsch land bereubt wird", sowie drittens das „furgeben" der Mönche und Pfaffen, daß „Got und seine heiligen zu betler gemacht sein, . . . darumb wir so williglich unser gut und hab von uns werffendt" (Enders, Bd. 3, S. 149). Während er, soweit es den Handel, die großen Herren und Pfaffen betraf, im wesentlichen die Vorwürfe wiederholte, die in der Literatur jener Zeit schon häufig erhoben worden waren, zog er im Abschnitt über die Kaufleute und Wucherer erstmals auch gegen die Gewissenlosigkeit der „gewinßdrucker" (Enders, Bd. 3, S. 161), der Buchdrucker also, zu Felde, welche heute um des Profits willen den Markt mit protestantischen Schriften überschwemmen, schon morgen aber, „sobald der evangelisch handel ynen nit wil mehr gelten", mit fliegenden Fahnen zum Feind überwechseln würden (ebda, S. 162). Im gleichen Zusammenhang fallen dann auch seine schon erwähnten scharfen Worte gegen die Flugschriftenautoren selbst, die ihren künstlerischen Ehrgeiz vielfach höher stellen als den Dienst an „gottis wort", d. h. ihre Texte „zu schaden der synn" mit marktschreierischen Titeln versehen oder in eine auffallende literarische Form kleiden, weil ihnen „ist nit gelegen an der warheit furtzutragen den armen menschen", sondern „yr torheit und eyttelheit fur [zu]tragen der welt" (ebda, S. 163). Zu den wenige Jahre zuvor im *8. Bundsgnoß* niedergeschriebenen optimistischen Äußerungen stehen diese Sätze in schärfstem Kontrast. Denn dort hatte Eberlin der deutschen Sprache im Kampf gegen das Papsttum eine eminent wichtige Funktion zugesprochen und der Überzeugung Ausdruck gegeben, daß es mit ihrer Hilfe gelingen würde, die Autorität der römischen Kirche zu brechen, die sich nur deshalb so lange unangefochten behaupten

konnte, weil es der Mehrzahl der Menschen an der Möglichkeit fehlte, sich durch die Lektüre der Heiligen Schrift selbst von der Richtigkeit der aus ihr abgeleiteten Lehren zu überzeugen. Die Bereitschaft, deutsch zu schreiben, d. h. sich in der Erörterung der aktuellen religiösen und sozialen Probleme der allgemeinen Diskussion zu stellen und sie in einer jedermann verständlichen Form darzulegen, hatte Eberlin dort geradezu zum Prüfstein für den Wahrheitsanspruch der reformatorischen Schriftsteller gemacht, allerdings die Forderung daran geknüpft, nur solche „ding in teütsch zu bringen", die „zu fürderung des ewangelium und zu trew und redlichkeit" dienen (Enders, Bd. 1, S. 87). Zwei Jahre später schon glaubte er sich im 16. *Bundsgnoß* für die große Zahl seiner eigenen Schriften in „christlichen sachen" entschuldigen zu müssen (Enders, Bd. 1, S. 205) und sprach sich entschieden gegen das Überhandnehmen des „fluchen[s]" und „schelten[s]" in den Flugschriften aus, durch welches die Sprache zu demagogischen Zwecken mißbraucht zu werden drohte (ebda, S. 198 ff.). Hier schließlich, in seiner letzten satirisch polemischen Schrift, zählte er den Großteil dieser Flugschriften kurzerhand zu den „unnutzen bößen waren, domit teütschland bereubt wirt", ja führte sogar einige der bekanntesten Titel wie den *Karsthans*, den Wolfgesang, die *Wittembergisch nachtigall* sowie seine eigenen *Bundsgnossen* als Beweis für die alte Erfahrung an, daß der „teuffel" sich „auch under heilgen worten" verbergen kann (Enders, Bd. 3, S. 162). Wenn auch der ständige Hinweis auf die „schwirmerischen schreyber und prediger" in diesem Zusammenhang deutlich zeigt, in welche Richtung Eberlins Ausfälle vor allem zielten, ändert das nichts an der grundsätzlichen Bedeutung der Tatsache, daß er, obwohl selbst einer der produktivsten und „sprachgewaltigsten" Vertreter der Reformationspublizistik (A. E. Berger, *Sturmtruppen*, S. 51), zugleich einer ihrer schärfsten Kritiker war, der früh schon die Gefahren erkannte, welche mit der technischen Vervollkommnung des Buchdrucks für die Sprache entstanden waren, die als zweischneidiges Instrument ebenso als Mittel der Volksverführung wie der Volksaufklärung dienen konnte. Darüber hinaus deuten sich in seinen Sätzen einige der tieferen Gründe für das rasche Versiegen der Flugschriftenliteratur nach dem Ausbruch der Bauernkriege an, lassen sie doch etwas von dem Erschrecken erkennen, das viele der Autoren ergriffen haben mochte, als sie sich eingestehen mußten, daß ihre zündenden Aufrufe Kräfte entfesselt hatten, mit denen sie sich nicht identifizieren wollten und die, beim Wort genommen, zu Konsequenzen führten, die zu ziehen sie selbst niemals bereit gewesen waren. Keineswegs zufällig war daher Eberlin einer der ersten, der den Schritt vom propagandistischen Volksschriftsteller zum lehrhaft moralisierenden Autor vollzog, indem er ein Jahr nach seiner Abrechnung mit den „unnutzen Bucherschreibern" in dem Traktat *Wie sich ein Diener Gottes Worts in seinem Tun halten soll* als Verfasser der „erste[n] ewangelische[n] Pastoraltheologie" hervortrat (Enders, Bd. 3, S. XXXI) und schließlich für den Grafen von Wertheim, in dessen Dienst er seine letzten Lebensjahre verbrachte, eine Erziehungsschrift schrieb, die gleichzeitig als Knaben- und Fürstenspiegel gedacht war.

Thomas Murner
Von dem Großen Lutherischen Narren

Thomas Murners 1522 in Straßburg veröffentlichte polemische Dichtung *Von dem Großen Lutherischen Narren* ist in mehr als einer Hinsicht bemerkenswert. Denn sie ist nicht nur eine der gelungensten Satiren jenes an „satirischer Begabung und Neigung so reiche[n] Zeitalter[s]" (Merker, Einleitung zur Ausgabe, S. 40), sondern von katholischer Seite auch der erste und auf Jahre hinaus einzige Versuch, den Kampf mit den Anhängern der neuen Bewegung auf literarischer Ebene aufzunehmen und sie gewissermaßen auf ihrem eigenen Felde zu schlagen. Im theologischen Bereich hatte die Auseinandersetzung freilich längst begonnen, waren vor allem Johannes Eck, Hieronymus Emser, Augustin von Alfeld und etwas später auch Johannes Cochläus als Verteidiger der alten Kirche hervorgetreten. Aber sie schrieben, zunächst jedenfalls, fast ausschließlich in lateinischer Sprache, hüteten sich, um den Eindruck einer Volksbewegung gar nicht erst aufkommen zu lassen, die Auseinandersetzung vor dem Forum der Öffentlichkeit auszutragen, und verzichteten daher weithin auch auf jene literarischen Mittel, deren sich die protestantischen Flugschriftenautoren bereits mit großem Erfolg bedienten.
Auch Murner hatte sich, bevor er zum direkten Angriff überging, zunächst um eine Klärung der anstehenden Streitfragen auf theologischer Ebene bemüht und zu diesem Zweck Ende 1520 in rascher Folge vier Schriften gegen Luther in Druck gehen lassen *(Ein christliche und briederliche ermanung zu dem hoch gelerten doctor Martino luter – Von Doctor Martino luters leren und predigen – Von dem*

babstenthum, Das ist von der höchsten oberkeyt Christlichs glaüben wyder doctor Martinum Luther und *An den Großmechtigsten adel tütscher nation das sye den christlichen glauben beschirmen wyder den zerstörer des glaubens christi, Martinum luther ein verfierer der einfeltigen christen),* in denen er, zunächst noch in durchaus sachlichem, ja versöhnlichem Ton, später immer aggressiver und leidenschaftlicher, Luther auf die Gefahren hinwies, die in seiner Lehre vom allgemeinen Priestertum, der Leugnung des Primats des Papstes und der geistlichen Autorität der Kirche beschlossen lagen und seiner Ansicht nach, statt zur Reform der Christenheit beizutragen, zu ihrem sicheren Untergang führen mußten. Murner fühlte sich zu dieser Rolle des Mahners und Warners insofern berufen, als er selbst längst vor Luther als Kritiker der Kirche aufgetreten war und sich in der Diagnose mit ihm weithin einig wußte, d. h. die von ihm aufgezeigten Schäden weder leugnen konnte noch wollte – „Die mißbräuch, die sye klagen, die lobt kein eeren man", heißt es noch im Lied vom *Undergang des Christlichen glaubens,* (Wackernagel, Bd. 5, Nr. 1130) und ähnlich auch in der Vorrede zum *Großen Lutherischen Narren* –, eben deshalb aber auch ein sachkundiges Urteil über die von Luther vorgeschlagenen Heilungsmethoden abgeben zu können glaubte. Was Murner in ehrlicher Sorge um den Bestand des christlichen Glaubens vorbrachte, den er, wie er in dem erwähnten Lied klagte, nach „fünnfzehundert jar" mutwillig zu Fall gebracht sah – „dan leichter ist zerstören dann etwas uffgericht" – wurde ihm jedoch von der Gegenseite als Äußerung eines für seine Dienste bezahlten „Handlangers" der römischen Kurie ausgelegt, der um so weniger Glaubwürdigkeit für sich beanspruchen könne, als seine seit jeher bekannte persönliche Sittenlosigkeit dem Verdacht der Bestechlichkeit Vorschub leiste. Das jedenfalls war im wesentlichen der Tenor der Murnersatiren, die als Antwort auf jene vier Schriften 1521 erschienen, und zwar zuerst der *Karsthans,* dann die *Defensio Christianorum de Cruce* (eine unter dem Pseudonym Matthaeus Gnidius veröffentlichte Schrift, die am ehesten noch den Charakter einer sachlichen Erwiderung trug) und schließlich der *Murnarus Leviathan* (Scheible, *Das Kloster.* Bd. 10, S. 321 ff.) und die *Auctio Lutheromastigum,* alle anonym bzw. unter fingiertem Namen gedruckt und darauf angelegt, in der Person des verhaßten Franziskaners, dessen streitbare Natur ihm seit jeher zahlreiche Feindschaften eingetragen hatte, zugleich den von ihm repräsentierten Orden zu treffen, auf den sich die gegen das Mönchstum gerichteten Angriffe in erster Linie konzentrierten. Als Beweis für seinen verräterischen Gesinnungswechsel veranstaltete man außerdem noch im gleichen Jahr eine Neuausgabe seiner 1511 entstandenen Reimdichtung *Von den fier ketzeren Predigerordens*, in welcher er einst anhand des Berner Jetzerskandals die Verderbtheit der Kirche so eindrucksvoll geschildert hatte, und rächte sich damit zugleich für die von Murner anonym herausgegebene Übersetzung von Luthers *Tractatus de captivitate babylonica ecclesiae*, jener Schrift, die Luther aufgrund ihres brisanten Inhalts selbst nur in lateinischer Sprache zu veröffentlichen gewagt hatte und deren Verbreitung durch Murner die Gefährlichkeit seiner Lehren jedermann nachdrücklich kundtun sollte. Murner seinerseits aber erwiderte darauf mit der Satire *Von dem Großen Lutherischen Narren*, deren Vorgeschichte für ihr Verständnis keineswegs ohne Bedeutung ist. Denn ohne ihre Kenntnis bleiben nicht nur die zahlreichen über den Text verstreuten persönlichen Anspielungen dunkel, sondern bleibt letztlich auch die Konzeption des Werkes selbst undurchsichtig, das als direkte Erwiderung auf die gegen ihn gerichteten Angriffe zugleich den Versuch einer Deutung der Hintergründe und möglichen Konsequenzen der neuen Bewegung darstellt, in welchem Murner also, indem er auf den von seinen Gegnern eingeschlagenen Ton einging, ja ihn an satirischer Schärfe vielfach noch weit übertraf, zugleich die Argumente verarbeitete, die er zuvor in seinen Schriften gegen Luther vorgebracht hatte.

Äußerlich gliedert sich das Werk in vier Abschnitte, nämlich die Beschwörung des „Großen Narren," den Kriegszug des Lutherheeres und die Hochzeit zwischen Murner und Luthers Tochter, der schließlich noch die Schilderung von Luthers und des „Großen Narren" Tod folgt. Jedoch hat Murner dieses Aufbauschema keineswegs immer konsequent durchgehalten, da ihm als Satiriker das Spiel mit Assoziationen, Überraschungseffekten und aus dem Hinterhalt geführten Angriffen wichtiger war als ein übersichtlich angelegter „Handlungsaufbau". Er selbst bezeichnete seine Reformationssatire ausdrücklich als Fortsetzung der *Narrenbeschwörung* von 1512, ja sah in dem damals unternommenen Versuch, mit Hilfe des entlarvenden und beschwörenden Wortes die zerstörerischen Kräfte in der Welt zu bannen, rückblickend nur ein harmloses Vorspiel zu der Aufgabe, die jetzt seiner harrte, da sich diese Kräfte im Luthertum zu einer einheitlichen Front zusammengeschlossen hatten: „Ich hab vor fierzehen gantzer ioren/Allein die kleinen närlin beschworen,/Jetz wil es an die buntriemen gan,/Wie ich die grosen beschweren kan" (Merker, V. 162ff.). Ähnlich wie in der *Narrenbe-*

schwörung ist daher die Beschwörung auch hier gleichzeitig Teufelsexorzismus und medizinische Prozedur, verbindet sich also mit ihr die Vorstellung sowohl der Dämonenaustreibung wie der Krankenheilung, hat Murner zu ihrer Inszenierung gleicherweise Anleihen beim kirchlichen Ritus und dem volkstümlichen Motiv vom „Narrenschneiden" gemacht, wobei er zur drastischen Ausgestaltung des letzteren zweifellos durch den *Eckius dedolatus* inspiriert worden ist. Der „Große Narr", der eingangs nach Art der Fastnachtsumzüge auf einem Schlitten herumgeführt wird, – überaus aufschlußreich ist in diesem Zusammenhang der von Murner in V. 329ff. gezogene Vergleich mit dem Trojanischen Pferd –, ist nicht identisch mit Luther selbst, sondern verkörpert mit der Gesamtheit der Lutherschen Lehren und ihrer Verfechter zugleich die in ihnen verborgenen gefährlich wirkenden Kräfte, die es mit Hilfe der Beschwörung aus Haupt, Taschen, Bauch, Füßen, Ohren und schließlich sogar dem „Speck" des „Großen Narren" ans Licht zu bringen und auf diese Weise unschädlich zu machen gilt. Als Beschwörer aber fungiert kein anderer als Murner selbst, und zwar, ein satirisch überaus wirksamer Kunstgriff, in der ihm von den Gegnern immer wieder zudiktierten Rolle des hinterhältigen und liebedienerischen Katers, zu der die schon seit Wimphelings Zeiten beliebte Verdrehung seines Namens aus Murner in „Murr-narr" den Anstoß gegeben hatte. Auch die wahrscheinlich von Murner selbst für den Text entworfenen Holzschnitte, die ihn als päpstlichen Geiger (d.i. Lohndiener) mit Kutte und Katzenkopf zeigen, eine „bruch", d. h. Unterhose als Zeichen seiner Sittenlosigkeit in den Händen, sind Nachbildungen von Karikaturen, wie sie sich so oder ähnlich in den gegen ihn gerichteten Pamphleten fanden.

Im Mittelpunkt des ersten Teils der Satire steht die Auseinandersetzung mit den *15 Bundsgnossen* Eberlins von Günzburg, die nacheinander aus dem Bauch des „Großen Narren" (Bauch- = Bundsgnossen) hervorgezogen werden und zugleich den Stoßtrupp des Lutherschen Heeres bilden, welches durch Abenteurer und Landsknechte weiteren Zulauf erhält und schließlich in Luther, dem „grim zinck und dapffer man" (V. 2164) seinen würdigen Hauptmann findet. Erst nachdem sich das Heer rekrutiert hat und zum Angriff bereitsteht, fördert Murner in einer erneuten Beschwörungsszene auch die verborgensten Geheimnisse des „Großen Narren" ans Tageslicht, nämlich „Karsthanß" und „buntschůh", d. h. den Geist der Revolution, verkörpert in der Gestalt des aufbegehrenden Bauern und seines Feldzeichens, der geschnürten Sandale, die seit der großen Verschwörung von 1512 allgemein als Symbol des Aufruhrs galt. Mit der drastischen Beschwörung des „Karsthans", der aus dem „hindern" des „Großen Narren" . . . „geschissen" wird (V. 2635 ff.) – letzteres zugleich eine boshafte Replik auf die Angriffe in der gleichnamigen Flugschrift –, ist Murner zu dem Kernpunkt seiner Anklage gegen das Luthertum vorgedrungen, die darin besteht, daß „Luthers ler ein buntschůh" ist (V. 328), d. h. unter dem Deckmantel (dieser Ausdruck wird in V. 748 tatsächlich verwendet) des Evangeliums auf den Umsturz der bestehenden Ordnung in Kirche, Staat und Gesellschaft hinarbeitet. Daß diese Lehre daher, indem sie von Freiheit und Glauben spricht, in Wirklichkeit Willkür und Zuchtlosigkeit meint und damit an die niedrigsten Instinkte des Menschen appelliert, demonstriert Murner im zweiten Teil seiner Satire, in welchem er nach der Zerstörung der Burgen und Klöster durch die Truppen des Gegners mit fliegenden Fahnen zum Feind übergeht, nachdem er von Luther persönlich über das Wesen des „lutherisch orden" (V. 3746 ff.) aufgeklärt wurde. Denn dieser, so erfährt er, verlangt von den „Gläubigen" Verachtung der Sittengesetze und Auflehnung gegen die weltliche und geistliche Obrigkeit, gewährt auch dem Mönch vollen Anteil an den irdischen Genüssen und ist daher von unwiderstehlicher Anziehungskraft für diejenigen, denen man wie Murner einen zügellosen Lebenswandel nachsagt. Diese gezielt gegen den Gegner gerichtete Selbstpersiflage, die den von ihm abgeschossenenen Pfeil gleichsam mit vergifteter Spitze zurückschnellen läßt und so in eine tödlich wirkende Waffe verwandelt, findet in der anschließenden Hochzeitsfarce ihre Fortsetzung und steigert sich schließlich zu einem wilden Gelage, auf dem Murner Luther und seinen Wittenberger Freunden seine „bruch", in eine Pastete eingebacken, als Festschmaus serviert. Daß die von ihm in einem obszönen Gesang als „Sparnößly" (Liebchen) gefeierte Tochter Luthers nur die „Ausgeburt seiner tollen Laune" ist, der keine tiefere allegorische Bedeutung zukommt, hat P. Merker in seiner Einleitung zur kritischen Ausgabe des Textes nachgewiesen. Murner hat sie lediglich eingeführt, um an ihrem Schicksal – sie wird, da mit dem „Grind" behaftet, noch in der Hochzeitsnacht von dem empörten Bräutigam verstoßen – zu zeigen, daß Luther, indem er den sakramentalen Charakter der Ehe leugnete, neben der Ordnung in Gesellschaft und Kirche auch die Ordnung im Bereich der Familie zerstört und damit jeder verbindlichen Ethik den Boden entzogen habe. – Mit dem Tode Luthers, dessen Leiche von Murner unter Katzengeschrei ins „scheißhus", den Abtritt, befördert wird

(V. 4447ff), sowie dem anschließenden Tod des „Großen Narren", der nach beendeter Beschwörung wie eine aufgeplatzte riesige Eiterbeule in sich zusammenfällt, endet die Dichtung, in der Murner, die Narrenkappe in den Händen, zuletzt allein zurückbleibt und nach weiteren Gegnern Ausschau hält, denen er sie aufsetzen, d. h. an denen er seine Beschwörungskünste erproben könnte – eine symbolische Geste der Skepsis und des geheimen Eingeständnisses der Vergeblichkeit seines Tuns, die in eigenartigem, aber bezeichnendem Gegensatz zu dem eben noch so drastisch vorgeführten Triumph über seinen Gegner steht.

In Anlage, Themenstellung und Zielsetzung ist also die Satire *Von dem Großen Lutherischen Narren* ein ausgesprochen vielschichtiges und kompliziertes Gebilde. Sie ist einmal eine ebenso witzige wie boshafte Abrechnung mit Murners persönlichen Gegnern, denen mit gleicher Münze heimgezahlt wird, sie ist zum anderen ein mit allen damals üblichen Mitteln der Verunglimpfung und absichtsvollen Verleumdung geführter Angriff gegen die Person des Reformators selbst, ist außerdem eine in ihrem Kern durchaus ernsthaft gemeinte Auseinandersetzung mit den von der Gegenseite erhobenen Anklagen und Reformvorschlägen und schließlich nicht zuletzt der Versuch einer eindringlichen Analyse der geistigen und sozialen Hintergründe der neuen Bewegung, deren potentielle revolutionäre Sprengkraft Murner hellsichtig erkannt hat, auch wenn er die Motive, die ihr zugrunde lagen, nicht anders als in grober Verzerrung und böswilliger Entstellung wiederzugeben vermochte. Dementsprechend wechselt auch der Ton, den er anschlägt, ständig zwischen überlegenem Spott, bissiger Ironie und offener Empörung, fehlt es auch, so vor allem in der *Klag der gemeinen christen, das die driü fenlin die lutherischen gestolen haben* (V. 2265 ff.), die in manchem an das Lied vom *Undergang des Christlichen glaubens* erinnert, am Ausdruck echter Erschütterung nicht, halten sich Witz und zornige Leidenschaft, überschäumende Laune und Bitterkeit gegenseitig die Waage, ist also der *Große Lutherische Narr* Satire, Parodie, Pamphlet und Kampfschrift in einem. Ähnlich vielschichtig sind auch die von Murner verwendeten Stilmittel und Formelemente, die M. Gravier dazu veranlaßten, den *Großen Lutherischen Narren* als ein „œuvre complexe" (S. 206) zu bezeichnen, das sich keiner bestimmten Gattung zuordnen läßt, sondern sämtliche Darstellungstechniken in sich vereint, deren man sich damals im literarischen Kampf gegeneinander bediente. Formal hält sich das Werk am ehesten noch in der Mitte zwischen Dialog und Drama, da die Figuren

z. T. als selbständig agierende Personen auftreten, das Geschehen unter Verzicht auf epische Zwischenerklärungen weitgehend durch Rede und Gegenrede vorangetrieben wird und vor allem die Hochzeitsfarce bis in Einzelheiten dem spätmittelalterlichen Fastnachtspiel nachgebildet ist. Zugleich aber erleidet die „Handlung" auf dem Höhepunkt einen deutlichen Bruch, indem Murner, statt in der Darstellung des lutherischen Vernichtungsfeldzuges fortzufahren, die Auseinandersetzung durch seinen „Übertritt" in das Lager des Gegners unvermittelt auf der persönlichen Ebene weiterführt, gehört auch die fast 900 Verse umfassende Polemik gegen die *15 Bundsgnossen* Eberlins von Günzburg in Anlage und Stil eher dem Traktat oder Pamphlet als dem Drama an, wechselt endlich auch Murner als „Hauptakteur" des Geschehens immer wieder die Rollen, indem er nicht nur in der Maske des überlegenen Narrenbeschwörers, des entlaufenen Mönchs oder verliebten Bräutigams auftritt, sondern auch in der Person des eifernden, argumentierenden und witzig glossierenden Autors überall gegenwärtig ist. Auch die Allegorie vom „Großen Narren" und seiner Bewohner ist nicht konsequent durchgeführt, da Murner in ihr, angeregt durch den Titel von Eberlins Flugschriftenreihe, zwei verschiedene Vorstellungsbereiche (Beschwörung und kriegerische Aktion) ziemlich willkürlich miteinander verknüpfte und, indem er wirkliche und fiktive Personen gleichberechtigt nebeneinander auftreten ließ, Abstrakta personifizierte und lebende in allegorische Figuren verwandelte, die dichterische Fiktion je nach Bedarf durchbrochen und wiederhergestellt hat. Letztlich beruht also die gedankliche und künstlerische Einheit des Werkes nur auf der satirischen Absicht des Autors, dessen häufige, mitunter rein assoziative Gedankensprünge für den Leser oft nur schwer nachzuvollziehen sind. Die Art und Weise aber, wie Murner es verstand, diese Absicht immer wieder in treffsicheres Wort und bildhafte Geste umzusetzen, reiht den *Großen Lutherischen Narren* unter die interessantesten und künstlerisch bedeutendsten Satiren jenes Zeitalters ein, ganz abgesehen davon, daß er auch inhaltlich eine erhebliche zeit- und geistesgeschichtliche Relevanz besitzt.

Letzteres gilt sicher in erster Linie für den von Murner gleichsam prophetisch vorweggenommenen und mit dem Hinweis auf die Hussitenkriege begründeten Zusammenhang zwischen Reformation und bäuerlich sozialer Revolution, ein Zusammenhang, der von den Anhängern Luthers selbst stets geleugnet wurde, ihren Absichten auch zweifellos fern lag, ebenso zweifellos aber tatsächlich bestand und daher von der Gegenseite, als die Bauernkriege erst einmal begonnen hatten, immer wieder mit Nachdruck hervorgehoben wurde, so u. a. in Johann Cochläus' *Antwort auf Luthers Schrift wider die Räuberischen und Mörderischen Rotten der Bauern*, in der er Luther zum Hauptschuldigen und „ursach ... aller ufrurenn" erklärte (Kaczerowsky, S. 173). Das gilt außerdem für die im *Großen Lutherischen Narren* wiederholt durchbrechende Erkenntnis, daß die lutherische Bewegung längst den Rahmen einer innerkirchlichen Auseinandersetzung gesprengt hatte und, sollte sie sich mit ihren Zielen tatsächlich durchsetzen, nicht nur das Ende der alten Kirche, sondern auch den Anbruch eines neuen Zeitalters bedeuten würde, in welchem die bisherigen Normen und Wertmaßstäbe aufgehoben und die Menschen, aus ihren vertrauten Bindungen und Sicherungen herausgerissen (das Stichwort „sicherheit" fällt in diesem Zusammenhang in V. 2376 ausdrücklich), zu einer weitreichenden Um- und Neuorientierung gezwungen wären. Schließlich aber läßt die persönliche Betroffenheit in der erwähnten *Klag der gemeinen Christen, das die driu fenlin die lutherischen gestolen haben* (wobei mit den „fenlin" das Banner der Wahrheit, des Evangeliums und der Freiheit gemeint sind), etwas von der Erschütterung ahnen, die viele von Murners Zeitgenossen ergriffen haben mochte, als sie erkennen mußten, daß Jahrhunderte hindurch unverändert aufrecht erhaltene Glaubenswahrheiten, die bis dahin niemals ernsthaft in Frage gestellt worden waren, plötzlich ihre Gültigkeit verloren hatten bzw. öffentlich als Irrtum oder Lüge bezeichnet werden konnten. Trotz der Pose des überlegenen Kämpfers, die Murner sich zulegte, ist der *Große Lutherische Narr* daher im Grunde genommen ein zutiefst pessimistisches Werk, das zumindest zwischen den Zeilen erkennen läßt, daß sein Autor selbst das Gefühl hatte, auf weithin verlorenem Posten zu stehen und gegen die Kräfte, denen er sich konfrontiert sah, auf die Dauer nichts Wirksames ausrichten zu können.

Im Gegensatz zu den früheren Satiren Murners, der *Schelmenzunft*, der *Narrenbeschwörung* und der *Gouchmat*, war die Wirkung des *Großen Lutherischen Narren* auffallend gering. Die unmittelbar Attackierten schwiegen sich aus, und obwohl Murner von den protestantischen Autoren auch später noch heftig befehdet wurde – er selbst setzte nach seiner Flucht aus Deutschland den Kampf in der Schweiz vor allem gegen Zwingli und Utz Eckstein mit dem *Lutherischen Evangelischen Kirchendieb- und Ketzerkalender* (1527), *Des alten Christlichen beern Testament* (1529) und anderen polemischen Schriften fort –, ist nur ein einziger Text überliefert, der sich direkt mit dem *Großen Lutherischen Narren* auseinandersetzte. Und zwar handelt es sich um die 1523 bei Pamphilius Gengenbach in Basel erschienene *Novella, Ein grausame history von einem Pfarrer und einem geyst, und dem Murner* (Goedeke, P. Gengenbach, S. 262ff.), die mit hintergründigem Witz schildert, wie Murner selbst zuletzt von den Kräften, die er beschworen hatte, d. h. dem „geyst" des Karsthans, verschlungen wurde, und damit gleichsam das Schicksal vorwegnahm, das Murner zwei Jahre später tatsächlich erlitt, als er von aufständischen Bauern aus seiner Heimatstadt Oberehnheim im Elsaß vertrieben wurde. Die geringe Wirkung des *Großen Lutherischen Narren* ist sicher nicht allein aus der Tatsache zu erklären, daß das Werk unmittelbar nach der Drucklegung vom Rat der Stadt konfisziert wurde und daher nur in wenigen Exemplaren unter der Hand verkauft werden konnte. Wichtiger dürfte gewesen sein, daß die breite Öffentlichkeit der Sache der Reformation längst aufgeschlossen gegenüberstand und daher der Satire nur insoweit Interesse entgegenbrachte, als sie gegen die alte Kirche gerichtet und mit dem „Pathos" religiöser Verkündigung verknüpft war, d. h. Wege zur Lösung der aktuellen Probleme aufzuzeigen versuchte. Das Schlußbild des *Großen Lutherischen Narren*, das Murner allein im Kampf gegen eine Welt potentieller „Narren" und „Närrinnen" zeigt, erfuhr auf diese Weise also durch die Wirklichkeit eine überraschende, wenn auch ungewollte Bestätigung.

Niklaus Manuel
Die Fastnachtspiele

Niklaus Manuel oder Niklaus Manuel Deutsch, wie er selbst sich genannt hat, der Berner Maler, Dichter und Politiker, dürfte einer der ersten gewesen sein, der die Bühne für die konfessionelle Polemik entdeckt und sich ihre propagandistischen Möglichkeiten für den Glaubenskampf entschlossen zunutze gemacht hat. Allerdings lassen sich, was etwaige Prioritäten angeht, gerade auf diesem Gebiet keine eindeutigen Feststellungen treffen, da aus der Frühzeit der Reformation zwar verschiedene Berichte von Aufführungen romfeindlicher Spiele vorliegen (s. dazu die Hinweise H. Rupprichs, *Vom späten Mittelalter bis zum Barock*, T. 2, S. 333), Rückschlüsse auf deren Inhalte und Verfasser aber aufgrund des Fehlens genauer Angaben nicht zu ziehen sind. Auch die beiden frühesten Spiele

Manuels, *Vom Papst und seiner Priesterschaft* und *Von Papsts und Christi Gegensatz*, sind wohl nicht schon, wie in zeitgenössischen Drucken überliefert ist, 1522, sondern, wie die sorgfältige Prüfung der aktuellen Anspielungen durch F. Vetter in PBB 29 ergeben hat, im Februar 1523 aufgeführt worden, und zwar zu einem Zeitpunkt, als in Bern, der Heimatstadt des Autors, bereits offen für die Reformation geworben wurde und der Rat erste vorbereitende Schritte zu ihrer Durchführung unternahm. Obwohl Manuel daher kaum als jener unerschrockene „Vorkämpfer" und „Bahnbrecher" der neuen Bewegung gelten kann, als den ihn J. Bächtold geschildert hat, ist dieser Zeitpunkt seines öffentlichen Hervortretens für die Absichten, die er verfolgte, nicht weniger aufschlußreich. Denn bevor der Rat der Stadt, dem Manuel als langjähriges Mitglied angehörte, den Bruch mit der alten Kirche vollzog (das erste Berner Reformationsmandat wurde im Juni 1523 erlassen), mußte ihm daran gelegen sein, die Stimmung der Bürgerschaft zu erkunden, um sich auf diese Weise des Erfolgs und der Popularität seines Vorgehens zu versichern. So gesehen fiel also der Aufführung von Manuels Spielen gewissermaßen die Aufgabe eines inoffiziellen Tests zu, bei welchem der Dichter dem Politiker wertvolle Hilfe leistete, indem er gleichzeitig versuchte, die öffentliche Meinung von der Bühne herab zu sondieren und im Sinne der vom Rat beabsichtigten Maßnahmen zu beeinflussen. Daß er auf die Dauer gesehen damit Erfolg hatte, bezeugt der Berner Chronist Valerius Anshelm mit der Feststellung, daß „durch diese verwunderlichen und zuvor, als gotteslästerlich, nie erhörten Schaustücke . . . viel Volks bewegt (ward), christliche Freiheit und päpstliche Knechtschaft mit Bedacht zu unterscheiden" und „auch in dem evangelischen Handel kaum ein Büchlein so oft gedruckt und so weit verbreitet worden, als diese Spiele" (zit. nach J. Bächtold, *Niklaus Manuel*, S. CXXXf.).

Aufführungsstil und dramatische Struktur ordnen Manuels Spiele eindeutig dem spätmittelalterlichen Fastnachtspiel zu. Daß er, um seiner Stimme Gehör zu verschaffen, auf diese Gattung zurückgriff, obwohl er mit den humanistischen Versuchen zur Wiederbelebung des antiken Dramas sicher vertraut war, hatte vermutlich mehrere Gründe, die sich ihrerseits aus der Tradition des Fastnachtspiels selbst herleiten lassen. Denn als einzige weltliche Spielform, welche das christliche Mittelalter – und zwar erst im Stadium seiner inneren Auflösung – hervorgebracht hat, hatte es, da an die Ausnahmezeit der Fastnacht gebunden, seit jeher eine spezifisch provokative Funktion ausgeübt, indem es dem Gebot der Stunde entsprechend je nach Bedarf das Publikum mit unangenehmen Wahrheiten konfrontierte oder allgemein als gültig anerkannte Normen außer Kraft setzte. Die Richtung, in welche diese Provokation zielte, erfuhr allerdings im Laufe der Zeit erhebliche Veränderungen. So blieb sie im frühen Nürnberger Fastnachtspiel (das für die Entwicklung dieser Gattung besonders typisch ist) fast ausschließlich auf die sexuelle Sphäre beschränkt, die in offenem Widerspruch zu den Lehren der Kirche durch eine mitunter gewaltsam übersteigerte Obszönität als eigentliche Triebkraft des Lebens gepriesen wurde, erhielt aber bereits in einigen Texten Hans Rosenplüts (insbesondere in *Des Türken vasnachtspil* von 1456, in welchem der türkische Sultan zum Retter der durch Fürsten und Geistliche bedrohten Christenheit berufen wird) eine eindeutig zeitkritisch satirische Färbung und wurde schließlich von Pamphilius Gengenbach, dem direkten Vorläufer Manuels, darüber hinaus auch in den Dienst der moralischen Unterweisung gestellt. Denn Gengenbach, der wahrscheinlich aus Nürnberg gebürtig, jedenfalls aber mit der dortigen Spieltradition vertraut war, trat in seinen um 1516/17 entstandenen Spielen vom *Nollhart* (ein wahrsagender Mönch, der Papst und Kaiser aufgrund ihrer Mißwirtschaft eine düstere Zukunft prophezeit), der *Gouchmat* (gouch = Venusnarr) und den *Zehn Altern der Welt* gleichzeitig als die Schäden in Reich und Kirche schonungslos aufdeckender Zeitkritiker und eifernder Sittenprediger auf, der – und darin liegt wohl die eigentliche Verbindung zu der ursprünglich gegen die verfestigten moralischen Normen gerichteten Tendenz des Fastnachtspiels – den Zeitgenossen im Spiegel ihrer Laster zugleich das wahre Gesicht der veränderungsbedürftigen Welt vorhalten wollte. Daß Manuel von Gengenbach gelernt hat und damit indirekt der Nürnberger Spieltradition verpflichtet war, gilt allgemein als sicher (auch wenn Gengenbach wohl kaum als Verfasser des Spiels *Die Totenfresser* in Frage kommt, das ihm als unmittelbare Anregung diente), wobei jedoch nicht zu bezweifeln ist, daß es gerade jene dem Fastnachtspiel eigene provokative Funktion war, die ihn zur Nachahmung reizte und, da gegen das Papsttum als die älteste aller etablierten Herrschaftsformen der Christenheit gerichtet, durch ihn auch ihr würdigstes Angriffsziel fand. Darüber hinaus aber war das Fastnachtspiel auch aus anderen, dramentechnischen Gründen für seine Zwecke am besten geeignet, ließ es doch aufgrund seiner „offenen" Form, die weder an ein vorgeprägtes Gliederungsprinzip noch eine bestimmte Darbietungsweise gebunden war, vielmehr von der kurzen Sprechszene bis hin zur breitangelegten Revue nach Art der öffentlichen Fastnachtsumzüge über ein reiches Spektrum an Gestaltungsmöglichkeiten verfügte, dem auf Augenblickswirkung abzielenden satirischen Angriff freieren Spielraum als die strengeren Regeln unterworfene Humanistenkomödie, die sich Burkard Waldis und Thomas Naogeorgus später zum Vorbild nahmen. Denn lag deren Kampfdramen bereits eine bestimmte „Idee", d. h. ein vorgeformtes geistiges Konzept zugrunde, das es mit Hilfe eines sorgfältig vorausgeplanten Handlungsschemas herauszuarbeiten galt, so ging es Manuel zu Beginn der „Kampfjahre", zu einer Zeit also, da die Macht der alten Kirche noch weithin gefestigt war, zunächst nur darum, die Fluchwürdigkeit des Papsttums so effektvoll wie möglich darzustellen, um die Zuschauer von der Notwendigkeit seines Sturzes zu überzeugen. Das aber war eine Absicht, der die Bindung an einen von außen auferlegten Zwang nur hinderlich war und die sich am ehesten mit den Mitteln freier Improvisation verwirklichen ließ.

Manuels Fastnachtspiele, in denen die gattungsmäßig bedingte satirisch-provokative Tendenz dieses Genres zu voller Entfaltung gelangte und die daher einen deutlichen Markstein in seiner Entwicklungsgeschichte bilden (Sachs' Fastnachtspiele gehören im Grunde in diesen Zusammenhang schon nicht mehr hinein), weisen dementsprechend eine Fülle verschiedener Formen auf und vermitteln eine eindrucksvolle Vorstellung von den reichhaltigen theatralischen Möglichkeiten, die in dieser Gattung angelegt waren. So ist das wahrscheinlich früheste, *Von Papsts und Christi Gegensatz*, das nur 200 Verse umfaßt, streng genommen überhaupt kein Spiel, sondern eine Pantomime, die vorwiegend von der bildhaften Wirkung lebt und deutlich erkennen läßt, daß Manuel nicht in erster Linie Dichter, sondern Maler war, der die Bühne vor allem zu Schauzwecken nutzte. Denn auf der einen Seite erscheint hier, hoch zu Roß und mit stolzem Gepränge der Papst, dem unter Trompetengeschmetter ein gewaltiges Heer voranzieht, während ihm von der anderen Seite, nur von einer Schar von Blinden und Lahmen begleitet, der dornengekrönte Christus auf einem Esel entgegenreitet. Der angesichts der Aussagekraft dieses Bildes fast überflüssige Begleittext aber wird von zwei Bauern gesprochen, die sich keinen Augenblick darüber im Zweifel sind, welches der wahre Herr der Christenheit und damit der Anwalt der Entrechteten und Unterdrückten auf Erden ist. Inspiriert wurde Manuel zu dieser Pantomime zweifellos durch die 1521 veröffentlichte Holzschnittfolge Lukas Cranachs, das *Passional Christi et Antichristi.* Durch die Einführung der beiden Bauern aber verlieh er der Anklage gegen das Papsttum zugleich einen unüberhörbar sozialen Akzent, der als ständig mitschwingender drohender Unterton dann auch das Grund- oder Leitmotiv seines zweiten Spieles *Vom Papst und seiner Priesterschaft* bildet. Obwohl offenbar acht Tage früher aufgeführt, nimmt es sich, hält man es gegen das Spiel *Von Papsts und Christi Gegensatz*, wie ein breit ausgeführtes Gemälde im Vergleich zu einer nur flüchtig entworfenen Skizze aus, hat Manuel in ihm doch in mehr als 1700 Versen und mit Hilfe eines beträchtlichen Aufwands an Kostümen, Requisiten und Chargen vor den Augen des Publikums das Panorama der gesamten ständischen Welt entfaltet und in einer farbenprächtigen, nach Art der Revuetechnik nur lose miteinander verbundenen Szenenfolge an ihm vorüberziehen lassen. Das Eingangsbild zeigt im Vordergrund auf erhöhtem Podest den Papst, vom Klerus und sämtlichen Würdenträgern der Kirche umgeben, beim üppigen „Leichenschmaus" (das Motiv des „Totenfressens" fand hier, angesichts eines auf der Bühne realiter aufgestellten Sargs, seine vielleicht eindringlichste und in ihrer Drastik wirkungsvollste Gestaltung), während sich unten eine bunt gemischte, heftig diskutierende Volksmenge drängt und Petrus und Paulus von weitem das merkwürdige Treiben mit kritischen Augen betrachten. Ist es Manuel schon durch diese äußere Anordnung gelungen, den tiefen Riß, der damals durch die Christenheit ging, anschaulich sichtbar zu machen, so enthüllt doch erst der Text selbst, wie unheilvoll für ihn die Kluft bereits geworden war, die Geistliche und Laien, d. h. Unterdrücker und Unterdrückte, voneinander trennte. Denn während sich oben die Priesterschaft zynisch ihres üppigen Wohllebens rühmt, das sie auf Kosten der weltlichen Stände führt, und prahlerisch die zahlreichen Kniffe und Schliche aufzählt, mit deren Hilfe sie die Gläubigen ausplündert, treten unten nacheinander einzelne Sprecher oder Gruppen aus der Volksmenge heraus, um gegen die Peiniger ihre Stimmen zu erheben, die sich schließlich zu einem machtvollen Chor der Anklage gegen die ungestört weiterprassenden Herren vereinen. In dieser Anklage kommt die Empörung über die unnütz verschleuderten Ablaßgelder ebenso zur Sprache wie die Erbitterung über den nicht zustande gekommenen Türkenkrieg (1522 war Rhodos von den Osmanen erobert worden, ohne daß die wiederholten Hilfsappelle der Johanniter bei der Kurie Gehör gefunden hätten), geben Edelleute, Landstreicher und gewaltsam ins Kloster gepreßte Mönche und Nonnen gleicherweise ihrem Zorn über die pfäffische Tyrannei und Ausbeutung Ausdruck. Wortführer aber sind auch hier die

Bauern, die sich im Gespräch mit dem evangelischen Prädikanten in der 4., der Mittelpunktsszene des Spiels (es ist, wie aus den Regieanweisungen hervorgeht, in 7 Abschnitte gegliedert), gegenseitig in der Schilderung der Missetaten, welche die Papstkirche an ihnen begangen hat, überbieten und lautstark fordern, wenigstens die „ablaßkremer" zu „ertrencken", nachdem zuvor schon der Ordensritter aus Rhodos die Rache des Himmels über den „blutshund" und seine „schelmische(n) bubenschar" herabbeschworen hatte (Berger, *Schaubühne* Bd. 1, V. 1223; 905; 934). Der Verdacht, der sich angesichts der geschauten Greuel in der Volksmenge immer mehr zur Gewißheit verdichtet, daß nämlich derjenige, der sich da oben so dreist als Stellvertreter Christi ausgibt, in Wahrheit der Antichrist sei, findet schließlich durch die aus dem Hintergrund hervortretenden Apostel Petrus und Paulus feierliche Bestätigung („Wie wol er der allerheiligest geheißen ist,/so hieß er billicher der Widercrist", V. 1547f.), ja steigert sich in der Schlußszene sogar zu plastisch greifbarer Wirklichkeit. Denn in dieser erhebt sich der Papst endlich von jenem schaurigen Totenmahl, um unter dem Beifallsgeschrei der Kriegsknechte, der einzigen Gruppe unter den Laien, die ihm wohlgesinnt ist, einen Ablaß zur Finanzierung eines Heerzuges auszuschreiben, in welchem „das cristenblut gemm himel sprütz[en]" soll (V. 1569). Nach dieser letzten und äußersten Manifestation päpstlicher Bosheit und Tücke aber bleibt dem evangelischen Prädikanten, der einzig positiven, in eine bessere Zukunft hinüberweisenden Gestalt dieses Spiels, nichts anderes mehr übrig, als Christus um Erbarmen für die unter der Gewaltherrschaft seines Widersachers ächzende Christenheit anzuflehen. Zugleich aber enthält sein Gebet an den „trostliche[n], süße[n] Jesu Christ", mit dem das Spiel ausklingt, eine versteckte Aufforderung an die Zuschauer, selbst die Initiative zu ergreifen und dem Spuk ein Ende zu machen; nämlich dort, wo der Prädikant unvermittelt in die Worte ausbricht: „Welt Got, ich künd mit einer acks/Die bäpstlichen recht eins streichs zerschiten/. . ./ Und die subtilen schülleren/All imm schyßhus umherkeren!" (V. 1732ff.).

Daß Manuels Spiel *Vom Papst und seiner Priesterschaft* durch zahlreiche Nachdrucke und mehrfache Aufführungen im ganzen deutschen Sprachgebiet Verbreitung fand, versteht sich angesichts der satirischen Wirkung, die von ihm ausging, fast von selbst. Nicht so ohne weiteres einsichtig dagegen ist, warum sein drittes, zwei Jahre später, nämlich 1525 aufgeführtes Fastnachtspiel *Der Ablaßkrämer*, nach A. E. Berger (ebda, S. 34) ebenfalls „eine der gelungensten

Satiren der Zeit", nur handschriftlich überliefert ist (den ersten Druck hat J. Bächtold in seiner Ausgabe der Werke Manuels veranstaltet), obwohl es ein Thema behandelte, welches sich, seitdem Luther seine 95 Thesen veröffentlicht hatte, unter den Anhängern der neuen Bewegung besonderer Popularität erfreute und daher des Erfolgs von vornherein sicher sein konnte. Sollte mehr als nur der Zufall dabei die Hand im Spiel gehabt haben (was insofern wahrscheinlich ist, als fast alle übrigen satirischen Dichtungen Manuels mehrfach gedruckt worden sind), so ließe sich als Grund höchstens anführen, daß sein Inhalt trotz jenes zugkräftigen Titels allzu bedenklich schien, als daß man das Wagnis auf sich genommen hätte, ihn ausgerechnet im Jahr des Ausbruchs der Bauernkriege breiteren Bevölkerungskreisen zugänglich zu machen. Denn hatten sich in Manuels bisherigen Spielen die Bauern stets nur auf mehr oder weniger unverhüllt ausgestoßene Drohungen gegen Kirche und Klerus beschränkt, so wird hier geschildert, wie ein empörtes Dorf endlich zur Selbsthilfe greift, indem es einen blutsaugerischen Ablaßhändler, der im Land herumzieht, um mit betrügerischen Versprechungen auch das Letzte noch aus der längst ausgeplünderten Bevölkerung herauszupressen, einfängt, verprügelt, aufhängt und nicht wieder freiläßt, bevor er nicht unter der Folter seine Sünden bekannt und das erschwindelte Geld zurückgegeben hat. Diese direkte Zurschaustellung offener Gewalt, ausgeübt von einer Schar erboster, in ihrem Zorn zudem überaus lebensecht gezeichneter Bauern und Bäuerinnen – vor allem die Dorfweiber, die für das Fastnachtspiel so charakteristische Namen wie „Anne Suwrüssel" oder „Zilla Nasentutter" tragen, stürzen sich wie Megären auf ihr endlich zur Strecke gebrachtes Opfer –, ließ sich wohl kaum mit den Geduld, Bescheidung und Mäßigung predigenden Schriften in Einklang bringen, welche die protestantischen Drucker in dieser Zeit so zahlreich herausgehen ließen, selbst wenn sich diese Gewalttat in der Person des Ablaßhändlers gegen eine der verhaßtesten Maßnahmen der Papstkirche richtete. Die gefährlich aufreizende Wirkung, die von einer solchen Darstellung ausgehen mußte, wurde noch dadurch verstärkt, daß die beinahe vollzogene Exekution des Ablaßhändlers, die zudem in sämtlichen krassen Details vorgeführt wird (Manuel selbst hat der Handschrift eine Skizze über die Einzelheiten der Folter beigefügt), den Höhepunkt eines turbulenten Geschehens bildet, das von Anfang an auf diese Klimax angelegt ist und sie wie ein zwangshaft sich vollziehendes Ereignis erscheinen läßt. Denn im Gegensatz zu den vorangegangenen Spielen Manuels, bei denen es sich letztlich um mehr oder weniger breit ausgemalte Stimmungsbilder mit vorwiegend optischen und akustischen Effekten handelte, repräsentiert der *Ablaßkrämer* auf geradezu beispielhafte Weise den Typus des sog. „Handlungsspiels", in welchem ein einzelner, scharf akzentuierter Vorgang auf engstem Raum und in äußerster Konzentration zur Darstellung gelangt.

Nicht zuletzt wohl aufgrund seines straffen Aufbaus und seiner durchgängig realistischen, wenn auch gelegentlich überaus drastisch gestalteten Szenerie hat H. Rupprich den *Ablaßkrämer* als Manuels „dramatisches Meisterwerk" bezeichnet (*Vom späten Mittelalter bis zum Barock*, T. 2, S. 335). Trotzdem geht auch der Typus des „Handlungsspiels" auf spätmittelalterliche Traditionen zurück, hat Manuel im Gegensatz zu Hans Sachs, dessen Spiele mit wenigen Ausnahmen einer späteren Zeit angehören, das Fastnachtspiel in Gehalt und Gestalt nicht grundlegend verändert. Er hat lediglich das in ihm angelegte satirische Potential voll ausgeschöpft, hat aber gerade durch die Souveränität, mit welcher er die überlieferten Form- und Stilelemente handhabte und mit sicherem Instinkt für theatralische Effekte auf der Bühne einsetzte, anschaulich sichtbar gemacht, welche reichhaltigen, bis dahin kaum realisierten Möglichkeiten in dieser Gattung beschlossen lagen, die, soweit es die auf Augenblickswirkung abzielende Polemik betraf, aufgrund ihres Stegreifcharakters und ihrer Flexibilität anderen, strengeren dramatischen Formen sicherlich überlegen war. Da das Fastnachtspiel andererseits aber aufgrund seiner Herkunft aus der Ausnahmesituation der Fastnacht von der grell übersteigerten Komik, der Drastik in Wort und Geste, d. h. den Mitteln theatralischer Übertreibung lebte und auf diese, sollte es seinen Charakter nicht grundlegend verändern, auch nicht verzichten konnte, bot es kaum Raum für geistige Auseinandersetzung und religiöse Verkündigung und war daher für Zwecke der Propaganda im Sinne des Werbens für eine neue, bessere Sache weniger geeignet als etwa der – ebenfalls dramatischer Gestaltung sich annähernde – Dialog. Daher dürfte es kein Zufall sein, daß Manuel in der einzigen seiner Dichtungen, die nicht einseitig satirischen Charakter trägt, auf die Form des Dialogs zurückgriff, nämlich in dem 1526 entstandenen und später mehrfach nachgedruckten Gespräch *Barbali*, in welchem ein junges Mädchen die Gründe erläutert, warum es nicht ins Kloster gehen will und schließlich – ein in Manuels Fastnachtspielen bezeichnenderweise niemals geschilderter Vorgang – seine Gegner zum wahren, evangelischen Glauben bekehrt.

Martin Luther
Die Bibelübersetzung

Die früheste Erwähnung der von Luther geplanten Bibelübersetzung findet sich in einem Brief an den Erfurter Theologen Johann Lang vom 18. 12. 1521. Ausführlicher äußerte er sich wenig später seinem Freund Nikolaus Amsdorf gegenüber, dem er zugleich erklärte, warum er mit der Übersetzung des NT statt des AT begonnen habe: „Interim Biblia transferam, quamquam onus susceperim supra vires . . . Vetus vero Testamentum non potero attingere, nisi vobis praesentibus et cooperantibus. Denique si quo posset fieri . . . mox venirem, et vestro auxilio totum ab initio transferrem, ut fieret translatio digna, quae christianis legeretur; spero enim nos meliorem daturos esse (quam habeant Latini) nostrae Germaniae. Magnum et dignum opus est, quod nos omnes laboremus, cum sit publicum et publicae saluti donandum" (*WA Bibel*, Bd. 6, S. XXXI). Luther befand sich damals, auf der Flucht vor der über ihn verhängten Reichsacht, bereits seit acht Monaten auf der Wartburg und hatte während dieser Zeit mit der Arbeit an seiner Kirchenpostille, einer Auslegung sämtlicher in der Messe verlesenen Episteln und Evangelien, begonnen, die ihn unmittelbar zu der Bibelübersetzung angeregt haben dürfte. Jedenfalls klingt der Satz, mit welchem er die Auslesung der Weihnachtslesungen abschloß, fast wie ein „Vorspruch" zu dem geplanten Werk: „O das gott wollt, meyn und aller lerer außlegung untergiengen, unnd eyn iglicher Christenn selbs die blosse schrifft . . . fur sich nehme! . . . Darumb hyneyn, hyneyn, lieben Christen, . . . das wyr das blosse, lautter gottis wort selbs fassen, schmecken und da bleyben" (*WA*, Bd. 10, 1,1, S. 728).
Obwohl Luther auf der Wartburg nur wenig Hilfsmittel zur Verfügung standen, gelang es ihm, die deutsche Übersetzung des NT auf der Grundlage des von Erasmus edierten griechischen Urtextes in knapp drei Monaten zu vollenden. Das Originalmanuskript ist verlorengegangen, der Druck selbst erfolgte aufgrund einer zweiten, revidierten Fassung, die Luther nach seiner Rückkehr nach Wittenberg zusammen mit Melanchthon hergestellt hatte. Er erschien im September 1522 (daher der Name „Septemberbibel" oder „-testament") in der Wittenberger Offizin Melchior Lotthers, mit 21 Holzschnitten von Lukas Cranach d. Ä. versehen und in einer Auf-

lage von schätzungsweise 3000 Exemplaren. Schon im Dezember wurde ein – verbesserter – Neudruck notwendig (die sog. „Dezemberbibel"), dem bis zum Erscheinen der gesamten Bibel allein in Wittenberg noch 12 weitere folgten. Außerdem verzeichnet die Bibliographie in *WA Bibel*, Bd. 2, S. 201 ff. schon für das Jahr 1523 12 vollständige Nachdrucke in anderen Städten, darunter 7 in Basel. Bald nach der Drucklegung der Septemberbibel begann Luther dann auch, und zwar mit Hilfe Melanchthons und des Wittenberger Hebraisten Aurogallus, mit der Übersetzung des AT. Schon im Sommer 1523 erschienen die Fünf Bücher Mose, denen Anfang 1524 die Geschichtsbücher und im Herbst des Jahres der Psalter, die Sprüche und das Buch Hiob folgten. Dagegen war die Übersetzung der Propheten erst 1532 abgeschlossen, nachdem die Spiritualisten Ludwig Hätzer und Hans Denck bereits 1527 eine deutsche Übersetzung, die sog. „Wormser Propheten", veröffentlicht hatten und auch die in Zürich von Zwingli und Leo Jud begonnene Übersetzung des AT schon vollständig vorlag. Fünf Jahre nach dem Erscheinen der Zürcher Bibel, die für das NT weithin dem Lutherschen Wortlaut folgte, hatte dann auch Luther sein Werk vollendet, erschien im September 1534 bei Hans Lufft in Wittenberg die *Biblia, das ist, die gantze Heilige Schrifft Deudsch*, mit 117 Holzschnitten, zu denen Luther „die Figuren zum teil selber [hat] angegeben, wie man sie hat sollen reissen und malen" (*WA Bibel*, Bd. 2, S. 550). Bis zu seinem Tod schlossen sich ihr in Wittenberg noch 10 Nachdrucke an, von denen der 1546 veröffentlichte als von ihm selbst noch redigierte „Ausgabe letzter Hand" anzusehen ist.

In den 24 Jahren, die zwischen dem Erscheinen der Septemberbibel und der Ausgabe letzter Hand lagen, war Luther nahezu ununterbrochen um die Herstellung eines „richtigen" Textes bemüht, galt es doch, neben der laufenden Übersetzungsarbeit auch die bereits vorliegenden Teile ständig zu überprüfen und mit Verbesserungen zu versehen. Luther bediente sich dazu von Anfang an der Hilfe von Fachgelehrten („Wenn wyr gleych alle zu samen thetten, wyr hetten dennoch alle gnug an der Bibel zu schaffen, das wir sie ans liecht brechten, eyner mit verstand, der ander mit der sprach, denn auch ich nicht alleyne hyrynnen habe geerbeyttet, sondern dazu gebraucht, wo ich nur yemand habe macht uberkomen", *WA Bibel*, Bd. 4, S. XIII) und richtete schließlich eine eigene Revisionskommission ein, die von Zeit zu Zeit, erstmals 1531 anläßlich der Neuausgabe des Psalters, zu längeren Sitzungsperioden zusammentrat und über die Neugestaltung des Textes beriet. Einige Protokolle sind in der Mitschrift Georg Rörers erhalten und vermitteln zusammen mit den Eintragungen in Luthers Handexemplaren und den jeweiligen Änderungen im Wortlaut des Textes ein anschauliches Bild von den Zielen, die Luther mit seiner deutschen Bibel verfolgte und den Übersetzungsprinzipien, von denen er sich leiten ließ. Im *Sendbrief vom Dolmetschen* von 1530 und den kurz darauf entstandenen *Summarien über die Psalmen* hat er sich darüber hinaus ausführlich über diese Prinzipien geäußert. Sie unterscheiden sich grundlegend von den Methoden und Vorstellungen seiner Vorgänger, hängen unmittelbar mit seinem Schriftverständnis zusammen und dürften der entscheidende Grund für den sensationellen Erfolg seines Unternehmens gewesen sein.

Denn dieses selbst konnte, als Luther es in Angriff nahm, keineswegs mehr als Sensation empfunden werden, lagen doch, bevor die Septemberbibel erschien, neben zahlreichen Teilübersetzungen schon 18 vollständige hochdeutsche Bibeldrucke vor, von denen der früheste, die sog. Mentelbibel, 1466 in Straßburg entstanden war. Alle diese Bibeln waren Übersetzungen aus dem Lateinischen, d. h. hielten sich eng an den Wortlaut der Vulgata als den einzigen von der Kirche selbst autorisierten und seit vielen Jahrhunderten unbestritten gültigen Text, den sie, und zwar häufig unter Wahrung auch der lateinischen Syntax und Partizipialkonstruktionen, so genau wie möglich ins Deutsche zu übertragen suchten, was zwangsläufig dazu führte, daß sich ihre äußere Sprachgestalt oft weit nicht nur vom gesprochenen, sondern auch vom damals geschriebenen Deutsch unterschied. Daß keiner dieser Bibeln ein auch nur annähernd vergleichbarer Erfolg beschieden war, wie er dem Septembertestament schon im ersten Jahr zuteil wurde, hatte jedoch nicht nur sprachliche Gründe. Diese selbst waren vielmehr nur ein Symptom für tiefer liegende Ursachen und keineswegs Folge mangelnden Ausdrucksvermögens und Stilempfindens, worauf u. a. die Tatsache hindeutet, daß die „wort usz wort"-Übertragung mit all ihren Konsequenzen ein Übersetzungsprinzip war, zu dem sich damals auch manche Humanisten bekannten, um die vielgeschmähte „barbara lingua teutonica" auf diese Weise in den Rang einer Literatur- und Kunstsprache zu erheben, die nicht länger hinter ihrem lateinischen Vorbild zurückzustehen brauchte. Für die Autoren der Bibelübersetzungen waren freilich weniger ästhetische als religiöse Erwägungen bestimmend, betrachteten sie das Lateinische doch in erster Linie als Sakral- und Kultsprache, deren Autorität man nicht ungestraft zugunsten besserer Verständlichkeit und Anschaulichkeit antasten durfte. Um diese war es ihnen umso weniger zu tun, als die Lektüre der Heiligen Schrift ohnehin nur wenigen vorbehalten war, während die Mehrheit der Christen ihre religiöse Belehrung aus den zahlreichen Erbauungsbüchern bezog, welche ihnen ihre Inhalte in popularisierender Form nahebrachten. So jedenfalls entsprach es der Absicht der römischen Kirche, die stets darauf bedacht war, sich als vermittelnde Instanz zwischen die Gläubigen und das in der Schrift geoffenbarte Wort einzuschalten und daher dem Drängen der Laien auf religiöse Mündigkeit, das sich seit dem späten Mittelalter immer entschiedener bemerkbar machte, nur zögernd und schrittweise nachgab.

Für Luther dagegen war die von der römischen Kirche mit Mißtrauen betrachtete Mündigkeit des Laien in religiösen Fragen eine selbstverständlich einzulösende Forderung, die sich, wie er in einer seiner Wittenberger Fastenpredigten ausführte, unmittelbar aus der persönlichen Verantwortung jedes einzelnen für sein eigenes Seelenheil ergab: „Wir seindt allsampt zů dem tod gefodert und wird keyner für den andern sterben, Sonder ein yglicher in eygner person für sich mit dem todt kempffen . . . Alhie solten wir alle in der Bibel wol geschickt sein und mit vilen sprüchen gerüst dem teuffell fürhalten" (*WA*, Bd. 10, 3, S. 1f.). Diese Mündigkeit bestand für ihn jedoch nicht in der freien Verfügung über die Inhalte des christlichen Glaubens, sondern umgekehrt in der strengen Unterwerfung unter die Aussagen der Heiligen Schrift, die für jeden Christen unmittelbar verbindlich waren, zu denen er daher aber auch jederzeit direkten Zugang besitzen sollte. Insofern stellte Luthers Bibelübersetzung gleichzeitig eine Kampfansage gegen die römische Kirche und gegen die Lehren der Schwärmer dar, mit denen er sich kurz vor Beginn seiner Arbeit am NT erstmals auseinanderzusetzen hatte. Ihrer Berufung auf das „innere Wort", die unmittelbare Erleuchtung durch den Heiligen Geist, stellte er das Wort der Schrift gegenüber, als die alleinige Quelle der Offenbarung und einzige Autorität, welcher der Christ in geistlichen Dingen unterworfen, der er dafür aber auch zu unbedingtem Gehorsam verpflichtet ist. Die lebendige Aneignung und gründliche Kenntnis der Bibel war daher nach Luther für das religiöse Schicksal des einzelnen wie der Gemeinschaft von ausschlaggebender Bedeutung und erforderte eine Übersetzung, die gerade aus Treue zum Text den Besonderheiten der eigenen Sprache Rechnung trug und in ihrer Ausdrucksweise dem Auffassungsvermögen auch der einfachen, ungebildeten Menschen, des „gemeinen Mannes" also, angepaßt war. Daß Luther mit der Tradition der bisherigen Bibelübersetzung so entschieden brach, statt von der Vulgata vom griechischen und hebräischen Urtext ausging und konsequent das Prinzip der „sin usz sin"-Übertragung befolgte (letzteres eine Formulierung des Humanisten Steinhöwel frei nach Horaz), hatte also in erster Linie theologische Gründe und hing direkt mit der Stellung zusammen, die er der Bibel im Leben der Christen zuwies. Daß seine Übersetzung vom Wortlaut der Vorlage oft erheblich abwich und in nicht geringem Maße zugleich auch Deutung und Auslegung war, war eine zwangsläufige Konsequenz dieser Methode, zu der er sich ausdrücklich bekannt und die er wiederholt gegen Angriffe von katholischer Seite verteidigt hat, weil, wie er sagte, „nicht der sinn den worten, sondern die wort dem sinn dienen und folgen sollen", es also mitunter notwendig ist, die „wort faren" zu lassen, um den „sinn ... auffs beste" zu treffen (*WA*, Bd. 38, S. 11). Ein erster derartiger Angriff erfolgte bald nach dem Erscheinen des Septembertestaments in einer Schrift von Hieronymus Emser *Auß was gründ unnd ursach Luthers dolmatschung uber das nawe testament dem gemeinē man billich vorbotten worden sey*, in welcher er Luther anhand der Vulgata zahlreiche Irrtümer bzw. Verfälschungen des Textes vorwarf. Als direkte Erwiderung schrieb Urbanus Rhegius 1524 einen *Kurtz bericht ... Ob das new testament yetz recht verteutscht sey*, während Luther sich erst zu einer grundsätzlichen Stellungnahme entschloß, als sein Übersetzungswerk nahezu vollständig vorlag.

Als Dokument einer Sprachreflektion, welche erstmals dem Eigenleben der einzelnen Sprachen Rechnung trug und sie als einen Organismus begriff, dessen Gesetzmäßigkeit nicht von vorgefaßten Normen bestimmt wird, sondern sich nur im Vorgang des Sprechens selbst erschließt, ist vor allem der *Sendbrief vom Dolmetschen* berühmt geworden. Mindestens ebenso wichtig aber sind die *Summarien über die Psalmen*, in denen Luther anhand zahlreicher konkreter Textbelege erläuterte, warum er in seiner Psalmenübersetzung „so frey an vielen orten von den buchstaben" abgewichen und „zu weilen auch anderm verstand gefolget [ist] denn der Juden Rabini und Grammatici leren" (*WA*, Bd. 38, S. 9). In der Tat kommt gerade Luthers Psalmenverdeutschung vielfach einer freien Nachdichtung gleich und ist, wenn man die einzelnen Stadien ihrer Entwicklung verfolgt, am besten geeignet, über seine Intentionen als „Creative Translator", als „nachschaffender Übersetzer" also, Auskunft zu geben. Es liegt dazu eine sehr instruktive Untersuchung von H. Bluhm vor, der am Beispiel des 23. Psalms, „Der Herr ist mein

Hirte", gezeigt hat, wie sich Luther in der frühesten Fassung von 1524 noch um eine einigermaßen wortgetreue Übersetzung bemühte, sich aber im Streben nach größerer Anschaulichkeit schrittweise vom Wortlaut und der Syntax seiner Vorlage löste, um schließlich in der revidierten Ausgabe von 1531 einen Text vorzulegen, der „somewhere in the borderland between creative translation and original composition" angesiedelt ist (*Luther, Creative Translator*, S. 112). So wurde aus den Versen: „Er lesst mich weyden ynn der wonung des grases und neeret mich am wasser gutter ruge" 1531: „Er weidet mich auff einer grünen awen/und füret mich zum frisschen wasser", und statt „meyn kilch ist satt hatt die fulle" heißt es 1531 „und schenckest mir voll ein", eine ebenso radikale wie in ihrer Einfachheit geniale Lösung der nahezu unüberwindlichen Schwierigkeiten, vor welche diese Textstelle, die in der Vulgata „et calix meus inebrians quam praeclarus est" lautet, die früheren Übersetzer gestellt hatte. Lassen diese und ähnliche Beispiele klar erkennen, wie wenig Luther an historischer oder philologischer Treue, wieviel dagegen an der Verdeutlichung des intendierten religiösen Ausdruckswertes gelegen war, so gibt es doch zahlreiche Belege für das umgekehrte Verfahren, daß er nämlich, obwohl „wirs wol hetten anders und deudlicher künnen geben, . . . stracks den worten nach" dolmetschte, weil er nur auf diese Weise sicher sein konnte, den theologischen Sinngehalt einer Textstelle richtig wiederzugeben (*WA*, Bd. 38, S. 13). Als Beispiel führte er selbst einen Vers aus dem 68. Psalm an, den er mit „Du hast das gefengnis gefangen" übersetzte und erklärend hinzufügte: „Hie were es wol gut Deudsch gewest: ‚Du hast die gefangenen erlöset'. Aber es ist zu schwach und gibt nicht den feinen reichen sinn, welcher jnn dem Ebreischen ist, . . . Welchs nicht allein zu verstehen gibt, das Christus die gefangen erledigt hat, Sondern auch das gefengnis also weggefurt und gefangen, das es uns nimer mehr widderumb fangen kan . . . Darumb müssen wir zu ehren solcher lere . . . der Ebreischen sprachen raum lassen, wo sie es besser macht, denn unser Deudsche thun kan" (ebda., S. 13). Zwischen den beiden Polen der „Konformität . . . mit der in dem fremden Text ausgedrückten Sache" und Berücksichtigung „der besonderen Redeweise der eigenen Sprache" (P. Meinhold, S. 37) bewegte sich also die Übersetzungskunst Luthers, ständig um einen gerechten Ausgleich zwischen ihnen bemüht und stets in erster Linie darauf bedacht, den „sinn" der göttlichen Botschaft „auffs beste" wiederzugeben. Dabei wies er wiederholt auf die religiöse Verantwortung hin, die ihm als Übersetzer auferlegt war und die er daraus ableitete, daß die menschliche Sprache das einzige Medium ist, dessen sich Gott zur Offenbarung seiner Wahrheit bedient hat, das einzige auch, durch welches sie verbreitet und weitergetragen werden kann. Als „scheyden, darynn dis messer des geysts stickt" (*WA*, Bd. 15, S. 38), hat Luther sie daher einmal bezeichnet, wobei für ihn ein Unterschied zwischen den „heiligen" und den „profanen" Sprachen grundsätzlich nicht existierte, da Gott, indem er den Auftrag gab, seine Botschaft in aller Welt zu verkünden, sie gleicherweise geheiligt hat.

Daß Luther seiner Verantwortung als „Dolmetsch Gottes" tatsächlich auch immer gerecht geworden sei, wurde ihm freilich von katholischer Seite energisch bestritten. Bekanntgeworden sind aus dem *Sendbrief vom Dolmetschen* vor allem die Auseinandersetzungen um das „gratia plena" des Engelsgrußes, das Luther mit „du holdselige" wiedergab, obwohl er es am liebsten mit „du liebe Maria" übersetzt hätte – denn „ich weis nicht, ob man das wort ‚liebe' auch so hertzlich und gnugsam in Lateinischer oder andern sprachen reden müg, das also dringe und klinge ynns hertz, durch alle sinne, wie es thut in unser sprache" (*WA*, Bd. 30,2 S. 638f.) –, und um den Zusatz „allein" in der Wendung „allein durch den glauben on des gesetzes werck" als Übersetzung für das „ex fide absque operibus" des 3. Römerbriefes. Luther begründete diesen Zusatz, der in der Tat einer Interpretation bedenklich nahe kam, da eben das „sola fide" das Fundament seiner gesamten Theologie bildete, wiederum mit dem deutschen Sprachgebrauch, welcher das „wort ‚allein' (im Sinne von lat. solum, nicht sola fide) hinzu setzt, auff das das wort ‚nicht' odder ‚kein' deste volliger und deutlicher sey", und erhob in diesem Zusammenhang seine berühmt gewordene Forderung, daß man dem Volk „auff das maul sehen" müsse (*WA*, Bd. 30,2, S. 637). Im übrigen befand er sich in dieser Auseinandersetzung insofern in einer vergleichsweise starken Position, als er trotz der z. T. massiven Kritik als einen seiner Übersetzungskunst widerwillig gezollten Tribut für sich buchen konnte, daß die katholischen Bibelübersetzer des 16. Jahrhunderts trotz mancher Korrekturen, die sie aufgrund der Vulgata vornahmen, seinen Einfluß an keiner Stelle verleugneten, ja vielfach sogar bis in den Wortlaut hinein von ihm abhängig waren. So Hieronymus Emser in seinem *Naw Testament, nach lawt der Christlichē kirchen bewertē text corrigiert uñ wider umb zu recht gebracht* von 1527, so Johannes Dietenberger in seiner z. T. auf Emser fußenden „Biblia" von 1534 und so auch Johannes Eck drei Jahre später in der „Bibel. Alt und new Testament/nach dem Text

in der hailigen Kirchen/...mit fleiß/auff hochdeutsch verdolmetscht". Ähnliches gilt, wenigstens was die von ihm formulierten Prinzipien betrifft, auch für alle späteren deutschen und fremdsprachigen Übersetzungen, die sich auch dort, wo sie sich von ihm distanzierten, auf Luther beriefen und seinen Text direkt oder indirekt zum Vorbild nahmen.
Daß die protestantischen Flugschriftenautoren das Septembertestament schon unmittelbar nach seinem Erscheinen benutzten und auf diese Weise zu seinem raschen Erfolg erheblich mit beitrugen, versteht sich angesichts des hohen Ansehens, das Luther schon damals genoß, fast von selbst. Aber auch die Schwärmer, die Anhänger Müntzers und Karlstadts, die Schweizer und selbst die Katholiken zitierten es in ihren polemischen Schriften, von denen manche nur aus einer notdürftig durch Zwischensätze verbundenen Aneinanderreihung von Schriftworten nach der Lutherschen Übertragung bestanden. Darüber hinaus legen auch die zahlreichen Nachdrucke, die bald in fast sämtlichen Städten des protestantischen Deutschland erschienen, von der Verbreitung der Lutherbibel ein eindrucksvolles Zeugnis ab, dürften doch nach der Schätzung von W. Walther (*Luthers deutsche Bibel*, S. 176) allein zwischen 1522 und 1546 ca. 380 Drucke oder Teildrucke entstanden sein, nicht eingerechnet die Übersetzungen ins Niederdeutsche und andere Sprachen, die auf den Text der Lutherbibel zurückgingen. – Auf die Gründe ihrer vergleichsweise geringen Wirkung auf die Literatur- und Kunstsprache der Folgezeit wurde schon hingewiesen. Dennoch sind hier insofern gewisse Einschränkungen vorzunehmen, als die Sprache der Lutherbibel in bestimmten literarischen Bereichen durchaus nachhaltige Spuren hinterlassen hat, und zwar, sieht man von der späteren Psalmendichtung ab, die durchgängig von ihr geprägt war, vor allem in der umfangreichen Predigt- und Erbauungsliteratur, die sich in den kommenden Jahrhunderten als selbständiger Literaturzweig neben der eigentlichen „Dichtung" behauptete und ihr, was Auflagenhöhe und Verbreitung betraf, oft bei weitem den Rang ablief. Denn sie machte ihren Einfluß in Kreisen geltend, die mit der Literatur sonst kaum in Berührung kamen, und schuf auf diese Weise ein Lesepublikum, das erstmals in größerem Umfang auch die sozial niedriger gestellten Gruppen umfaßte. Darin sowie in der Tatsache, daß sie in den Gymnasien und Volksschulen als bevorzugtes Unterrichtsmittel Verwendung fand und als „Hausbuch" in fast jeder protestantischen Familie zu finden war, dürfte in den kommenden Jahrhunderten die wichtigste kulturelle Bedeutung der Lutherbibel

bestanden haben, bis sie dann Mitte des 18. auch von der Dichtung wiederentdeckt und für die Erneuerung der Kunst- und Literatursprache fruchtbar gemacht wurde.
Über Luthers „Anteil an der Gestaltung der neuhochdeutschen Schriftsprache" (O. Mann) dürfte nach den z. T. erbitterten Kontroversen der Vergangenheit (vgl. dazu den Forschungsbericht von E. Arndt in *PBB Halle* 92) in der heutigen Forschung im wesentlichen Einigkeit herrschen, obwohl viele Einzelfragen weiterhin ungeklärt sind und noch genauerer Untersuchung bedürfen. Im großen ganzen hat sich nach den vorangegangenen Übertreibungen in der einen oder anderen Richtung bestätigt, was Luther selbst dazu geäußert hat, nämlich: „Ich habe keine gewisse, sonderliche, eigene Sprache im Deutschen, sondern brauche der gemeinen deutschen Sprache, daß mich beide, Ober- und Niederländer verstehen mögen. Ich rede nach der sächsischen Canzeley, welcher nachfolgen alle Fürsten und Könige in Deutschland" (*WA Tischreden*, Bd. 1, S. 524, Nr. 1040). Bestrebungen zu einer gewissen Vereinheitlichung der deutschen Schriftsprache hatte es bereits seit dem späten 14. Jahrhundert gegeben, wobei der Prager Kanzleisprache und dem in Oberdeutschland gebräuchlichen sog. „gemeinen Deutsch" eine bevorzugte Rolle zugefallen war. Während deren Wirkung aber aufgrund starker mundartlicher Besonderheiten verhältnismäßig eng begrenzt blieb, war die Sprache des erst spät kolonialisierten ostmitteldeutschen Raumes, in welchem sich Siedler aus allen Teilen des Reiches zusammenfanden, von vornherein auf überregionalen Ausgleich angelegt, entfalteten sich hier zuerst Tendenzen zu einer die Dialektunterschiede nivellierenden einheitlichen Sprachregelung, an welcher das Niederdeutsche als die am stärksten abweichende Mundart den geringsten Anteil besaß. Bereits im frühen 16. Jahrhundert genoß daher die Sprache der sächsischen Kanzleien, das sog. „Meißner Deutsch", allgemeines Ansehen, begannen auch die übrigen Kanzleien des Reiches sich mehr und mehr nach ihrem Vorbild zu richten. Indem Luther, was aufgrund seiner Herkunft ohnehin das Nächstliegende war, sich dieses Idioms bediente und ihm durch seine Bibelübersetzung zu größtmöglicher Verbreitung verhalf, beschleunigte er also einen Entwicklungsprozeß, der bereits rund hundert Jahre zuvor eingesetzt hatte und den Bedürfnissen einer Epoche entsprach, in welcher die einzelnen Teile des Reiches mehr und mehr zu einer zumindest wirtschaftlichen Einheit zusammenwuchsen. Seine eigentliche Leistung in dieser Hinsicht bestand also vornehmlich darin, daß er „in einer sprachgeschichtlich bedeut-

samen Zeit und ... als Sprecher einer [sprachgeschichtlich] bedeutsamen Landschaft" (J. Erben, *Deutsche Wortgeschichte*, Bd. 1, S. 440) die bereits vorhandenen sprachlichen Ausgleichsbestrebungen förderte und ihnen in seiner Bibelübersetzung in einer als beispielhaft empfundenen Weise Rechnung trug. Dabei kam ihm freilich entscheidend zu Hilfe, daß durch die Erfindung des Buchdrucks erstmals auch äußeren Voraussetzungen für eine derartige Vereinheitlichung gegeben waren, da erst in ihrer Folge die bis dahin vorwiegend mündliche Kommunikation durch die Herrschaft der Schriftsprache abgelöst wurde. Daß er außerdem in besonderem Maße sprachschöpferisch wirkte (E. Arndt hat in seinem Buch *Luthers deutsches Sprachschaffen*, S. 169ff. eine Liste von Neuprägungen zusammengestellt, die jedoch, da es bislang an Spezialuntersuchungen fehlt, bei weitem nicht vollständig ist), daß viele Worte wie „Arbeit", „Amt", „Beruf", „Pflicht" usw. erst durch ihn die uns heute vertraute Bedeutung erhielten und er der deutschen Sprache durch eine „neue Qualität der syntaktischen ... Fügung" zu „größerer Klarheit und Durchsichtigkeit" verhalf (E. Arndt, ebda., S. 157), dürfte dagegen in erster Linie seiner persönlichen Sprachbefähigung zuzuschreiben sein. Allerdings sind ihm gerade in letzterer Hinsicht die Späteren keineswegs immer gefolgt, da sich bereits gegen Ende des 16. Jahrhunderts die Sprache der Gebildeten wieder zunehmend am Lateinischen orientierte, das noch über die Barockzeit hinaus für viele bewundertes Vorbild blieb. Auch sonst war der Prozeß der sprachlichen Einigung mit Luthers Bibelübersetzung längst noch nicht abgeschlossen – wofür die Veränderungen, die sie in Lautstand und Wortwahl von Druck zu Druck erfuhr, der beste Beweis sind –, ging auch die spätere Entwicklung vielfach andere als die von ihm vorgezeichneten Wege. So konnte zwar Johannes Clajus seiner *Grammatica Germanica* von 1578 noch die Lutherbibel als sprachliche Norm zugrundelegen, aber knapp 80 Jahre später, 1654, stellte Ph. Saltzmann bereits aus den Schriften Luthers ein Verzeichnis „Sonderbare[r] Worte/Welche eintweder veraltet/ oder neu erdichtet" zusammen, brachte man der „erregte[n]Dynamik und heftige[n]Gefühlswärme seiner Diktion" (A. Schirokauer, *Frühneuhochdeutsch*, Sp. 908) nur noch ein allenfalls historisches Verständnis entgegen. Wenn daher Erasmus Alberus in seiner Schrift *Wider die verfluchte lere der Carlstadter* von 1556 Luther emphatisch als „linguae Germanicae parens, sicut Cicero Latinae" pries (vgl. dazu E. Körner, *Luther im Urteil seines Schülers Er. Alber*, S. 575), so gilt dies nur bedingt, galt in begrenztem Maße für die Zeit, in welcher Alberus diesen Satz formulierte und allenfalls wieder für das 18. Jahrhundert, in welchem ihn Lessing, Klopstock und vor allem Herder als Befreier begrüßten, der „die Deutsche Sprache, einen schlafenden Riesen, aufgewecket und losgebunden" hat (J. G. Herder, zit. nach der Ausgabe v. Suphan, Bd. 1, S. 372).

Martin Luther
Die Kirchenlieder

Luther hat insgesamt 36 geistliche Lieder geschrieben, von denen 24 bereits im Waltherschen *Chorgesangbüchlein* von 1524 veröffentlicht wurden. Weitere erschienen, z. T. in Einzeldrucken, z. T. in Sammelausgaben, in den folgenden Jahren, und vollständig lagen sie schließlich vor in einer Neuauflage des von Joseph Klug herausgegebenen Wittenberger Gesangbuches von 1543. Die Zeitgenossen haben ihm freilich wesentlich mehr Lieder zugeschrieben und neigten gelegentlich auch dazu, ihre Texte im Vertrauen auf seinen Ruhm unter seinem Namen zu drucken, was Luther schon 1528 dazu veranlaßte, die ihm zugehörigen Lieder im Wittenbergschen *Sangbüchlein* eigens zu kennzeichnen, „damit nicht unter unserm Namen frembde, untüchtige Gesenge verkaufft würden" (*WA*, Bd. 35, S. 79). Inwieweit die Entstehung und Erstveröffentlichung der Lutherschen Lieder zeitlich in etwa zusammenfiel, war in der Forschung längere Zeit umstritten, zumal es nur einen Text gibt, für den ein konkreter Anhaltspunkt vorliegt, nämlich das dem historisch-balladesken Volkslied nahestehende *Ein neues Lied wir heben an*, welches das Märtyrerschicksal zweier 1523 in Brüssel verbrannter Mönche besingt. Vor allem F. Spitta hatte um die Jahrhundertwende die These vertreten, daß ein großer Teil der 1524 erschienenen Lieder bereits in der Zeit des „religiösen Aufbruchs" Luthers entstanden sein müsse, da ein erheblicher Unterschied zwischen den „objektiven Bekenntnisliedern" dieses Jahres und denjenigen Texten bestehe, in denen er seiner unter schweren inneren Kämpfen errungenen Glaubensgewißheit unmittelbar Ausdruck verliehen habe. Zu letzteren rechnete Spitta u. a. *Aus tiefer Not*, *Mitten wir im Leben sind* und *Nun freut euch, lieben Christen, gmein*, Lieder also, die zu den bekanntesten von Luther gehören und auch von anderen Interpreten gern unter die Kategorie der „religiösen Erlebnisdichtung" eingereiht wurden. Auch die Entstehung von *Ein feste Burg*, des berühmtesten aller Lutherlieder, hat man, obwohl es frühestens 1528 gedruckt worden ist (sein Erstdruck ist nicht mehr auffindbar), in das „Entscheidungsjahr" der neuen Bewegung, das Jahr des Wormser Reichstags, zu verlegen versucht, weil das kämpferische Pathos, das aus ihm spricht, am ehesten aus der spannungsreichen Situation jener Zeit zu erklären sei. Erst in der neueren Lutherforschung hat sich die Einsicht durchgesetzt, daß es anachronistisch ist, den Begriff der Erlebnisdichtung auf das frühe 16. Jahrhundert zu übertragen und man besser daran tut, die in der Tat z. T. beträchtlichen Unterschiede in der Intensität und Ausdruckskraft der sprachlichen Formulierung auf die unterschiedliche Funktion der einzelnen Texte zurückzuführen, von denen einige, wie das deutsche Credo oder Sanctus (*Wir glauben all an einen Gott* und *Jesaia, dem Propheten, das geschah*) ausschließlich für den liturgischen Gebrauch oder, wie das Lied von den Zehn Geboten *(Mensch, willst du leben seliglich)* für die katechetische Unterweisung bestimmt waren und dementsprechend ein betont „objektives" Gepräge trugen, andere dagegen in erster Linie dazu beitragen sollten, das Gefühl der Zusammengehörigkeit unter den Gemeindemitgliedern zu festigen und die Glaubensinhalte ihrer religiösen Erlebniswelt nahezubringen, ein Ziel, welches sich nur mit Hilfe einer einprägsamen, emotional gefärbten und bildhaften Sprache erreichen ließ.

Denn an der Tatsache, daß es sich bei Luthers Liedern um religiöse Zweckdichtung handelte, in der auch die Emotionalität und Bildkraft der Sprache primär auf Überzeugung und Wirkung nach außen berechnet war, ist heute ebensowenig ein Zweifel mehr möglich wie an der Tatsache, daß Luther erst unter dem Druck der äußeren Verhältnisse zum Liederdichter geworden ist, nämlich zu einem Zeitpunkt, als er, von allen Seiten gedrängt, die Reform der Messe endlich in Angriff zu nehmen, nach Texten suchte, die als Ersatz für die lateinischen Hymnen und Meßgesänge geeignet waren. Das geht deutlich aus dem schon erwähnten Aufruf in der *Formula missae et communionis* von 1523 hervor, in dem es wörtlich heißt: „Cantica velim etiam nobis esse vernacula quam plurima . . . Sed poetae nobis desunt, aut nondum cogniti sunt, qui pias et spirituales cantilenas nobis concinnent, quae dignae sint in Ecclesia dei frequentari . . . Haec dico, ut, si qui sunt poetae germanici, extimulentur et nobis poemata pietatis cudant" (*WA*, Bd. 12, S. 218). Fast gleichzeitig richtete er auch an seinen Freund Georg Spalatin, Hofkaplan Friedrichs des Weisen, die Bitte, für den Gottesdienst einige Verse in sangbare deutsche Verse zu bringen, wobei er ihm ausdrücklich nahelegte, sich „pro captu vulgi" lieber der kunstlosen Form und einfachen Sprache des Volkslieds als der komplizierten Strophik des höfischen Gesellschaftslieds zu bedienen (*WA*, Bd. 35, S. 73). Reformatorische Lieder waren zu dieser Zeit freilich schon vorhanden – eines der bekanntesten ist, da Sachs' *Wittembergisch nachtigall* nur in Spruchform veröffentlicht wurde, Michael Stifels Lied *Von der christförmigen Lehre Luthers* von 1522 –, aber sie kamen für den kirchlichen Gebrauch nicht in Frage, da es sich ausnahmslos um Lieder kämpferisch polemischen Inhalts handelte, die, statt sich auf die Verkündigung der reinen Lehre zu beschränken, gegen den Papst zu Felde zogen oder in Luther und Hutten die „Helden" der Reformation verherrlichten. Daß auch die einfache Übertragung lateinischer Texte Luthers Vorstellung von der künftigen Funktion des Gemeindeliedes durchaus widersprach, geht aus seiner schon erwähnten Kritik an Thomas Müntzer hervor, der in seinem *Deutschen Kirchenamt* von 1524 mehrere altkirchliche Hymnen in deutscher Übersetzung veröffentlicht hatte, ohne, wie Luther ihm vorwarf, Sprache und Inhalt den veränderten religiösen Bedürfnissen bzw. dem Verständnis des einfachen Volkes anzupassen. Immerhin dürfte nicht zuletzt das Vorgehen Müntzers der entscheidende Anstoß für Luther gewesen sein, eine Reform in die Wege zu leiten (d. h. u. a. auch Lieder für den Gemeindegesang zu entwerfen), die sich andernfalls seiner Kontrolle entzogen hätte, und ebenso dürfte nicht zuletzt in seiner damals bereits allseits anerkannten Autorität der Grund dafür liegen, daß sein Beispiel überall Schule machte, während Müntzers Texte, obwohl man sie zunächst wenigstens teilweise in die evangelischen Gesangbücher aufnahm, verhältnismäßig bald in Vergessenheit gerieten. Immerhin dauerte es noch bis zum Weihnachtsfest 1525, bis auch in Wittenberg die deutsche Messe offiziell eingeführt wurde, nachdem schon mehrere Städte, u. a. Basel, Pforzheim, Königsberg, Straßburg und Nürnberg, vorangegangen waren. Der Text dieser Messe erschien Anfang des Jahres 1526 und schrieb als festen Bestandteil des Gottesdienstes den gemeinsamen Gesang des deutschen Credo und Sanctus vor. Im übrigen konnte Luther um diese Zeit seiner Gemeinde bereits 3 deutsche Weihnachtslieder, 2 Osterlieder, 3 Pfingstlieder und 2 Trinitatislieder zur Verfügung stellen.

Wie wenig Luther selbst sich als „Dichter" verstand und wie bewußt er seine diesbezüglichen Fähigkeiten dem Dienst an der Sache, d. h. dem göttlichen Wort unterordnete, geht schließlich auch aus der Tatsache hervor, daß von seinen 36 Liedern allenfalls 6–8 in jeder

Hinsicht als echte Neuschöpfungen anzusehen sind, alle übrigen aber sich mehr oder weniger eng an bereits vorgeformte Texte anlehnten, d. h. in Motivik und Inhalt weitgehend festgelegt waren (die im folgenden in Klammern angegebenen Nummern beziehen sich auf die Reihenfolge der Lieder bei Hahn, zur Datierung, den Quellennachweisen, Forschungskontroversen usw. sei auf die Ausführungen von W. Lucke in *WA*, Bd. 35 verwiesen). So sind 7 seiner Lieder (Nr. 4, 7, 9, 17, 19, 20 u. 26), darunter gerade auch *Aus tiefer Not* und *Ein feste Burg*, freie Nachdichtungen von Psalmen, die mit Ausnahme des letzteren sämtlich schon 1524 veröffentlicht wurden; einige weitere, wie das deutsche Sanctus und Vater Unser (Nr. 25 u. 31) halten sich in ihrem Wortlaut eng an biblische Texte; andere, wie das deutsche Credo, das Tauflied *Christ, unser Herr, zum Jordan kam* und die beiden Lieder von den Zehn Geboten (Nr. 24, 34, 11 u. 12) gehören zu den sog. Katechismusliedern, denen z. T. ebenfalls vorgeformte Texte zugrunde lagen und die zu feststehenden kirchlichen Anlässen gesungen wurden, und 7 Lieder, darunter *Verleih uns Frieden gnädiglich, Nun komm, der Heiden Heiland, Christum wir sollen loben schon* und *Komm, Gott Schöpfer, Heiliger Geist* (Nr. 27, 13, 14 u. 22) sind Bearbeitungen alter lateinischer Hymnen und Sequenzen, die Luther in reformatorischem Geist erneuerte (Nr. 16, *Jesus Christus, unser Heiland, der von uns den Gotteszorn wand*, geht allerdings auf einen lateinischen Hymnus von Johann Hus zurück). Von den restlichen Liedern sind insgesamt 8, darunter *Gelobet seistu, Jesu Christ, Komm, heiliger Geist, Herre Gott, Nun bitten wir den heiligen Geist, Gott der Vater wohn uns bei* und *Mitten wir im Leben sind* (Nr. 15, 2, 1, 23 u. 3) z. T. ebenfalls nach lateinischen Texten entstanden oder gehen auf vorreformatorische deutsche Lieder und Übersetzungen zurück. Letzteres gilt u. a. für Nr. 3, *Mitten wir im Leben sind*, dessen erster Strophe die berühmte, schon im Mittelalter mehrfach ins Deutsche übertragene Antiphon *Media vita in morte sumus* zugrunde liegt, während die beiden letzten Strophen selbständige Zutat Luthers sind. Von den Neuschöpfungen endlich wird das Lied auf die beiden Märtyrer von Brüssel (Nr. 6), das einzige, das nicht für den gottesdienstlichen Gebrauch bestimmt war, allgemein für das früheste von Luthers Liedern gehalten, ist das ebenfalls früh entstandene *Nun freut euch, lieben Christen, gmein* (Nr. 10) eine Art geistlicher Ballade von der Erlösung des Menschen durch Christus, entstand *Erhalt uns, Herr, bei deinem Wort* (Nr. 35) 1541 aus Anlaß der Türkengefahr und ist das zuerst 1535 veröffentlichte *Vom Himmel hoch da komm ich her* (Nr. 30) das bekannteste und volkstümlichste. Es knüpft ebenso wie das spätere *Von Himmel kam der Engel Schar* (Nr. 33) an alte weihnachtliche Bräuche an, ja stellt im Grunde eine liedhafte Umformung der Hirtenspiele dar und war dazu bestimmt, am Weihnachtsfest von Kindern mit verteilten Rollen gesungen zu werden. Den volksliedhaften Ton hat Luther in ihm zweifellos am reinsten getroffen. Aber auch das nur aus drei vierzeiligen Strophen bestehende *Erhalt uns, Herr, bei deinem Wort*, das er selbst als „Kinderlied, zu singen, wider die zween Ertzfeinde Christi und seiner heiligen Kirchen, den Bapst und Türcken“, bezeichnet hat (*WA*, Bd. 35, S. 467), zeigt ausgesprochen volksliedhaftes Gepräge, während das frühe *Nun freut euch, lieben Christen, gmein* den Vorstellungen, die man gemeinhin mit dem Begriff der „Erlebnisdichtung“ verknüpft, vielleicht am nächsten kommt, da sich sein Inhalt zwanglos auf die eigene religiöse Entwicklung Luthers, d. h. seinen Weg „vom Eintritt ins Kloster bis zum Erlangen des vollen Friedens in der Rechtfertigung durch den Glauben“ beziehen läßt (W. Nelle, *Geschichte des deutschen evangelischen Kirchenliedes*, S. 38f.), ein Weg, der hier in heilsgeschichtlicher Sicht als Weg aus der Nacht der Verlorenheit in das Licht der rettenden Gnade geschildert wird.

Im großen ganzen lassen sich jedoch zwischen den „Neuschöpfungen“ und den übrigen Lutherschen Texten keine nennenswerten Unterschiede in Wortwahl, Syntax und Strophenform feststellen. So gibt es von ihm nur ein einziges Lied, das in seiner verhältnismäßig komplizierten Anlage den Einfluß des zeitgenössischen Kunstliedes verrät (nämlich das Lied von der „Heiligen Christlichen Kirchen“, *Sie ist mir lieb, die werte Magd*, das denn auch recht bald aus den evangelischen Gesangbüchern verschwand), während er sich im übrigen, und zwar in bewußtem Gegensatz zu den künstlerischen Bestrebungen seiner Zeitgenossen, um größtmögliche Einfachheit bemühte und daher auch auf vorreformatorische Texte nur insoweit zurückgriff, als sie bereits eine gewisse Nähe zum Volkslied erkennen ließen. Schließlich aber hat sich Luther gerade auch in seinen Psalmliedern vielfach so weit von seiner Vorlage entfernt, daß sie strenggenommen z. T. ebenfalls zu den „Neuschöpfungen“ zu rechnen sind. Das gilt vor allem für *Ein feste Burg*, das, wie Lucke an einer Reihe von Belegen gezeigt hat, von der aktuellen Kampfmetaphorik, wie sie in den Liedern und Flugschriften der frühen Reformationszeit in zahlreichen Variationen Verwendung fand, viel stärker als vom Wortlaut des 46. Psalms geprägt worden ist und von den Zeitgenossen daher auch in erster Linie als „Kampflied“ betrachtet wurde, das zu mancherlei Parodien und Umdichtungen Anlaß gab. So veränderten 1531 aufständische Bauern den berühmten Anfang der 3. Strophe in die Verse: „Und wenn die Welt voll Pfaffen wär, wir wolten si wol dringen", und so wurde der Text auch in der *Gemeynen Bicht* des sog. Daniel von Soest mehrfach satirisch verballhornt (vgl. A. E. Berger, *Lied-Spruch- und Fabeldichtung im Dienste der Reformation*, S. 263).

Über Luthers Anteil an der Vertonung seiner Lieder herrscht in der Forschung weithin Unsicherheit. Fest steht lediglich, daß er, der nicht nur ein großer Liebhaber, sondern auch Kenner der Musik war und sich in jahrelanger fruchtbarer Zusammenarbeit mit dem Wittenberger Kapellmeister und Tonsetzer Johannes Walther intensiv um die musikalische Ausgestaltung des evangelischen Gottesdienstes bemühte, zu einigen seiner Lieder eigene Melodien komponiert hat, und zwar in Anlehnung sowohl an die überlieferte gregorianische Kirchenmusik als auch an den zeitgenössischen geistlichen und weltlichen Volksgesang. Welches diese Lieder sind, läßt sich jedoch nicht mehr mit Sicherheit ausmachen, mit Ausnahme höchstens des deutschen Sanctus, für welches ein Zeugnis von Johannes Walther vorliegt, und wiederum von *Ein feste Burg*, das auch in dieser Hinsicht die Forschung immer wieder beschäftigt hat. Im übrigen aber fehlt es an verläßlichen zeitgenössischen Hinweisen, ein Sachverhalt, der nach Berger (ebda., S. 24) damit zusammenhängen dürfte, daß man in jener Zeit „Fragen des geistigen Eigentums ... noch nicht so wichtig nahm", jedenfalls nicht auf einem Gebiet, das die Inhalte der christlichen Lehre unberührt ließ, da Luther, wie das Beispiel der Gesangbuchvorrede von 1528 beweist, hinsichtlich seiner Texte durchaus anders verfuhr. Denn was diese betraf, war es für ihn von entscheidender Wichtigkeit, keine „untüchtige[n] Gesenge" unter seinem Namen drucken zu lassen, wobei „untüchtig" soviel wie „untauglich" meinte, d. h. sich auf die Intention seiner Lieder bezog, das „heylige Euangelion, so itzt von Gottes gnaden widder auff gangen ist, zu treyben und ynn schwanck zu bringen" (*WA*, Bd. 35, S. 474). Der Zweckcharakter der Lutherschen Lieder, den er selbst zu betonen nicht müde wurde, bedeutet daher in Wirklichkeit keineswegs eine Beeinträchtigung ihrer künstlerischen Qualität, sondern macht umgekehrt gerade ihren hohen literarhistorischen Stellenwert aus, da er nach längerer Zeit der erste war, dem es dadurch, daß er Inhalte von höchster Relevanz und Bedeutsamkeit in eine leicht faßliche, unmittelbar eingängige und nachhaltig sich einprägende sprachliche Form kleidete, gelang, „Allgemeinverbindlich-

keit" und „Allgemeinverständlichkeit" der lyrischen Aussage in Einklang zu bringen und auf diese Weise einer lange vernachlässigten Gattung zu neuer Anerkennung zu verhelfen.
Was endlich das sog. „Liederjahr" betrifft, von dem in der Forschung so viel die Rede ist, so verdankt es seinen Ruhm ebenfalls vor allem den Lutherschen Texten, da in den vier 1524 erschienenen Liederbüchern, dem Wittenberger *Achtliederbuch*, den beiden Erfurter *Enchiridien* und dem Waltherschen *Chorgesangbuch*, außer ihm nur noch 8 weitere Autoren mit je einem, bzw. in einem Fall 3 Liedern vertreten waren. Von ihnen sind hauptsächlich Justus Jonas, der Mitarbeiter Luthers (*Wo Gott der Herr nicht bei uns hält*), und Michael Stifel mit seinem antipäpstlichen Trutzlied *Dein armer Hauf, Herr tut klagen* zu erwähnen, vor allem aber Paul Speratus, der mit seinem *Es ist das Heil uns kommen her* eines der populärsten Kirchenlieder des 16. Jahrhunderts geschrieben hat, das in sämtliche Gesangbücher Eingang fand und ähnlich wie *Ein feste Burg* die Gegenseite zu ständiger Polemik herausforderte. Angesichts des sprunghaften Anwachsens der Kirchenliedproduktion in den kommenden Jahren, angesichts der Tatsache auch, daß es bald kaum mehr eine protestantische Stadt im Reich gab, die nicht ihr eigenes Gesangbuch besessen hätte, nimmt sich dieser Anfang vergleichsweise bescheiden aus. Trotzdem trägt das „Liederjahr" seinen Namen insofern zu Recht, als von ihm der Anstoß zu einer Entwicklung ausging, die ihre Wirkung weit über die Grenzen des deutschen Sprach- und Kulturbereiches hinaus entfaltet hat und bis in unsere Zeit hinein lebendig geblieben ist.

Hans Sachs
Die Wittembergisch nachtigall und die Reformationsdialoge

Mit dem Lied von der *Wittembergisch nachtigall*, dessen Spruchfassung (H. Sachs *Werke*, Bd. 6, S. 368ff.) auf den 8. Juli 1523 datiert ist, trat Hans Sachs nach fast dreijähriger Pause erstmals wieder als Dichter hervor, nachdem er bis 1520 neben zwei Fastnachtspielen und einigen Spruchdichtungen bereits eine größere Zahl von Meistergesängen und anderen Liedern geschrieben hatte (da Sachs fast sämtliche seiner Texte mit einem genauen Datum versehen und in der Reihenfolge ihrer Entstehung in Sammelhandschriften eingetragen hat, läßt sich die Entwicklung seiner Produktion fast bis auf den Tag genau verfolgen). Diese Pause, für die es in seinem späteren Schaffen keine Parallele gibt, deutet darauf hin, daß er sich in der Zwischenzeit intensiv mit Luthers Lehre befaßt und mit ihren Konsequenzen auseinandergesetzt hat, eine Annahme, die u. a. dadurch bestätigt wird, daß sich nach seiner eigenen Aussage 1522 bereits 40 Schriften Luthers und seiner Anhänger in seinem Besitz befanden und er sich in der *Wittembergisch nachtigall* mit den wichtigsten Inhalten der neuen Glaubenslehre sowie den Einzelheiten der konfessionellen Polemik vertraut zeigte. Mit ihrem Erscheinen aber war der innere Klärungsprozeß für Sachs offenbar abgeschlossen. Denn fortan trat er als entschiedener Anhänger der Reformation auf und stellte sich ihr als Dichter in den kommenden Jahren uneingeschränkt zur Verfügung. So erschienen 1524 seine 4 Reformationsdialoge, denen ein Jahr später 8 Kirchenlieder und nach einem weiteren Jahr 13 Psalmenlieder folgten, während er gleichzeitig mit der Nachdichtung einzelner Abschnitte der Bibel begann, die er im Laufe seines Lebens fast vollständig in deutsche Verse übertrug. Erst gegen Ende der zwanziger Jahre wandte er sich allmählich auch wieder weltlichen Themen zu, nachdem zuvor durch den auf Ausgleich und Mäßigung bedachten Rat der Stadt Nürnberg ein förmliches Druckverbot über ihn verhängt worden war, weil er 1527 in Zusammenarbeit mit dem Nürnberger Theologen Andreas Osiander eine mit Versen versehene satirische Holzschnittfolge gegen das Papsttum veröffentlicht hatte. Diese Fakten sind nicht zuletzt deshalb erwähnenswert, weil sie das wachsende Selbstbewußtsein des „gemeinen Mannes" erkennen lassen, der sich, nachdem er bis dahin eine vorwiegend passive Rolle gespielt hatte und von den geistigen Auseinandersetzungen allenfalls indirekt berührt worden war, jetzt erstmals dazu ermutigt fühlte, sich selbst ein Urteil zu bilden und seiner Meinung Gehör zu verschaffen. Daß ein Schuster es wagte, öffentlich in den Glaubensstreit einzugreifen, wurde freilich auch damals von vielen als ungewöhnlich, wenn nicht als offene Herausforderung angesehen. So bemerkte Johannes Cochläus noch in den *Commentaria de actis et scriptis Martini Lutheri* von 1549, der ersten katholischen Lutherbiographie, voller Empörung, daß in jenen Jahren sogar „Schuster und Weiber" die Heilige Schrift studiert und mit akademisch gebildeten Theologen über die Religion disputiert hätten, und auch der Nürnberger Stadtrat begründete sein Druckverbot 1527 mit dem Hinweis, daß es nicht „seynes ampts" sei und „ime auch nicht . . gepüre . ., buechlein oder reymen . . ausgeen zu lassen“, in denen in so respektloser Weise an dem höchsten Vertreter der Christenheit Kritik geübt wurde (zit. nach A. Bauch, S. 70). Sachs hatte seine *Wittembergisch nachtigall* zuerst als Meisterlied konzipiert, bevor er sie, da Meisterlieder im allgemeinen nicht veröffentlicht werden sollten, für den Druck zum Spruchgedicht umarbeitete. Dieses Meisterlied besteht aus drei Strophen und weist einen klar überschaubaren Aufbau auf, dessen scharfe Konturen in dem auf 700 Verse erweiterten Spruchgedicht z. T. verwischt worden sind. Die 1. Strophe entfaltet das Bild von der Nachtigall, deren jubelnde Stimme den neuen Tag ankündigt, vor dem der Schein des Mondes verblaßt, während sich der mißtönende Chor der wilden Tiere – Löwe, Schwein, Bock, Kater, Hund und Wölfe – vergeblich bemüht, ihren strahlenden Gesang zum Schweigen zu bringen. In der 2. und 3. Strophe erfolgt die allegorische Ausdeutung. Der anbrechende, von der Nachtigall Luther besungene Tag ist das von der Sonne Christi durchleuchtete Evangelium, welches über die Nacht der päpstlichen Herrschaft triumphiert, die wilden Tiere aber stehen für den Papst und Luthers Widersacher Eck, Emser, Murner und den Humanisten Jacob Lemp, an dessen Stelle im Spruchgedicht Johann Cochläus und Augustin von Alfeld traten (s. dazu den Kommentar von F. Hankemeier Ellis, S. 77f.). Den Tiervergleich für Emser (= Bock, nach dem Wappen, das Emser führte), Murner (= Kater) und Eck (= Schwein, vgl. dazu die Hinweise bei B. Balzer, S. 59f.) kannte Sachs offenbar aus der zeitgenössischen Streitschriftenliteratur; die im Spruchgedicht auftauchenden Spottnamen für Alfeld (= Waldesel, Anagramm von Aleweld [s]) und Cochläus (= Schnecke für lat.cochlea) gehören zu den in jenem Jahrhundert beliebten Namensverdrehungen (vgl. etwa Dreck für Dr. Eck oder Luder bzw. Lotter für Luther usw.), für den Papst schließlich bot sich der Vergleich mit dem Löwen (hier bezogen auf den 1521 verstorbenen Leo X.) von selbst an. Schwieriger dagegen ist die Frage nach der Herkunft des „positiven Gegenbildes“, des auf Luther übertragenen Nachtigallenvergleichs, zu lösen, der das Gedicht berühmt gemacht hat. Sachs ließ sich hier möglicherweise von einer Stelle aus Konrads von Megenberg *Buch der Natur* (Mitte des 14. Jahrhunderts entstanden und in Sachs' Besitz befindlich) inspirieren, wo es heißt: „Der Nachtigall gleichen die rechten Meister der Schrift, die Tag und Nacht mit übergrossem Eifer in der Schrift lesen und ... emsig auf neue Lehren sinnen“ (zit. nach F. Hankemeier Ellis, S. 69); aber auch die Äsopfabel von *Esel und Nachtigall* kommt als mögliche Anregung in Frage, ebenso wie die Motivik des spätmittelalterlichen geistlichen Tageliedes, in dessen Tradition die *Wittembergisch nachtigall* steht. Das gilt allerdings nur für das Meisterlied. Denn die Spruchfassung hat den liedhaften Charakter ganz abgestreift und gehört trotz der lyrisch anmutenden Eingangsverse: „Wacht auff! es nahent gen dem tag ...", die Wagner in den Text der *Meistersinger* aufgenommen hat, zur Gattung des allegorischen Streit- oder Lehrgedichts, das Sachs, wie es in der Vorrede heißt, zur Unterweisung des „gemainen man[es]" verfaßt hat, damit dieser, „solcher Handlung unwissent, ... darauß ... müg erkennen die götlich warhait und dargegen die menschlichen lugen, darinn wir gewandert haben" (H. Sachs *Werke*, Bd. 22, S. 4f.). Dementsprechend hat Sachs die im Meisterlied ganz knapp gehaltene allegorische Auslegung des Naturbildes hier breit ausgeführt und sie zum Anlaß genommen, um den Papst mittels einer detaillierten Aufzählung sämtlicher Ausbeutungs- und Unterdrückungsmethoden, deren sich die Kirche seit Jahrhunderten schuldig gemacht hat, als pflichtvergessenen Hirten der Christenheit anzuklagen, dem in Luther ein mächtiger und auf die Dauer unüberwindlicher Gegner entstanden sei. Denn dieser habe den Glauben wieder auf die Wahrheit der Heiligen Schrift gegründet, habe vor allem die tätige Nächstenliebe zur obersten Pflicht des Christen erklärt und damit den Weg gewiesen, „auff das . . wir" wieder „mit ainander anhiengen dem ewigen aynigen wort gottes unvermischt und also ... ain schaffstall wurden unsers hirten Jesu Christ" (ebda, S. 5). An satirischer Schärfe und Leidenschaft der Anklage steht dieses Spruchgedicht den übrigen protestantischen Flugschriften jener Zeit nicht nach, wobei erwähnt zu werden verdient, daß Sachs im Gegensatz zu vielen anderen auf eine anonyme Veröffentlichung verzichtete, obwohl die Reformation in Nürnberg zu jenem Zeitpunkt noch nicht offiziell eingeführt war. Da es inhaltlich jedoch kaum etwas Neues brachte (B. Balzer bemerkt S. 42 zu Recht, daß an Schriften dieser Art zu jener Zeit fast schon ein „Überangebot" bestand), dürfte sein großer Erfolg vor allem auf das Bild von der Nachtigall zurückzuführen sein. Jedenfalls zeigten sich die Zeitgenossen von ihm so beeindruckt, daß der Titel des Spruchgedichts bald zum „geflügelten Wort" (A. E. Berger, *Lied-, Spruch- u. Fabeldichtung*, S. 71) wurde, welches u. a. vom Autor des *Triumphus Veritatis* („sik der warheit, mit dem schwert des geists durch die wittenbergische nachtigall erobert", Schade, Bd. 2, S. 196ff.) übernommen und wegen des Gleichklangs (Philo-Mela) von neulateinischen Lyrikern später auf Philipp Melanchthon übertragen wurde. Sachs selbst feierte in seinem ein Jahr später er-

schienenen Spruchgedicht von *Der zwölff reynen vögel eygenschafft* (H. Sachs, *Werke*, Bd. 1, S. 377ff.) die Nachtigall noch einmal, allerdings ohne direkten Bezug auf Luther, als Verkünderin der christlichen Wahrheit. In dem ersten seiner Prosadialoge aber ließ er sich nicht ohne Stolz von dem aufgebrachten Chorherrn als „tollen schuster . . . mitsampt seiner nachtigall“ zum „teüffel“ wünschen, weil er in seinem Spruchgedicht so kühn gegen „den bapst, die heiligen väter und uns wirdige herren“ zu Felde gezogen sei (H. Sachs *Werke*, Bd. 22, S. 7).
Daß in seinen vier Prosadialogen, die 1524 in rascher Folge erschienen, der in der Reformationspublizistik viel zitierte „gemeine Mann“ tatsächlich selbst das Wort ergriff, hat offenbar auch Sachs als so bedeutsam empfunden, daß er diese Tatsache sofort propagandistisch auswertete. Jedenfalls setzte er sich gleich im ersten Dialog, der *Disputation zwischen einem chorherren und schuchmacher* mit der weitverbreiteten Auffassung auseinander, daß es „einem schuster zympt mit leder und schwertz umbzugeen und nicht mit der heyligenn schrifft“ (ebda, S. 10), und verteidigte ihr gegenüber die These von der „Mündigkeit des Laien“, der durch sein gründliches Schriftstudium das Recht erworben habe, mit den geistlichen Herren auf ihrem eigenen Feld die Klingen zu kreuzen und ihnen ihre Irrtümer und Vergehen vorzuhalten. Gerade dieser Dialog, in welchem der „Schuster Hans“ ein paar geflickte Pantoffeln zum Anlaß nimmt, seinem Auftraggeber, einem in hoffnungsloser geistiger Trägheit dahinvegetierenden Domherrn, kräftig die Leviten zu lesen, wird von der Forschung allgemein zu den gelungensten Beispielen dieser Gattung, ja sogar zu den „besten schriftstellerischen Leistungen“ jener Jahre gerechnet (A. E. Berger, *Sturmtruppen*, S. 63), da die Situation in ihm sehr lebendig erfaßt ist, die einzelnen Charaktere scharf profiliert hervortreten, das Gespräch niemals ins Predigthafte abgleitet und die satirische Wirkung mit Hilfe sparsamster sprachlicher und mimischer Mittel erzielt wird. An Anschaulichkeit und Wirklichkeitsnähe ist diesem Dialog tatsächlich nur weniges aus der damaligen Streitschriftenliteratur zur Seite zu stellen, zumal Sachs aufgrund seiner Herkunft und seines Milieus gewissermaßen von selbst über die Gabe der „Volkstümlichkeit“ verfügte, um die sich die humanistisch geschulten Autoren oft vergeblich bemühten. Dieser „Wirklichkeitsnähe“, die es dem Publikum ermöglichte, die Fiktion für bare Münze zu nehmen und sich mit der Person des unerschrockenen und in seiner Argumentation so überlegenen Schusters zu identifizieren, ver-

dankte dieser Dialog zweifellos seinen großen propagandistischen Erfolg. Inhaltlich interessanter und zeitgeschichtlich bedeutsamer aber sind nach fast einhelliger Forschungsmeinung der 3. und 4. Dialog, nämlich das *Argument der Römischen wider das christlich heüflein, den geytz . . betreffend* und das *Gesprech eynes evangelischen Christen mit einem Lutherischen.* Denn in ihnen stellte Sachs seine „Mündigkeit" als Laie, die sich im ersten Dialog vorwiegend in einer umfassenden Bibelkenntnis dokumentiert hatte (Luthers Übersetzung des NT war erst zwei Jahre vorher erschienen), dadurch unter Beweis, daß er auch an den Anhängern der neuen Bewegung Kritik übte und sie auf ihre Fehler und Schwächen hinwies. So ließ er im 3. Dialog einen „Romanisten", d. h. einen Anhänger des Papsttums, darüber Klage führen, daß die Lutherischen zwar mit dem Ablaß und anderen schädlichen Finanzpraktiken der Kirche aufgeräumt hätten, die Ausbeutung der Armen durch Handel, Wucher und niedrige Löhne aber weiterhin duldeten, so als hätte das Gebot der Nächstenliebe nur im kirchlich-religiösen, nicht aber im weltlich-sozialen Bereich Bedeutung und Geltung. Im 4. Dialog aber trat er, wiederum in der Gestalt des „Schusters Hans", mit leidenschaftlicher Beredsamkeit dafür ein, die neue Lehre nicht durch kleinliches Theologengezänk und eifernden Fanatismus in Verruf zu bringen, sondern durch vorbildliches christliches Verhalten dafür zu sorgen, daß sie auch von ihren Feinden als richtig und wahr anerkannt werde. Denn, so sagt der Romanist im 3. Dialog: „Ich hab noch kain lust zu ewerm hauffen, weyl also rutzigs und reüdigs durcheinander geet" und man „spürt . . ., das ir nur habt das ewangelisch wort und nicht die werck" (H. Sachs *Werke,* Bd. 22, S. 68 und 62), und ähnlich, wenn auch an eine andere Adresse gewandt, äußert sich der „Maister Ulrich" am Ende des 4. Gesprächs: „Wenn ir Lutherischen sölchen züchtigen und unergerlichen wandel füret, so hett ewer leer ain bessers ansehen vor allen menschen; die euch yetzund ketzer nennen, würden euch Christen haissen . . . Aber mit dem . . . rumorn, pfaffenschenden, hadern, verspotten, verachten und allem unzüchtigen wandel habent ir Lutherischen der evangelischen leer selber ain grosse verachtung gemacht" (ebda., S. 84).

Das sind Töne, wie sie von protestantischen Autoren zu jener Zeit kaum zu hören waren, mit Ausnahme freilich, soweit es die soziale Frage betraf, von Vertretern des radikalen Flügels wie Karlstadt oder Müntzer, für welche die Verwirklichung christlicher Ideale im irdisch-menschlichen Bereich mehr und mehr zum Prüfstein der Lutherschen Lehre wurde. Ob Sachs, wie die kritischen Äußerungen vor allem im 3. Dialog vermuten lassen könnten und seine eigene, wiederholt getroffene Unterscheidung zwischen „evangelisch" und „lutherisch" nahelegt („Ich hör wol, ir seyt lutherisch? – Nayn, sonder evangelisch", heißt es schon im 2. Dialog, ebda., S. 34), jenen Kreisen wenigstens vorübergehend nahestand und sich von ihren Ideen beeinflussen ließ, ist in der Forschung nach wie vor umstritten. Die Tatsache, daß der Nürnberger Verleger seiner Dialoge, Hieronymus Hötzel, zur gleichen Zeit auch Schriften von Karlstadt und Müntzer herausgab, daß Sachs zu den Malern Sebald und Barthel Beham, die 1525 zusammen mit Hans Denck als Schwärmer aus Nürnberg verwiesen wurden, engere Beziehungen unterhielt und schließlich 1526 wegen Verdachts der „Schwärmerei" selbst vor den Rat der Stadt zitiert wurde (s. A. Bauch, S. 56), machen diese Annahme wahrscheinlich. Die trotz gelegentlicher Kritik streng konservative Haltung aber, die aus allen übrigen Schriften seines umfangreichen Werkes spricht, sowie nicht zuletzt auch seine ablehnende Stellungnahme zum Bauernkrieg in dem Spruchgedicht *Der arm gemain Esel* von 1526 (H. Sachs *Werke*, Bd. 23, S. 12ff.) lassen darauf schließen, daß seine Berührung mit den Schwärmern bestenfalls äußerlicher Natur war, d. h. in einer Übereinstimmung der Argumente, nicht aber der Ziele bestand. Denn Sachs, das läßt fast jede seiner zahlreichen Dichtungen erkennen, war ein in den Anschauungen des damaligen Kleinbürgertums fest verwurzelter Moralist, den auch Luthers Lehre in erster Linie in ihren Konsequenzen für eine im weltlichen Bereich praktisch zu verwirklichende Ethik interessierte und der sich dementsprechend von der Besserung der einzelnen Menschen und Stände sehr viel, von einer Änderung der sozialen Verhältnisse dagegen wenig oder nichts versprach. Sein betont „bürgerlicher" Standpunkt tritt nicht zuletzt auch in dem 2. Reformationsdialog, dem *Gesprech von den scheinwercken der gaystlichen und ihren gelübdten,* deutlich hervor. Denn in diesem diskutieren zwei Handwerker, Peter und Hans, mit einem Bettelmönch über den sozialen, d. h. speziell gesellschaftlichen Nutzen des Ordensstandes, wobei sie ihm vorwerfen, daß dieser Stand ein parasitäres Dasein führe, also unproduktiv sei, daß seine „armut" nicht auf „mangel" beruhe, seine Kasteiungen niemandem Vorteil brächten, sie selbst aber, indem sie mit ihren „knechten den gantzen tag arbaiten" und auf diese Weise etwas Nützliches leisten, nach einem „vil ... hertern orden" lebten (H. Sachs, *Werke,* Bd. 22, S. 41 f.). Das aber waren Argumente, wie sie auch Luther wiederholt gegen das Mönchstum ins Feld geführt hatte, dessen These von der

dem Menschen von Gott auferlegten Verpflichtung zur Arbeit sich Sachs hier ausdrücklich zu eigen machte. Wenn Sachs daher in seinen Reformationsdialogen als Zeitkritiker bzw. als Kritiker des Luthertums auftrat, so tat er dies sicher nicht, weil er sich von Luther eine Reform der Gesellschaft erhofft hatte, sondern weil er fürchtete, daß seine z. T. bereits verwirklichten Forderungen, die, soweit sie die Beseitigung der inneren und äußeren Kirchenherrschaft betrafen, den Interessen des Kleinbürgertums durchaus entgegenkamen, durch Übereifer an falscher Stelle nachträglich gefährdet werden könnten. Daher verwies er im 4. Dialog diejenigen, die sich wohl „lutherisch" nennen, diesen Namen aber nur als „deckmantel" ihrer „unschicklikait" führen, ausdrücklich auf den „frummen man" Luther, der zwar die „christlichen freyhait zu erledigung der armen gefangen gewissen angezaigt", gleichzeitig aber „durch seine schriftten und predig meniglich gewarnt" habe, „sich vor drieglichen ergerlichen, unchristlichen handlungen zu hüten und nit also dem evangelio und wort gottes zum nachtail mit der that zu schwürmen und gleich den unbesynten zu rasen" (ebda, S. 79).
Gerade die letzten Worte des Zitats deuten darauf hin, daß der 4. Dialog mit seinem Aufruf zur Mäßigung vor allem an die Adresse der „Schwärmer" gerichtet war, deren zunehmende Radikalisierung Sachs als bedrohlich empfinden mußte, zumal sich ihr Einfluß auf die unteren Bevölkerungsschichten auch in Nürnberg in immer stärkerem Maße bemerkbar machte. So war es hier im Sommer 1524 verschiedentlich zu Unruhen gekommen, die durch das Auftreten radikaler Prediger (auch Müntzer hielt sich während dieser Zeit vorübergehend in Nürnberg auf) geschürt worden waren und denen der Rat der Stadt, wie die Mehrheit der Bürger lediglich an einer Durchführung der Kirchenreform interessiert, durch Ausweisungen, verschärfte Zensurbestimmungen usw. zu begegnen suchte. Im Hinblick auf diese Vorgänge hat H. Balzer in neuester Zeit die These vertreten, daß Sachs den 4. Dialog geradezu in der Absicht geschrieben habe, die offizielle Politik des Rates propagandistisch zu unterstützen, d. h. den gemäßigten Anhängern der Reformation durch eine eindeutige Distanzierung gegenüber den Schwärmern auch weiterhin eine Identifikation mit dem Luthertum zu ermöglichen und es ihnen gewissermaßen als eine den sozialen status quo garantierende Ordnungsmacht zu empfehlen. Im Hinblick auf die durchgängig konservative Haltung, die Sachs später zu gesellschaftlich sozialen Fragen einnahm, klingt diese These wahrscheinlicher als die neuerdings von marxistischer Seite unternommenen Versu-

che, Sachs als wenigstens zeitweiligen Sympathisanten dem linken Flügel der Reformation zuzuordnen. Zweifellos aber hat Balzer den Bogen nach der anderen Richtung hin überspannt, wenn er entgegen der gesamten bisherigen Forschungsmeinung auch den 3. Dialog als eine gegen die Schwärmer gerichtete Propagandaschrift interpretiert, weil Sachs in ihm die Anklagen, wie sie von Müntzer und seinen Anhängern gegen Luther vorgebracht wurden, ausgerechnet dem „Romanisten" als dem verhaßten Verteidiger der Papstkirche in den Mund gelegt habe. Denn das habe er nur in der Absicht tun können, diese Argumente zu desavouieren und indirekt zu verstehen zu geben, daß nur ein Feind des Evangeliums das Gotteswort zur Veränderung der sozialen Verhältnisse mißbrauchen würde. Wer sich in der Diktion des Sachsschen Werkes, die sich über Jahrzehnte hinweg in erstaunlichem Maß gleich geblieben ist, auch nur einigermaßen auskennt, wird ihm jedoch einen solchen „Balanceakt" der Beweisführung schwerlich zutrauen, ganz abgesehen davon, daß er damit (zumindest nach unserer bisherigen Kenntnis) in der damaligen Flugschriftenliteratur einzig dastünde und es grundsätzlich zweifelhaft ist, ob das an die Methode der direkten Verunglimpfung des Gegners gewöhnte Publikum jener Jahre überhaupt fähig gewesen wäre, die vorgeschobene Rolle des „Romanisten" zu durchschauen und aus seinen leidenschaftlich vorgebrachten Argumenten die wahre, entgegengesetzte Meinung des Verfassers herauszuhören. Gerade die – auch von Balzer angeführte – Tatsache, daß der 3. Dialog insgesamt nur noch drei Nachdrucke erlebte, während die übrigen noch im gleichen Jahr 9- bzw. 7- und 11mal nachgedruckt wurden, läßt weit eher darauf schließen, daß Sachs sich in ihm an ein Thema gewagt hatte, dessen Erörterung offiziell unerwünscht war, und daß er es zudem in einer Art und Weise getan hatte, die der vom Stadtregiment verfolgten Politik zuwiderlief. Statt auf einem Wechsel der propagandistischen Taktik, wie Balzer meint, dürften daher die Unterschiede zwischen dem 3. und 4. Dialog in erster Linie darauf beruhen, daß Sachs inzwischen einen Klärungsprozeß durchgemacht hatte, der ihn nach einem Stadium vorübergehender Unsicherheit endgültig für die Partei der Gemäßigten eintreten ließ. Immerhin hat die Untersuchung von Balzer, auch wo man ihren Ergebnissen nicht zustimmen kann, deutlich gezeigt, daß die Diskussion um die Dialoge von Sachs noch nicht abgeschlossen ist und wir auch in der Analyse der propagandistischen Techniken und Möglichkeiten der Flugschriftenliteratur jener Zeit noch am Anfang stehen.

Sachs hat außer den vier Reformationsdialogen noch zwei weitere geschrieben, die beide aus aktuellem Anlaß entstanden sind. Von ihnen gehört der *Wünderliche(r) Dialogus und neue zeittung* von 1546 (H. Sachs, *Werke*, Bd. 22, S. 367ff.) noch in den Zusammenhang der Reformationsliteratur, da er die Ereignisse des Schmalkaldischen Krieges als Wiederholung des Passionsgeschehens deutet, in welchem der Papst als Hoherpriester, der Kaiser als Pilatus, Moritz von Sachsen aber, der Verräter an der Sache der Protestanten, als Judas fungiert. Für die Erörterung allgemein menschlicher, moralischer oder religiöser Themen, die im großen gesehen in seinem Werk eine ungleich gewichtigere Rolle spielen, griff er dagegen stets auf die aus dem Mittelalter überlieferte Form des gereimten allegorischen Streit- oder „Kampff"-Gesprächs zurück, das eher dem Bereich der lehrhaft unterweisenden Dichtung angehört. Das deutet darauf hin, daß Sachs sich der entstehungsgeschichtlich begründeten Besonderheiten des Prosadialogs, d. h. seines Aktualitätsgehalts und polemisch propagandistischen Charakters wohl bewußt war und sich seiner daher nur bediente, wo es galt, unmittelbar zu den Ereignissen der Gegenwart Stellung zu nehmen und sich kritisch mit ihnen auseinanderzusetzen. Sein letzter Dialog, der *Pasquillus von dem schlos zw Blassenburg* (H. Sachs, *Werke*, Bd. 23, S. 46ff.), eine Kampfschrift gegen den Markgrafen Albrecht Alcibiades von Brandenburg, der Nürnberg 1552 überfallen hatte, ist nur handschriftlich überliefert, da die Zensurbestimmungen seinen Druck verhinderten, während die *Disputation zwischen einem chorherren und schuchmacher*, die den propagandistischen Zwecken der Protestanten am ehesten dienlich war, während des 16. Jahrhunderts (1547 bzw. 1565) sogar ins Englische und Niederländische übersetzt wurde.

Burkard Waldis
De Parabell vam vorlorn Szohn

Als der ehemalige Franziskanermönch Burkard Waldis im Februar 1527 seine *Parabell vam vorlorn Szohn* in Riga aufführen ließ, war dort die Auseinandersetzung um die Einführung der Reformation noch keineswegs abgeschlossen. Zwar neigten Rat und Bürgerschaft der Stadt seit längerem schon der neuen Bewegung zu – Waldis selbst hatte seine Teilnahme an einer Gesandtschaft, die bei Papst und Kaiser um Unterstützung gegen die kirchenfeindlichen Umtriebe in Livland nachsuchte, 1524 mit dem Gefängnis bezahlen müssen –, als

Erzbischofssitz aber unterstand sie nach wie vor einem geistlichen Landesherrn, der im Land noch über eine starke Anhängerschaft verfügte. Daher trug die Aufführung des Spiels den Charakter einer offenen Provokation, die freilich nur dadurch ermöglicht wurde, daß der erzbischöfliche Stuhl gerade vakant und der Einfluß der Katholiken geschwächt war. Auch aus einem anderen Grund war der Termin, den Waldis für die Aufführung wählte, bedeutsam. Denn indem er mit seinem Spiel, welches einen biblischen Stoff „up ydt Christlickste" auslegte, gerade zu einem Zeitpunkt an die Öffentlichkeit trat, als die jährlichen Lustbarkeiten vor Beginn der großen Fasten ihren Höhepunkt erreicht hatten, wollte er, wie es in der Vorrede heißt, der „affgöderye des fastelauendes", wie sie „van den heyden angefangen ock dorch de laruendregers tho Rome yerliken celebrert" worden ist, Einhalt gebieten und den weltlichen in einen „geystlichen vastelauendt vorwandelen" (Ausgabe Milchsack, S. 4). Wenn er seinen *Verlorenen Sohn* also ein Fastnachtspiel nannte, hatte das vor allem polemische Bedeutung und sagt wenig über den Charakter des Stückes aus, das in der Tat auch in Aufbau und Anlage mit dem Typus des Fastnachtspiels kaum mehr etwas gemein hat, sondern neben der im gleichen Jahr entstandenen *Lucretia*tragödie von Hans Sachs das erste Drama in deutscher Sprache ist, welches in Anlehnung an die antike Komödie konzipiert wurde.

Daß Waldis mit der antiken Komödie vertraut war, ja während seines Aufenthaltes in Rom selbst Plautus- und Terenzaufführungen erlebt hat, geht aus den einleitenden Worten des „Actors", des Spielleiters also, eindeutig hervor. Trotzdem hielt er sich keineswegs streng an die klassischen Regeln, sondern gliederte sein Spiel statt in drei oder fünf nur in zwei Akte, eine Eigenwilligkeit, deren er sich durchaus bewußt war und die er mit den Besonderheiten seines Stoffes bzw. den Absichten, die er als Bühnenautor verfolgte, begründete. Denn, so ließ er den Actor vor Spielbeginn gleichsam zur Entschuldigung sagen: „Und kerdt ydt unß tho argem nicht, / Dat unnßer Stilus ys ßo slicht, / Mit Terentio gar wenich stymbt, / Nach mit Plauto ouer eyn kumbt, / De wyle ydt ys keyn fabel gedicht, / Sonder up de rechte warheit gericht" (ebda., S. 13). Diese Unterscheidung zwischen „warheit" und „fabel gedicht", wie Waldis sie in gezielter Polemik gegen die Inhalte der antiken Komödie vornahm und mit welcher er sein Abweichen von den klassischen Normen rechtfertigte, ist für das Verständnis der Zielsetzung seines Spiels von ausschlaggebender Bedeutung. Denn das erste neuere deutsche Drama, wie es häufig genannt worden ist, grenzte sich damit – obwohl es seinen Einfluß weder verleugnen konnte noch wollte – ausdrücklich gegen das von den Humanisten erneuerte klassische Drama ab und verstand sich als Bühnendichtung eigener und eigenständiger Prägung, in welcher „Form" und „Gehalt" zwar streng aufeinander bezogen sind, die Form aber im Dienst der Sache steht und jeweils durch sie bedingt ist. Damit aber sprach Waldis aus, was als konstitutiv für das protestantische Drama des 16. Jahrhunderts schlechthin gelten kann, das sich zwar die klassischen Aufbaugesetze in der Regel zu eigen machte, diese aber niemals als vorgegebene Norm ansah, sondern unbedenklich durchbrach, sobald es im Interesse der „warheit", d. h. des jeweils herauszuarbeitenden Bekenntnis- oder Erkenntnisgehaltes, geboten schien. Daß auch die Stoffe, deren sich die Autoren bedienten, häufig derartigen Eingriffen unterworfen waren, d. h. statt um ihrer selbst willen gestaltet zu werden nur das Demonstrationsmaterial abgaben, an welchem bestimmte Einsichten exemplifiziert werden sollten, hat Waldis ebenfalls deutlich ausgesprochen. Denn in der Vorrede machte er seine Leser darauf aufmerksam, daß er die biblische Parabel nicht „nah der vedere wyße gedüdet", sondern etwas „besonders ynngethagen" habe, das, wie er hinzufügt, „ynn der hüchler ohren seltzam klynghet", für viele also ein Ärgernis oder eine Provokation bedeute, gleichwohl aber „ungetwyfelt gnochsam" in der Schrift verankert sei (ebda., S. 4).

Worin dieses „Besondere" besteht, das Waldis in die biblische Parabel hineingelegt bzw. in Übereinstimmung mit den Intentionen der Heiligen Schrift aus ihr herausgelesen hat, erkennt man sehr rasch, wenn man die Änderungen betrachtet, die er an seiner Vorlage vornahm. Denn diese betreffen hauptsächlich die Gestalt des älteren Sohnes, der in Luk. 15 nur eine untergeordnete Rolle spielt, bei Waldis aber zu einer der Hauptgestalten des Dramas geworden ist, die nahezu gleichberechtigt neben der Gestalt des jüngeren Sohnes steht und in jeder Hinsicht als Kontrastfigur zu ihr angelegt ist. Denn einerseits ist der ältere Sohn ein Musterbeispiel frommen Gehorsams und treuer Pflichterfüllung, während der andere ein Leben voller Laster und Ausschweifungen führt, andererseits aber fehlt es ihm gerade an jener „Tugend", über die der andere verfügt und die letztlich über den Wert oder Unwert des Menschen entscheidet, nämlich an der Fähigkeit zur demütigen Unterwerfung und gläubigen Hingabe an Gott. So entspringt sein Gehorsam nicht der Liebe zum Vater, sondern der Spekulation auf den zu erwartenden

Lohn, so sagt er sich in dem Moment von ihm los, als dieser dem Prinzip der Gerechtigkeit zuwiderhandelt, und so versucht er schließlich das ihm zustehende Erbe kraft eigener Anstrengung zurückzugewinnen, während sich der jüngere Sohn zwar schwer gegen den Vater vergangen hat, das Vertrauen in seine Großmut und Liebe aber niemals verlor und daher im entscheidenden Augenblick fähig ist, ihn im Bewußtsein seiner Unwürdigkeit um Vergebung zu bitten. Daher erhält er überreichlich zurück, was er einst so sorglos verschleudert hatte, während der ältere Sohn trotz seiner „Verdienste" am Schluß mit leeren Händen dasteht, weil das Erbe, das ewige Seelenheil, nicht durch Leistung erworben, sondern nur als Gnadengeschenk von oben erbeten werden kann. Auf fast paradoxe Weise also hat Waldis in dem Verhältnis der beiden Söhne, von denen der eine nach erfolgter Umkehr gerettet wird, der andere aber auf ewig verloren geht, das Prinzip von irdischer und göttlicher Gerechtigkeit oder Gesetz und Gnade gegeneinander ausgespielt und dabei so etwas wie eine „Umwertung aller Werte" vorgenommen, indem er, in bewußtem Affront gegen alle gültigen Morallehren, den Verlorenen mit allen Tugenden ausgestattet, den Geretteten aber als leichtsinnigen und lasterhaften Verschwender dargestellt hat. Damit aber unterschob er der Parabel einen Sinn, der ihr ursprünglich keineswegs zukommt (besagt sie doch nur, daß im Himmel die Freude über einen bekehrten Sünder größer ist als über 99 Gerechte, nicht aber, daß diese Gerechten in Wahrheit Verworfene sind), deutete sie in Analogie zum Gleichnis vom Pharisäer und Zöllner aus (von dem am Schluß ausdrücklich die Rede ist) und stellte sie gezielt in den Dienst der konfessionellen Polemik. Denn was in dem Gegensatz zwischen dem älteren und jüngeren Sohn Gestalt gewonnen hat, ist letztlich nichts anderes als der Gegensatz zwischen der katholischen und protestantischen Rechtfertigungslehre, wie Waldis ihn aus der einseitigen Sicht des eifernden Lutheraners interpretierte. Die Verwerflichkeit der ersteren und unbedingte Gültigkeit der letzteren aufzuzeigen, war sein eigentliches Anliegen, war die „warheit", auf die sein Spiel abzielte und von der er die Zuschauer, den Sündern zum Trost und den „hüchlern" zum Ärgernis, von der Bühne herab überzeugen wollte. Daher bewegen sich die dargestellten Vorgänge gleichzeitig auf zwei verschiedenen Bedeutungsebenen, sind die agierenden Personen nicht in erster Linie problematische Charaktere, sondern Träger von Ideen, bleibt auch trotz weitgehend realistischer Gestaltungsweise (zumindest im 1. Akt) der Parabelcharakter des Stoffes streng gewahrt, wobei

Waldis sich, um diesen einsichtig zu machen und damit das Interesse von den Vorgängen auf den in ihnen verborgenen Sinngehalt zu lenken, der Gestalt des „Actors" bediente, der in einer zwischengeschobenen Predigt, die den Übergang vom 1. zum 2. Akt bildet, das vorgeführte Geschehen Punkt für Punkt moralisch und allegorisch ausdeutet. Nur an einer einzigen Stelle kommt es zu einer echten Verschmelzung der beiden Bedeutungsebenen im Drama selbst, dort nämlich, wo sich der Vater in der Auseinandersetzung mit dem älteren Sohn unvermittelt über die irdische Sphäre erhebt und mit der Stimme Gottes spricht, um auf diese Weise eindringlich kundzutun, daß die Gnade, die er dem bekehrten Sünder erweist, jenseits jeder Vernunftkontrolle und menschlichen Berechenbarkeit steht und Argumenten, die sich auf das natürliche Gerechtigkeitsempfinden berufen, nicht zugänglich ist. Denn: „Mit hemmelbroedt will ick ohn spyßenn, / Myn ewige gnade ohm bewyßenn, / Myn hilgen geyst will ick ohm geuenn, / Dat he nicht valle ynn düssem leuenn" (Milchsack, S. 51 f.).
Künstlerisch ist das Drama von Waldis vor allem bemerkenswert, weil die Einteilung in zwei Akte auch das innere Gliederungsprinzip bildet, welches die Anlage des Spiels bis ins kleinste bestimmt. So sind der dem Stoff immanenten Antithetik entsprechend die beiden Akte streng antithetisch gebaut und gleichsam spiegelbildlich auf eine unsichtbare Mittelachse bezogen. Der 1. Akt beginnt mit dem Entschluß zum Aufbruch, der 2. mit dem Entschluß zur Heimkehr des jüngeren Sohnes, im 1. Akt führt ihn sein Weg in die tiefste Verlorenheit, während er im 2. in den Stand der Gnade emporgehoben und von neuem mit dem verpraßten Erbe beschenkt wird; die feierliche Pantomime des Versöhnungsmahls, mit dem seine Rettung gefeiert wird, steht in sorgfältig berechnetem Kontrast zu dem wilden Gelage, in welchem die Katastrophe in der Wirtshausszene des 1. Aktes ihren Kulminationspunkt erreicht, und endlich sind in den beiden Akten auch die Rollen der beiden Brüder spiegelbildlich vertauscht, da sich im 2. der anfangs gehorsame ältere Sohn gegen den Vater empört und ihn – für immer – verläßt. Der religiöse Gegensatz zwischen Pharisäer und Sünder, Gesetz und Gnade, Hochmut und Demut oder, in Waldis' polemischer Sicht, zwischen altem und neuem Glauben, wurde hier also zum Baugesetz einer fallenden und wieder steigenden Handlung, deren Wendepunkt zugleich mit jener unsichtbaren Mittelachse identisch ist, welche durch die hinter die Bühne verlegte Bekehrung des jüngeren Sohnes, gewissermaßen also durch die Pause zwischen den beiden Akten, gebildet wird. Denn

endete der 1. Akt mit der Feststellung seiner endgültigen Verlorenheit, so beginnt der 2. mit den Worten der Hoffnung auf die verzeihende Liebe des Vaters, was nichts anderes heißt, als daß Waldis den – in religiöser Hinsicht – entscheidenden Augenblick des Umschwungs von der Verzweiflung zum Glauben selbst nicht dargestellt, sondern als inneren Höhe- und Angelpunkt des Geschehens hinter die Bühne verlegt und die so entstehende bedeutungsschwere Pause zwischen den Akten durch die Predigt des Spielleiters ausgefüllt hat. Darin nur einen geschickten dramaturgischen Kunstgriff zu sehen, wäre jedoch verfehlt, da der Verzicht auf die Entfaltung innerseelischer Vorgänge oder Konfliktsituationen zu den auffallendsten Charakteristika der protestantischen Bühnendichtung des 16. Jahrhunderts gehört. Denn diese stellte das Individuum grundsätzlich als statische Größe dar, die im Guten oder Bösen nur über eine Verhaltensweise verfügt und daher auch in der Bekehrung gleichsam nur einen abrupten „Wechsel der Fronten“ vollzieht. Dieser aber bedurfte deshalb keiner glaubhaften psychologischen Motivierung oder inneren Vorbereitung, weil er als sichtbarer Ausdruck des Handelns Gottes am Menschen interpretiert wurde, nicht aber als Akt, den dieser als selbstverantwortliches und frei über sich verfügendes Individuum kraft eigener Entscheidung vollbringen kann.

Im übrigen sind trotz ihrer spiegelbildlichen Anordnung die Unterschiede zwischen den beiden Akten beträchtlich, da sich der 1. Akt in Aufbau, Dialogführung und szenischer Gestaltung eng an die römische Komödie anlehnt (das gilt vor allem für die sehr turbulent und farbig gestaltete Wirtshausszene), der 2. dagegen ausgesprochen handlungsarm ist, vielfach noch von der Technik der mittelalterlichen Simultanbühne Gebrauch macht und, indem er in eine lose Folge polemisierender Einzelreden ausmündet, am Schluß seine festen dramatischen Konturen verliert. Denn am Ende treten, als Illustration des Gleichnisses vom Pharisäer und Zöllner, der nunmehr bekehrte „Huren werdt“, der im 1. Akt der Hauptinitiator der über den verlorenen Sohn hereingebrochenen Katastrophe war, und der zum Eremiten gewordene ältere Sohn vor das Publikum, um durch ihre Reaktion auf die Erörterungen des Spielleiters über das Verhältnis von „Verdienst“ und „Gnade“ noch einmal zu demonstrieren, worin die „warheit“ dieses Spieles zu suchen ist. Der „Huren werdt“ spricht sein „Gott sei mir Sünder gnädig“, der ältere Sohn aber rühmt sich seiner Tugenden und schließt sich damit für immer von Gottes Barmherzigkeit aus. Die theatralische Illusion, die im 1. Teil streng gewahrt blieb, wird also am Ende durchbrochen, die Grenze zwischen Bühne und Zuschauerraum aufgehoben und das Publikum nachträglich in das Spielgeschehen einbezogen. Von einem „Rückfall" in veraltete Techniken, wie sie für das mittelalterliche geistliche Spiel kennzeichnend waren und sich hier u. U. aus der noch unsicheren Beherrschung der neuen Dramengesetze erklären ließen, kann jedoch keine Rede sein. Denn während im geistlichen Spiel eine Schranke zwischen Bühnenwelt und Wirklichkeit strenggenommen nie existierte, weil das Heilsgeschehen, so wie es in ihm zur Darstellung gelangte, eo ipso die gesamte Menschheit umfaßte, wurde hier diese Schranke am Schluß mit Absicht durchbrochen, um mit Hilfe der dadurch erzielten Schockwirkung in den Zuschauern die Abwehrkräfte gegen die „papistischen Irrlehren" zu aktivieren, d. h. ihnen eindringlich klarzumachen, daß der auf der Bühne ausgetragene Kampf zwischen der alten und neuen Lehre ihrer aller Sache sei und daher nur durch gemeinsame Anstrengung siegreich durchgefochten werden könne. In eine ähnliche Richtung weist auch die Tatsache, daß Waldis durch wiederholt eingeschobene predigthafte Erläuterungen und gemeinsamen Choralgesang, sowie durch die Verlesung des Evangliums am Anfang und die Austeilung des Segens am Schluß seinem Spiel bewußt den Charakter eines lutherischen Gottesdienstes verliehen hat, an dessen Gestaltung die Zuschauer als im Glauben verbundene und zur Kampfgemeinschaft zusammengeschlossene Gemeinde aktiv beteiligt waren. Vergleichbare Methoden der Illusionsdurchbrechung oder Herstellung eines Bühne und Publikum umfassenden Aktionsrahmens finden sich auch in der späteren protestantischen Dramendichtung relativ häufig, vor allem in den sog. Kampfdramen, als deren frühestes Beispiel Waldis' *Verlorener Sohn* gelten kann und deren agitatorisch-propagandistische Funktion, die mitunter eine von den antiken Vorbildern abweichende Lösung dramentechnischer Probleme erforderlich machte, in ihm deutlich zutage tritt.

Waldis war nicht der erste, der die Parabel vom Verlorenen Sohn dramatisiert hat. Versuche dazu, von denen allerdings nur wenige Bruchstücke überliefert sind, wurden schon im 15. Jahrhundert in Italien und Frankreich unternommen, und auch der 1537 veröffentlichte *Asotus* des Georg Macropedius ist nach Aussage des Autors bereits 30 Jahre früher entstanden. Ebenso hatten sich auch, angeregt durch das wachsende Interesse an religiösen Fragen, soweit sie dem Heilsbedürfnis der Menschen Rechnung trugen, schon vor der

Reformation Ständesatire und Moralkatechese des Stoffes bemächtigt, der u. a. im letzten Kapitel von Murners *Schelmenzunft* eindringlich gestaltet wurde und durch Dürers Kupferstich schon vorher in die bildende Kunst Eingang gefunden hatte. Erst Waldis aber hat die Parabel, die aufgrund ihrer zugespitzten religiösen Thematik neben dem *Jedermann* zu den meistdramatisierten Stoffen des 16. Jahrhunderts gehörte, für die neue Glaubenslehre in Anspruch genommen und für den Kampf gegen die römische Kirche fruchtbar gemacht. Daß jedoch nicht sein Spiel, sondern der zwei Jahre später entstandene *Acolastus* des Niederländers Wilhelm Gnaphäus zum Vorbild der etwa 20 Dramen wurde, die während der kommenden Jahrzehnte, und zwar fast ausschließlich von protestantischen Autoren, über dieses Thema verfaßt wurden, ist wohl nicht allein darauf zurückzuführen, daß es, in einer Randzone des deutschen Kulturraums entstanden und in niederdeutscher Sprache geschrieben, über seinen Ursprungsbereich hinaus kaum zu nennenswerter Wirkung gelangt ist. Mindestens ebenso entscheidend dürfte gewesen sein, daß jener Affront gegen die geltenden Morallehren, wie er, bedingt durch die Kampfsituation, in der das Drama entstanden ist, im Verhältnis der beiden Brüder vorliegt, in dem Moment nicht mehr tragbar war, als sich das Luthertum seinerseits als eine den herrschenden Sittengesetzen verpflichtete Ordnungsmacht zu etablieren begann. Daher trat in den späteren Dramen der ältere Sohn, sofern er überhaupt in die Reihe der Mitspieler Aufnahme fand, wieder in die ihm in der Parabel zugewiesene unauffällig bescheidene Rolle zurück, entwickelte sich der „verlorene“ mehr und mehr zum „ungeratenen“ Sohn (sinnfällig zeigt sich das vor allem an der veränderten Titelgebung der 2. Fassung von Hans Ackermanns Spiel), erhielt der Stoff selbst schließlich den Charakter eines Familienschauspiels, an welchem man statt des Verhältnisses von Verdienst und Gnade das Problem der richtigen oder falschen Erziehung veranschaulichte. Eines freilich hatte Waldis mit den späteren Autoren gemeinsam. Denn auch er wußte das sündige Weltleben des verlorenen Sohnes nicht anders als durch eine möglichst drastisch gehaltene Wirtshausszene zu veranschaulichen, setzte also den Zustand seiner religiösen Verlorenheit gleich mit den spezifisch bürgerlichen Untugenden des „Spielens, Prassens, Saufens und Hurens“. Aus der Tatsache, daß diese Wirtshausszene in sämtlichen einschlägigen Dramen des 16. Jahrhunderts übereinstimmend geschildert wurde und dabei stets den gleichen Aussagewert besaß, spricht vielleicht am deutlichsten der Geist jenes bürgerlichen Zeitalters, dem auch

Waldis verpflichtet war und zu dem er sich in seiner späteren Fabeldichtung, dem *Esopus* von 1548, offiziell bekannte.

Paul Rebhun
Susanna und Hochzeit zu Cana

Ebenso wie Waldis' *Parabell vam vorlorn Szohn* ist auch das *Geistlich spiel von der Gotfürchtigen und keuschen Frawen Susannen* des Lutherschülers und Schulmeisters Paul Rebhun, das 1535 in Kahla aufgeführt und ein Jahr später in Zwickau gedruckt wurde, gelegentlich als erstes neueres Drama in deutscher Sprache bezeichnet worden. Dies vielleicht insofern mit größerem Recht, als es tatsächlich das erste Bühnenwerk ist, in welchem humanistischer Formwille und protestantischer Ausdruckswille (als die beiden wichtigsten das deutsche Drama des 16. Jahrhunderts konstituierenden Faktoren) zu einer Einheit verschmolzen sind, d. h. den Aufbaugesetzen des antiken Dramas ebenso Genüge getan wurde wie den Forderungen, welche der junge Protestantismus an die programmatische Ausrichtung und geistige Durchformung des Spielgeschehens stellte. Jedenfalls kann Rebhun als der eigentliche Begründer des protestantischen Schuldramas in Deutschland gelten, das in Sachsen seine erste Blüte erlebt und in der *Susanna* zugleich seine klassische Ausprägung gefunden hat. Vorangegangen waren ihm freilich das lateinische Schuldrama in den Niederlanden und die Anfänge einer humanistisch beeinflußten deutschsprachigen Bühnendichtung in der Schweiz, wo der Basler Rektor Sixtus Birck schon 1532 mit einer *Susanna* hervorgetreten war. Auch vorher war der Stoff schon gelegentlich dramatisch gestaltet worden, so u. a. in einer von A. v. Keller (Nachlese zu den Fastnachtspielen des 15. Jahrhunderts, BLV Bd. 46) veröffentlichten anonymen Bearbeitung, die dem lockeren Szenengefüge des spätmittelalterlichen Fastnachtspiels entsprach, und im *Heidelberger Passionsspiel*, in welchem die Geschichte von der unschuldig verfolgten und wunderbar geretteten Ehefrau die Funktion einer Praefiguration der im Johannesevangelium geschilderten Begegnung zwischen Christus und der Ehebrecherin erfüllt. Erst unter dem Einfluß der Reformation aber trat der Susannenstoff seinen Siegeszug auf den Bühnen des deutschen Kulturbereichs an, zählt doch R. Pilger in *ZfdPh* 11 bis 1627 nicht weniger als 16 Bearbeitungen auf, so u. a. von Georg Macropedius (1540), Nicodemus Frischlin (1577) und dem Herzog Heinrich Julius von Braunschweig, dessen

zweimalige Dramatisierung des Stoffes im Jahre 1593 zugleich die Veränderungen erkennen läßt, welche die deutsche Schauspielkunst gegen Ende des Jahrhunderts durch die Begegnung mit den englischen Komödianten erfuhr. Dabei beruhte die Beliebtheit des Susannenstoffes auf den gleichen Gründen, denen auch die alttestamentlichen Geschichten von Isaak, Jacob, Tobias, Esther usw. ihre mehrfache Gestaltung in jener Epoche verdankten, nämlich auf der Tatsache, daß sich an ihm auf exemplarische Weise die Gottwohlgefälligkeit eines tugendhaften Verhaltens in der Welt demonstrieren ließ, und zwar speziell im Bereich von Familie und Ehe, die als Fundament der bürgerlich-protestantischen Lebensordnung des 16. Jahrhunderts zugleich als ihr Muster und Vorbild galten und daher das bevorzugte Modell abgaben, an welchem die protestantischen Autoren ihre Vorstellungen von einem idealen christlichen Gemeinwesen entwickelten.
Um die Darstellung eines solchen Modellfalls beispielhafter Tugend und Frömmigkeit, die sich primär im Bereich täglicher Pflichterfüllung bewährt, nach außen hin ihre Bestätigung aber erst in der Konfrontation mit dem Bösen bzw. Laster erfährt, geht es auch in Rebhuns *Susanna*, deren dramatische Struktur daher in erster Linie auf die Herausarbeitung des intendierten Lehrgehalts abzielt, d. h. den Stoff einem Deutungsschema unterwirft, dessen Kategorien nicht aus ihm selbst entlehnt, sondern durch den von außen an ihn herangetragenen Zweckcharakter bestimmt sind. Inhaltlich hält sich das Spiel allerdings eng an die biblische Vorlage und folgt in der Gliederung und Aufteilung des Geschehens den Aufbaugesetzen der antiken Komödie, denen Rebhun mit sparsamsten Mitteln, die zur Weitschweifigkeit der meisten übrigen deutschen Dramatiker des 16. Jahrhunderts in deutlichem Gegensatz stehen, gerecht zu werden verstand. So genügen im 1. Akt zwei Szenen, in denen Joachim, der Ehemann der Susanna, von seiner Familie Abschied nimmt und die Richter ihren Plan, sie notfalls mit Gewalt zum Ehebruch zu zwingen, enthüllen, um die wichtigsten Personen vorzustellen und den Konflikt vorzubereiten, der im 3. Akt zum Ausbruch gelangt, im 4. mit der über Susanna verhängten Todesstrafe in der scheinbaren Katastrophe endet und durch das Auftreten Daniels im 5. Akt schließlich zu einer ebenso überraschenden wie befreienden Lösung geführt wird. Eine Sonderstellung nimmt lediglich der 2. Akt ein, der Susanna im Gespräch mit ihren Kindern und Mägden, die Richter aber in der Ausübung ihres Berufes zeigt, d. h. zum eigentlichen Thema des Spiels in keiner direkten Beziehung steht und den sonst

straff gegliederten Handlungsablauf auf scheinbar willkürliche Art und Weise durchbricht. In Wirklichkeit ist es aber gerade dieser 2. Akt, der an den Kern des Geschehens heranführt und, indem er den Hintergrund aufdeckt, vor dem die Personen agieren, erst das Verständnis für die tieferen Beweggründe ihres Handelns und die Bedeutung des zwischen ihnen auszutragenden Konfliktes weckt. Denn bleibt im 1. Akt zunächst unklar, warum die beiden Richter, obwohl sie sich eben erst in bewegten Worten ihre Liebe zu Susanna gestanden haben, sofort zu dem verbrecherischen Anschlag auf sie bereit sind, so enthüllt sich ihr Entschluß im 2. Akt, der sie als ungetreue, d. h. bestechliche, skrupellose und geldgierige Verwalter ihres Amtes schildert, als Ausdruck und Folge einer wesensmäßigen Bosheit, die keiner weiteren Begründung bedarf, weil hinter ihr letztlich der Teufel als der Urheber alles Bösen steht. Ebenso wird auch das Verhalten Susannas in der Gartenszene, der Höhenpunktszene des Dramas, erst einsichtig, nachdem sie sich zuvor im Kreise ihrer Familie als vorbildliche Ehefrau, Hausfrau und Mutter, d. h. aber als gleichsam fleischgewordene Verkörperung strengster Gesetzeserfüllung präsentiert hatte. Denn verwies sie dort unter Berufung auf das 2. Gebot ihren Mägden das Fluchen und hielt ihre Kinder zu peinlichster Vermeidung auch der kleinsten Vergehen im täglichen Leben an, so reagiert sie hier auf das Ansinnen der Richter weder als in ihren Gefühlen verletzte noch in ihrem Stolz empfindlich beleidigte Frau, sondern argumentiert vom abstrakten Standort des Gesetzes aus, das den Ehebruch verbietet und ihr Liebe und Treue zum Ehemann vorschreibt. Das heißt aber nichts anderes, als daß die Forderung der Richter, ihnen beiden zugleich zu willen zu sein, für Susanna, noch bevor sie ihre Drohung ausgesprochen haben, den Charakter einer echten Versuchung trägt, der sie nach der Intention des Autors nur zu widerstehen vermag, weil sie aufgrund ständiger Bewährung im Kleinen auch im Großen in gottesfürchtigem Wandel gefestigt ist. Ihr im weiteren Verlauf dieser Szene geäußerter Entschluß, lieber Schande und Tod auf sich zu nehmen, als auf so eklatante Weise gegen Gottes Gebot zu verstoßen, ist daher auch nicht das Ergebnis einer persönlich getroffenen Entscheidung oder eines echten Konflikts, sondern eines sorgfältigen Abwägens zwischen den in Frage stehenden Werten, dessen Resultat, da es sich um ein Abwägen zwischen Gut und Böse, d. h. aber zwischen Seelenheil und Verdammnis handelt, im Grunde von vornherein feststeht. Einmal gefaßt, hält Susanna diesen Entschluß ohne einen Augenblick des Zweifels oder inneren Schwankens unerschütterlich aufrecht, indem sie zwar vor der Familie ihre Unschuld beteuert, in der Gerichtsszene des 4. Aktes aber als echte Märtyrerin auf alle Anklagen schweigt und sich zuletzt willig auf den Richtplatz hinausführen läßt. Diese Art der Personengestaltung, die jede individuelle, psychologisch glaubhafte Charakterzeichnung vermissen läßt und auf die dramatisch effektvolle Zurschaustellung persönlicher Gefühle fast ängstlich verzichtet, läßt überdeutlich erkennen, daß es dem Autor letztlich nicht um die Schilderung spezifisch menschlicher Konflikte ging, sondern er statt dessen bestrebt war, das auf der Bühne vorgeführte Geschehen durch eine bewußt vorgenommene Rationalisierung und Stilisierung durchsichtig zu machen für den in ihm verborgenen Sinn- bzw. Lehrgehalt, der gleichzeitig in die Sphäre des Metaphysischen, d. h. des weltumspannenden Kampfes zwischen Gott und Teufel, hinüberweist und sich in einer aus dem Spiel selbst abzuleitenden praxisbezogenen, aber zur unverrückbaren Norm erhobenen Morallehre manifestiert.

Den religiösen Hintergrund sichtbar zu machen, vor dem die Handlung sich abspielt und auf den sie auch ständig bezogen bleibt, ist vor allem Aufgabe der Chöre, die nach antikem Muster zwischen die einzelnen Akte geschaltet sind und jeweils die symptomatische Bedeutung dessen erhellen, was vor den Augen der Zuschauer als scheinbar oberflächenhaft weltlich zu interpretierendes Bühnengeschehen abrollt. In ihnen wird der konkrete Zusammenstoß zwischen Susanna und ihren Verfolgern auf den in der Welt jederzeit und überall wirksamen Grundkonflikt zwischen Gut und Böse, bzw. Gott und Teufel zurückgeführt, der auf Erden allzuoft zugunsten des Bösen entschieden wird, für denjenigen aber, der in ihm auf der richtigen Seite steht, ebenso sicher zum – inneren – Sieg, d. h. zur Erwerbung des ewigen Seelenheils führt, wie der Triumph Gottes über den Teufel am Ende aller Zeiten gewiß ist. Das Eingreifen Gottes im 5. Akt, in welchem Susanna durch den prophetischen Richtspruch Daniels in letzter Minute dem sicheren Tode entgeht, will daher keineswegs vordergründig besagen, daß sich das Gute in der Welt letztlich immer und überall durchzusetzen vermag, sondern soll lediglich zeigen, daß der Mensch, sofern er ihm standhält und das Vertrauen in Gott nicht verliert, gerade in der äußeren Niederlage das Böse von innen her überwinden kann. Trotzdem wird Gottes Eingreifen von Susanna am Schluß sofort moralisch ausgemünzt, indem sie ihren Kindern unter Berufung auf ihre wunderbare Errettung den Nutzen eines untadligen irdischen Lebenswandels eindringlich vorhält und ihnen das Versprechen abnimmt, künftig in

verstärktem Maße „fum und thosam", d. h. fromm und gehorsam zu sein (Rebhun versuchte sich hier wie an einigen anderen Stellen an einer Nachahmung der Kindersprache, so wie er sich überhaupt in äußeren Dingen, soweit sie den Kern seiner Aussage nicht berührten, um eine realitätsbezogene Darstellungsweise bemühte).
Diese den modernen Leser etwas gewaltsam anmutende Rückwendung ins Lehrhaft-Moralische bedeutet jedoch keinen Stilbruch, sondern ergibt sich folgerichtig aus Rebhuns konsequent durchgeführter dramatischer Konzeption. Denn seine Susanna, die man gelegentlich als eine protestantische Weltheilige oder -märtyrerin bezeichnet hat, ist keineswegs eine Ausnahmegestalt, sondern eine ins Modellhafte umstilisierte und zum Vorbild erhöhte Durchschnittsfigur, deren bis zur Todesbereitschaft sich steigernde innere Standhaftigkeit weniger Ausdruck exzeptioneller Seelenstärke als Folge einer durch ständige sorgsamste Pflichterfüllung gefestigten moralischen Haltung ist, die sich in den banalen Vorkommnissen des Alltags ebenso wie in außergewöhnlichen Situationen bewährt. Ja, letztlich war es gerade diese Bewährung im Alltag, auf die es Rebhun ankam und deren exemplarische Bedeutung er am Beispiel des auf ihr beruhenden Märtyrertums der Susanna hervorheben wollte. Das jedenfalls geht klar aus dem „Beschlusz" oder Epilog hervor, der dem Publikum in einer für das Drama des 16. Jahrhunderts allgemein üblichen Form erläutern soll, welchen Nutzen es aus dem soeben vorgeführten Geschehen zu ziehen habe, „das yhm ein yeder nem daraus / Ein lehr, und trags mit yhm zu haus / Und besser sich in seinem standt / Er sey nu wie er sey genant" (Ausgabe Palm, S. 83 f.). Denn in diesem Epilog, in welchem Szene für Szene im Hinblick auf den daraus abzuleitenden Lehrgehalt noch einmal durchmustert wird, diese sich also nachträglich als Bauelement eines planvoll durchstrukturierten Sinnganzen zu erkennen geben, in dem selbst die unscheinbarste Randfigur noch eine wichtige Funktion erfüllt, d. h. zum Modell rechten oder falschen Verhaltens wird, preist Rebhun die „erbar fraw Susannen" vor allem deshalb als „spiegel" weiblicher Tugenden, weil sie ihrem Ehemann außer einer „reinen lieb" den schuldigen Respekt und Gehorsam entgegenbrachte, ihre Kinder und Mägde durch ständige Ermahnungen zur Erfüllung der göttlichen Gebote anhielt und sich von keinem „andern man" zu ehelicher Untreue verführen ließ. Erst im Anschluß daran rühmt er auch ihre Märtyrerbereitschaft, ihr Gottvertrauen und ihre Ergebenheit in das ihr auferlegte „creutz" (ebda., S. 85), führt also, was sie weit über alle Frauen erhöht, auf Tugenden zurück, in denen

diese ihr nacheifern können, und erhebt auf diese Weise die bürgerliche Durchschnittsethik zu einer Norm, von deren Erfüllung oder Nichterfüllung letztlich auch die religiöse Bewertung des einzelnen abhängt. Der religiöse Sinngehalt und die ethisch-pragmatische Zielsetzung des Dramas sind also tatsächlich identisch; die zunächst so idyllisch anmutende, handlungsarme und durchgängig genrehaft gestaltete Episode zwischen Susanna und ihren Kindern besitzt im Rahmen des Ganzen nicht weniger Gewicht als ihr Zusammenstoß mit den Richtern, und daß Rebhun dieser Höhepunktszene so wenig dramatische Spannung, seiner Hauptgestalt über ihre exemplarische Bedeutung hinaus keinen einzigen individuellen Charakterzug verliehen hat, zeugt nicht etwa von mangelnder Einsicht in die inneren Aufbaugesetze des Dramas, sondern ist umgekehrt Ausdruck eines bewußten Kunstwillens, wie er für das protestantische Schuldrama jener Zeit insgesamt kennzeichnend war, freilich kaum einmal sonst so planvoll und konsequent verwirktlicht wurde. Insofern kann Rebhuns *Susanna* tatsächlich als Musterbeispiel des neueren deutschen Dramas im 16. Jahrhundert gelten, welches über seine Intentionen, seine Zielsetzung und seine an die Epoche des Aufbaus des Protestantismus gebundene, d. h. zugleich zeitbedingte und zeitbezogene Funktion in aller Deutlichkeit Auskunft gibt und neben den Grenzen auch die Möglichkeiten aufzeigt, die künstlerisch in einer so verstandenen Bühnendichtung angelegt waren.
Auch in anderer Hinsicht noch ragt die *Susanna* aus der Masse der übrigen Schuldramen des 16. Jahrhunderts heraus, nämlich insofern, als Rebhun in Vorwegnahme der Bestrebungen von Opitz versucht hat, die Sprache seines Dramas dem Schema antiker Versmaße anzupassen, d. h., anstelle der zu jener Zeit in der Reimpaardichtung allgemein üblichen Füllungsfreiheit, mit der Übereinstimmung von Wort- und Versakzent auch den strengen Wechsel von Hebung und Senkung durchzuführen und eine Reihe antiker Metren an ihr zu erproben. So sind die aufeinanderfolgenden Szenen des Spiels jeweils nach verschiedenen metrischen Mustern gestaltet, deren Variationsbreite vom dreihebigen Jambus bis zum sechshebigen Trochäus mit einer Zahl von jeweils 7 bzw. 12 Silben reicht, wobei der wuchtige trochäische Zwölfsilbler vor allem der – nach außen hin gewichtigsten – Gerichtsszene vorbehalten blieb, während u. a. die Henkersknechte im anspruchslosen jambischen Dreiheber sprechen. Dieser im 16. Jahrhundert einzigartige Versuch, die deutsche Sprache zu einem Ordnungsfaktor umzustilisieren, in welchem sich die das Leben regulierenden Normen auch nach außen hin spiegelten, ließ

sich jedoch vorerst nur mit Hilfe ständiger, das Verständnis z. T. erheblich erschwerender Elisionen und Wortverschleifungen realisieren und stellte daher an die Aufnahmefähigkeit der Zuschauer gewisse Anforderungen, die möglicherweise der Grund dafür waren, weshalb er in der vorwiegend auf Belehrung abzielenden Bühnenkunst der Epoche, die sich der Sprache primär als eines Mittels direkter Verständigung bediente, keinerlei Resonanz gefunden hat und auch von Rebhun selbst in seinem zweiten Drama, der *Hochzeit zu Cana*, nicht wiederholt wurde.

Auch in der *Hochzeit zu Cana*, die drei Jahre nach der *Susanna*, also 1538 entstanden ist, geht es um die rechte Ordnung im Bereich von Familie und Ehe, ja Rebhun hat, wie er in der Vorrede erklärte, das Spiel ausschließlich aus dem Grund geschrieben, weil er „begerte drinn, so viel müglich, zu verfassen, was fromen ehleuten auff beidem theil gebüret, ... ob doch etzliche ehleut sich des möchten bessern und yhren ehstandt beiderseits Christlicher füren" (Ausgabe Palm, S. 91). Dabei ging er in seinem Eifer so weit, daß ihm schließlich Bedenken kamen, ob das Stück überhaupt noch spielbar sei, d. h. die Zuschauer genügend Geduld aufbrächten, den langatmig vorgetragenen Belehrungen mit der nötigen Aufmerksamkeit zuzuhören. Daher empfahl er für die Aufführung eine drastische Kürzung, gab selbst die Textstellen an, die man „im spiel mag aussen lassen" (ebda.), und legte seinem Publikum gleichzeitig dringend ans Herz, sich des fiktiven Charakters des Spiels ständig bewußt zu bleiben, da er den biblischen Bericht zum Zwecke des „unterricht[s]" nach freiem Ermessen ausgeschmückt, keineswegs aber zu zeigen beabsichtigt habe, wie es einst bei der Hochzeit von Kana tatsächlich zugegangen sei – „dann solches man nicht wissen kan / Die weils die schrifft nicht zeiget an" (ebda., S. 93). Diese Unterscheidung zwischen „sach" und „gedicht", d. h. allgemeinverbindlichem „Gehalt" und künstlerischer Realisierung, enthält zweifellos eine versteckte Polemik gegen das spätmittelalterliche geistliche Spiel, dessen Bemühen um eine möglichst „wirklichkeitsgetreue" Darstellung des irdischen Lebens und Leidens Christi in erster Linie darauf berechnet gewesen war, die Gemütskräfte des Publikums anzusprechen und ihm durch den Appell an die nachschaffende und nachvollziehende Phantasie das Heilsgeschehen innerlich nahezubringen. Bei Rebhun dagegen, wie im Schuldrama überhaupt, ging es um die Vermittlung konkreter Einsichten und Erkenntnisse, ging es speziell um die Nutzanwendung der christlichen Lehren, gab daher der biblische Stoff nur das Rohmaterial ab, welches den jeweiligen Intentionen entsprechend zurechtgeformt wurde. Trotzdem erwies sich, um etwaigen Mißverständnissen von vornherein vorzubeugen, gerade in diesem Fall eine Abgrenzung gegen das geistliche Spiel als dringend vonnöten, gehört doch die *Hochzeit zu Cana* zu den wenigen protestantischen Dramen, in denen Christus leibhaftig auf der Bühne agiert, was sonst aus Furcht vor möglicher Profanierung im allgemeinen peinlichst vermieden wurde. Christus tritt daher auch in der *Hochzeit zu Cana* kaum als Person hervor, sondern beschränkt sich darauf, die Tatsache der Gottgewolltheit der Ehe durch ein sinnfälliges Zeichen ausdrücklich zu bekunden, d. h. zugleich zu bekräftigen, daß auch Pflichten und Leistungen, die sie dem einzelnen nach protestantischer Lehre auferlegt, in Gottes Gebot verankert und daher streng zu beachten sind. Aufgrund dieser bewußt vorgenommenen Reduzierung der Christusrolle wurde der eigentliche Höhepunkt des Geschehens, die Verwandlung von Wasser zu Wein, in den 5. Akt, also an das Ende des Dramas verlegt, während die ersten vier Akte der Erläuterung jenes Pflichtenkanons gewidmet sind, durch welchen die protestantische Ehe, indem sie dem Mann die Funktion des Ernährers und Beschützers zuwies, der Frau aber Respekt, Gehorsam und treuen Diensteifer abverlangte, zum getreuen Spiegel des Obrigkeitsstaates wurde, wie ihn Luther als Abbild wiederum der göttlichen Weltordnung in seinen Schriften entworfen hatte. Um in das handlungsarme Spiel überhaupt etwas Spannung hineinzubringen und seinen Belehrungen durch die Konfrontation mit ihrem möglichen Widerpart größeren Nachdruck zu geben, führte Rebhun als selbständige Erfindung die Gestalt des Eheteufels ein, der im 2. und 3. Akt den – allerdings vergeblichen – Versuch unternimmt, Braut und Bräutigam noch vor der Hochzeit von den Pfaden ehelicher Tugend fortzulocken. Seine Bemühungen werden von Maria und einem Nachbarn (der in Anspielung an jenen alttestamentlichen Jüngling, der durch sein Gottvertrauen den Ehedämon bezwang, den Namen Tobias trägt) vereitelt, finden aber noch einmal ein leicht humoristisch getöntes Echo in einer Szene des 4. Aktes, in welcher Petrus, der häuslicher Verpflichtungen wegen zu spät zur Hochzeitstafel erscheint, von den Anwesenden gutmütig als „Siemann“ verspottet wird. Es ist dies die einzige Szene, in der Rebhun dem Unterhaltungsbedürfnis des Publikums wenigstens andeutungsweise entgegenkam, wobei er sich ein in der Schwankliteratur jener Zeit beliebtes Wortspiel (Siemann bzw. Simon und Herrmann) zunutze machte, welches die ständige Versuchung der Geschlechter zur Vertauschung der ihnen von Gott zugewiesenen

Rollen glossierte. Im übrigen aber nehmen die moralisierenden Passagen in der *Hochzeit zu Cana* einen so breiten Raum ein, daß der Spielcharakter des Stückes trotz der vorgesehenen Kürzungen mitunter fast völlig verdeckt und die Grenze zur Predigt, die aufgrund seiner Lehrfunktion im protestantischen Drama des 16. Jahrhunderts ohnehin häufig fließend war, gelegentlich weit überschritten wird.

Trotzdem oder gerade deshalb wurde die *Hochzeit zu Cana* von den Zeitgenossen nicht weniger hochgeschätzt als die *Susanna,* ja wurde im Gegensatz zu dieser auch nach Rebhuns Tod noch gedruckt und hat wenigstens indirekt über den Bereich des Dramas hinaus auf einen weiteren bedeutsamen Literaturzweig des 16. Jahrhunderts eingewirkt. Jedenfalls stand Johannes Chryseus zweifellos die Gestalt des Rebhunschen Eheteufels vor Augen, als er 1545 sein Drama vom *Hofteufel,* eine Bearbeitung des 6. Kapitels Daniels, schrieb, welches 1569 in das *Theatrum Diabolorum* Aufnahme fand und wenigstens vom Titel her die Reihe der Teufelstraktate eröffnet hat. Neben Chryseus waren es vor allem Hans Ackermann und Hans Tyrolff, die sich, ebenfalls in Sachsen ansässig, unter Rebhuns Einfluß der Bühnendichtung zuwandten und mit ihm zusammen einem Dramentypus zum Durchbruch verhalfen, der bald im ganzen deutschen Sprachgebiet heimisch wurde und seine Bedeutung bis in die Barockzeit hinein bewahrt hat.

Thomas Naogeorgus
Pammachius und Mercator

Unter den Autoren des 16. Jahrhunderts, die im entschiedenen Engagement für die Sache der Reformation den eigentlichen oder einzigen Sinn ihrer schriftstellerischen Tätigkeit sahen, nimmt Thomas Naogeorgus (Kirchmaier) insofern eine Sonderstellung ein, als er ausschließlich in lateinischer Sprache schrieb und mit seinen Kampfdramen erst an die Öffentlichkeit trat, als der literarische Feldzug gegen Rom schon weithin beendet und die lutherische Kirche zumindest in einigen Gebieten des Reiches fest etabliert war. Trotzdem gehören seine Dramen, insbesondere der *Pammachius* und *Mercator*, zu den satirisch gelungensten und propagandistisch wirkungsvollsten Angriffen, die damals gegen das Papsttum gerichtet wurden, und haben durch mehrere zeitgenössische Übersetzun-

gen auch in breiteren Bevölkerungskreisen ein nachhaltiges Echo hervorgerufen. Außerdem wurde in ihnen die Auseinandersetzung um den wahren und falschen Glauben, ohne an Aktualität einzubüßen, auf einem geistigen und künstlerischen Niveau geführt, welches die oft überstürzt produzierenden Autoren der Kampfjahre meist nicht erreichten, wobei Naogeorg freilich zugute kam, daß sich das an antiken Vorbildern orientierte humanistische Drama inzwischen zu einer Kunstform entwickelt hatte, die es ihm ermöglichte, im Besonderen das Allgemeine, d. h. im aktuellen Ereignis oder konkreten Einzelfall das in ihm wirksame Prinzip zur Darstellung zu bringen und auf diese Weise zu einer umfassenden, symbolhaft verdichteten Deutung des Zeitgeschehens vorzudringen.
Letzteres geschieht vor allem im *Pammachius* von 1538, seinem frühesten und zweifellos auch bedeutendsten Bühnenwerk, das als protestantisches Kampfdrama katexochen zugleich zu den typischsten Ausprägungen des lateinischen Humanistendramas in Deutschland gehört und damit eine echte Synthese von lutherisch protestantischem Geist und humanistischem Kunstwillen darstellt. Der Name Pammachius, der dem Stück seinen Titel gegeben hat, leitet sich her von griech. παμμαχος = mit allen kämpfend, und lehnt sich eng an Luthers Definition des Antichrist als „Adversarius Dei et omnium" an (*WA*, Bd. 50, S. 5). Er ist in Naogeorgs Drama der Name des Papstes, der als Verkörperung der Institution des Papsttums gleichzeitig mit dem Antichrist identisch, also Repräsentant und geistiges Oberhaupt aller christusfeindlichen Kräfte auf Erden ist. Die Gleichsetzung von Papst und Antichrist als die zentrale Idee des Dramas ging bereits auf eine längere Tradition zurück. Sie findet sich zuerst voll ausgeprägt in Wiclefs Schrift *De Christo et adversario suo Antichristo* von 1383, wurde u. a. von Hus aufgegriffen und fand schließlich durch das *Passional Christi et Antichristi* von 1521, eine von Luther kommentierte Holzschnittfolge Lukas Cranachs, sowie durch Heinrichs von Kettenbach *Vergleichung des allerheiligsten Herrn und Vater des Papst gegen Jesus* von 1523 auch Eingang in die Reformationspublizistik. Dramatisch wurde sie erstmals in Niklaus Manuels Spiel *Von Papsts und Christi Gegensatz* gestaltet, das Naogeorg vermutlich gekannt haben dürfte. Seine direkte Anregung aber bezog er wahrscheinlich von Luther, der im Gegensatz zu Wiclef und Hus, die vor allem die persönliche Moral und Lebensführung einzelner Päpste im Auge gehabt hatten, die Gleichsetzung mit dem Antichrist auf die Institution des Papsttums selbst übertrug und sie in diesem Sinne als Glaubenssatz in die *Schmalkaldischen*

Artikel von 1538 – „Dis stücke zeiget gewaltiglich / das er der rechte Endechrist oder Wider-Christ sey" (*WA*, Bd. 50, S. 217) – aufnahm.

A. E. Berger hat den *Pammachius* als „das erste Ideendrama" bezeichnet, welches „aus evangelischem Geiste" in Deutschland geschaffen wurde (*Schaubühne*, Bd. 1, S. 237). Es behandelt die Geschichte eines Abfalls von Gott, und zwar eines Abfalls, der sich gleichzeitig auf drei verschiedenen Ebenen vollzieht und unter drei verschiedenen Perspektiven gedeutet wird. Auf heilsgeschichtlicher Ebene dramatisiert Naogeorg in spezifisch protestantischer Abwandlung die Legende vom Antichrist, der nach Beendigung der tausendjährigen Gefangenschaft Satans geboren wird, sich mit Hilfe des Teufels als falscher Christus die Welt unterwirft und unmittelbar vor Beginn des Jüngsten Gerichts durch den Gottesboten Elias vom Thron gestürzt wird. Auf historischer Ebene stellt er in stark verkürzter Sicht die Geschichte der römischen Kirche seit Konstantin dem Großen bis in die Gegenwart dar und interpretiert sie als die Geschichte ihres Abfalls vom Auftrage Christi, d. h. ihrer Verwandlung in eine Kirche des Teufels. Diese begann mit der Konstantinischen Schenkung, wurde durch die Unterwerfung des Kaisertums zur Zeit des Investiturstreits besiegelt und führte von dort aus in gerader Linie zur „Teufelskirche" des Renaissancepapsttums, die durch das Auftreten Luthers, des „Gottesfreundes" (Theophilus), den ersten entscheidenden Stoß erhielt. Auf einer dritten Ebene aber ist der *Pammachius* die Glaubenstragödie eines Menschen, der sich auf dem Höhepunkt seines Erfolges (der Christianisierung der abendländischen Welt) aus einem opferbereiten Diener Gottes in einen Knecht des Teufels verwandelt, weil er die Zumutungen, die der christliche Glaube an die menschliche Vernunft und natürliche Sittlichkeit stellt, nicht länger ertragen kann. – Alle drei Handlungsebenen vereinigen sich in der Person des Pammachius und werden im 1. Akt nacheinander entfaltet. Dieser beginnt mit einer Art „Vorspiel im Himmel", in welchem Christus verkündet, daß nunmehr die Zeit gekommen sei, die Wahrheit aus der Welt abzuberufen und den Teufel in sie zu entlassen, damit dieser dort, um die Standhaftigkeit der Gläubigen auf die Probe zu stellen und den Prozeß der Geschichte zum Abschluß zu bringen, sein Reich der Lüge und Finsternis errichte. Damit ist der Hintergrund aufgedeckt, vor dem das Geschehen abrollt, das sich somit als Teil eines göttlichen Heilsplans enthüllt, der ins Werk gesetzt wurde, um am Jüngsten Gericht die „Schafe von den Böcken" scheiden zu können und das

Schicksal der Welt sich vollenden zu lassen. Wenn daher in den folgenden Szenen des 1. Aktes geschildert wird, wie der Kaiser, zum Christentum bekehrt, seine weltliche Macht dem Papst unterstellt, dieser selbst aber, der Versuchung der Macht erliegend, sich von Christus lossagt, um im Bund mit dem Teufel ein geistliches Imperium auf Erden zu errichten, so geschieht dies nach dem Willen des Autors zwar zwangsläufig im Sinne der göttlichen Vorsehung, geschieht auch folgerichtig im Sinne historischer Abläufe, entläßt aber weder diejenigen, die dies vollbringen, noch die, die es dulden, aus der persönlichen Verantwortung, die sie vor Gott und sich selbst für ihr künftiges Seelenheil tragen. Unter diesem dreifachen Aspekt heilsgeschichtlicher Notwendigkeit, geschichtlicher Bedingtheit und persönlicher Veranwortlichkeit ist auch der weitere Verlauf des Geschehens zu deuten. So schließt sich im 2. Akt, nachdem der 1. unter stets wechselnder Perspektive die Geschichte des Abfalls von Gott geschildert hatte, die Darstellung des Teufelspakts an, der im 3. die Errichtung der Teufelskirche folgt, welche Pammachius nach einer die innere Mitte des Dramas markierenden Rede seines Beraters Porphyrius (in der er ein Gesamtbild des inneren und äußeren Herrschaftssystems der römischen Kirche entwirft) kraft seines „Wortes“ in sechs Schöpfungsakten ins Leben ruft. Der 4. Akt endlich führt unmittelbar in die damalige Gegenwart hinein, indem er in Anlehnung an das Motiv vom „Totenfressen“ mit der Schilderung der Siegesfeier der Teufelsknechte beginnt und mit dem Ausblick auf das bevorstehende Konzil von Trient endet, welches, nachdem sie durch das Auftreten Luthers schon eine empfindliche Schlappe erlitten haben, als Versuch einer Zusammenrottung der dem Antichrist noch verbliebenen Kräfte interpretiert wird. Den 5. Akt aber, der der inneren Logik des Geschehens zufolge die endgültige Niederlage des Antichrist bringen müßte und auf den hin das Drama daher formal und inhaltlich konzipiert ist, hat Naogeorg, indem er ihn auf die „Bühne des Lebens“ hinausverlegte, gleichsam in die Zukunft hineinprojiziert und damit von der Entscheidung der Zuschauer abhängig gemacht, wann und wie das Drama enden, d. h. welchen Verlauf die künftige Geschichte und mit ihr ihr eigenes, ewiges Schicksal nehmen werde.

Hinsichtlich der „überlegten Verknüpfung und Gruppierung der Szenen“, der „Sorgfalt der Motivierung“ sowie der ebenso umfassenden wie konsequent durchgeführten ideengeschichtlichen Konzeption steht der *Pammachius* nach dem Urteil Bergers (*Schaubühne*, Bd. 1, S. 262f.), und nicht nur nach seinem, in seiner „Zeit ohne Vergleich". Darüber hinaus hat Naogeorg es verstanden, die weitgespannte, komplizierte Thematik und den umfangreichen Stoff derart in dramatisch bewegte Handlung umzusetzen, daß die Gefahr der Allegorisierung und Abstrahierung nirgends gegeben ist, sondern der Eindruck eines um seiner selbst willen fesselnden Bühnengeschehens entsteht, welches den Zuschauer im Gegensatz zu den meisten übrigen Dramen der Zeit in ständiger Spannung hält. Das gilt selbst für den fast 300 Verse umfassenden Monolog des Porphyrius im 3. Akt, ein kleines Meisterwerk satirischer Entlarvung und demagogischer Redekunst, und zeigt sich nicht zuletzt auch an der Titelfigur des Pammachius. Denn ihn hat Naogeorg nicht nur zum eigentlichen Träger seiner geschichtsphilosophischen Ideen gemacht, sondern hat an seinem Schicksal zugleich seine Vorstellung vom Wesen der Prädestination sowie vom Wahrheitsgehalt des Lutherwortes von der Vernunft als der „Hure des Teufels" erläutern wollen (*WA*, Bd. 18, S. 164). Trotzdem ist er so etwas wie ein problematischer Charakter, ja eine der ganz wenigen Gestalten der damaligen deutschen Bühnenkunst, die einem echten Gewissenskonflikt ausgesetzt ist und eine psychologisch glaubhafte Entwicklung durchmacht. Allerdings wäre es sicher verfehlt, darin den Versuch einer Überwindung des spezifisch funktionalen Charakters des protestantischen Dramas zu sehen, ist doch gerade der *Pammachius* wie kaum ein anderes Werk jener Epoche geeignet, über die Methoden Auskunft zu geben, deren man sich im Zeitalter der Reformation bediente, um die Bühne aus einer Stätte religiöser Erbauung, wie sie es das ganze Mittelalter hindurch gewesen war, in eine Stätte der Agitation und Propaganda umzuwandeln. Denn indem Naogeorg die Geschichte als Heilsgeschichte interpretierte, die ihrerseits in ihren entscheidenden Phasen durch den Kampf zwischen Gott und Teufel bestimmt wird, stand er wenigstens prinzipiell durchaus noch auf dem Boden der mittelalterlichen Oster-, Passions- oder Weltgerichtsspiele. Indem er aber diesen Kampf zwischen Gott und Teufel in den Geschichtsablauf selbst verlegte, d. h. ihn mit dem Ringen der jeweiligen historischen Mächte um die Herrschaftsgewalt auf Erden identifizierte, gewann er der heilsgeschichtlichen Thematik nicht nur einen unmittelbaren Gegenwartsbezug ab, sondern setzte sie gleichsam um in ein aktuelles Aktionsprogramm, welches dem Publikum von der Bühne herab konkrete Entscheidungen abverlangte, ja es nach einer bestimmten Richtung zum Handeln drängte. Genau diesen Sinn hat auch jener dramaturgische „Verfremdungseffekt", wie er im Fehlen des 5. Aktes begründet liegt, ein Kunstgriff,

den Naogeorg zwar nicht selbst erfunden hat (er taucht schon in der *Tragedia de Thurcis et Suldano* des Humanisten Jacob Locher von 1497 auf), der aber erst durch ihn eine echte Funktion, ja angesichts des unmittelbar bevorstehenden Konzils von Trient einen direkten propagandistischen Nutzwert erhielt. Die Aufhebung der Grenzen zwischen Bühnenwelt und Zuschauerraum im „offenen" Schluß des *Pammachius* fand also im Gegenwartsbezug dieses Dramas (der u. a. auch darin gegeben ist, daß sich der Teufel am Anfang des 2. Aktes zur Durchsetzung seiner Weltherrschaftspläne der aufständischen Bauern bedient) ihre inhaltliche Begründung und sachliche Rechtfertigung und steht zu ihm in genauer formaler Entsprechung. Beides sind daher spezifische Kennzeichen des reformatorischen Kampfdramas, die in ihrer gegenseitigen Bedingtheit freilich kaum sonst einmal so klar in Erscheinung treten.
Als mögliche Quellen des *Pammachius* sind neben der Reformationspublizistik und den zahlreichen spätmittelalterlichen Ausformungen der Antichristlegende vor allem Niklaus Manuels Fastnachtspiel *Vom Papst und seiner Priesterschaft* sowie das Pamphilius Gengenbach zugeschriebene Spiel *Die Totenfresser* zu nennen. Auch die Huttenschen Dialoge hat Naogeorg wahrscheinlich gekannt und jenes „Vorspiel im Himmel" nach dem Vorbild des Gesprächs der olympischen Götter in den *Inspicientes* konzipiert, während darüber hinaus viele Einzelheiten des Dramas eine enge Vertrautheit mit der griechischen und römischen Komödie verraten. Wichtiger aber, was den Gehalt seines Dramas betrifft, ist seine umfassende theologische Bildung, die u. a. in der Verwendung scholastischer Deduktionsmethoden, den zahlreichen Anspielungen auf das Kanonische Recht und die Kirchengeschichte sowie vor allem in der gründlichen Kenntnis der Theologie Martin Luthers hervortritt, dem Naogeorg sein Stück gewidmet und dessen Geschichtsphilosophie und Teufelslehre er sich ganz zu eigen gemacht hat. Denn der Teufel, der auch im spätmittelalterlichen geistlichen Spiel eine wichtige Rolle gespielt, dort aber fast immer grotesk-komische Züge getragen hatte, tritt im *Pammachius* durchgängig als mächtiger Seelenverführer und „Affe Gottes" auf, der von seinen Opfern bedingungslose Unterwerfung verlangt und sich gerade der edelsten Kräfte im Menschen, nämlich seines Strebens nach Freiheit, Vernunft und sittlicher Selbstbestimmung bedient, um ihn zu Fall zu bringen und zum willenlosen Werkzeug seiner eigenen Pläne zu machen. In diesem Sinne stellt vor allem die Szene I, 3, die Schilderung des Abfalls des Pammachius von Gott, eine sehr ernst gemeinte Auseinandersetzung mit

dem humanistischen Menschenbild und Vernunftoptimismus Erasmischer Prägung dar, in welcher die Argumente, die Luther im Streit um die Willensfreiheit gegen Erasmus vorgebracht hatte (*De servo arbitrio*, 1525), zu Bausteinen einer ebenso tiefgründigen wie überzeugend vorgebrachten Seelenanalyse geworden sind. Daß Naogeorg freilich trotz seiner Verehrung für die Persönlichkeit des Reformators schon zur Zeit der Abfassung des *Pammachius* nicht mehr unbedingt auf dem Boden der Lutherschen Lehren stand, zeigt sich an seiner Auffassung vom Wesen der Prädestination bzw. göttlichen Erwählung des Menschen, die Christus in der Eingangsszene in den Mund gelegt wird und wenig später den Anlaß zu seinem Zerwürfnis mit Wittenberg bildete.

Der *Pammachius* hat insgesamt 3 Auflagen (1538, 1539 u. 1541) erlebt und ist viermal ins Deutsche übersetzt worden, so u. a. von dem Lutherschüler Justus Menius (1539) und dem Dramatiker Hans Tyrolff (1540), wobei letztere die vom Autor selbst autorisierte Übersetzung darstellte. Außerdem erschien 1546 eine tschechische und bald darauf eine englische Übersetzung von John Bale, dessen Drama *King John* unter dem Einfluß des *Pammachius* entstanden ist. Naogeorg selbst hat den Stoff, der u. a. auch in Johannes Chryseus' Spiel vom *Hofteufel* (1545) seine Spuren hinterlassen hat, noch ein weiteres Mal aufgegriffen, nämlich in seiner gegen den Herzog Heinrich von Braunschweig gerichteten Tragödie *Incendia seu Pyrgopolinices* (= „Mordbrenner") von 1541, in der Pammachius und Porphyrius im 3. Akt auftreten, um den Führer der katholischen Liga zum Krieg gegen Luther und seine Anhänger aufzuhetzen. Als eine Art „nachträglichen Kommentars" zum *Pammachius* verfaßte er schließlich 1553 sein *Regnum Papisticum*, eine zusammenfassende Darstellung sämtlicher Greuel, deren sich das Papsttum seit den Anfängen seiner Geschichte schuldig gemacht hatte und die er späteren Generationen zur Warnung und Abschreckung vor Augen halten wollte.

Neben dem *Pammachius* ist der *Mercator*, Naogeorgs zweite, 1540 entstandene Bühnendichtung, das einzige seiner sechs Dramen – er hat außerdem noch eine *Haman*-(1543), *Jeremias*-(1551) und *Judas*tragödie (1552) geschrieben-, das im 16. Jahrhundert breiteren Publikumskreisen bekannt wurde und eine größere literarische Wirkung entfaltet hat. Auch er gehört in die Reihe der protestantischen Kampfdramen, trägt jedoch die Polemik nicht im historisch-politischen Bereich, sondern im Kampf um die Seele des einzelnen aus. Naogeorg griff zu diesem Zweck auf den Jedermannstoff zurück,

dessen früheste dramatische Bearbeitung auf das Ende des 15. Jahrhunderts zurückgeht (wobei umstritten ist, ob dem englischen *Everyman* oder dem niederländischen *Elckerlyc* des Peter van Diest die Priorität gebührt) und der in Deutschland durch den Kölner Buchdrucker Jaspar von Gennep bekannt wurde, der 1536 im *Homulus* eine lateinische Bearbeitung aus der Feder des Mastrichter Geistlichen Christian Ischyrius veröffentlichte und wenig später eine eigene deutsche Bearbeitung vorlegte. Seine weiteste Verbreitung aber fand der Stoff durch den 1539 gedruckten *Hecastus* (von griech. ἕκαστος = jedermann) von Georg Macropedius, den Hans Sachs ein Jahr später ins Deutsche übertrug. Ähnlich wie im Fall der Parabel vom Verlorenen Sohn hing auch die Beliebtheit des Jedermannstoffes im 16. Jahrhundert direkt mit der religiösen Brisanz seiner Thematik zusammen, hatte sich doch gerade an der Frage, „welches der beste Trost im Sterben sei (= welc den mensche stervende meesten trost es?" – so lautete die Preisfrage, die 1539 in Gent den Spielgemeinschaften der Rederijker anläßlich eines öffentlichen Wettbewerbs um das beste „Speel van Sinne" gestellt wurde, s. H. Kindermann, *Theatergeschichte Europas*, Bd. 2, S. 220), d. h. auf welche Weise der Mensch vor Gott gerecht werden könne, die konfessionelle Auseinandersetzung ursprünglich einmal entzündet.
Während Gennep und seine Vorgänger diese Frage noch ganz im Sinne der katholischen Beicht- und Bußlehre beantwortet hatten, wies Macropedius, obwohl kein Anhänger der neuen Bewegung, dem Glauben bereits eine entscheidende Rolle zu und mußte sich später gegen den Vorwurf verteidigen, damit insgeheim die Partei Luthers ergriffen zu haben. Naogeorg dagegen formte den Stoff bewußt zu einem protestantischen Tendenzdrama um, welches (wie schon der umständliche Titel – *Tragoedia nova Mercator seu Judicium, in quae in conspectum ponuntur apostolica et papistica doctrina, quanutraque in conscientiae certamine valeat, et cuis utriusque futurus sit exitus* – besagt) die Überlegenheit der Lutherschen Rechtfertigungslehre unter Beweis stellen sollte, und nahm dementsprechend an seinen Vorlagen einschneidende Änderungen vor. Denn führte in allen bisherigen Bearbeitungen der Weg des Jedermann mehr oder weniger geradlinig von der allmählichen Einsicht in die Unverläßlichkeit der irdischen Güter zur Umkehr und tätigen Reue, bis er nach Empfang der Absolution von den wiedergenesenen „guten Werken" in den Himmel geleitet wird, so steht im Mittelpunkt des Dramas von Naogeorg der Kampf des sterbenden Mercator mit seinem Gewissen, welches als sein Ankläger vor

Gott fungiert und sich auch durch den zu seiner Tröstung herbeigerufenen Pfaffen nicht beschwichtigen läßt. Die Personifizierung der „Conscientia", d. h. die Projizierung seelischer Vorgänge nach außen, entspricht bei Naogeorg noch dem allegorischen Stil der früheren Jedermannspiele, die aus der Tradition der spätmittelalterlichen Moralität hervorgegangen sind, dient bei ihm darüber hinaus aber polemischen Zwecken. Denn als Ankläger Jedermanns fungiert das Gewissen hier gleichzeitig auch als Gegenspieler des Pfaffen, dessen Belehrungen weder imstande sind, seine drohende Stimme zum Schweigen zu bringen noch den Teufel vom Bett des Sterbenden zu vertreiben. Die schmähliche Flucht des Priesters am Ende des 2. Aktes steht daher symbolisch für die Ohnmacht der römischen Kirche, die sich durch ihre Sakramente und Gnadenmittel zwar stets ihre Macht über die Menschen zu sichern wußte, aber noch niemanden von seinen Gewissensqualen erlöst bzw. aus den Banden der Hölle befreit hat.

Enthält schon der 2. Akt, in welchem der im Hintergrund lauernde Teufel die vergeblichen Tröstungsversuche des Priesters mit unanständigen Reden und Gesten kommentiert, derb drastisch-satirische Elemente, die zu dem Ernst der Thematik in scheinbarem Widerspruch stehen, so erfahren diese durch das Auftreten des Apostels Paulus im 3. Akt noch eine beträchtliche Steigerung. Denn Paulus, zu dem Sterbenden als Helfer auf Erden entsandt, treibt ihm mit Hilfe eines Abführmittels die katholische Lehre von der „Werkgerechtigkeit" aus und flößt ihm statt dessen als heilende Medizin den Glauben an die rettende Gnade Christi ein, durch den auch das verzweifelte Gewissen endlich zur Ruhe findet. Dabei griff Naogeorg auf ein Motiv zurück, dessen sich schon der Verfasser des *Eckius dedolatus* und Thomas Murner mit großem Erfolg bedient hatten und dessen Drastik hier bewußt gegen den religiösen Ernst des Geschehens ausgespielt wird. Die Absicht, die dahinter stand, war zweifellos, im Publikum eine Schockwirkung hervorzurufen, durch die sich ihm die Bedeutsamkeit des Vorgangs nachdrücklich einprägte und die Assoziation zwischen katholischer Bußlehre und tödlich wirkendem Gift unauslöschlich im Gedächtnis haften blieb. Auch der 4. und 5. Akt, die sich am weitesten von dem Handlungsschema der bisherigen Jedermannspiele entfernen, sind auf eine derartige Schockwirkung angelegt, die hier allerdings nicht mit Hilfe des drastischen Kontrasts, sondern der absichtsvollen Durchbrechung des Erwartungshorizonts der Zuschauer erzielt wird. Denn in ihnen treten, ächzend unter der Last ihrer guten Werke, als da sind Fasten,

Wallfahrten, Almosen usw., nacheinander ein Fürst, ein Bischof und ein Franziskaner auf, die zusammen mit Jedermann Einlaß in den Himmel begehren. Da aber die Last ihrer Sünden schwerer wiegt als alle guten Taten, die ein Mensch auf Erden zu vollbringen vermag, werden sie vom torhütenden Engel verworfen, während der Mercator, der über kein einziges eigenes „Verdienst“ verfügt, sondern nur auf Christus als seinen Fürsprecher verweisen kann, in das Reich der ewigen Freuden eingeht.

In seiner Thematik bildet der *Mercator* das Gegenstück zum *Pammachius* und steht zugleich in einer gewissen Nähe zu Waldis' *Verlorenem Sohn*, obwohl er ganz aus der Tradition der Jedermannspiele erwachsen ist, deren Motivik durch Entlehnungen aus der zeitgenössischen Reformationssatire (neben dem *Eckius dedolatus* und Murners *Großem Lutherischen Narren* kommt wohl auch Manuels *Krankheit der Messe* als mögliches Vorbild in Frage) und den spätmittelalterlichen Weltgerichtsspielen erweitert wurde. Trotz der drastischen Vorgänge im 3. Akt hat das Spiel, dessen didaktisch polemischer Gehalt durch zwischengeschaltete Chöre noch eigens betont wird, auf weite Strecken Dialogcharakter und lehnt sich in seiner theologischen Konzeption eng an Luthers Kommentar zum Galaterbrief von 1535 an, in welchem dieser seine Rechtfertigungslehre erstmals systematisch entwickelt hatte. Daß Naogeorg seinen Jedermann, entgegen der Tradition, zum Mercator, d. h. Kaufmann gemacht hat, hatte vermutlich einen doppelten Grund. Denn einmal dürfte dieser hier den sündigen, d. h. der Gnade bedürftigen Menschen schlechthin repräsentieren, standen doch gerade Handel und Wucher für das frühe Luthertum in schroffem Gegensatz zu den Grundsätzen christlicher Lebensführung, zum anderen aber enthielt der Name möglicherweise eine Anspielung auf das von der römischen Kirche betriebene einträgliche Geschäft mit dem Ablaß, durch welchen sich der Sünder unter bestimmten Voraussetzungen von den Sündenstrafen „loskaufen“ konnte.

Ebenso wie der *Pammachius* ist auch der *Mercator* mehrfach nachgedruckt und in andere Sprachen, u. a. ins Polnische (1549) und Französische (1558), übersetzt worden. Aus dem späten 16. Jahrhundert sind auch einige niederländische Ausgaben überliefert, und schließlich erlebte er ebenfalls vier deutsche Übersetzungen, von denen die letzte 1595 von Jacob Rulich in Augsburg veröffentlicht wurde. Auch das letzte Jedermanndrama des 16. Jahrhunderts, *De Düdesche Schlömer* („Der deutsche Schlemmer“) des holsteinischen Pfarrers Johannes Stricker von 1584, ist sehr wahrscheinlich von Naogeorgs *Mercator* beeinflußt worden. Denn auch in ihm stand der Kampf des Sterbenden mit seinem Gewissen, das hier freilich nicht mehr als nach außen projizierte Personifikation innerer Vorgänge auftrat, im Mittelpunkt des Geschehens, wurde die Frage nach dem „rechten Trost im Sterben" streng im Sinne der Lutherschen Rechtfertigungslehre beantwortet.

BIBLIOGRAPHIE

(Aufgenommen wurden auch Autoren, die in der Einführung nicht behandelt werden konnten bzw. nicht im engeren Sinne „literarisch" hervorgetreten sind, auf die Literatur der Reformationszeit aber direkt oder indirekt Einfluß ausgeübt haben. Wie in der Einführung liegt auch hier der Schwerpunkt auf der Darstellung bzw. Erfassung der Literatur der sog. „Kampfjahre", doch wurde vor allem beim Kirchenlied und beim Drama der Rahmen etwas weiter gespannt. Vollständigkeit der bibliographischen Angaben konnte angesichts der Fülle des vorhandenen Materials weder erreicht noch erstrebt werden. Sie wurde jedoch, was die z. T. weit verstreute Flugschriftenliteratur betrifft, zumindest versucht. Nachträgliche Ergänzungen konnten nach Redaktionsschluß nur noch teilweise berücksichtigt werden.)

I

Bibliographien

K. Schottenloher: Bibliographie zur deutschen Geschichte im Zeitalter der Glaubensspaltung, 1517–1585. 6 Bde, ²Stuttgart 1956/58.
Bd. 7: Das Schrifttum von 1938–1960. Bearb. v. U. Thürauf. Stuttgart 1966.
Bibliographie de la Réforme 1450–1648. Ouvrages parus de 1940. Leyden 1958ff. (Periodische Fachbibliographie).
Internationale Bibliographie zur Geschichte der deutschen Literatur. T. 1: Von den Anfängen bis 1789. Erarbeitet unter Leitung v. G. Albrecht u. G. Dahlke. München, Berlin 1969.
J. E. Engel: Renaissance, Humanismus, Reformation. Handbuch d. Deutschen Literaturgeschichte Abt. Bibliographien Bd. 4. Bern, München 1969.
(Ausführliche Literaturhinweise ferner bei W. Stammler: Von der Mystik zum Barock, S. 497ff. u. bei H. Rupprich: Vom späten Mittelalter bis zum Barock, T. 1 u. 2, S. 733ff. u. 458ff. Vgl. ferner die Zeitschriftenschau in den laufenden Bänden des ArchRG).
H. J. Hillerbrand: Bibliographie des Täufertums 1520–1630. Gütersloh 1962 (Quellen u. Forschungen z. Reformationsgeschichte Bd. 30).
V. Eichstädt: Die bibliographische Erschließung der deutschen politischen Flugschriften. In: Zentralbl. f. Bibliothekswesen 53, 1936, S. 609ff.
B. Wendt: Antiquariatskataloge als bibliographische Hilfsmittel für Reformationsdrucke. In: FS f. J. Benzing. Wiesbaden 1964, S. 476ff.

Forschungsberichte

A. Taylor: Problems in German Literary History of the 15th and 16th Century. New York-London 1939.

H. Rupprich: Deutsche Literatur im Zeitalter des Humanismus und der Reformation. Ein Bericht. In: DVjs 17, 1939, Referatenheft S. 83ff.

J. Kunstmann: German Literature (in the Renaissance). In: MLQ 2, 1941, S. 421ff.

R. Newald: Deutsche Literatur im Zeitalter des Humanismus. Ein Literaturbericht. In: DVjs 27, 1953, S. 309ff.

H. Liebing: Reformationsgeschichtliche Literatur 1945–54. In: DVjs 28, 1954, S. 516ff.

F. Stupperich: Vom Humanismus zur Reformation. In: ArchKg 36, 1954, S. 388ff.

Ders.: Lutherforschung und Reformationsgeschichte. Ein Literaturbericht. In: AfK 43, 1961, S. 377ff.

K. Conrady: Die Erforschung der neulateinischen Literatur. Probleme u. Aufgaben. In: Euph. 49, 1955, S. 413ff.

R. Tarot: Literatur zum deutschen Drama und Theater des 16. und 17. Jahrhunderts. Ein Forschungsbericht. In: Euph. 57, 1963, S. 411ff.

J. Lefebvre: Publications sur la fin du Moyen âge et le XVIe siècle. In: EG 19, 1964, S. 467ff.

H.-G. Roloff: Die Forschungsarbeiten der Abteilung für Mittlere Deutsche Literatur in Berlin. In: Jb f. Internationale Germanistik 4, 1973, S. 173ff.

Hilfsmittel und Nachschlagwerke

Allgemeine Deutsche Biographie. Hg. durch die Histor. Kommission bei der Königl. Akademie d. Wissenschaften Bayern. 56 Bde, München-Leipzig 1875/1912.

Neue deutsche Biographie. Hg. v. d. Histor. Kommission bei d. Bayerischen Akademie d. Wissenschaften. Berlin 1953ff. (noch nicht abgeschlossen).

Historisch-biographisches Lexikon der Schweiz. 7 Bde u. 1 Supplbd., Neuenburg 1921/34.

Lexikon für Theologie und Kirche. Begr. v. M. Buchberger. 11 Bde. 2. neu bearb. Aufl. Freiburg i. B. 1957/67.

Religion in Geschichte und Gegenwart. Handwörterbuch f. Theologie u. Religionswissenschaft. 7 Bde, 3. neu bearb. Aufl. Tübingen 1957/65.

Reallexikon für deutsche Literaturgeschichte. Begr. v. P. Merker u. W. Stammler. 4 Bde, Berlin 1925/31. 2. neu bearb. Aufl. hg. v. W. Kohlschmidt u. W. Mohr. Berlin 1955ff.

W. Wilhelm: Für Luther wider Rom. Handbuch der Apologetik Luthers und der Reformation. Halle 1906.

E. Weller: Lexicon pseudonymorum. ²Regensburg 1886. Neudr. Hildesheim 1963.

A. Götze: Frühneuhochdeutsches Glossar. ⁵Berlin 1956.

A. F. W. Fischer: Kirchenlieder-Lexikon. 3 Bde, Gotha 1878. Neudr. Hildesheim 1967.

C. Mahrenholz u. a.: Handbuch zum Evangelischen Kirchengesangbuch. Bd. 1, 1 u. 2: Wort- u. Sachkonkordanz; die bibl. Quellen d. Lieder. Bd. 2, 1 u. 2: Lebensbilder d. Liederdichter u. Melodisten; Geschichte d. Kirchenliedes. Göttingen 1953/65; Berlin 1954/64.

Quellenverzeichnisse

G. Wolff: Quellenkunde der deutschen Reformationsgeschichte. 2 Bde, Gotha 1915/22. Neudr. Hildesheim 1965.

Dahlmann-Waitz: Quellenkunde der deutschen Geschichte. Bibliographie der Quellen u. der Literatur zur deutschen Geschichte. 10. Aufl. hg. v. H. Heimpel u. H. Geuss. Stuttgart 1969ff. (noch nicht abgeschlossen).

H. Barge: Der deutsche Bauernkrieg in zeitgenössischen Quellenzeugnissen. 2 Bde, Leipzig 1914.

H. Böhmer: Urkunden zur Geschichte des Bauernkrieges und der Wiedertäufer. [2]Bonn 1922 (Kleine Texte f. theol. u. philol. Vorlesungen u. Übungen. Bd. 50/51).

G. Franz: Quellen zur Geschichte des Bauernkrieges. Darmstadt 1963.

O. Clemen: Unbekannte Briefe, Drucke und Akten aus der Reformationszeit. Zentralbl. f. Bibliothekswesen, Beiheft 73, 1942.

G. W. Panzer: Annalen der ältern deutschen Literatur. Bd. 1: Von der Erfindung der Buchdruckerkunst bis MDXX. Bd. 2: Vom Jahre MDXXI bis MDXXVI. Nürnberg 1788/1805.

E. Weller: Annalen der poetischen National-Literatur der Deutschen im XVI. und XVII. Jahrhundert. Nach den Quellen bearbeitet. 2 Bde, Freiburg i. B. 1862/64.

Ders.: Repertorium typographicum. Die deutsche Literatur im ersten Viertel des sechzehnten Jahrhunderts. 3 Bde, Nördlingen 1864. Neudr. Hildesheim 1961.

K. Goedeke: Grundriß zur Geschichte der deutschen Dichtung aus den Quellen. Bd. 2: Das Reformationszeitalter. [2]Dresden 1886.

A. Kuczynski: Thesaurus libellorum historiam reformationis illustrantium. Verzeichnis einer Sammlung von nahezu 3000 Flugschriften Luthers und seiner Zeitgenossen. Leipzig 1870/74. 2. Neudr. Nieuwkoop 1969.

J. Strickler: Neuer Versuch eines Literaturverzeichnisses zur schweizerischen Reformationsgeschichte. Zürich 1884 (Anhang zu ders.: Actensammlung zur schweizer. Reformationsgeschichte).

J. Ph. Edmond: Catalogue of a collection of 1500 tracts by Martin Luther and his contemporaries 1511–1598. Neudr. d. Ausgabe 1903, New York 1965.

H. Zerener: Studien über das beginnende Eindringen der Lutherischen Bibel-Übersetzung in die deutsche Literatur. Leipzig 1911 (enthält S. 69ff. ein Verzeichnis von ca. 680 Flugschriftendrucken der Jahre 1522–1525).

G. Freytag: Flugschriftensammlung des 15.–19. Jahrhunderts. Im Auftrag

d. Gesellschaft d. Freunde d. Stadtbibliothek Frankfurt/M. bearb. v. P. Hohenemser. Frankfurt/M 1925. Neudr. Hildesheim 1966.

M. Geisberg: Die Reformation in den Kampfbildern der Einblattholzschnitte aus der ersten Hälfte des 16. Jahrhunderts. München 1927.

G. Rosen: 100 Reformationsdrucke vom Judenbücherstreit bis zum Bauernkrieg. Berlin, Frankfurt/M 1961.

W. Gose: Reformationsdrucke. Von den Anfängen Luthers bis zum Ende des 16. Jahrhunderts. Nürnberg 1972 (Antiquariatskatalog).

M. A. Pegg: A Catalogue of German Reformation Pamphlets (1516-1546) in Libraries of Great Britain and Ireland. Baden-Baden 1973.

Sammelausgaben

Theologisches u. religiöses Schrifttum, Selbstzeugnisse

Corpus Reformatorum. Begr. v. G. Bretschneider. 101 Bde, Leipzig u. a. 1834ff. Neudr. New York 1963ff. (Sammlung der Werke der Reformatoren des 16. Jahrhunderts).

Corpus Catholicorum. Begr. v. J. Greving. 28 Bde, Münster 1919ff. (Werke katholischer Schriftsteller im Zeitalter d. Glaubensspaltung).

Das Buch der Reformation. Geschrieben von Mitlebenden. Hg. v. K. Kaulfuß-Diesch. Leipzig 1917.

Die Reformation in Augenzeugenberichten. Hg. v. H. Junghans. München 1973 (DTV Nr. 887. Zuerst Düsseldorf 1967).

Die Bekenntnisschriften der evangelisch-lutherischen Kirche. Hg. v. Dt. Ev. Kirchenausschuß. [5]Göttingen 1960.

Der Glaube der Reformatoren. Luther, Zwingli, Calvin. Hg. v. F. Lau. Bremen 1964 (Sammlung Dieterich Bd. 267).

E. Sehling: Die evangelischen Kirchenordnungen des 16. Jahrhunderts. 5 Bde, Leipzig 1902/13, Bd. 6–14, Tübingen 1955ff.

Evangelische Katechismen der Reformationszeit vor und neben Luthers Kleinem Katechismus. Hg. v. E.-W. Kohls. Gütersloh 1971.

Das Widerstandsrecht als Problem der deutschen Protestanten 1523-1546. Hg. v. H. Scheible. Gütersloh 1969.

H. Fast: Der linke Flügel der Reformation. Glaubenszeugnisse der Täufer, Spiritualisten, Schwärmer und Antitrinitarier. Bremen 1962.

Glaubenszeugnisse oberdeutscher Taufgesinnter. Hg. v. R. Friedmann. Gütersloh 1967.

Texte deutscher Mystik des 16. Jahrhunderts. Eingeleitet u. hg. v. J. Seyppel. Göttingen 1963 (Kleine Vandenhoeck-Reihe Bd. 157/58).

Deutsche Selbstzeugnisse aus dem Zeitalter des Humanismus und der Reformation. – Deutsche Selbstzeugnisse aus dem Zeitalter der Reformation und der Gegenreformation. Hg. v. M. Beyer-Fröhlich. DLE R. Dt. Selbstzeugnisse Bd. 4 u. 5, Leipzig 1931/32. Neudr. Darmstadt 1964 u. 1970.

Literarische Texte

Das Kloster. Weltlich und geistlich. Hg. v. J. Scheible. 12 Bde, Stuttgart 1845/49.

Elsässische Literaturdenkmäler aus dem 14.–17. Jahrhundert. Hg. v. E. Martin u. E. Schmidt. 5 Bde, Straßburg, London 1878/88.

Lateinische Literaturdenkmäler des 15. und 16. Jahrhunderts. Hg. v. M. Herrmann u. S. Szamatolski. 19 Bde, Berlin 1888/1912.

Deutsche Kunstprosa der Lutherzeit. Hg. v. A. E. Berger. DLE R. Reformation Bd. 7, Leipzig 1942. Neudr. Darmstadt 1968.

A. Götze u. H. Volz: Frühneuhochdeutsches Lesebuch. [5]Göttingen 1968.

Frühneuhochdeutsche Texte. Ausgew. u. eingeleitet v. G. Kettmann. Leipzig 1971.

H. Rupprich: Ausgehendes Mittelalter, Humanismus u. Renaissance, – Zeitalter der Reformation. Hg. v. H. Heger (Die deutsche Literatur, Texte u. Zeugnisse Bd. 2, 1 u. 2. München (angekündigt f. 1975).

Drama

J. Tittmann: Schauspiele aus dem sechzehnten Jahrhundert. 2 Bde, Leipzig 1868.

J. Bächtold: Schweizerische Schauspiele des XVI. Jahrhunderts. 3 Bde, Zürich 1890/93.

R. Froning: Das Drama der Reformationszeit. DNL Bd. 22, Stuttgart 1894. Neudr. Darmstadt 1964.

A. E. Berger: Die Schaubühne im Dienste der Reformation. DLE R. Reformation Bd. 5 u. 6, Leipzig 1935/36. Neudr. Darmstadt 1967.

Flugschriften- und Dialogliteratur

O. Schade: Satiren und Pasquille aus der Reformationszeit. 3 Bde, [2]Hannover 1863. Neudr. Hildesheim 1966.

Flugschriften aus der Reformationszeit. 20 Bde, Neudrucke dt. Literaturwerke des 16. u. 17. Jahrhunderts, Halle 1877/1953 (Nr. 4, 18, 28, 49, 50, 62, 77–78, 83–84, 96–98, 118, 139–141, 142–143, 153, 154–156, 170–172, 173, 174, 183–188, 257, 322).

O. Clemen: Flugschriften aus den ersten Jahren der Reformation. 4 Bde, Halle 1906/1911. Neudr. Nieuwkoop 1967.

Ders.: Flugschriften aus der Reformationszeit in Faksimiledrucken. Leipzig 1921 (vgl. dazu JEGP 23, 1924, S. 325 ff.).

K. Schottenloher: Die Flugschriften zur Ritterschaftsbewegung des Jahres 1523. Münster 1929 (Reformationsgeschichtl. Studien u. Texte Bd. 53).

A. E. Berger: Die Sturmtruppen der Reformation. Ausgewählte Flugschriften der Jahre 1520–25. DLE R. Reformation Bd. 2, Leipzig 1931. Neudr. Darmstadt 1964.

Ders.: Satirische Feldzüge wider die Reformation. DLE R. Reformation Bd. 3, Leipzig 1933. Neudr. Darmstadt 1967.

H. Wäscher: Das deutsche illustrierte Flugblatt. Bd. 1, Dresden 1955.
W. Lenk: Die Reformation im zeitgenössischen Dialog. 12 Texte aus den Jahren 1520 bis 1525. Berlin 1968.
K. Kaczerowsky: Flugschriften des Bauernkrieges. Hamburg 1970 (Rowohlts Klassiker d. Literatur u. d. Wissenschaft, R. Texte dt. Literatur 1500–1800, Bd. 33).

Lieddichtung

J. Mützell: Geistliche Lieder der evangelischen Kirche aus dem 16. Jahrhundert nach den ältesten Drucken. 3 Bde, Berlin 1855.
Ph. Wackernagel: Das deutsche Kirchenlied von der ältesten Zeit bis zu Anfang des XVII. Jahrhunderts. 5 Bde, Leipzig 1864/77.
R. v. Liliencron: Die historischen Volkslieder der Deutschen vom XIII. bis XVI. Jahrhundert. 4 Bde, Leipzig 1865/69. Neudr. Hildesheim 1966.
E. Wolff: Das deutsche Kirchenlied des 16. und 17. Jahrhunderts. DNL Bd. 31, Stuttgart 1894.
A. Hartmann: Historische Volkslieder und Zeitgedichte vom sechzehnten bis neunzehnten Jahrhundert. 3 Bde, München 1907/13. Neudr. in 1 Bd. Hildesheim 1972.
A. E. Berger: Lied-Spruch- und Fabeldichtung im Dienste der Reformation. DLE, R. Reformation Bd. 4, Leipzig 1938. Neudr. Darmstadt 1967.

II

Zur Vorgeschichte der Reformation

C. Ullmann: Reformatoren vor der Reformation, vornehmlich in Deutschland und den Niederlanden. 2 Bde, ²Gotha 1866.
G. V. Lechler: John v. Wyclif und die Vorgeschichte der Reformation. 2 Bde, Leipzig 1873.
E. Gothein: Politische und religiöse Volksbewegung vor der Reformation. Breslau 1878.
F. v. Bezold: Die „armen Leute" und die deutsche Literatur des späten Mittelalters. In: HistZ 41, 1879, S. 1ff.
L. Keller: Die Reformation und die älteren Reformparteien. Leipzig 1885.
H. Haupt: Hussitische Propaganda in Deutschland. In: Histor. Taschenbuch 7, 1888, S. 233ff.
B. Gebhardt: Die Gravamina der Deutschen Nation gegen den römischen Hof. Ein Beitrag zur Vorgeschichte der Reformation. ²Breslau 1895.
E. B. Bax: German Society at the Close of the Middle Ages. London 1894. Neudr. New York 1967.
F. Kampers: Die deutsche Kaiseridee in Prophetie und Sage. München 1896.
I. Rohr: Die Prophetie im letzten Jahrhundert vor der Reformation als Geschichtsquelle und Geschichtsfaktor. In: HJb 19, 1898, S.29ff. v. 447ff.

H. Werner: Die kirchen- und sozialpolitische Publizistik im späteren Mittelalter. In: Dt. Geschichtsblätter 6, 1904, S. 65 ff.
H. Hermelink: Die religiösen Reformbestrebungen des deutschen Humanismus. Tübingen 1907.
A. Störmann: Die städtischen Gravamina gegen den Klerus am Ausgang des Mittelalters und in der Reformationszeit. Münster 1916 (Reformationsgeschichtl. Studien u. Texte H. 24/26).
G. Ritter: Romantische und revolutionäre Elemente in der deutschen Theologie am Vorabend der Reformation. In: DVjs 5, 1927, S. 342 ff.
R. Stadelmann: Vom Geist des ausgehenden Mittelalters. Studien zur Geschichte der Weltanschauung von Nicolaus Cusanus bis Sebastian Franck. Halle 1929.
W. E. Peuckert: Die große Wende. Das apokalyptische Saeculum und Luther. Hamburg 1948. Neudr. Darmstadt 1966.
M. Spinka: Advocates of Reform, from Wyclif to Erasmus. London 1953 (The Library of Christian Classics Bd. 14).
M. M. Smirin: Deutschland vor der Reformation. Ein Abriß der Geschichte des politischen Kampfes in Deutschland vor der Reformation. Berlin 1955.
W. Andreas: Deutschland vor der Reformation: eine Zeitenwende. [6]Stuttgart 1959.
B. Moeller: Die deutschen Humanisten und die Anfänge der Reformation. In: ZfKg 70, 1959, S. 46 ff.
Reformtheologen des 15. Jahrhunderts. Hg. v. G. A. Benrath. Gütersloh 1968.
H. O. Burger: Renaissance, Humanismus, Reformation. Deutsche Literatur im europäischen Kontext, Bd. 1. Bad Homburg, Berlin, Zürich 1969.

Zu einzelnen Autoren und Texten

H. J. Liessem: Hermann v. dem Busche. Sein Leben und seine Schriften. Mit bibliographischem Verzeichnis. Programm d. Kaiser Wilhelms-Gymnasiums Köln 1884/8. Neudr. Nieuwkoop 1965.
P. Kalkoff: Der Humanist Hermann v. dem Busche und die lutherfreundliche Kundgebung auf dem Wormser Reichstage. In: ArchRG 8, 1910/11, S. 341 ff.
A. Bömer: Hermann v. dem Busches Anteil an den Epistolae obscurorum virorum. In: Aus Vergangenheit u. Gegenwart. Festgabe f. F. Philippi. Münster 1923, S. 86 ff.
E. Einert: Johann Jäger (Crotus Rubeanus) aus Dornheim, ein Jugendfreund Luthers. Jena 1883.
W. Reindell: Luther, Crotus und Hutten. Marburg 1890.
P. Kalkoff: Die Crotus-Legende und die deutschen Triaden. In: ArchRG 23, 1926, S. 113 ff.
Epistolae obscurorum virorum. Hg. v. A. Bömer. Einführung u. Text. 2 Bde,

Heidelberg 1924. Dt. Übersetzung v. W. Binder. Neudr. d. Ausgabe 1904 München 1964.
W. Brecht: Die Verfasser der Epistolae Obscurorum Virorum. Straßburg 1904 (Quellen u. Forschungen z. Sprach- u. Culturgeschichte d. Germanischen Völker Bd. 93).
K. H. Gerschmann: „Antiqui-Novi-Moderni" in den Epistolae obscurorum virorum. In: Arch. f. Begriffsgeschichte 11, 1967, S. 23ff.
R. P. Becker: Die Dunkelmänner-Briefe. Bad Homburg 1971.
L. Dacheux: Un Réformateur catholique à la fin du XVe Siècle. Jean Geiler de Kaisersberg. Straßburg 1876.
F. Halbauer: Mutianus Rufus und seine geistesgeschichtliche Stellung. Leipzig, Berlin 1929.
R. Kohlschmidt: Mutian und Luther. In: Heimat u. Bildung. FS f. J. Biereye. Erfurt 1935, S. 29ff.
H. Haupt: Ein Oberrheinischer Revolutionär aus dem Zeitalter Maximilians I. Mitteilungen aus einer kirchlich-politischen Reformschrift des ersten Dezenniums des 16. Jahrhunderts. In: Westdt. Zs f. Geschichte u. Kunst, Erg.heft 8, 1893, S. 76ff.
O. Eckstein: Die Reformschrift des sog. Oberrheinischen Revolutionärs. Diss. Leipzig 1939.
A. Franke u. G. Zschäbitz (Hgg.): Das Buch der hundert Kapitel und der vierzig Statuten des sog. Oberrheinischen Revolutionärs. Berlin 1967 (Leipziger Übersetzungen u. Abhandlungen z. Mittelalter R. A Bd. 4).
H. Bookmann: Bemerkungen zur Reformschrift des sog. Oberrheinischen Revolutionärs. In: Dt. Arch. z. Erforschung d. Mittelalters 25, 1969, S. 537ff.
H. Werner: Die Flugschrift „Onus Ecclesiae" 1519. Mit einem Anhang über sozial- und kirchenpolitische Prophetien. Gießen 1901.
J. Knepper: Ein Prophet und Volksdichter am Vorabend der Bauernunruhen. In: Jb f. Geschichte, Sprache u. Literatur Elsaß-Lothringens 19, 1903, S. 30ff.
H. Werner (Hg.): Die Reformation des Kaisers Sigmund. Die erste deutsche Reformschrift eines Laien vor Luther. In: ArchKg 6,3.Erg.heft 1908, S. 1ff.
K. Koller (Hg.): Reformatio Sigismundi. Stuttgart 1964 (Staatsschriften d. späten Mittelalters Bd. 6).
L. v. Dohna: Reformatio Sigismundi. Beiträge zum Verständnis des 15. Jahrhunderts. In: Veröffentlichungen d. Max Planck-Instituts f. Geschichte 4, Göttingen 1960, S. 13ff.
M. Straube: Die Reformatio Sigismundi als Ausdruck der revolutionären Bewegungen im 15. Jahrhundert. In: Die frühbürgerliche Revolution, S. 108ff.
Johannes Reuchlin: Augenspiegel. Mit einem Nachw. hg. v. J. Benzing. München 1961.
L. Geiger: Johannes Reuchlin. Sein Leben und seine Werke. Leipzig 1871. Neudr. Nieuwkoop 1964.

J. Benzing: Bibliographie der Schriften Johannes Reuchlins im 15. und 16. Jahrhundert. Wien 1955.

Johannes Reuchlin 1455–1522. Festgabe seiner Vaterstadt zur 500. Wiederkehr seines Geburtstages. Pforzheim 1955.

F. Waga: Die Welschgattung. Breslau 1910. (Germanist. Abhandlungen Bd. 34).

J. Knepper: Jacob Wimpheling (1450–1528). Sein Leben und seine Werke. Freiburg i. B. 1902. Neudr. Nieuwkoop 1965.

(S. a. Erasmus v. Rotterdam)

Allgemeine Darstellungen zum Zeitalter der Reformation

L. v. Ranke: Deutsche Geschichte im Zeitalter der Reformation. 6 Bde, Berlin 1839/47. Neudr. München 1914 (R. v. Rankes Meisterwerke Bd. 1–5).

J. v. Döllinger: Die Reformation – ihre innere Entwicklung und ihre Wirkung im Umfang des Lutherischen Bekenntnisses. 3 Bde, Regensburg 1846/48. Neudr. Frankfurt/M. 1962.

F. W. Kampschulte: Die Universität Erfurt in ihrem Verhältnisse zu dem Humanismus und der Reformation. 2 Bde, Trier 1858/60.

F. Engels: Der deutsche Bauernkrieg. Nach der Ausg. v. 1875 in: Marx-Engels Werke Bd. 7, Berlin 1960, S. 327ff.

K. A. H. Burkhardt: Geschichte der sächsischen Kirchen- und Schulvisitationen von 1524 bis 1545. Leipzig 1879.

W. Dilthey: Auffassung und Analyse des Menschen im 15. und 16. Jahrhundert (1891). In: Gesammelte Schriften Bd. 2, [5]Göttingen 1957, S. 1ff.

K. Kaser: Politische und soziale Bewegungen im deutschen Bürgertum zu Beginn des 16. Jahrhunderts. Stuttgart 1899.

G. Mertz: Das Schulwesen der deutschen Reformation im 16. Jahrhundert. Heidelberg 1902.

H. Denifle: Luther und das Luthertum in der ersten Entwicklung. 2 Bde, Mainz 1904/09.

H. Preuß: Die Vorstellungen vom Antichrist im späteren Mittelalter, bei Luther und in der konfessionellen Polemik. Leipzig 1906.

A. E. Berger: Die Kulturaufgaben der Reformation. [2]Berlin 1908.

F. v. Bezold: Staat und Gesellschaft des Reformationszeitalters. Berlin 1908.

E. Troeltsch: Die Soziallehren der christlichen Kirchen und Gruppen. Tübingen 1912.

Ders.: Die Bedeutung des Protestantismus für die Entstehung der modernen Welt. [5]München 1928.

P. Wernle: Renaissance und Reformation. Tübingen 1912.

Ders.: Das Verhältnis der schweizerischen zur deutschen Reformation. Basel 1918.

Ders.: Der evangelische Glaube nach den Hauptschriften der Reformatoren. 3 Bde, Tübingen 1918/19.

G. v. Below: Die Ursachen der Reformation. München, Berlin 1917.

K. Burdach: Reformation, Renaissance, Humanismus. Berlin 1918. Neudr. Darmstadt 1970.
K. P. Hasse: Der Humanismus im Dienste der deutschen Reformation. In: Ders.: Die deutsche Renaissance T. 1. Meerane 1920.
M. Weber: Die protestantische Ethik und der Geist des Kapitalismus. In: Ders.: Gesammelte Aufsätze zur Religionssoziologie Bd. 1. Tübingen 1920.
P. Kalkoff: Der große Wormser Reichstag von 1521. Darmstadt 1921.
Ders.: Humanismus und Reformation in Erfurt 1500–1530. Halle 1926.
Ders.: Die Stellung der deutschen Humanisten zur deutschen Reformation. In: ZfKg 46, 1928, S. 161ff.
Ph. Wackernagel: Humanismus und Reformation in Basel. Basel 1924.
K. Brandi: Deutsche Reformation und Gegenreformation. 2 Bde, Leipzig 1927/30.
P. Joachimsen: Sozialethik des Luthertums. München 1927.
Ders.: Die Reformation als Epoche der deutschen Geschichte. Hg. v. O. Schottenloher, München 1951.
H. v. Schubert: Revolution und Reformation im 16. Jahrhundert. Tübingen 1927.
W. Hadorn: Die Reformation in der deutschen Schweiz. Frauenfeld 1928.
R. Pascal: The social basis of the german reformation. London 1933.
H. S. Lucas: The Renaissance and the Reformation. New York 1934.
A. Engelhardt: Die Reformation in Nürnberg. 3 Bde, Nürnberg 1936/39.
H. Gumbel: Deutsche Kultur vom Zeitalter der Mystik bis zur Gegenreformation. Potsdam 1936 (Handbuch d. Kulturgeschichte Bd. 2,2).
H. Schöffler: Die Reformation. Einführung in eine Geistesgeschichte der deutschen Neuzeit. Bochum-Langendreer 1936.
Ders.: Wirkungen der Reformation. Religionssoziologische Folgerungen für England und Deutschland. Frankfurt/M. 1960.
V. Lötscher: Der deutsche Bauernkrieg in der Darstellung und im Urteil der zeitgenössischen Schweizer. Basel 1938.
G. Ritter: Die Neugestaltung Europas im 16. Jahrhundert. Berlin 1950.
Ders.: Die Weltwirkung der Reformation. ^{2}Darmstadt 1959.
V. H. H. Greene: Renaissance and Reformation. London 1952.
K. D. Schmidt: Geschichte der Kirche im Zeitalter der Reformation und der Gegenreformation. Göttingen 1952 (Grundriß der Kirchengeschichte Bd. 3).
W. Kaegi: Humanistische Kontinuität im konfessionellen Zeitalter. Basel 1954.
H. J. Grimm: The Reformation Era 1500–1650. ^{2}New York 1955.
G. Franz: Der deutsche Bauernkrieg. ^{4}Darmstadt 1956.
R. Stadelmann: Das Zeitalter der Reformation. Konstanz 1956.
F. Hahn: Die evangelische Unterweisung in den Schulen des 16. Jahrhunderts. Heidelberg 1957.
O. G. Tschaikowskaja: Über den Charakter der Reformation und des Bauernkrieges in Deutschland. In: Sowjetwissenschaft, Berlin 1957, S. 721ff.

W. Elert: Morphologie des Luthertums. 2 Bde, ²München 1958.
A. D. Epstein: Reformation und Bauernkrieg in Deutschland als erste bürgerliche Revolution. In: Sowjetwissenschaft, Berlin 1958, S. 363ff.
O. Vasella: Reform und Reformation in der Schweiz. Münster 1958 (Katholisches Leben und Kämpfen im Zeitalter der Glaubensspaltung Bd. 16).
W. Durant: Das Zeitalter der Reformation. Eine Geschichte der europäischen Kultur von Wiclif bis Calvin 1300–1564. Aus d. Amerikan. Bern, München 1959.
E. Hassinger: Das Werden des neuzeitlichen Europa 1300–1600. Braunschweig 1959.
H. Bornkamm: Das Jahrhundert der Reformation. Gestalten und Kräfte. Gesammelte Aufsätze. Göttingen 1961.
Die frühbürgerliche Revolution in Deutschland. Berlin 1961 (Tagung d. Sektion Mediävistik d. Dt. Historiker-Gesellschaft Bd. 2).
B. Moeller: Reichsstadt und Reformation. Gütersloh 1962.
G. H. Williams: The radical Reformation. London 1962.
J. C. Wenger: Die dritte Reformation. Kurze Einführung in Geschichte und Lehre der Täuferbewegung. Kassel 1963.
J. Lortz: Die Reformation in Deutschland. 2 Bde, ⁵Freiburg i. B. 1965.
M. Meyer: Die Bewegung des niederen Adels im Zeitalter der frühbürgerlichen Revolution von Sickingen bis Grumbach. Diss. Leipzig 1965.
E. W. Zeeden: Die Entstehung der Konfessionen. Grundlagen und Formen der Konfessionsbildung im Zeitalter der Glaubenskämpfe. München, Wien 1965.
Ders.: Deutsche Kultur in der frühen Neuzeit. Frankfurt/M 1968 (Handbuch der Kulturgeschichte 1. Abteilung Bd. 5).
G. A. Benrath: Die Universitäten der Reformationszeit. In: ArchRG 57, 1966, S. 32ff.
A. G. Dickens: Reformation and society in the 16th century Europe. New York 1967.
Wirkungen der deutschen Reformation bis 1555. Hg. v. W. Hubatsch. Darmstadt 1967 (Wege der Forschung Bd. 203).
M. Steinmetz: Deutschland 1476–1648. Berlin 1967.
450 Jahre Reformation. Hg. v. L. Stern u. M. Steinmetz. Berlin 1967.
L. Stern: Der geistesgeschichtliche und politische Standort der Reformation in Vergangenheit und Gegenwart. Wittenberg 1967.
Reformation und Humanismus. R. Stupperich z. 65. Geburtstag. Hg. v. M. Greschat u. a. Witten 1969.
B. Lohse: Die Stellung der „Schwärmer“ und Täufer in der Reformationsgeschichte. In: ArchRG 60, 1969, S. 5ff.
G. Müller: Die römische Kurie und die Reformation 1523–1534. Gütersloh 1969.
M. Bensing u. S. Hoyer: Der deutsche Bauernkrieg 1524–1526. ²Berlin 1970.
H. Holborn: Das Zeitalter der Reformation und des Absolutismus (bis 1790). Deutsche Geschichte der Neuzeit, Bd. 1. München 1970.

H. Lutz: Humanismus und Reformation. Alte Antworten auf neue Fragen. In: Wort und Wahrheit 27, 1972, S. 65ff.

Reformation oder frühbürgerliche Revolution. Hg. v. R. Wohlfeil. München 1972 (Nymphenburger Texte zur Wissenschaft Bd. 5).

Buchhandel und Zensur

C. F. Knapp: Geschichte des deutschen Buchhandels bis in das 17. Jahrhundert. Leipzig 1886.

F. H. Reusch: Der Index der verbotenen Bücher. Ein Beitrag zur Kirchen- und Literaturgeschichte. Bd. 1 u. Bd. 2, 1 u. 2, Bonn 1883/88. Neudr. Aalen 1967.

Ders.: Die Indices librorum prohibitorum des 16. Jahrhunderts. BLV Bd. 176, Tübingen 1886. 2. Neudr. Nieuwkoop 1970.

A. Götze: Die hochdeutschen Drucker der Reformationszeit. Straßburg 1905. Neudr. Berlin 1963.

J. Luther: Aus der Druckerpraxis der Reformationszeit. In: Zentralbl. f. Bibliothekswesen 27, 1910, S. 237ff.

K. Schottenloher: Beschlagnahmte Flugschriften aus der Frühzeit der Reformation. In: Zs. f. Bücherfreunde NF 8, 1916/17, S. 305ff.

Ders.: Buchdrucker und Buchführer im Kampf der Schwärmer und Wiedertäufer 1524–1568. In: Buch u. Papier. FS f. H. H. Bockwitz. Leipzig 1949, S. 90ff.

Ders.: Der Buchdrucker als neuer Berufsstand des fünfzehnten und sechzehnten Jahrhunderts. Mainz 1953.

H. Grothues: Studien zur Entstehung der weltlichen Zensur. Diss. Münster 1920, Masch.

W. Mejer: Der Buchdrucker Hans Lufft zu Wittenberg. [2]Leipzig 1923. Neudr. Nieuwkoop 1965.

H. Kruse: Die wirtschaftliche und soziale Lage im deutschen Buchgewerbe des 16. Jahrhunderts. In: Arch. f. Buchgewerbe 73, 1936, S. 396ff. u. 463ff.

O. Clemen: Die lutherische Reformation und der Buchdruck. Leipzig 1939 (Schriften d. Vereins f. Reformationsgeschichte Bd. 167).

H. Barge: Geschichte der Buchdruckerkunst. Leipzig 1940.

F. Husner: Vom Autorenhonorar bei Reformatoren und Humanisten im 16. Jahrhundert. In: Theol. Zs 1, 1945, S. 186ff.

J. Benzing: Buchdruckerlexikon des 16. Jahrhunderts. Frankfurt 1952.

Ders.: Die deutschen Verleger des 16. und 17. Jahrhunderts. In: Arch. f. Geschichte des Buchwesens 2, 1959/60, S. 445ff.

Ders.: Die Buchdrucker des 16. und 17. Jahrhunderts im deutschen Sprachgebiet. Wiesbaden 1963.

W. Krieg: Materialien zu einer Entwicklungsgeschichte der Bücherpreise und des Autoren-Honorars vom 15. bis zum 20. Jahrhundert. Nebst einem Anhange: Kleine Notizen zur Auflagengeschichte der Bücher im 15. und 16. Jahrhundert. Wien, Zürich 1953.

R. Hirsch: The Emergence of Printing and Publishing as a Trade 1450–1550. Diss. Univ. Pennsylvania 1955.

F. Ritter: Elsässische Buchdrucker im Dienst der Straßburger Sektenbewegungen zur Zeit der Reformation. In: Gutenberg-Jahrbuch 37, 1962, S. 225ff.; 38, 1963, S. 97ff.

H. Schnabel: Zur historischen Beurteilung der Flugschriftenhändler in der Zeit der frühen Reformation und des Bauernkrieges. In: Wiss. Zs d. Humboldt-Universität Berlin, gsR 14, 1965, S. 869ff.

H. Widmann: Der deutsche Buchhandel in Urkunden und Quellen. 2 Bde, Hamburg 1965.

III

Allgemeine Darstellungen zur deutschen Literatur der Reformationszeit

K. Hagen: Deutschlands literarische und religiöse Verhältnisse im Reformationszeitalter. 2 Bde, Erlangen 1841/43. Neudr. d. 2. Aufl. Aalen 1966.

L. Geiger: Deutsche Satiriker des 16. Jahrhunderts. Berlin 1878 (Sammlung gemeinverständlicher wiss. Vorträge 13, H. 295).

Ch. Schmidt: Histoire Littéraire de l'Alsace à la fin du XVe et au commencement du XVIe Siècle. 2 Bde, Paris 1879. Neudr. Hildesheim 1966.

H. Beck: Die Erbauungsliteratur der evangelischen Kirche Deutschlands von Dr. Martin Luther bis Martin Moller. Erlangen 1883.

Ders.: Die religiöse Volksliteratur der evangelischen Kirche Deutschlands. Gotha 1891.

R. Wolkan: Geschichte der deutschen Literatur in Böhmen. 3 Bde, Prag 1890/94. Neudr. Hildesheim 1972.

J. Bächtold: Geschichte der deutschen Literatur in der Schweiz. Frauenfeld 1892.

A. Gessler: Der Anteil Basels an der deutschen Literatur des 16. Jahrhunderts. Aarau 1899.

E. Schmidt: Der christliche Ritter. In: Ders.: Charakteristiken Bd. 2. Berlin 1901, S. 1ff.

W. Brecht: Einführung in das 16. Jahrhundert. In: GRM 3, 1911, S. 340ff.

P. Althaus: Zur Charakteristik der Gebetsliteratur im Reformationsjahrhundert. Leipzig 1914.

P. Merker: Reformation und Literatur. Weimar 1918.

Ders.: Das Zeitalter des Humanismus und der Reformation. Aufriß der Literaturgeschichte. In: ZfDkde 42, 1928, S. 337ff.

W. Stammler: Geschichte der niederdeutschen Literatur. Leipzig, Berlin 1920.

Ders.: Von der Mystik zum Barock, 1400–1600. 2. erw. Aufl. Stuttgart 1950.

H. Jellinghaus: Geschichte der mittelniederdeutschen Literatur. [3]Berlin, Leipzig 1925.

G. Müller: Deutsche Dichtung von der Renaissance bis zum Ausgang des Barock. Potsdam 1927. Neudr. Darmstadt 1957 (Handbuch d. Literaturwissenschaft).

F. Strich: Renaissance und Reformation. In: Ders.: Dichtung u. Zivilisation. München 1928, S. 25ff.

H. Gumbel: Volk und Reich im Schrifttum der Reformationsbewegung. Stuttgart, Berlin 1941 (Von dt. Art in Sprache u. Dichtung Bd. 3).

W. Flemming: Das deutsche Schrifttum von 1500–1700. Potsdam 1943 (Handbuch des deutschen Schrifttums Bd. 2).

F. Martini: Das Bauerntum im Deutschen Schrifttum von den Anfängen bis zum 16. Jahrhundert. Halle 1944 (DVjs Buchreihe Bd. 27).

P. Böckmann: Formgeschichte der deutschen Dichtung, Bd. 1. Hamburg 1949.

K. Viëtor: Luthertum, Katholizismus und deutsche Literatur. In: Ders.: Geist und Form, Bern 1952, S. 35ff.

J. G. Boeckh u. a.: Geschichte der deutschen Literatur von 1480–1600. Berlin 1961 (Geschichte d. dt. Literatur von den Anfängen bis zur Gegenwart Bd. 4).

R. Newald: Probleme und Gestalten des deutschen Humanismus. Kleinere Schriften zur Literatur- und Geistesgeschichte. Hg. v. H.-G. Roloff. Berlin 1963.

Ders.: Humanismus und Reformation, 1490–1600. In: Annalen der deutschen Literatur. Hg. v. H. O. Burger. ²Stuttgart 1971, S. 287ff.

M. Wehrli: Deutsche und lateinische Dichtung im 16. und 17. Jahrhundert. In: Das Erbe der Antike. Zürich, Stuttgart 1963, S. 135ff.

L. Lentner: Volkssprache und Sakralsprache. Geschichte einer Lebensfrage bis zum Ende des Konzils von Trient. Wien 1964.

P. Zinsli: Volkstum und Bildung in der deutschen Literatur des Reformationsjahrhunderts. Zürich 1964.

L. Beriger: Das Zeitalter des Humanismus und der Reformation. In: Deutsche Literaturgeschichte in Grundzügen. Hg. v. B. Boesch. ³Bern, München 1967, S. 120ff.

I. Spriewald: Reformation und deutsche Literatur. Kennzeichen der literarischen Situation nach Luthers Thesenanschlag. In: WB 13, 1967, Seite 687ff.

Dies. u. a.: Grundpositionen der deutschen Literatur im 16. Jahrhundert. Weimar 1972.

R. Pascal: German Literature in the 16th and 17th Centuries. Renaissance, Reformation, Barock. London 1968.

J. Schmidt: Die Drucksprache als Massenmedium und die deutsche Literatur im 16. Jahrhundert. In: WW 18, 1968, S. 389ff.

H. Entner, W. Lenk: Literatur und Revolution im 16. Jahrhundert. Zu einigen Aspekten der Renaissancekultur. In: WB 16, 1970, S. 139ff.

H. Rupprich: Vom späten Mittelalter bis zum Barock. 2 Bde, München 1970/73 (Geschichte d. dt. Literatur. Hg. v. H. de Boor u. R. Newald, Bd. 4, 1 u. 2).

H. Wolf: Humanistische Einflüsse in der frühprotestantischen Literatur. In: WW 20, 1970, S. 145ff.

B. Könneker: Deutsche Literatur im Zeitalter des Humanismus und der Reformation. In: Neues Handbuch d. Literaturwissenschaft Bd. 10, Frankfurt/M. 1972, S. 145ff.

W. Brückner (Hg.): Volkserzählung und Reformation. Ein Handbuch zur Tradierung und Funktion von Erzählstoffen und Erzählliteratur im Protestantismus. Berlin 1974.

Dialog- und Flugschriftenliteratur

Allgemeine Darstellungen

A) Anhänger der Reformation:

J. Voigt: Über Pasquille, Spottlieder und Schmähschriften aus der ersten Hälfte des 16. Jahrhunderts. In: F. v. Raumers Histor. Taschenbuch 9, Leipzig 1838, S. 321ff.

K. Werner: Geschichte der apologetischen und polemischen Literatur der christlichen Theologie. 4 Bde, Schaffhausen 1861/67.

E. Weller: Die Lieder gegen das Interim. In: Serapeum 23, 1862, S. 289ff.

A. Baur: Deutschland in den Jahren 1517-25, betrachtet in dem Lichte gleichzeitiger anonymer und pseudonymer Volks- und Flugschriften. Ulm 1872.

W. Crecelius: Das geschichtliche Lied und die Zeitung im 16. und 17. Jahrhundert. In: Zs d. Bergischen Geschichtsvereins 24, 1888, S. 1ff.

R. Hirzel: Der Dialog. 2 Bde, Leipzig 1895.

G. Heine: Reformatorische Flugschriftenliteratur als Spiegel der Zeit. In: Deutsch-evangelische Blätter 21, 1896, S. 441ff.

G. Bossert: Zur Flugschriftenliteratur der Reformationszeit. In: Theolog. Literaturblatt 18, 1897, Nr. 8.

A. Richter: Über einige seltenere Flugschriften aus den Jahren 1523–25. Realschule Uhlenhorst. Beilage zum Bericht über das Schuljahr 1898/99. Hamburg 1899.

R. Reinthaler: Die deutsche Satire in ihren Beziehungen zur Reformation. In: Deutsch-evangelische Blätter 25, 1900, S. 757ff.

G. Niemann: Die Dialogliteratur der Reformationszeit nach ihrer Entstehung und Entwicklung. Leipzig 1905.

Goeters: Flugschriften aus den ersten Jahren der Reformation. In: Deutsch-evangelische Blätter 82, 1907, S. 577ff.

K. Schottenloher: Flugschriften aus den ersten Jahren der Reformation. In: Zs f. Bücherfreunde 11, 1907/08, S. 464ff.

Ders.: Flugblatt und Zeitung, ein Wegweiser durch das gedruckte Tagesschrifttum. Berlin 1922.

F. Lepp: Schlagwörter des Reformationszeitalters. Leipzig 1908 (Quellen u. Darstellungen aus d. Geschichte d. Reformationszeitalters Bd. 8).

W. Lucke: Deutsche Flugschriften aus den ersten Jahren der Reformation. In: Dt. Geschichtsblätter 9, 1908, S. 183ff.

G. Mehring: Das Vaterunser als politisches Kampfmittel. In: Zs d. Vereins f. Volkskunde 19, 1909, S. 129ff.

O. N. Waldeck: Die Publizistik des Schmalkaldischen Krieges. In: ArchRG 7, 1909/10, S. 1ff.; 8, 1910/11, S. 44ff.

P. Beck: Historische Lieder und Zeitsatiren des 16. bis 18. Jahrhunderts. In: Zs f. Volkskunde 22, 1912, S. 194ff.

F. Humbel: Ulrich Zwingli und seine Reformation im Spiegel der gleichzeitigen schweizerischen volkstümlichen Literatur. Leipzig 1912 (Quellen u. Abhandlungen z. Schweizer. Reformationsgeschichte 2. Ser. Bd. 1).

W. Köhler: Briefe vom Himmel und Briefe aus der Hölle. In: Die Geisteswissenschaften 1, 1914, S. 588ff.

P. Roth: Die neuen Zeitungen in Deutschland im 15. und 16. Jahrhundert. Preisschr. d. Fürstl. Jablonowskischen Gesellschaft Nr. 43. Leipzig 1914.

F. Behrend: Die literarische Form der Flugschriften. Nach der Flugschriftensammlung der Königlichen Bibliothek zu Berlin. In: Zentralbl. f. Bibliothekswesen 34, 1917, S. 23ff.

Ders.: Die Leidensgeschichte des Herrn als Form im politisch-literarischen Kampf besonders im Reformationszeitalter. In: ArchRG 14, 1917, S. 40ff.

P. Kalkoff: Der Journalismus im Reformationszeitalter. In: Deutsche Stimmen 29, 1917, S. 654ff.

G. Stuhlfauth: Das Bild als Kampflosung und als Kampfmittel in der Kirchengeschichte. In: Wege u. Ziele 2, 1918, S. 469ff.

J. Werner: Eigenart und Wirkung der Flugschriften im Reformationszeitalter. In: Akademische Blätter 35, 1920/21, S. 219ff.

N. Needon: Technik und Stil der Reformationsdialoge. Diss. Greifswald 1922.

H. Fehr: Massenkunst im 16. Jahrhundert. Flugblätter aus der Sammlung Wickiana. Berlin 1924.

H. Becker: Die Flugschriften der Reformationszeit. In: Theolog. Studien u. Kritiken 98/99, 1926, S. 281ff.

G. Blochwitz: Die antirömischen deutschen Flugschriften in der frühen Reformationszeit in ihrer religiös-sittlichen Eigenart. In: ArchRG 27, 1930, S. 145ff.

J. Martin: Symposion. Die Geschichte einer literarischen Form. Paderborn 1931 [= Dialog].

J. Biereye: Die Streitschriften aus der Zeit der Confessio Augustana. In: Jahresbericht d. Erfurter Bibliotheksgesellschaft 6/8, 1930/32, S. 32f.

Th. Legge: Flug- und Streitschriften in der Reformationszeit in Westfalen 1523–83, Münster 1933.

K. Uhrig: Der Bauer in der Publizistik der Reformation bis zum Ausgang des Bauernkrieges. In: ArchRG 33, 1936, S. 70ff. u. 165ff.

P. Böckmann: Der gemeine Mann in den Flugschriften der Reformation. In: DVjs 22, 1940, S. 186ff. Neudr. in: Ders.: Formensprache, Hamburg 1966, S. 11ff.

K. d'Ester: Flugblatt und Flugschrift. In: Handbuch d. Zeitungswissenschaften 1, 1940, Sp. 1041ff.
M. Gravier: Luther et l'Opinion Publique. Aubier 1942 (Cahiers de l'Institut d'Etudes Germaniques 2).
H. Klöss: Publizistische Elemente im frühen Flugblatt, 1450–1550. Diss. Leipzig 1943, Masch.
I. Praschinger: Beiträge zur Flugschriftenliteratur der Reformation und Gegenreformation in Wien. Diss. Wien 1950, Handschr.
S. Scharfe: Religiöse Bildpropaganda der Reformationszeit. Göttingen 1951.
G. Dunken: Revolutionäre deutsche Publizistik vor Ausbruch des Großen Bauernkrieges. In: Wiss. Annalen 4, 1955, S. 219ff.
J. Kolodziej: Die Flugschriften aus den ersten Jahren der Reformation (1517–1525). Diss. Berlin 1956, Masch.
F. Saxl: Illustrated Pamphlets of the Reformation. London 1957.
G. Kieslich: Das ‚Historische Volkslied' als publizistische Erscheinung. Untersuchungen zur Wesensbestimmung und Typologie der gereimten Publizistik zur Zeit des Regensburger Reichstages und des Krieges der Schmalkaldener gegen Herzog Heinrich den Jüngeren von Braunschweig 1540/42. Münster 1958 (zuerst: Die Reimpublizistik ... Diss. Münster 1954).
H. Schaller: Parodie und Satire der Renaissance und Reformation. In: FuF 33, 1959, S. 183ff.
S. v. Kortzfleisch: Verkündigung und „öffentliche Meinungsbildung". Stuttgart 1960.
E. Rotermund: Gegengesänge – lyrische Parodien vom Mittelalter bis zur Gegenwart. München 1963.
R. Cole: The Pamphlet and Social Forces in the Reformation. In: Lutheran Quarterly 17, 1965, S. 195ff.
C. M. Kortepeter: German Zeitung-literature in the 16th century. In: R. J. Schoeck: Editing sixteenth century texts. Univ. of Toronto Press 1966, S. 113ff.
F. J. Stopp: Reformationssatire in Germany. Nature, conditions and form. In: Oxford German Studies 3, 1, 1968, S. 53ff.
G. Hess: Deutsch-lateinische Narrenzunft. Studien zum Verhältnis von Volkssprache und Latinität in der satirischen Literatur des 16. Jahrhunderts. München 1971.
B. Stolt: Wortkampf. Frühneuhochdeutsche Beispiele zur rhetorischen Praxis. Frankfurt/M. 1974.

Zu einzelnen Autoren und Texten

(In alphabetischer Reihenfolge nach dem Titel oder dem Namen des Verfassers, wobei die Namen der ermittelten Verfasser in Klammern angegeben sind).

1) lateinisch:

G. Th. Strobel: Acta Concilii Wittenbergae habiti Anno 1536. In: Ders.: Beyträge z. Litteratur bes. des 16. Jahrhunderts 1, 1785, II. S. 346ff.

F. J. Schiffmann: Capitula dominorum Helvetiorum contra Lutheranos. In: Anzeiger f. Schweizer. Geschichte NF 3, 1878/81, S. 316ff.

L. Geiger: Zwei Abhandlungen über reformationsgeschichtliche Schriften. I. Das Spiel zu Paris 1524. II. Consilium cuiusdam u. Apologia Christi pro Luthero. In: ArchL 5, 1875/76, S. 543ff.

Dialogi septem Festiue Candidi (1521). Hg. E. Böcking, Hutteni Opera Bd. 4, S. 553ff.

W. Brecht: Die Verfasser der Epistolae Obscurorum Virorum. Straßburg 1904.

P. Merker: Der Verfasser des Eccius dedolatus und anderer Reformationsdialoge. Halle 1923.

O. Clemen: Der Dialogus bilingium ac trilingium (1519). In: ArchRG 1, 1903/4, S. 354ff.

Eckius dedolatus (1521). Hg. v. S. Szamatolski. Lat. Lit.denkmäler Bd. 2, Berlin 1891; v. E. Böcking, Hutteni Opera Bd. 4, S. 515ff.; A. E. Berger, Sturmtruppen, S. 65ff. Dt. Übersetzung v. F. Hagen in: Mitteilungen d. Vereins f. Geschichte der Stadt Nürnberg 4, 1882, S. 175ff.

Eckii dedolati oratio. Hg. v. S. Szamatolski. Ebda.

Eckius monachus u. Decoctio. Hg. E. Böcking, Hutteni Opera Bd. 4, S. 544ff.

Propositiones in Ecci. Hg. v. G. Kawerau. In: Beitr. z. bayer. Kirchengeschichte 5, 1898, S. 128ff.

R. Rösler: Der gehobelte Eck. In: Zs f. dt. Kulturgeschichte NF 2, 1873, S. 457ff.

J. Schlecht: Pirkheimers zweite Komödie gegen Eck. In: HJb 21, 1900, S. 402ff.

G. Ellinger: Der „enteckte Eck“ und sein Verfasser. In: Dt. Rundschau 205, 1925, S. 180ff. u. 252ff.

H. Rupperich: Der Eckius dedolatus und sein Verfasser. Wien 1931.

O. Clemen: Wer ist der Verfasser des Eccius dedolatus? In: ArchRG 29, 1932, S. 249ff.

Th. W. Best: Eccius dedolatus. A Reformation Satire. Lexington, Kentucky 1971 (Studies in Germanic languages and literatures Bd. 1, mit engl. Übersetzung).

s. a. W. Brecht: Die Verfasser der EOV u. P. Merker: Der Verfasser des E. d.

G. Braun: Epistola de miseria curatorum seu plebanorum. In: Beitr. z. bayer. Kirchengeschichte 22, 1916, S. 27ff. u. 66ff.

A. Werminghoff: Die Epistola de miseria curatorum seu plebanorum. In: ArchRG 13, 1916, S. 200ff.; Beitr. z. bayer. Kirchengeschichte 22, 1916, S. 145ff.

Epistola de non apostolicis quorundam moribus. Hg. v. O. Schade, Satiren u. Pasquille, Bd. 2, S. 80ff u. 299ff.

A. Ruland: Die Original-Ausgabe der „Epithalamia Martini Lutheri.“ In: Serapeum 19, 1858, S. 7ff.

P. Kalkoff: Die Vermittlungspolitik des Erasmus und sein Anteil an den Flugschriften der ersten Reformationszeit. In: ArchRG 1, 1903/4, S. 1ff.

Evangelium secundum Pasquillum Romae (Epistola de conversione Pauli III. 1536). Hg. v. O. Schade, Satiren u. Pasquille, Bd. 2, S. 114ff. u. 317ff.

Simon Hessus (Pseud.): Argumentum Libelli. Hg. v. G. Buchwald: Ein Nachklang der Epistolae obscurorum virorum. Dresden 1882.

O. Clemen: Das Pseudonym Symon Hessus. In: Zentralbl. f. Bibliothekswesen 17, 1900, S. 565ff. (s. a. unter U. Rhegius).

Dialogus Simonis Hessi et Martini Lutheri (1521). Hg. v. E. Böcking, Hutteni Opera, Bd. 4, S. 601ff.

O. Clemen: Die Lamentationes Petri. In: ZsKg 19, 1899, S. 431ff.

Nachricht von zwo äusserst seltenen und merkwürdigen Schriften: Litaneia Germanorum und Lamentationes Germanicae Nationis vom Jahr 1525. In: C. Moser: Patriotisches Archiv f. Deutschland 7, 1887, S. 429ff.

Ch. A. Pescheck: Aus einer alten Litanei aus dem Reformationszeitalter. In: Zs f. histor. Theologie 15, 1845, S. 158ff.

W. Weischedel: „Litaneia Germanorum“. In: Blätter f. Württemberg. Kirchengeschichte NF 38, 1934, S. 281ff.

Murnarus Leviathan (1521). Hg. v. J. Scheible, Das Kloster, Bd. 10, S. 321ff.

Auctio Lutheromastigum. Hg. ebda, S. 360ff.

P. Merker: Der Verfasser d. Eckius dedolatus . . . (s. o.)

E. Böcking: Drei Abhandlungen über reformationsgeschichtliche Schriften. I. Orationes de decimis. 1518. – II. Oratio Christi pro Luthero. 1521. III. Responsio ad apologiam Croti Rubeani. 1532. Leipzig 1858.

Oratio pro Hutteno et Luthero (1521). Hg. v. H. Münch: Ulrichi ab Hutten Opera Bd. VI, S. 519ff, Berlin 1821ff.

Das Passional Christi et Antichristi. Hg. v. G. Kawerau. Berlin 1885.

G. Stuhlfauth: Zum Passional Christi et Antichristi. In: ArchRG 17, 1920, S. 71ff.

G. Kawerau: Die Flugschrift Sepultura Lutheri 1538. Ein Beitrag zur Geschichte des antinomistischen Streites. In: Theolog. Studien u. Kritiken 72, 1899, S. 281ff.

2) deutsch

Ein kurze Anred zu allen Misgunstigen Doctor Luthers und der christlichen Freiheit (1522). Hg. v. O. Schade, Satiren u. Pasquille, Bd. 2, S. 190ff. u. 349ff.

Die 12 Artikel der Bauern (1525). Hg. v. A. Götze. In: HVjs 5, 1902, S. 1ff.; v. H. Böhmer. In: Urkunden z. Geschichte d. Bauernkriegs u. d. Wiedertäufer. Neudr. Berlin 1933; v. A. Götze u. L. E. Schmitt. Neudrucke Nr. 322, Halle 1953 (Flugschr. aus d. Ref.zeit Bd. 20); v. K. Kaczerowsky, Flugschriften d. Bauernkrieges, S. 9ff.

A. Stern: Über die zwölf Artikel der Bauern und einige andere Aktenstücke aus der Bewegung von 1525. Leipzig 1868.

Ders.: Die Streitfrage über den Ursprung des Artikelbriefs und der zwölf Artikel der Bauern. In: Forschungen z. Deutschen Geschichte 12, 1872, S. 475ff.

M. Radlkofer: Entstehungsgeschichte und Autorschaft der 12 Artikel. In: Zs d. Histor. Vereins f. Schwaben u. Neuburg 16, 1889, S. 1ff.

K. Lehnert: Studien zur Geschichte der 12 Artikel vom Jahre 1525. Diss. Halle 1894.

F. L. Baumann: Die zwölf Artikel der oberschwäbischen Bauern 1525. Kempten 1896.

A. Götze: Die Artikel der Bauern 1525. In: HVjs 4, 1901, S. 1ff.

Ders.: Die Entstehung der zwölf Artikel der Bauern. In: Neue Jahrbücher f. d. klass. Altertum, Geschichte u. dt. Literatur u. f. Pädagogik 13, 1904, S. 213ff.

Ders.: Zur Überlieferung der zwölf Artikel. In: HVjs 7, 1904, S. 53ff.

W. Stolze: Zur Geschichte der 12 Artikel von 1525. In: HVjs 8, 1905, S. 1ff. u. HistZ 108, 1911/12, S. 97ff.

H. Böhmer: Die Entstehung der 12 Artikel der Bauern von 1525. In: Blätter für Württemberg. Kirchengeschichte NF 14, 1910, Seite 1ff. u. 97ff.

G. Franz: Die Entstehung der Zwölf Artikel der deutschen Bauernschaft. In: ArchRG 36, 1939, S. 193ff.

E. Walder: Der politische Gehalt der Zwölf Artikel der deutschen Bauernschaft von 1525. In: Schweizer Beitr. z. Allgemeinen Geschichte 12, 1954, S. 5ff.

Artikel- u. Beschwerdebriefe der Bauern. Hg. v. K. Kaczerowsky, Flugschriften d. Bauernkrieges, S. 15ff.

H. Michaelis: Die Verwendung und Bedeutung der Bibel in den Hauptschriften der Bauern 1525/26. Diss. Greifswald 1954, Masch.

T. Schiess: Drei Flugschriften aus der Reformationszeit (Der gestryfft Schwyzer Baur; Hans Knüchel; Der Schlüssel David). In: Zs f. Schweizer. Geschichte 10, 1930, S. 298ff.

O. Clemen: Der Bauer von Wöhrd (Diepold Peringer). In: Ders.: Beitr. z. Reformationsgeschichte 2, 1902, S. 85ff.

H. G. Streubel: Zur rednerischen Wirksamkeit des sog. Bauern von Wöhrd. In: Wissenschaftl. Zs d. Univ. Jena 21, 1972, S. 769ff.

Hans Bechler (Pseud.?): Ein Gesprech eines Fuchs und Wolfs (1524). Hg. v. O. Schade, Satiren u. Pasquille, Bd. 2, S. 60ff. u. 293ff.

G. Bossert: Brenz und die Ritterschaft 1523 (zu dieser Flugschrift). In: Blätter f. Württemberg. Kirchengeschichte NF 25, 1921, S. 70ff.

Beelzebub an die heilige bepstliche Kirche (1537). Hg. v. O. Schade, Satiren u. Pasquille, Bd. 2, S. 102ff. u. 309.

Beklagung eines Laien, gen. Hans Schwalb, über viel Missbräuche christlichen Lebens (1521). Hg. O. Clemen, Flugschriften, Bd. 1, S. 339ff.

(Agricola Boius): Ein Bedencken wie der warhafftig Gottes dienst ...

möcht . . widerumb auffgericht werden. Hg. O. Clemen, Flugschriften, Bd. 4, S. 247ff.

(Ulrich Bossler): Dialogus . . . des Apostolicums Angelica und anderer Specerey der Appotecken, Antreffen Doctor M. Lutterers ler. Hg. v. O. Schade, Satiren u. Pasquille, Bd. 3, S. 36ff. u. 238ff.

Ein klegliche Botschaft an den Bapst, die Selmess betreffend. Hg. v. O. Schade, Satiren u. Pasquille, Bd. 2, S. 252ff. u. 373ff.

Ein schenes und nutzliches büchlein von dem Christlichen glauben (1521). Hg. v. O. Clemen, Flugschriften aus d. Reformationszeit in Faksimiledrucken Bd. 1, Nr. 1.

Der Evangelische Burger. Hg. v. K. Goedeke. In: Pamphilius Gengenbach Werke, S. 198ff.

W. Rotscheidt: „Des Evangelischen Burgers Handtbüchlein." Beiträge zu seiner Geschichte. In: Monatshefte f. Rheinische Kirchengeschichte 1, 1907, S. 337ff.

Matthias Bynwalth: Das Vaterunser, ausgelegt (1525). Hg. O. Clemen, Flugschriften, Bd. 4, S. 135ff.

Hartmuth v. Cronberg: Die Schriften. Hg. v. E. Kück. Neudrucke Nr. 154/56, Halle 1899 (Flugschr. aus d. Ref.zeit Bd. 14).

W. Bogler: Hartmuth v. Cronberg. Eine Charakterstudie aus der Reformationszeit. Halle 1897.

E. Kück: Hartmuth v. Cronberg als Interpolator des von Luther an ihn gerichteten Missives. In: ZsKg 19, 1899, S. 196ff.

Der Curtisan unnd pfründenfresser. Hg. v. O. Schade, Satiren u. Pasquille Bd. 1, S. 7ff. u. 181ff.

Ain schöner Dialogus, wie ain Baur mit aim Frauenbruder Münich redt, dass er die Kutten von im wirft. Hg. v. O. Schade, Satiren u. Pasquille, Bd. 2, S. 155ff. u. 339ff.

Ain schöner Dialogus . . so ain Prediger Münch Bembus . . und ain Burger Silenus und sein Narr mit ainander haben. Hg. v. O. Schade, Satiren u. Pasquille Bd. 3, S. 213ff. u. 296ff.

Ain schöner Dialogus Cunz und der Fritz. Hg. v. O. Schade, Satiren u. Pasquille Bd. 2, S. 119ff. u. 319ff.; v. A. E. Berger, Sturmtruppen, S. 161ff.

Eyn newer Dialogus . . zwischen einem . . Edelman und einem Münch. Hg. v. O. Schade, Satiren u. Pasquille, Bd. 3, S. 101ff. u. 253ff.

Ain schöner Dialogus von zwaien guten Gesellen, genant Hans Toll und Claus Lamp (1523). Hg. v. O. Schade, Satiren u. Pasquille, Bd. 2, S. 128ff. u. 325ff.; v. W. Lenk, Die Reformation im zeitgenöss. Dialog, S. 146ff.

Dialogus, so Franciscus v. Sickingen vor des Himmels Pforten mit Sant Peter . . gehalten. Hg. v. O. Schade, Satiren u. Pasquille, Bd. 2, S. 45ff u. 288ff.

Dialogus zwischen Vater und Sohn, die Lehre Martin Luthers belangend (1523). Hg. O. Clemen, Flugschriften, Bd. 1, S. 21ff.; v. W. Lenk, Die Reformation im zeitgenöss. Dialog, S. 151ff.

Dialogus von der Zwitracht des hailigen christenlichen Glaubens . . Hg. v. O. Schade, Satiren u. Pasquille, Bd. 3, S. 207ff. u. 294ff.

Von der rechten Erhebung Bennonis ein Sendbrief (1524). Hg. O. Clemen, Flugschriften, Bd. 1, S. 185ff.
Ain Evangelium Pasquilli. Hg. v. O. Schade, Satiren u. Pasquille, Bd. 2, S. 105ff. u. 310ff.
L. Geiger: Eine Flugschrift des Jahres 1521. In: Vierteljahrschrift f. Kultur u. Litteratur d. Renaissance 1, 1886, S. 396ff.
H. Haupt: Beiträge zur Reformationsgeschichte der Reichsstadt Worms. Zwei Flugschriften aus den Jahren 1523 u. 1524. Gießen 1897.
O. Clemen: Eine Augsburger Flugschrift von 1524. In: Beitr. z. bayer. Kirchengeschichte 6, 1900, S. 274ff.
Ders.: Eine Wormser Flugschrift vom 14. Mai 1521. In: ZsKg 20, 1900, S. 445ff.
H. Hesselbarth: Eine Flugschrift aus dem Großen Deutschen Bauernkrieg. In: Zs f. Geschichtswissenschaft 1, 1953, S. 527ff.
M. M. Smirin: Eine anonyme Flugschrift aus der Zeit des Großen Bauernkrieges. In: Beiträge z. neuen Geschichtsbild, z. 60. Geburtstag v. A. Meusel. Berlin 1956, S. 71ff.
Eine Frag und Antwort von zweien Brüdern, was für ein seltsames Tier zu Nürnberg gewesen (1524). Hg. O. Clemen, Flugschriften, Bd. 1, S. 171ff.
Hans Freiermut (Pseud.): Triumphus veritatis (1524). Hg. O. Schade, Satiren u. Pasquille, Bd. 2, S. 196ff. u. 352ff.
G. Th. Strobel: Recension einiger seltener Schriften zur Zeit der Reformation. 1. Triumphus veritatis. – 2. Der Clockerthurn. – 3. Ein schöner Dialogus Cuntz unnd der Fritz. – 4. Dyalogus. Bruder Götzer. In: Ders.: Neue Beyträge z. Literatur, bes. d. 16. Jahrhunderts 5, 1794, II. S. 249ff.
G. Stuhlfauth: Die beiden Holzschnitte der Flugschrift „Triumphus veritatis". In: Zs f. Bücherfreunde NF 13, 1921, S. 49ff.
A. Hollaender: Michel Gaismairs Landesordnung 1526. Entstehung, Bedeutung, Text. In: Der Schlern 13, 1932, S. 375ff. u. 425ff.; hg. v. K. Kaczerowsky, Flugschr. d. Bauernkrieges, S. 79ff.
J. Macek: Das revolutionäre Programm des deutschen Bauernkrieges von 1526. In: Historica 2, Prag 1960, S. 111ff.
Ein kurz Gedicht, so neulich ein Thurgöuischer Baur Doctor Martin Luther zu Lob .. gemacht hat. Hg. v. O. Schade, Satiren u. Pasquille, Bd. 2, S. 160ff. u. 340ff.
Ain new Gedicht wie die gaystlichait zu Erffordt .. gesturmbt ist worden (1521). Hg. v. R. v. Liliencron, Histor. Volkslieder, Bd. 3, S. 366ff.; O. Clemen, Flugschriften, Bd. 1, S. 365ff.
Das meisterliche Gedinge des Abts v. Chemnitz (1522). Hg. O. Clemen, Flugschriften, Bd. 3, S. 369ff.
Ein klägliches Gespräch von einem Abt, Curtisanen u. dem Teufel, wider den frommen Papst Hadrian. Hg. O. Clemen, Flugschriften, Band 3, Seite 1ff.
O. Clemen: Eine Flugschrift über Papst Hadrian VI. In: Wissenschaftl. Beilage d. Leipziger Zeitung 1898, S. 357f.

Ein Gespräch zwischen einem Christen und Juden (1524). Hg. O. Clemen, Flugschriften, Bd. 1, S. 375ff.

R. Grützmacher: Ein Sittenbild aus dem 16. Jahrhundert (Gespräch des Herrn mit S. Petro). In: Die Reformation 1, 1902, S. 73ff.

Ein Gespräch . . von der Wallfahrt im Grimmethal (1523/24). Hg. O. Clemen, Flugschriften, Bd. 1, S. 133ff.; v. W. Lenk, Die Reformation im zeitgenöss. Dialog, S. 179ff.

O. Clemen: Zwei Thüringer Flugschriften aus der Reformationszeit (1. Ein Gespräch . . . von der Wallfahrt in Grimmenthal. 2. Ein Dialogus zwischen einem Vater und Sohn). In: Neue Mitteilungen aus d. Gebiet hist.-antiquar. Forschungen 21, 1903, S. 64ff.

Ein Gesprech von dem gemeinen Schwabacher Kasten. Hg. v. O. Schade, Satiren u. Pasquille, Bd. 3, S. 196ff. u. 293ff.

Glosse des Ablasses = Hallesches Trutzrom v. 1521. Hg. v. E. Böhmer. Halle 1862.

J. K. Seidemann: Glosse des Ablass 1521. In: ArchL 4, 1874/75, S. 269ff.

Von der Gült (1522). Hg. v. O. Schade, Satiren u. Pasquille, Bd. 2, S. 73ff. u. 296ff.; v. W. Lenk, Die Reformation im zeitgenöss. Dialog, S. 141ff.

G. Kawerau: Kaspar Güttel. Ein Lebensbild aus Luthers Freundeskreise. In: Zs des Harzvereins 14, Halle 1881, S. 33ff.

Handlung des Bichofs von Merseburg mit den zwei Pfarrern von Schönbach und Buch (1523). Hg. O. Clemen, Flugschriften, Bd. 1, S. 53ff.

O. Clemen: Bischof Adolph v. Merseburg und die Pfarrer von Schönbach und Großbuch. In: Ders.: Beiträge z. Reformationsgeschichte 2, 1902, S. 4ff.

Haushaltungsbüchlein. Hg. O. Clemen, Flugschriften, Bd. 4, S. 159ff.

Nikolaus Herman: Eyn Mandat Jhesu Christi an alle seyne getrewen Christen (1524). Hg. O. Clemen, Flugschriften, Bd. 2, S. 245ff.; v. A. E. Berger, Sturmtruppen, S. 271ff.

Doedes: Ein Mandat Jesu Christi von Nikolaus Herman. In: Theolog. Studien u. Kritiken 51, 1878, S. 303ff.

Johannes Herrgott: Von der neuen Wandlung eines christlichen Lebens. Hg. v. A. Götze u. L. E. Schmitt. Neudrucke Nr. 322, Halle 1953 (Flugschr. aus d. Ref.zeit Bd. 20).

A. Kirchhoff: Johann Herrgott, Buchführer von Nürnberg, und sein tragisches Ende 1527. In: Arch. f. Geschichte d. Deutschen Buchhandels 1, 1878, S. 15ff.; 6, 1881, S. 252ff.; 10, 1886, S. 232f.

G. Zschäbitz: „Von der newen wandlung eynes Christlichen Lebens". Eine oft mißdeutete Schrift aus der Zeit nach dem Großen Deutschen Bauernkrieg. In: Zs f. Geschichtswissenschaft 8, 1960, S. 908ff.

K. Schottenloher: Hans Sachs und Hieronymus Höltzel. Ein Beitrag zur Geschichte der Nürnberger Flugschriften vom Jahre 1524. In: Beitr. z. Bibliotheks- u. Buchwesen, P. Schwencke gewidmet. Berlin 1913, S. 235ff.

Valentin Ickelsamer: Klag etlicher brüder an alle Christen. Hg. v. L. Enders in: Aus dem Kampf der Schwärmer gegen Luther. Neudrucke Nr. 118, Halle 1893, S. 41ff. (Flugschr. aus d. Ref.zeit Bd. 10).

O. Clemen: Valentin Ickelsamer. In: MPh 24, 1926/27, S. 341ff.; JEGP 26, 1927, S. 237ff.

Von dem Jubel Jar, genant das gulden Jar. Hg. v. O. Schade, Satiren u. Pasquille, Bd. 1, S. 38ff. u. 206ff.

Judas Nazarei (Pseud.): Das Wolfsgesang. Hg. v. O. Schade, Satiren u. Pasquille, Bd. 3, S. 1ff. u. 221ff.

Vom alten und neuen Gott, Glauben und Lehre. Hg. v. E. Kück. Neudrucke Nr. 142/43, Halle 1896 (Flugschr. aus d. Ref.zeit Bd. 12).

Kuhn: Das Wolfsgesang. Eine Reliquie aus der Zeit der Reformation. In: Beitr. z. Geschichte d. Schweizerisch-reformierten Kirche; zunächst derjenigen des Kantons Bern 2, 1841, S. 137ff.

Karsthans (1521). Hg. O. Clemen, Flugschriften Bd. 4, S. 1ff.; v. A. E. Berger, Sturmtruppen, S. 100ff.; v. W. Lenk, Die Reformation im zeitgenöss. Dialog, S. 67ff.; v. E. Böcking, Hutteni Opera Bd. 4, S. 615ff.

E. Martin: Karsthans. In: Jb f. Geschichte, Sprache u. Literatur Elsass-Lothringens 22, 1906, S. 277f.

Das Kegelspiel. Hg. O. Clemen, Flugschriften Bd. 3, S. 219ff.; v. E. Voss in: MPh 2, 1904/5, S. 17ff.

T. Schieß: Das Kegelspiel. In: Zwingliana 5, 1930, S. 143ff.

Heinrich v. Kettenbach: Die Schriften. Hg. O. Clemen, Flugschriften, Bd. 2, S. 1ff.

Vergleichung u. Neu Apologia. Hg. A. E. Berger, Sturmtruppen, S. 242ff.

O. Clemen: Eine Flugschrift von Wolfgang von Ketwig? In: Jahrbücher f. Brandenburg. Kirchengeschichte 25, 1930, S. 139ff.

A. Hegler: Die Flugschrift „Von der Kindertauf". In: Ders.: Beitr. z. Geschichte d. Mystik d. Reformationszeit. Berlin 1906, S. 62ff.

J. K. Seidemann: Eine brüderliche Klage, 1521 oder 1522. In: ArchL 4, 1874/75, S. 277ff.

Klag und Antwort von lutherischen und bebstischen Pfaffen. Hg. v. O. Schade, Satiren u. Pasquille, Bd. 3, S. 136ff. u. 262ff.

Eyn clag und bitt der deutschen Nation . . . umb erlossung aus dem gefengnis des Antichrist. Hg. v. O. Schade, Satiren u. Pasquille, Band 1, Seite 1ff. u. 179ff.

Michel Kromer: Eine Unterredung vom Glauben mit einem jüdischen Rabbiner (1523). Hg. O. Clemen, Flugschriften, Bd. 1, S. 423ff.

Johann Lachmann: Drei christliche Ermahnungen an die Bauernschaft. Hg. O. Clemen, Flugschriften Bd. 2, S. 414ff.

Johann Locher: Verzeichnis seiner Schriften bei P. Böckmann: Der gemeine Mann . . ., DVjs 22, 1940, S. 209.

K. Schottenloher: der Münchner Buchdrucker Hans Schobser. Mit einem Anhang: Wer ist Johann Locher von München? München 1925. Neudr. Nieuwkoop 1967.

P. Kalkoff: Die Prädikanten Rot-Locher, Eberlin und Kettenbach. In: ArchRG 25, 1928, S. 128ff.

Sebastian Lotzer: Schriften. Hg. v. A. Götze. Leipzig 1902.

W. Vogt: Zwei oberschwäbische Laienprediger. I. Sebastian Lotzer.

II. Hans Häberlein. In: Zs f. kirchl. Wissenschaft u. kirchl. Leben 6, 1885, S. 413ff., 537ff.

G. Bossert: Sebastian Lotzer und seine Schriften. Memmingen 1906.

Ägidius Mechler: Apologia oder Schutzrede in welcher wird grund und ursach ertzelt seynes weyb nemens. Hg. O. Clemen, Flugschriften, Bd. 4, S. 219ff.

Die scharf Metz wider die, die sich evangelisch nennen (1524). Hg. O. Clemen, Flugschriften, Bd. 1, S. 97ff.

(Sebastian Meyer): Ein kurzer Begriff von Hans Knüchel (1523). Hg. O. Clemen, Flugschriften Bd. 1, S. 213ff. (vgl. ebda Bd. 3, S. 7)

Vom Pfründmarkt der Curtisanen. Hg. v. O. Schade, Satiren u. Pasquille, Bd. 3, S. 59ff. u. 244ff.

Ernstliche Ermahnung Hugo v. Landenbergs. Hg. O. Clemen, Flugschriften, Bd. 4, S. 275ff.

A. Götze: Vom Pfründmarkt der Curtisanen. In: ZfdPh 37, 1905, S. 193ff.

E. Blösch: Sebastian Meyer, 1465–1545. In: Sammlung Bernischer Biographien 1, 1884, S. 476ff.

O. Clemen: Georg Motschidler, ein neuentdeckter Flugschriftenverfasser. In: ArchRG 9, 1911/12, S. 277ff.

Die göttliche Mühle. Hg. v. O. Schade, Satiren u. Pasquille Bd. 1, S. 19ff. u. 198ff.

Plitt: Zur Reformationsgeschichte (Die göttliche Mühle). In: Zs f. d. gesammte luther. Theologie u. Kirche 28, 1867, S. 153f.

E. Egli: Die göttliche Mühle. In: Zwingliana 2, 1905/12, S. 363ff.

H. Gleisberg: Die „Göttliche Müly". In: Natur u. Heimat 1957, H. 3, S. 73f.

Saxo: Ein Pamphlet „Von der München Ursprung" vom Jahre 1523. In: Zs f. Bücherfreunde 12, 1920, S. 77ff.

K. Lange: Der Papstesel. Ein Beitrag zur Kultur- und Kunstgeschichte des Reformationszeitalters. Göttingen 1891.

E. Matthias: Ein Pasquill aus der Zeit des Schmalkaldischen Krieges. In: ZfdPh 20, 1888, S. 151ff.

Doctor Martin Luthers Passion. Hg. v. O. Schade, Satiren u. Pasquille Bd. 2, S. 108ff. u. 315ff.

O. Clemen: Dr. Martin Luther's Passion (Flugschrift des Jahres 1521). In: Ders.: Beitr. z. Reformationsgeschichte 3, 1903, S. 9ff.

E. Voss: Der Lutherisch Pfaffennarr. In: PMLA 25, 1910, S. 448ff.

Practica Doctor Schrotentrecks v. Bissingen auf das 1523. Jahr. Hg. O. Clemen, Flugschriften, Bd. 4, S. 339ff.

Ain grosser Preis, so der Fürst der Hellen . . jetzt den Gaistlichen . . zuweist. Hg. v. O. Schade, Satiren u. Pasquille Bd. 2, S. 85ff. u. 300ff.

H. Werner: Die sog. „Reformation des Kaisers Friedrich III." Ein Reichsreformplan der westdeutschen Reichsritterschaft. In: Westdt. Zs f. Geschichte u. Kunst 28/29, 1909/10, S. 29ff. u. 83ff.

Ders.: Reformation Kaiser Friedrichs III. In: Dt. Geschichtsblätter 19, 1918, S. 189ff.

(Johannes Römer): Ein schöner Dialogus von den vier grössten Beschwernissen eines jeglichen Pfarrers (1521). Hg. O. Clemen, Flugschriften, Bd. 3, S. 27ff.

O. Clemen: Die Flugschrift: Von den vier größten Beschwernissen eines jeglichen Pfarrers. In: Alemannia 27, 1900, S. 56ff.

Bernhard Rothmann: Schriften. Hg. v. E. W. H. Hochhuth. Gotha 1857.

Restitution rechter und gesunder christlicher Lehre. Hg. v. A. Knaake. Neudrucke Nr. 77/78, Halle 1888 (Flugschr. aus d. Ref.zeit Bd. 7).

Zwei Schriften des Münsterschen Wiedertäufers Bernhard Rothmann. Hg. v. H. Detmer u. R. Krumbholtz. Dortmund 1904.

H. Rothert: Bernhard Rothmann. In: Westfälische Lebensbilder. Hauptreihe Bd. 1. Münster 1930, S. 384ff.

Michael Sattler: Brüderlich Vereinigung etzlicher Kinder Gottes, sieben Artikel betreffend. Hg. O. Clemen, Flugschriften, Bd. 2, S. 277ff.

(Christoph Schappeler): Verantwortung und Auflösung etlicher vermeinter Argument (1523). Hg. O. Clemen, Flugschriften Bd. 2, S. 339ff. (s. a. A. Götze über die 12 Artikel der Bauern in: HVjs 4,5 u. 7).

Ain neuer Sendbrief von den bösen Gaistlichen. Hg. v. O. Schade, Satiren u. Pasquille, Bd. 2, S. 93ff. u. 305ff.

Ein Sendbrief von einem jungen Studenten zu Wittenberg. Hg. O. Clemen, Flugschriften, Bd. 1, S. 1ff.

E. Kück: Schriftstellernde Adlige der Reformationszeit. I. Sickingen und Landschad. Wissenschaftl. Beilage z. Jahresbericht d. Gymnasiums u. Realgymnasiums zu Rostock. Rostock 1899.

O. Clemen: Ein Spottgedicht aus Speyer von 1524. In: ArchRG 5, 1907/8, S. 77ff.

Ein neuwer Spruch . . Wie es kompt . ., Dass so vil Münch sein Priester worden. Hg. v. O. Schade, Satiren u. Pasquille, Bd. 2, S. 165ff. u. 344ff.

Ain schener Spruch von dem bösen missprauch in der hayligen Christenhait. Hg. v. O. Schade, Satiren u. Pasquille Bd. 1, S. 27 u. 202ff.

Balthasar Stanberger: Dialogus zwischen Petro und einem Bauern (1523). Hg. O. Clemen, Flugschriften Bd. 3, S. 185ff.; v. A. E. Berger, Sturmtruppen, S. 205ff.; v. W. Lenk, Die Reformation im zeitgenöss. Dialog, S. 168ff.

O. Clemen: Balthasar Stanberger. In: Zs d. Vereins f. Thüring. Geschichte u. Altertumskunde 19, 1899, S. 242ff.

Michael Stifel: Von der christförmigen Lehre Luthers (1522). Hg. O. Clemen, Flugschriften Bd. 3, S 261ff.; v. A. E. Berger, Lied-Spruch- u. Fabeldichtung, S. 202ff.

A. Guddas: Michael Styfel (1487–1567). Luthers intimer Freund, der geniale Mathematiker, Pfarrer im Herzogtum Preussen. Königsberg 1922.

Thomas Stör: Christliche Vermahnung zu Antonius Thürler (1524). Hg. O. Clemen, Flugschriften, Bd. 3, S. 379ff.

Ain Strafred und Unterricht, Wie es des Papsts Junger auf Geiz hond zugericht. Hg. v. O. Schade, Satiren u. Pasquille, Bd. 2, Seite 175ff. und 347ff.

Die Lutherisch Strebkatz. Hg. v. O. Schade, Satiren u. Pasquille Bd. 3, S. 112ff. u. 255ff.

O. Clemen: Die lutherische Strebkatz. In: ArchRG 2, 1904/5, S. 78ff.

G. Stuhlfauth: Die Lutherisch Strebkatz. In: Deutsch-Evangelisch 2, 1911, S. 374.

Ein Underred des bapsts und seiner cardinelen . . umb das wort Gottes under zu trucken. Hg. v. O. Schade, Satiren u. Pasquille, Bd. 3, S. 74ff. u. 249ff.

Verhör und Akta vor dem Bischof von Meissen gegen den Bischof zu der Lochaw (1522). Hg. O. Clemen, Flugschriften, Bd. 1, S. 53ff.

Die deutsche Vigilie der gottlosen Papisten, Münch und Pfaffen. Hg. O. Clemen, Flugschriften, Bd. 3, S. 111ff.

Eine neue . . Historie von Jörg Wagner zu München . . als ein Ketzer verbrannt im Jahr 1527. Teildruck in: Jahrbuch f. die evangelisch-lutherische Landeskirche Bayerns 6, 1906, S. 16ff.

O. Clemen: Bemerkung zu der Flugschrift: Eine Warnung an den Bock Emser. In: Ders.: Beitr. z. Reformationsgeschichte 1, 1900, S. 28ff.

Weggesprech gen Regenspurg. Hg. v. O. Schade, Satiren u. Pasquille Bd. 3, S. 159ff. u. 264ff.

P. Merker: Der Verfasser des anonymen Reformationsdialoges „Eyn Weggesprech gen Regenspurg . .“ In: Studien z. Literaturgeschichte, A. Köster überreicht. Leipzig 1912, S. 18ff.

A. Bernt u. K. W. Fischer: Der „Arnauer Weggsprech“ (Eyn weggsprech gen Regenspurg). Eine protestantische Streitschrift aus d. J. 1525. Trautenau 1924.

E. Weller: Wolfspredigt (Eine Predigt vom Wolf zu den Gänsen). In: Serapeum 27, 1866, S. 263ff.

Neue Zeitung auf das Jahr 1521. Eine schriftliche Werbung . . von dem Fürsten der Helle. Hg. v. O. Schade, Satiren u. Pasquille, Bd. 2, S. 99ff. u. 308ff.

(s. auch unter: Agricola, Alberus, Brenz, Butzer, Denck, Eberlin, Eckstein, Gengenbach, Hubmaier, Hutten, Karlstadt, Linck, Luther, Manuel, Melanchthon, Müntzer, Rhegius, Sachs, Spengler, Vadian, Zwingli).

B) Gegner der Reformation:

N. Paulus: Katholische Schriftsteller aus der Reformationszeit. In: Der Katholik 72, 1891, S. 544ff.; 73, 1893, S. 213ff.

Ders.: Die deutschen Dominikaner im Kampfe gegen Luther (1518–1563). Freiburg 1903.

F. Lauchert: Die italienischen literarischen Gegner Luthers. Freiburg 1912. Neudr. Nieuwkoop 1972.

P. Polmann: Die polemische Methode der ersten Gegner der Reformation. Münster 1931 (Kathol. Leben u. Kämpfen im Zeitalter d. Glaubensspaltung Bd. 4).

J. Jedin: Die geschichtliche Bedeutung der katholischen Kontroversliteratur im Zeitalter der Glaubensspaltung. In: HJb 53, 1933, S. 70ff.

L. Kramer: Die Publizistik der alten Kirche während der Reformationszeit. Berlin 1941, Masch.

E. Iserloh: Der Kampf um die Messe in den ersten Jahren der Auseinandersetzung mit Luther. Münster 1952 (Kathol. Leben u. Kämpfen im Zeitalter d. Glaubensspaltung Bd. 10).

F. J. Stopp: Der religiös-polemische Einblattdruck ‚Ecclesia militans' (1569) des Johannes Nas und seine Vorgänger. In: DVjs 39, 1965 S. 588ff.

Zu einzelnen Autoren und Texten

Augustin v. Alfeld: Wyder den wittenbergischen Abgot Martin Luther (1524). – Erklärung des Salve Regina (1527). Hg. v. K. Büschgens u. L. Lemmens. Münster 1926 (CC Bd. 11).

L. Lemmens: Augustin v. Alfeld. Ein Franziskaner aus den ersten Jahren der Glaubensspaltung in Deutschland. Freiburg i. B. 1899.

G. Hesse: Augustin v. Alfeld. Verteidiger des Apostolischen Stuhles. In: Franziskanische Studien 17, 1930, S. 160ff.

M. Spahn: Bockspiel Martin Luther's. In: Der Katholik 77, 1897, S. 360ff.

O. Kaufmann: Bockspiel Martin Luthers und Martin Luthers Clagred. Eine kritische u. literarhistorische Studie. Diss. Halle 1905.

L. Zopf: Zwei neue Schriften Murners (Bockspiel Martin Luthers 1531. Martin Luthers Clagred 1534). Diss. Freiburg i. B. 1911.

G. Bebermeyer: Murnerus pseudoepigraphus („Bockspiel Martini Luthers" 1531 und „Martin Luthers Clagred" 1534). Diss. Göttingen 1913.

Daniel v. Soest (Pseud.): Eine gemeyne Bicht (1539). Hg. u. eingeleitet v. F. Jostes. Paderborn 1888. Neudr. ebda. 1972; v. A. E. Berger, Satirische Feldzüge, S. 146ff.

H. Schwartz: Geschichte der Reformation in Soest. Soest 1932.

Ders.: Daniel v. Soest-Jasper v. d. Borch. In: Zs d. Vereins f. d. Geschichte v. Soest u. d. Börde 48, 1934, S. 114f.

Johann Fabri: Malleus in haeresim Lutheranam (1524). Hg. v. A. Naegele. 2 Bde. Münster 1941/52.

L. Helbling: Dr. Johann Fabri, Generalvikar v. Konstanz und Bischof v. Wien (1478–1541). Beiträge zu seiner Lebensgeschichte. Münster 1941 (mit einem Schriftenverzeichnis).

N. Paulus: Kaspar Schatzgeyer, ein Vorkämpfer der katholischen Kirche gegen Luther in Süddeutschland. Freiburg 1897.

J. Negwer: Konrad Wimpina. Ein katholischer Theologe aus der Reformationszeit. Breslau 1909.

(s. a. unter Cochläus, Eck, Emser, Murner, Salat, Witzel)

Drama und Theater

Allgemeine Darstellungen

L. A. Burckhardt: Geschichte der dramatischen Kunst in Basel. Basel o. J.
G. Goedeke: Every-Man, Homulus und Hecastus. Hannover 1865.
W. Wackernagel: Geschichte des deutschen Dramas bis zu den Anfängen des 17. Jahrhunderts. In: Ders.: Kleine Schriften Bd. 2. Leipzig 1873.
R. Pilger: Die Dramatisierungen der Susanna im 16. Jahrhundert. In: ZfdPh 11, 1880, S. 129ff.
H. Holstein: Dramen und Dramatiker des 16. Jahrhunderts. In: ArchL 10, 1881, S. 145ff.
Ders.: Die Reformation im Spiegelbilde der dramatischen Literatur des sechzehnten Jahrhunderts. Halle 1886 (Schriften d. Vereins f. Reformationsgeschichte Bd. 14 u. 15). Neudr. Nieuwkoop 1967.
Ders.: Zur Literatur des lateinischen schauspiels des 16. jahrhunderts. In: ZfdPh 20, 1888, S. 97ff.
A. v. Weilen: Der ägyptische Joseph im Drama des 16. Jahrhunderts. Wien 1887.
W. Scherer: Zur Geschichte des lateinischen Dramas im 16. und 17. Jahrhundert. In: Arch. f. d. Geschichte deutscher Sprache 1, 1874, S. 1ff. u. 481ff.
P. Bahlmann: Das lateinische Drama von Wimphelings „Stylpho" bis zur Mitte des 16. Jahrhunderts. Münster 1893.
M. Herrmann: Terenz in Deutschland bis zum Ausgang des 16. Jahrhunderts. In: Mitteilungen d. Gesellschaft f. Erziehungs- u. Schulgeschichte 3, 1893, S. 1ff.
Ders.: Forschungen zur deutschen Theatergeschichte des Mittelalters und der Renaissance. Berlin 1914.
G. Albrecht: Die alttestamentlichen Stoffe im Schauspiel der Reformationszeit. In: Dt. Dramaturgie, Zs f. dramatische Kunst u. Literatur 4, 1897, S. 8ff. u. 33ff.
R. Schwartz: Esther im deutschen und neulateinischen Drama des Reformationszeitalters. ²Oldenburg 1898.
A. Wick: Tobias in der dramatischen Literatur Deutschlands. Heidelberg 1899.
A. Zabel: Die Lutherdramen des beginnenden 17. Jahrhunderts. München 1911.
P. Dittrich: Plautus und Terenz in Pädagogik und Schulwesen der deutschen Humanisten. Leipzig 1915.
M. Rudwin: Der Teufel in den geistlichen Spielen des Mittelalters und der Reformationszeit. Göttingen 1915.
J. E. Gillet: Über den Zweck des Dramas in Deutschland im 16. und 17. Jahrhundert. In: PLMA 32, 1917, S. 430ff.
Ders.: Über den Zweck des Schuldramas in Deutschland im 16. und 17. Jahrhundert. In: JEGP 17, 1918, S. 69ff.

Ders.: The German dramatist of the 16th century and his bible. In: PLMA 34, 1919, S. 465ff.
W. Creizenach: Geschichte des neueren Dramas. Bd. 1 u. 2. ²Halle 1918/23.
G. Herzfeld: Martin Luther im Drama von vier Jahrhunderten. Diss. Köln 1922.
O. Koischwitz: Der Theaterherold im deutschen Schauspiel des Mittelalters und der Reformationszeit. Berlin 1926 (Germanische Studien Band 46).
E. Nahde: Der reiche Mann und der arme Lazarus im Drama des 16. Jahrhunderts. Jena 1928.
H. Beck: Das genrehafte Element im deutschen Drama des XVI. Jahrhunderts. Berlin 1929. Neudr. Berlin 1967.
Ders.: Die Bedeutung des Genrebegriffs für das deutsche Drama des 16. Jahrhunderts. In: DVjs 8, 1930, S. 82ff.
O. Eberle: Theatergeschichte der inneren Schweiz. Königsberg 1929.
J. Maassen: Drama und Theater der Humanistenschulen in Deutschland. Augsburg 1929.
O. Thulin: Johannes der Täufer im geistlichen Schauspiel des Mittelalters und der Reformationszeit. Leipzig 1930.
E. J. Eckardt: Der Übergang von der Simultanbühne zur deutschen Bühne der Neuzeit im Theaterwesen des 16. Jahrhunderts. Leipzig 1931.
J. Bolte: Unbekannte Schauspiele des 16. und 17. Jahrhunderts. In: Sitzungsberichte d. preuß. Akad. d. Wissenschaften Berlin, phil.-hist. Kl., 1933, S. 373ff.
H. Brinkmann: Anfänge des modernen Dramas in Deutschland. Versuch über die Beziehungen zwischen Drama und Bürgertum im 16. Jahrhundert. Jena 1933.
K. Michel: Das Wesen des Reformationsdramas entwickelt am Stoff des verlorenen Sohnes. Gießen 1934.
H. H. Borcherdt: Das europäische Theater im Mittelalter und in der Renaissance. Leipzig 1935.
U. Gehre: Das Publikum des deutschen Theaters im 16. Jahrhundert. Göttingen 1951.
A. Rößler: Die Parabel vom verlorenen Sohn des 16. Jahrhunderts als Spiegelbild der rechtlichen, wirtschaftlichen und sozialen Verhältnisse jener Zeit. Diss. Jena 1952, Masch.
E. Wagemann: Die Personalität im deutschen Drama des 16. Jahrhunderts. Diss. Göttingen 1952, Masch.
I. Stetzer: Die Bedeutung des Schriftprinzips für den Dramenstil im 16. Jahrhundert. Diss. Heidelberg 1954.
T. C. Stockum: Das Jedermann-Motiv und das Motiv des verlorenen Sohnes im niederländischen und niederdeutschen Drama. In: Mededeelingen d. Koninkl. Akad. v. Wetenschappen. Amsterdam 1958, Nr. 21.
H. Bekker: The Lucifer motiv in the German drama of the 16th century. In: Monatshefte 51, 1959, S. 237ff.
H. Kindermann: Theatergeschichte Europas Bd. 2. Salzburg 1959.

K. Ziegler: Das Deutsche Drama der Neuzeit. In: Deutsche Philologie im Aufriß Bd. 2. ²Berlin 1960, Sp. 1997ff.
D. v. Abbé: Drama in Renaissance Germany and Switzerland. Parkville, London, New York 1961.
F. Reckling: Immolatio Isaak. Die theologische und exemplarische Interpretation in den Abraham-Isaak-Dramen der deutschen Literatur, insbesondere des 16. und 17. Jahrhunderts. Münster 1961.
L. Schmidt: Das deutsche Volksschauspiel. Ein Handbuch. Berlin 1962.
H. Hartmann: Bürgerliche Tendenzen im deutschen Drama des 16. Jahrhunderts. Habil.schr. Potsdam 1965, Masch.
E. Catholy: Das Fastnachtspiel. Stuttgart 1966 (Sammlung Metzler Bd. 56).
E. Dietrich-Bader: Wandlungen der dramatischen Bauform vom 16. Jahrhundert bis zur Frühaufklärung. Untersuchungen zur Lehrhaftigkeit des Theaters. Göppingen 1972.

Zu einzelnen Autoren und Texten (bis zur Mitte des 16. Jahrhunderts)

Die Dramen von Ackermann und Voith. Hg. v. H. Holstein. Tübingen 1884 (BLV Bd. 170).
H. Holstein: Ackermann und Agricola. In: ZfdPh 12, 1881, S. 455ff.
J. Bolte: Johannes Ackermanns Spiel vom barmherzigen Samariter (1546). In: Arch. f. d. Studium d. neueren Sprachen u. Literaturen 77, 1887, S. 303ff.
B. Strauss: Johannes Ackermann und Hans Sachs. In: ZfdA 53, 1912, S. 303ff.
A. Leitzmann: Zu den Dramen von Ackermann und Voith. In: PBB 40, 1915, S. 536ff.
K. Hahn: Biographisches von Rebhun und Ackermann. In: Neues Arch. d. sächs. Geschichte u. Altertumskunde 43, 1922, S. 80ff.
Bado v. Minden: Claus Bur. Hg. v. A. Hoefer. Denkmäler niederdt. Sprache u. Literatur, Bd. 1., Greifswald 1850; v. E. Schafferus in: Spegel der Sassen Nr. 2: Zwei niederdeutsche Dramen der Reformationszeit. Hamburg 1938.
Georg Binder: Acolastus (dt. Übersetzung d. Spiels v. Gnaphäus). Hg. J. Bächtold, Schweizerische Schauspiele, Bd. 1, S. 171ff.
Sixtus Birck: Susanna u. Judith (lat.). Hg. v. J. Bolte. Lat. Lit.denkmäler Bd. 8, Berlin 1893.
Susanna (dt.). Hg. J. Bächtold, Schweizerische Schauspiele, Bd. 2, S. 1ff.
Judith (dt.). Hg. v. M. Sommerfeld: Die Judith-Dramen des 16. u. 17. Jahrhunderts. Berlin 1933.
Sämtliche Dramen. Hg. v. M. Brauneck. 4 Bde, Berlin 1969ff. (Erschienen: Bd. 1: Deutsche Dramen).
M. Radlkofer: Die dramatische Thätigkeit des Xystus Betulejus. In: Beilage z. Allg. Zeitung 1896, Nr. 299, 28, 12. S. 1ff.; Nr. 300, 29. 12. S. 5ff.
J. F. Schöberl: Über die Quellen des Sixtus Birck. Leipzig 1919.
E. Messerschmid: Sixtus Birck (1500–1554), ein Augsburger Humanist

und Schulmeister zur Zeit der Reformation. Diss. Erlangen 1923, Masch.

H. Levinger: Augsburger Schultheater unter Sixt Birk (1536–1554). Diss. Erlangen 1931.

E. R. Payne: Sixtus Birck: Sapientia Salomonis. New Haven 1938 (Yale Studies in English Bd. 89).

Valentin Boltz: Weltspiegel. Hg. B. Bächtold, Schweizerische Schauspiele, Bd. 2, S. 99ff.

G. Bossert: Zur Biographie des Dichters Valentin Boltz von Ruffach. In: Zs f. d. Geschichte d. Oberrheins 53, 1899, S. 194ff.

J. B. Hartmann: Die Terenz-Übersetzung des Valentin Boltz und ihre Beziehungen zu den ältern Terenz-Übersetzungen. Kempten, München 1911.

F. Mohr: Die Dramen des Valentin Boltz. Diss. Basel 1916.

Lienhart Culman: Spiel von der Wittfrau, Hg. v. J. Tittmann. Schauspiele des 16. Jahrhunderts, Bd. 1, S. 109ff.

Thiebolt Gart: Joseph. Hg. v. E. Schmidt. Elsäss. Lit.denkmäler Bd. 2, Straßburg 1880; v. A. E. Berger, Die Schaubühne d. Reformation, Bd. 2, S. 5ff.

A. Leitzmann: Zu Garths Josephdrama. In: PBB 50, 1927, S. 413ff.

M. Kleinlogel: „Joseph“, eine biblische Komödie von Thiebolt Gart aus dem Jahre 1540. Diss. Gießen 1932.

Wilhelm Gnaphäus: Acolastus. Hg. v. J. Bolte. Lat. Lit.denkmäler Bd. 1, Berlin 1891.

A. Reusch: Wilhelm Gnapheus, der erste Rector des Elbinger Gymnasiums. In: Programm d. Elbinger Gymnasiums 1868, Beilage S. 1ff.; 1877, S. 1ff.

T. J. Geest: Guilhelmus Gnapheus (Humanist-Hervormer-Paedagog). In: Bijdragen voor vaderlandsche geschiedenis en oudheidkunde VI, 4, 1926, S. 77ff.

W. Scherer: Joachim Greff. in: Sitzungsber. d. kaiserl. Akad. d. Wiss. phil. hist. Kl. 90, Wien 1878, S. 193ff.

H. Suhle: Joachim Greff, Schulmeister zu Dessau, der Verfasser des Dramas vom Patriarchen Jacob (1534). In: Mitteilungen d. Vereins f. Anhaltische Geschichte u. Altertumskunde 5, 1890, S. 91ff.

W. Kawerau: Joachim Greff in Madgeburg. In: Geschichtsblätter f. Stadt u. Land Magdeburg 29, 1894, S. 154ff. u. 401f.

R. Buchwald: Joachim Greff. Untersuchungen über die Anfänge des Renaissancedramas in Sachsen. Diss. Leipzig 1907.

Johannes Kolroß: Fünferlei Betrachtnisse, die den Menschen zur Buße reizen. Hg. J. Bächtold, Schweizerische Schauspiele, Bd. 1, S. 51ff.

E. Läuchli: Fünferlei Betrachtnisse von Johannes Kollros. Ein Basler Drama des 16. Jahrhunderts. In: Basler Stadtbuch 1959, S. 158ff.

O. Clemen: Zwei 1543 und 1545 in Zwickau gedruckte Dramen eines Crimmitschauer Schulmeisters (Johannes Krüginger). In: Alt-Zwickau 1924, S. 41ff.

Georg Macropedius: Hecastus. Hg. v. J. Bolte: Drei Schauspiele vom sterbenden Menschen. Leipzig 1927 (BLV Bd. 169/70).
Rebelles u. Aluta. Hg. v. J. Bolte. Lat. Lit.denkmäler Bd. 13, Berlin 1897.
D. Jacoby: Georg Macropedius. Ein Beitrag zur Litteraturgeschichte des sechzehnten Jahrhunderts. Wiss. Beilage z. Programm d. Königstädtischen Gymnasiums Ostern 1886. Berlin 1886.
M. Arndorfer: Studien zum „Hecastus" des Macropedius. Diss. Wien 1967, Masch.
Der reiche Mann und der arme Lazarus (1529). Hg. J. Bächtold, Schweizerische Schauspiele, Bd. 1, S. 1ff.
Das Pariser Reformationsspiel vom Jahre 1524. Hg. v. K. Vorretzsch. Halle 1913.
L. Geiger: Zwei Abhandlungen über reformationsgeschichtliche Schriften. 1. Das Spiel zu Paris 1524. – 2. Consilium cuiusdam und Apologia Christi pro Luthero (1521). In: ArchL 5, 1875/76, S. 543ff.
J. Schäfer: Das Pariser Reformationsspiel vom Jahre 1524. Diss. Leipzig 1917.
G. Buchwald: Ein Reformationsschauspiel im Jahre 1540 in Paris aufgeführt. In: Arch. f. d. Studium d. neueren Sprachen u. Literaturen 71, 1884, S. 299ff.
W. Crecelius: Hans v. Rüte von Bern und sein Spiel von der heidnischen und päpstlichen Abgötterei. In: Alemania 3, 1875, S. 120ff.
Ders.: Die Heiligenverehrung in der Schweiz im 16. Jahrhundert (nach d. Fastnachtspiel des Hans v. Rüte). In: Ebda, S. 53ff.
Jacob Ruf: Etter Heini. Erläutert u. hg. v. H. M. Kottinger. Quedlinburg, Leipzig 1847.
Adam und Heva. Erläutert u. hg. v. H. M. Kottinger. Quedlinburg, Leipzig 1848.
Von des Herrn Weingarten. Hg. J. Bächtold, Schweizerische Schauspiele, Bd. 3, S. 137ff.
R. Wildhaber: Jacob Ruf. Ein Zürcher Dramatiker des 16. Jahrhunderts. St. Gallen 1929.
P. Uhle: Der Dramatiker und Meistersänger Valentin Voith aus Chemnitz. In: Jb d. Vereins f. Chemnitzer Geschichte 9, 1895/97, S. 159ff.
Werke: s. o. unter Ackermann.
(s. a. unter: Agricola, Bullinger, Cochläus, Gengenbach, Lemnius, Manuel, Naogeorg, Rebhun, Wickram, Waldis)

Das Kirchenlied

Ausgaben von Gesangbüchern des 16. Jahrhunderts

Michael Vehe's Gesangbüchlein vom Jahre 1537. Das älteste katholische Gesangbuch. Hg. v. A. H. Hoffmann v. Fallersleben. Hannover 1853.
Das Erfurter Enchiridion 1524. Faksimile-Ausgabe. Kassel 1929.

Die zwei ältesten Königsberger Gesangbücher von 1527. Hg. u. eingeleitet v. J. Müller-Blattau. Kassel 1933.
Nüw gsangbüchle von vil schönen Psalmen und geistlichen Liedern. Faksimiledruck d. Ausgabe Zürich 1540. Hg. v. J. Hotz. Zürich 1946.
Das Straßburger Gesangbuch von 1541. Faksimile-Ausgabe. Straßburg 1953.
Das Klugsche Gesangbuch von 1533. Hg. v. K. Ameln. Kassel, Basel 1954.
Das Achtliederbuch Nürnberg 1523/24. Hg. v. K. Ameln. Kassel 1957.
Michael Weiße: Gesangbuch der Böhmischen Brüder 1531. Hg. v. K. Ameln. Kassel 1957.
Newe deudsche geistliche Gesenge für die gemeinen Schulen. Wittenberg 1544. Kritisch hg. v. H. J. Moser. Wiesbaden 1958.
Das älteste Zwickauer Gesangbuch von 1525. Faksimiledruck. Berlin 1960.

Allgemeine Darstellungen

Ch. W. Stromberger: Geistliche Lieder evangelischer Frauen des 16., 17. und 18. Jahrhunderts. Gießen 1854.
E. Koch: Geschichte des Kirchenlieds und Kirchengesangs der christlichen, insbesondere der deutschen evangelischen Kirche. 8 Bde, 3Stuttgart 1866/77.
Th. Odinga: Das deutsche Kirchenlied der Schweiz im Reformationszeitalter. Frauenfeld 1889.
R. Wolkan: Das deutsche Kirchenlied der böhmischen Brüder im 16. Jahrhundert. Prag 1891. Neudr. Hildesheim 1968.
Ders.: Die Lieder der Wiedertäufer. Ein Beitrag zur deutschen und niederländischen Litteratur- und Kirchengeschichte. Berlin 1903. Neudr. Nieuwkoop 1965.
F. Spitta: Die ältesten evangelischen Liederbücher aus Königsberg. In: ZsKG 31, 1910, S. 249ff. u. 415ff.
Günther: Zur Geschichte der evangelischen deutschen Messen bis zu Luthers deutscher Messe. In: MGK3, 1898, S. 18ff.
J. Wegener: Das erste Wittenberger Gemeindegesangbuch. In: MGK 4, 1899, S. 7ff.
H. Hennig: Die geistliche Kontrafaktur im Jahrhundert der Reformation. Halle 1909.
A. Benziger: Beiträge zum katholischen Kirchenlied in der deutschen Schweiz nach der Reformation. Diss. Freiburg i. Schweiz 1910.
R. v. Liliencron: 8 Lieder der Reformationszeit. Festgabe d. Gesellschaft f. dt. Literatur. Berlin 1910.
D. v. d. Heydt: Der Einfluß der Reformation auf das katholische deutsche Kirchenlied. In: Deutsch-Evangelisch 5, 1914, S. 80ff.
D. K. Knoke: Das „Achtliederbuch" vom Jahre 1523, seine älteste Gestalt und seine Wandlungen bis 1525. In: Neue kirchliche Zs 29, 1918, S. 415ff.
Ders.: Zur Geschichte der evangelischen Gesangbücher bis zu Luthers Tode. In: Theolog. Studien u. Kritiken 91, 1918, S. 228ff. u. 307ff.
J. Smend: Das evangelische Kirchenlied von 1524. Leipzig 1924.

J. Westphal: Das evangelische Kirchenlied nach seiner geschichtlichen Entwicklung. Leipzig 1925.

H. Lerche: Studien zu den deutsch-evangelischen Psalmendichtungen des 16. Jahrhunderts. Diss. Breslau 1926.

C. Böhm: Das deutsche evangelische Kirchenlied. Hildburghausen 1927.

Th. Kochs: Das deutsche geistliche Tagelied. Diss. Münster 1927.

W. Nelle: Geschichte des deutschen evangelischen Kirchenliedes. [3]Hamburg, Leipzig 1928. Neudr. Hildesheim 1962.

F. Hindenlang: Konstanzer Reformatoren und ihre Kirchenlieder. Leipzig, Hamburg 1936.

E. Weismann: Zur Geschichte des evangelischen Passionslieds. In: MGK 41, 1936, S. 5ff. u. 43ff.

P. Gabriel: Das Wort im reformatorischen Kirchenlied. In: Theolog. Blätter 16, 1937, S. 257ff.

Ders.: Das deutsche evangelische Kirchenlied. [3]Berlin 1956.

M. C. Pfleger: Untersuchungen am deutschen geistlichen Lied des 13. bis 16. Jahrhunderts. Diss. Berlin 1937.

P. Genrich: Die ostpreußischen Kirchenliederdichter. Leipzig 1938.

S. Braungart: Die Verbreitung des reformatorischen Liedes in Nürnberg 1525–70. Diss. Erlangen 1939.

A. Dornseif: Das evangelische Kirchenlied in der ersten Phase seiner Entwicklung. Diss. Bonn 1950, Masch.

D. F. Bub: Das Leiden Christi als Motiv im deutschen Kirchenliede der Reformation und des Frühbarock. Diss. Bern 1951.

W. Salmen: Das Gemeindelied des 15. und 16. Jahrhunderts in volkstümlicher Sicht. Ein Literaturbericht. In: JbLiturg 1, 1955, S. 128ff.

R. Sellgrad: Mensch und Welt im deutschen Kirchenlied vom 16. bis 18. Jahrhundert. Diss. Köln 1955.

J. Kulp: Die Lieder unserer Kirche. Bearb. u. hg. v. A. Büchner u. S. Fornaçon. Göttingen 1958.

H. Pfeiffer: Die Bedeutung des Alten Testaments für das deutsche evangelische (besonders lutherische) Kirchenlied des 16. und 17. Jahrhunderts. Diss. Jena 1958, Masch.

H. Reimann: Die Einführung des Kirchengesanges in der Zürcher Kirche nach der Reformation. Diss. Zürich 1959.

M. Jenny: Geschichte des schweizerischen evangelischen Gesangbuches im 16. Jahrhundert. Basel 1962.

H. Werthemann: Studien zu den Adventsliedern des 16. und 17. Jahrhunderts. Zürich 1963.

E. Heyward: Germany and the heritage of the Hebrew Psalter. From Luther to the death of Bach. Univ. of Tasmania 1969, Diss. Masch.

W. Ulrich: Semantische Untersuchungen zum Wortschatz des Kirchenliedes im 16. Jahrhundert. Lübeck, Hamburg 1969.

Zu einzelnen Liederdichtern

F. Spitta: Herzog Albrecht von Preussen als Liederdichter. Göttingen 1908.
Ders.: Die Lieder der Konstanzer Reformatoren. 1. Kenntnis und Gebrauch in der Gegenwart. 2. Ambrosius Blaurer. In: MGK 2, 1897, S. 350ff., 370ff.
Ders.: Das Gesangbuch A. Blaurers. In: ZfKg NF 1 1920, S. 238ff.
F. Hubert: Martin Butzers Großes Gesangbuch. In: MGK 3, 1898, S. 52ff.
Nikolaus Hermanns und Johannes Mathesius' geistliche Lieder. In einer Auswahl hg. u. eingel. v. K. F. Ledderhose. Halle 1855.
Die Sonntags-Evangelia von Nicolaus Herman (1561). Hg. v. R. Wolkan. Wien 1895.
A. Kosel: Sebald Heyden (1499–1561). Ein Beitrag zur Geschichte der Nürnberger Schulmusik in der Reformationszeit. Diss. Erlangen 1940.
W. G. v.Schnakenburg: Die Lieder des Reformators in Riga Andreas Knopken. In: ArchRG 40, 1943, S. 221ff.
E. Trunz: Ambrosius Lobwasser. Humanistische Wissenschaft, kirchliche Dichtung und bürgerliches Weltbild im 16. Jahrhundert. In: Altpreußische Forschungen 9, 1932, S. 29ff.
G. Schuhmacher: Der beliebte, kritisierte und verbesserte Lobwasser-Psalter. In: JbLiturg 12, 1967, S. 70ff.
A. Erichson: Wolfgang Musculus. – Katharina Zell. In: MGK 2, 1897, S. 236ff.
Bartholomäus Ringwaldt's geistliche Lieder. In einer Auswahl hg. v. H. Wendebourg. Halle 1858.
F. Sielek: Bartholomäus Ringwaldt. Sein Leben und seine Werke. Frankfurt/O. 1899.
Die Psalmenübersetzung des Paul Schede Melissus (1572). Hg. v. M. H. Jellinek. Neudrucke Nr. 144/48, Halle 1896.
L. Krauss: Die gereimte deutsche Psalmenübersetzung des fränkischen Dichters Paul Schede-Melissus (1572). In: Neue kirchliche Zs 31, 1920, S. 433ff.
P. de Nolhac: Un poète rhénan ami de la Pléiade, Paul Melissus. Paris 1923.
C. J. Cosack: Paulus Speratus Leben und Lieder. Braunschweig 1861.
K. Budde: Paul Speratus als Liederdichter. In: Zs f. prakt. Theologie 14, 1892, S. 1ff.
H. Hofmann: Nicolaus Tech – der Dichter von „Allein Gott in der Höh sei Ehr". In: MGK 24, 1919, S. 201ff.
H. Holstein: Der Lieder- und Tondichter Johann Walther. In: ArchL 12, 1884, S. 185ff.
W. Ehmann: Johann Walter, der erste Kantor der protestantischen Kirche. In: Musik u. Kirche 6, 1934, S. 188ff., 240ff., 261ff.
R. Denner: Der Lieder- und Tondichter Johann Walther, ein Sohn der Stadt Kahla. In: Mitteilungen d. Vereins f. Geschichte u. Altertumskunde zu Kahla 8, 1935, S. 397ff.

Engel: Michael Weisse im Gesangbuch der evangelischen Kirche Württembergs. In: Blätter f. Württemberg. Kirchengeschichte Nf 40, 1936, S. 136ff.
F. Spitta: Johannes Zwick. In: MGK 3, 1898, S. 323ff.
B. Moeller: Johannes Zwick und die Reformation in Konstanz. Gütersloh 1961.
(s. a. unter Alberus, Luther, Mathesius, Müntzer, Murner, Sachs, Schwenckfeld, Waldis, Zwingli).

Die Teufelliteratur des 16. Jahrhunderts

Ausgaben

Andreas Musculus: Vom Hosenteufel. Hg. v. M. Osborn. Neudrucke Nr. 125, Halle 1894, – Spielteufel. Teilabdruck v. J. Scheible, Das Kloster, Bd. 1, S. 53ff.
Johannes Chryseus: Der Hoffteufel. Hg. v. R. Elsner. In: Das deutsche Drama, ein Jahrbuch 1, Berlin 1929, S. 133ff.
Teufelsbücher in Auswahl. Hg. v. R. Stambaugh. 4 Bde u. 1 Realienbd. Berlin 1970ff. (Bisher erschienen: Bd. 1–3)

Darstellungen

C. W. Spieker: Lebensgeschichte des Andreas Musculus. Ein Beitrag zur Reformations- und Sittengeschichte des 16. Jahrhunderts. Frankfurt/O 1858. Neudr. Nieuwkoop 1964.
R. Grümmer: Andreas Musculus, sein Leben und seine Werke. Eisenach 1912.
G. Roskoff: Geschichte des Teufels. 2 Bde, Leipzig 1869.
G. Freytag: Der deutsche Teufel im sechzehnten Jahrhundert. In: Bilder aus der deutschen Vergangenheit II, 2, 11. Gesammelte Werke Bd. 19, Leipzig 1888, S. 360ff.
M. Osborn: Die Teufel-Literatur des 16. Jahrhunderts. Berlin 1893. Neudr. Hildesheim 1965.
R. Newald: Die Teufelliteratur und die Antike. In: Bayer. Blätter f. d. Gymnasial-Schulwesen 53, 6, 1927, S. 340ff.
H. Grimm: Die deutschen „Teufelbücher“ im 16. Jahrhundert. Ihre Rolle im Buchwesen und ihre Bedeutung. In: Arch. f. Geschichte d. Buchwesens 2, 1960, S. 513ff.
B. Ohse: Die Teufelliteratur zwischen Brant und Luther. Ein Beitrag zur näheren Bestimmung der Abkunft und des geistigen Ortes der Teufelsbücher. Diss. Berlin 1961 (Mit einer Bibliographie d. Teufelsbücher).

IV

Einzelne Autoren

Agricola (Schnitter), Johannes (1494–1566):

Ausgaben:

Siebenhundertfünfzig Deutsche Sprichwörter. Hg. v. F. Bobertag. In: Deutsche Volksbücher des 16. Jahrhunderts. Berlin, Stuttgart 1887, S. 411ff.

Ein nützlicher Dialog zwischen einem Müntzerischen Schwärmer und einem evangelischen frommen Bauern. Hg. v. K. Kaczerowsky, Flugschriften des Bauernkrieges, S. 199ff.

Literatur:

C. Schulze: Johann Agricola und Sebastian Franck und ihre Plagiatoren. In: Arch. f. d. Studium d. neueren Sprachen u. Literaturen 32, 1862, S. 153ff.

H. Holstein: Ackermann und Agricola. In: ZfdPh 12, S. 455ff.

G. Kawerau: Johann Agricola v. Eisleben. Ein Beitrag zur Reformationsgeschichte. Berlin 1881.

J. Rogge: Humanistisches Gedankengut bei Johann Agricola. In: Renaissance u. Humanismus in Mittel- u. Osteuropa. Hg. v. J. Irmscher. Bd. 1, Berlin 1962, S. 227ff.

Alber(us), Erasmus (ca. 1500–1553):

Ausgaben:

Verse auf den Tod Zwinglis. In: H. Bullingers Reformationsgeschichte. Hg. v. J. J. Hottinger u. H. Vögeli. Frauenfeld 1840. Bd. 3, S. 168f.

Geistliche Lieder. Hg. v. Ch. W. Stromberger. Halle 1857; v. Ph. Wackernagel, Das deutsche Kirchenlied Bd. 3, Nr. 1032–54 u. 1479; Teildr. v. A. E. Berger, Lied- Spruch- u. Fabeldichtung, S. 118ff.

Gespräch von der Schlangen Verführung. Hg. v. E. Mathias. In: ZfdPh 21, 1889, S. 419ff.

Die Fabeln. Hg. v. W. Braune. Neudrucke Nr. 104/07, Halle 1892; Teildr. v. A. E. Berger, Lied-Spruch- u. Fabeldichtung, S. 238ff.

Eine Predigt vom Ehestand u. Auszüge aus der Schrift „Widder die verfluchte lere der Carlstader". Hg. v. A. E. Berger, Kunstprosa der Lutherzeit, S. 178ff.

Ein schöner Dialogus von Martino Luther und der geschickten Botschaft aus der Hölle (Alber zugeschrieben). Hg. v. L. Enders. Neudrucke Nr. 62, Halle 1886 (Flugschr. aus d. Ref.zeit Bd. 6).

Gesprächbüchlein von einem Bauern, Belial, Erasmo Roterodam und Doctor Johann Fabri (Alber zugeschrieben). Hg. O. Clemen, Flugschriften, Bd. 1, S. 315ff., v. W. Lenk, Die Reformation im zeitgenöss. Dialog, S. 215ff.

Absag oder Fehdschrift Lucifers an Luther (Alber zugeschrieben). Hg. O. Clemen, Flugschriften, Bd. 3, S. 355ff.

Dialog vom Interim (1548). In nhdt. Übertragung in: K. Kaulfuß-Diesch: Das Buch der Reformation. Leipzig 1917, S. 502ff.

Literatur:

J. Bächtold: Erasmus Alberus und Johannes Stumpf über Zwingli. In: Anzeiger f. schweizer. Geschichte NF 2, 1874/77, S. 135ff. u. 180.

W. Crecelius: Erasmus Alberus. In: ArchL 10, 1881, S. 1ff.

F. Schnorr v. Carolsfeld: Erasmus Alberus als Verfasser der anonymen Schrift „Vom Schmalkaldischen Krieg". In: ArchL 11, 1882, S. 177ff.

Ders.: Erasmus Albers Beziehungen zu Desiderius Erasmus Roterodamus. In: ArchL 12, 1884, S. 26ff.

Ders.: Erasmus Alberus, ein biographischer Beitrag zur Geschichte der Reformationszeit. Dresden 1893.

W. Kawerau: Erasmus Alberus in Magdeburg. In: Magdeburger Geschichtsblätter 28, 1893, S. 1ff.

A. Stern: Ein deutscher Dichter der Reformationszeit (Erasmus Alberus). In: Die Grenzboten 53, 1894, S. 82ff. u. 187ff.

K. Fundinger: Die Darstellung der Sprache des Erasmus Alberus. Laut- und Flexionslehre. Heidelberg 1899.

A. L. Stiefel: Zu den Quellen der Erasmus Alberschen Fabeln. In: Euph. 9, 1902, S. 609ff.

A. Götze: Dialog von Luther und der botschaft aus der hölle. In: PBB 28, 1903, S. 228ff.

Ders.: Erasmus Albers Anfänge. In: ArchRG 5, 1907/08, S. 48ff.

O. Jensch: Zur Spruchdichtung des Erasmus Alberus (Die Praecepta morum). 2. Jahresbericht über das König Wilhelms-Gymnasium z. Magdeburg. Magdeburg 1906.

E. Körner: Erasmus Alber. Das Kämpferleben eines Gottesgelehrten aus Luthers Schule, nach den Quellen dargestellt. Leipzig 1910.

Ders.: Erasmus Albers Lehre von der Ehe. In: Neue kirchl. Zs 25, 1914, S. 75ff. u. 130ff.

Ders.: Erasmus Alberus als Pädagoge. In: Zs f. Geschichte d. Erziehung u. d. Unterrichts 6, 1916, S. 71ff.

Ders.: Luther im Urteil seines Schülers Er. Alber. In: Neue kirchl. Zs 29, 1918, S. 553ff.

O. Albrecht: Bemerkungen über Erasmus Alberus und sein Lied „O Gott, ein wahrer Mensch geboren." In: MGK 25, 1920, S. 168ff.

H. Volz: Ein Quellenbeitrag zu den Fabeln des Erasmus Alber. In: ZfdPh 77, 1958, S. 59ff.

Brenz, Johannes (1499–1570):

Ausgaben:

Anecdota Brentiana. Ungedruckte Briefe und Bedenken von Johannes Brenz. Hg. v. Th. Pressel. Tübingen 1868.

Johann Brenz: Evangelische Predigten. Übers. v. L. de Marées. 2 Bde, Cottbus 1878.

Johannes Brenz, Württembergs Reformator. Ausgewählte Predigten. Mit einer einleitenden Monographie hg. v. P. Pressel. Leipzig 1893.

Johannes Brenz: Predigten. Hg. v. E. Bizer. Stuttgart 1955.

Von Milderung der Fürsten gegen die aufrührerischen Bauern. Hg. O. Clemen, Flugschriften Bd. 3, S. 149ff.; v. A. E. Berger, Sturmtruppen, S. 300ff.

Literatur:

A. Hegler: Johannes Brenz und die Reformation im Herzogtum Württemberg. Freiburg i. B. 1899.

Pezold u. Günther: Eine Predigt von Brenz über den Kirchengesang. In: MGK 5, 1900, S. 354ff.

W. Köhler: Bibliographia Brentiana. Bibliographisches Verzeichnis der gedruckten und ungedruckten Schriften und Briefe des Reformators Johannes Brenz. Berlin 1904.

A. Brecht: Johann Brenz, der Reformator Württembergs. Stuttgart 1949.

Bullinger, Heinrich (1504–1575):

Ausgaben:

Heinrich Bullingers Reformationsgeschichte. Hg. v. J. J. Hottinger u. H. H. Vögeli. 3 Bde, Frauenfeld 1838/40. Registerbd. Zürich 1913.

Heinrich Bullingers Lucretia u. Brutus. Hg. J. Bächtold, Schweizerische Schauspiele des 16. Jahrhunderts, Bd. 1, S. 100ff.

Bullingers Gegensatz der evangelischen und der römischen Lehre. Hg. v. C. v. Kügelgen. Göttingen 1906.

Literatur:

C. Pestalozzi: Heinrich Bullinger. Leben und ausgewählte Schriften. Elberfeld 1858.

K. Hirth: Heinrich Bullingers Spiel von „Lucretia und Brutus" 1533. Diss. Marburg 1919.

A. Weber: Heinrich Bullingers „Christlicher Ehestand", seine zeitgenössischen Quellen und die Anfänge des Familienbuches in England. Diss. Leipzig 1929.

A. Bouvier: Henri Bullinger, réformateur et conseiller oecuménique, le successeur de Zwingli. Neuchâtel 1940.

M. Jenny: Bullingers „Kappelerlied". In: Zwingliana 9, 1949/53, S. 180f.

W. Hollweg: Heinrich Bullingers Hausbuch. Eine Untersuchung über die Anfänge der reformierten Predigtliteratur. Neukirchen 1957.
R. Pfister: Bullinger-Forschung. In: ArchRG 51, 1960, S. 90ff.
J. Staedtke: Bibliographie H. Bullinger. Beschreibendes Verzeichnis aller Schriften von und über Heinrich Bullinger. Bd. 1 Gedruckte Werke. Zürich 1972.

Butzer, Martin (1491–1551):

Ausgaben:

Martin Bucer: Opera Omnia. Deutsche Schriften. Hg. v. R. Stupperich. Bd. 1–3 u. 7, Gütersloh 1960ff. (auf 9 Bde geplant. Bd. 1 enthält die Frühschriften v. 1520–1524, darunter auch die beiden Butzer zugeschriebenen Dialoge). – Opera Latina. Hg. v. F. Wendel. Bd. 15 u. 15a, Paris, Gütersloh 1955 (auf 16 Bde geplant).
Neukarsthans. Hg. v. E. Lehmann. Neudrucke Nr. 282/84, Halle 1930; v. E. Böcking, Hutteni Opera, Bd. 4, S. 649ff.; v. O. Schade, Satiren u. Pasquille, Bd. 2, S. 1ff.; v. A. E. Berger, Sturmtruppen S. 167ff.; v. W. Lenk, Die Reformation im zeitgenöss. Dialog, S. 91ff.
Dialog zwischen Pfarrer u. Schultheiß. Hg. v. A. Götze, ArchRG 4, 1906, S. 1ff.; v. O. Schade, Satiren u. Pasquille, Bd. 2, S. 135ff.; v. W. Lenk, Die Reformation im zeitgenöss. Dialog, S. 128ff.

Literatur:

F. Mentz: Bibliographische Zusammenstellung der gedruckten Schriften Butzers. In: Zur 400jährigen Geburtsfeier Martin Butzers. Straßburg 1891, S. 99ff.
W. Köhler: Zur Datierung und Autorschaft des Dialogs „Neu Karsthans". In: ZfdPh 30, 1898, S. 302ff. u. 487ff.
A. Stern: Einige Bemerkungen über die Autorschaft des Dialogs „Neu-Karsthans". In: ArchRG 8, 1911, S. 215ff. (vgl. dazu auch P. Kalkoff: U. v. Hutten u. d. Reformation, S. 537ff. u. O. Clemen in: ZfKg 49, 1930, S. 466f.).
G. Anrich: Martin Bucer. Straßburg 1914.
E. Lehmann: M. Butzers „Gesprechbiechlein neüw Karsthans". Text und Untersuchungen. Gießen 1930.
E. Eells: Martin Bucer. New Haven 1931.
G. Schmidt: Martin Bucer als protestantischer Politiker. Königsberg 1936.
R. Stupperich: Martin Bucer. Der Reformator des Elsasses und Einiger des deutschen Protestantismus. Berlin 1941 (Heliand-Hefte Bd. 70).
H. Bornkamm: Martin Bucers Bedeutung für die europäische Reformationsgeschichte. Gütersloh 1952 (mit einer Bibliographie der Werke Bucers v. R. Stupperich).

Calvin, Johannes (1509–1564):

Ausgaben:

Joannis Calvini opera quae supersunt omnia. Hg. v. W. Baum u. a. 59 Bde, Braunschweig 1863/1900 (CR, Bd. 29–87). Neudr. New York, Frankfurt/M. 1964.

Joannis Calvini opera selecta. Hg. v. P. Barth u. G. Niesel. 5 Bde, München 1926/52.

Johannes Calvins Lebenswerk in seinen Briefen. Eine Auswahl von Briefen Calvins in deutscher Übersetzung v. R. Schwarz. 3 Bde, [2]Neukirchen 1961/62.

E. Staehelin: Johannes Calvin. Leben und ausgewählte Schriften. 2 Bde, Elberfeld 1863.

Johannes Calvin und die Kirche. Ein Lesebuch mit Texten und Themen. Eingeleitet und ausgewählt v. U. Smidt. Stuttgart 1972.

Literatur:

A. Lang: Zwingli und Calvin. Bielefeld, Leipzig 1913.

K. Holl: Luther und Calvin. Berlin 1919.

H. Leube: Calvinismus und Luthertum. Bd. 1: Der Kampf um die Herrschaft im protestantischen Deutschland. Leipzig 1928.

B. B. Warfield: Calvin and Calvinism. New York 1931.

E. Doumergue: Jean Calvin. 7 Bde, Lausanne 1899/1927.

P. Jacobs: Prädestination und Verantwortlichkeit bei Calvin. Neudr. d. Ausgabe v. 1937, Darmstadt 1968.

F. Wendel: Calvin. Sources et évolution de sa pensée réligieuse. Paris 1950.

W. Niesel: Die Theologie Calvins. [2]München 1957.

Ders.: Calvin-Bibliographie 1901–1959. München 1961.

A. Biéler: La Pensée économique et soziale de Calvin. Genf 1959.

W. F. Dankbaar: Calvin, sein Weg und sein Werk. Deutsch v. H. Qistorp. Neukirchen 1959.

J. Baur: Gott, Recht und weltliches Regiment im Werke Calvins. Diss. Köln 1964.

A. Ganoczy: Le jeune Calvin. Genèse et évolution de sa vocation réformatrice. Wiesbaden 1966.

J. Staedtke: Johannes Calvin. Erkenntnis und Gestaltung. Göttingen, Zürich, Frankfurt/M. 1969.

W. H. Neuser: Calvin. Berlin 1971 (Sammlung Göschen Bd. 3005).

Cochläus (Dobeneck), Johannes (1479–1552):

Ausgaben:

Ausgewählte lateinische Streitschriften. Hg. O. Clemen, Flugschriften, Bd. 4, S. 177ff.; CC Bd. 3, 15, 17 u. 18, Münster 1920ff.

Zwo kurtze Glosen der alten Christen auf die neuen Artickeln der Visitatoren 1537. Hg. v. H. Hommel. In: Zentralbl. f. Bibliothekswesen 41, 1924, S. 321ff.

Antwort auf Luthers Schrift gegen die Bauern. Hg. v. K. Kaczerowsky, Flugschriften des Bauernkrieges, S. 169ff.

Ein heimlich Gespräch von der Tragödia Johannis Hussen (J. Vogelsang). Hg. v. H. Holstein. Neudrucke Nr. 174, Halle 1900 (Flugschr. aus d. Ref.zeit Bd. 17).

Bockspiel Lutheri u. Luthers Klagred. Hg. v. L. Zöpf. Freiburg 1911.

Literatur:

G. Kawerau: Über den Verfasser der „Tragedia Johannis Huss". In: ArchLg 10, 1881, S. 6ff. (Zuweisung an Lemnius).

F. Gess: Johannes Cochläus, der Gegner Luthers. Oppeln 1886.

N. Paulus: Johann Vogelsang, ein Pseudonym von Cochläus, nicht von Lemnius. In: Der Katholik 75, 1, 1895, S. 571ff.

M. Spahn: Johannes Cochläus, ein Lebensbild aus der Zeit der Kirchenspaltung. Berlin 1898. Neudr. Nieuwkoop 1964 (mit einem Verzeichnis der Schriften von Cochläus).

Ders.: Johannes Cochläus und die Anfänge der katholischen Verlagsbuchdruckerei in Deutschland. In: Der Katholik 78, 1, 1898, S. 453ff.

O. Clemen: Spottschriften auf Cochläus. In: Ders.: Beiträge z. Reformationsgeschichte 3, 1903, S. 75ff.

A. Herte: Die Lutherbiographie des Johannes Cochläus. Eine quellenkritische Untersuchung. Münster 1915.

Ders.: Die Lutherkommentare des Johannes Cochläus. Kritische Studie zur Geschichtsschreibung im Zeitalter der Glaubensspaltung. Münster 1935 (Reformationsgeschichtliche Studien u. Texte Bd. 33).

Ders.: Das Katholische Lutherbild im Bann der Lutherkommentare des Cochläus. 3 Bde, Münster 1943.

H. Jedin: Johannes Cochläus. In: Schlesische Lebensbilder Bd. 4, 1931, S. 18ff.

Denck, Hans (1495–1527):

Ausgaben:

Hans Denck: Schriften. Hg. v. W. Fellmann mit einer Bibliographie v. G. Baring. 3 Teile, Gütersloh 1955/60 (Quellen z. Geschichte d. Täufer Bd. 6, T. 1–3).

Literatur:

Th. Kolde: Hans Denk und die gottlosen Maler von Nürnberg. In: Beitr. z. bayer. Kirchengeschichte 8, 1901/02, S. 1ff. u. 49ff.

F. L. Weis: The Life, Teachings and Works of Johannes Denck 1495–1527. Straßburg 1924.

A. Coutts: Hans Denck 1495–1527, humanist and heretic. Edinburgh 1927.
A. Kreiner: Die Bedeutung Hans Denks und Sebastian Francks. In: Mitteilungen d. Vereins f. Geschichte d. Stadt Nürnberg 39, 1946, S. 155ff.
W. Fellmann: Der theologische Gehalt der Schriften Dencks. In: Die Leibhaftigkeit des Wortes. Festgabe f. A. Köberle. Hamburg 1958, S. 157ff.
Ders.: Irenik und Polemik bei Hans Denck. In: Lutherjb 29, 1962, S. 110ff.
G. Baring: Hans Denck und Thomas Müntzer in Nürnberg 1524. In: ArchRG 50, 1959, S. 145ff.

Eberlin, Johann v. Günzburg (ca. 1470 bis vor 1533):

Ausgaben:

Johann Eberlin v. Günzburg. Sämtliche (Bd. 1 ausgewählte) Schriften. 3 Bde, hg. v. L. Enders. Neudrucke Nr. 139/141; 170/172; 183/188, Halle 1896/1903 (Flugschr. aus d. Ref. zeit Bd. 11, 15 u. 18).
Mich wundert, daß kein Geld im Land ist. Hg. v. A. E. Berger, Sturmtruppen, S. 242ff.
Der 1., 8., 10 u. 11. Bundsgnoß: ebda., S. 125ff.

Literatur:

B. Riggenbach: Johann Eberlin v. Günzburg und sein Reformprogramm. Tübingen 1874. Neudr. Nieuwkoop 1967 (mit einem Schriftenverzeichnis im Anhang).
J. Werner: Johann Eberlin v. Günzburg, der evangelisch-soziale Volksfreund. Heidelberg 1889.
Ders.: Ein christlich-sozialer Agitator im Reformationszeitalter. In: Ders.: Soziales Christentum. Vorträge und Aufsätze. Dessau 1895, S. 140ff.
M. Radlkofer: Johann Eberlin v. Günzburg und sein Vetter Hans Jacob Wehe v. Leipheim. Zugleich mit einem Überblick über die Bauernbewegung in Oberschwaben im Februar und März 1525 . . . Nördlingen 1887.
Th. Kolde: Zur Geschichte Eberlins v. Günzburg. In Beitr. z. bayer. Kirchengeschichte 1, 1895, S. 265ff.
J. H. Schmidt: „Die 15 Bundesgenossen" des Johann Eberlin v. Günzburg. Leipzig 1900.
W. Lucke: Die Entstehung der „15 Bundsgenossen" des Johann Eberlin v. Günzburg. Halle 1902.
A. Götze: Ein Sendbrief von Eberlin v. Günzburg. In: ZfdPh 36, 1904, S. 145ff.
O. Clemen: Ein unbekannter Druck einer Schrift Eberlins v. Günzburg. In: ZfKg 28, 1907, S. 41ff.
A. Leitzmann: Zu Eberlin v. Günzburg. In: PBB 43, 1918, S. 275ff.
C. Wulkau: Das kirchliche Ideal des Johann Eberlin v. Günzburg. Diss. Halle-Wittenberg 1920, Masch.

O. Langguth: Eberlin v. Günzburg. Kleine Beiträge aus dem Wertheimer Archiv. In: ArchRG 31, 1934, S. 228ff.; 33, 1936, S. 256ff.
H. Ahrens: Die religiösen, nationalen und sozialen Gedanken Eberlin v. Günzburgs mit besonderer Berücksichtigung seiner anonymen Flugschriften. Hamburg 1939.
K. Stöckl: Untersuchungen zu Eberlin v. Günzburg. Diss. München 1952, Masch.
E. Deuerlein: Eberlin v. Günzburg. In: Lebensbilder aus dem Bayer. Schwaben Bd. 5, 1956, S. 70ff. (mit einem Nachtrag in Bd. 6, 1958, S. 495).
H. Weidhase: Kunst und Sprache im Spiegel der reformatorischen und humanistischen Schriften Johann Eberlins v. Günzburg. Tübingen 1967.

Eck (Mayer), Johannes (1486–1543):

Ausgaben:

Lateinische Schriften. Hg. in CC, Bd. 1, 2, 6, 13, 16, Münster 1919ff. (mit einem Verzeichnis der Schriften Bd. 16, S. 71ff.)
Vier deutsche Schriften gegen Martin Luther. Hg. v. K. Meisen u. F. Zoepfl. In: CC, Bd. 14, Münster 1929.
J. Ecks vierhundertundvier Artikel zum Reichstag von Augsburg 1530. Hg. v. W. Gussmann. Kassel 1930 (Quellen u. Forschungen z. Geschichte d. Augsburgischen Bekenntnisses Bd. 2).
Bibel, Alt und Neu Testament durch Doctor Johann Eck verdolmetscht. Nachdruck der Ausgabe Ingolstadt 1537. Frankfurt/M. 1971/72.

Literatur:

Th. Wiedemann: Dr. Johannes Eck. Regensburg 1865 (mit einem Verzeichnis der Schriften Ecks).
G. Kawerau: Über eine angeblich verschollene Spottschrift gegen Johann Eck vom Augsburger Reichstage 1530. In: Beitr. z. bayer. Kirchengeschichte 5, 1899, S. 128ff.
H. Schauerte: Dr. Johann Ecks Bedeutung für das Konzil von Trient. In: Theologie u. Glaube 10, 1918, S. 133ff.
H. G. Assel: Das kanonische Zinsverbot und der „Geist" des Frühkapitalismus in der Wirtschaftsethik bei Eck und Luther. Diss. Erlangen 1948, Masch.
F. Zoepfl: Johannes Eck. In: Lebensbilder aus d. Bayer. Schwaben Bd. 6, 1958, S. 186ff.

Eckstein, Utz (ca. 1500–1560):

Ausgaben:

Auszüge u. Teilabdrucke in: S. Vögelin: Utz Eckstein, s. u.

Concilium u. Rychsztag. Hg. v. J. Scheible, Das Kloster, Bd. 8, S. 705ff. u. 827ff.
Die Badenfahrt. Abdruck in: K. Grüneisen: Niklaus Manuel. Stuttgart, Tübingen 1837.

Literatur:
E. Weller: Das alte Volkstheater in der Schweiz. Frauenfeld 1863, S. 112ff.
S. Vögelin: Utz Eckstein. In: Jb f. Schweizer. Geschichte 7, 1882, S. 91ff.
A. Corrodi-Sulzer: Zu Utz Eckstein. In: Zwingliana 4, 1928, S. 337ff.
O. Vasella: Neues über Utz Eckstein, den Zürcher Pamphletisten. In: Zs f. schweizer. Kirchengeschichte 30, 1936, S. 37ff.

Emser, Hieronymus (1477–1527):

Ausgaben:
Luther und Emser. Ihre Streitschriften aus dem Jahre 1521. Hg. v. L. Enders. Neudrucke Nr. 83/84 u. 96/98, Halle 1890/92 (Flugschr. aus d. Ref.zeit Bd. 8 u. 9).
Das niederdeutsche Neue Testament nach Emsers Übersetzung. Hg. v. E. Weissbrodt. Bonn 1912 (Kleine Texte f. theol. u. philolog. Vorlesungen u. Übungen Bd. 106).
Schriften zur Verteidigung der Messe. Hg. v. Th. Freudenberger. Münster 1959 (CC Bd. 28).

Literatur:
P. Mosen: Hieronymus Emser, der Vorkämpfer Roms gegen die Reformation. Halle 1890 (mit einem Verzeichnis der Schriften Emsers).
G. Kawerau: Hieronymus Emser, ein Lebensbild aus der Reformationsgeschichte. Heidelberg 1898.
B. Lindmeyr: Der Wortschatz in Luthers, Emsers und Ecks Übersetzung des Neuen Testaments. Diss. München 1899.
O. Clemen: Bemerkung zu der Flugschrift: Eine Warnung an den Bock Emser. In: Ders: Beiträge z. Reformationsgeschichte 1, 1900, S. 28ff.
H. Wäschke: Hieronymus Emser als Kritiker Luthers. In: Zs f. Kirchengeschichte d. Provinz Sachsen 6, 1909, S. 81ff.
A. Leitzmann: Zu Hieronymus Emsers Streitschriften gegen Luther. In: PBB 52, 1928, S. 453ff.
F. Jenssen: Emsers Neues Testament in niederdeutscher Übertragung. Schwerin 1933.
O. Vossler: Hieronymus Emser. In: HistZ 184, 1957, S. 272ff.
H. Bluhm: Emser's Emandation of Luther's New Testament, Galatians I. In: MLN 81, 1966, S. 370ff.

(Desiderius) Erasmus v. Rotterdam (1469–1536):

Ausgaben:

Desiderii Erasmi Roterodami opera omnia. Hg. v. J. Clericus. 10 Bde, Leiden 1703/06. Neudr. Hildesheim 1961/62.

Erasmi opuscula. A Supplement to the opera omnia. Hg. v. W. K. Ferguson. Haag 1933.

Desiderius Erasmus Roterodamus. Ausgewählte Werke. Hg. v. H. Holborn. München 1933. Neudr. München 1964.

Erasmus. Auswahl aus seinen Schriften. Hg. v. A. Gail. Düsseldorf 1948.

Erasmus v. Rotterdam. Ausgewählte Schriften. Hg. v. W. Welzig. 7 Bde, Darmstadt 1967/72.

Ausgewählte pädagogische Schriften des Desiderius Erasmus. Übersetzt u. hg. v. A. J. Gail. Paderborn 1963.

Erasmus v. Rotterdam Briefe. Verdeutscht u. hg. v. W. Köhler. [3]bearb. v. A. Flitner. Bremen 1956.

Gespräche des Erasmus. Ausgewählt u. übersetzt v. H. Trog. [2]Basel 1936.

Enchiridion: Handbüchlein eines christlichen Streiters. Übertragen u. hg. v. W. Welzig. Graz, Köln 1961.

Das Lob der Torheit (Moriae Encomium). Nach der Basler Ausgabe v. 1515 hg. v. H. A. Schmid. Basel 1931; übersetzt v. A. Hartmann. [5]Basel 1960; nach d. Übersetzung v. H. Hersch neu hg. v. W. Bubbe. Stuttgart 1949 (Reclambücherei 1907/08).

Klage des Friedens (Querela pacis). Übertragung u. Nachwort v. A. v. Arx. Basel 1945.

De libero arbitrio. Hg. v. J. v. Walter. Leipzig 1910; übersetzt v. O. Schumacher. [2]Göttingen 1956.

Literatur:

F. O. Stichart: Erasmus v. Rotterdam. Seine Stellung zu der Kirche und zu den kirchlichen Bewegungen seiner Zeit. Leipzig 1870.

R. Staehelin: Erasmus' Stellung zur Reformation hauptsächlich von seinen Beziehungen zu Basel aus beleuchtet. Basel 1873.

F. Seebohm: The Oxford Reformers John Colet, Erasmus and Thomas More. [3]London 1887.

I. Bruns: Erasmus als Satiriker. In: Deutsche Rundschau 103, 1900, S. 192ff.

P. Kalkoff: Die Vermittlungspolitik des Erasmus und sein Anteil an den Flugschriften der ersten Reformationszeit. In: ArchRG 1, 1903/4, S. 1ff.

Ders.: Erasmus, Luther und Friedrich der Weise. Eine reformationsgeschichtliche Studie. Leipzig 1919.

Ders.: Erasmus und Hutten in ihrem Verhältnis zu Luther. In: HistZ 122, 1920, S. 260ff.

W. A. Hutton: Erasmus and the Reformation. In: Quarterly Review 203, 1905, S. 411ff.

M. Richter: Desiderius Erasmus und seine Stellung zu Luther auf Grund ihrer Schriften. Leipzig 1907.

A. Meyer: Étude critique sur les relations d'Erasmus et Luther. Paris 1909.

K. Zickendraht: Der Streit zwischen Erasmus und Luther über die Willensfreiheit, dargestellt und beurteilt. Leipzig 1909.

Ch. Goerung: La Théologie d'après Erasme et Luther. Paris 1913.

P. S. Allen: The age of Erasmus. Oxford 1914.

W. Köhler: Desiderius Erasmus. Ein Lebensbild in Auszügen aus seinen Werken. Berlin 1917.

R. Murray: Erasmus and Luther: Their attitude to toleration. London, New York 1920.

L. E. Binns: Erasmus the reformer. London 1923.

W. Kaegi: Erasmus und Hutten, ihre Freundschaft und ihr Streit. Diss. Leipzig 1926.

J. J. Mangan: Life, charakter and influence of Desiderius Erasmus of Rotterdam. 2 Bde, London 1927.

E. Voss: Erasmus Roterodamus in his relation to Luther and Melanchthon. In: JEGP 26, 1927, S. 564ff.

F. Geldner: Die Staatsauffassung und Fürstenlehre des Erasmus v. Rotterdam. Berlin 1930.

W. Stolze: Der geistige Hintergrund des Bauernkriegs, Erasmus und Luther. In: ZfKg 51, 1932, S. 456ff.

M. Mann: Erasme et les débuts de la réforme française (1517–1536). Paris 1934.

A. Rüegg: Des Erasmus „Lob der Torheit" und Thomas Mores „Utopie". In: Gedenkschr. z. 400. Todestage des Erasmus v. Rotterdam. Basel 1936, S. 69ff.

P. Scherrer: Erasmus im Spiegel von Thomas Murners Reformationspublizistik. In: Ebda., S. 183ff.

R. Newald: Erasmus Roterodamus. Freiburg i. B. 1947.

K. A. Meissinger: Erasmus v. Rotterdam. [2]Berlin 1948.

A. Flitner: Erasmus im Urteil seiner Nachwelt. Das literarische Erasmusbild von Beatus Rhenanus bis Jean Le Clerc. Tübingen 1952.

A. Auer: Die vollkommene Frömmigkeit des Christen nach dem Enchiridion militis Christiani des Erasmus v. Rotterdam. Düsseldorf 1954.

K. H. Oelrich: Die Reformation in der Sicht und im Urteil des späten Erasmus v. Rotterdam (1525–1536). Diss. Freiburg i. B. 1956, Masch.

Ders.: Der späte Erasmus und die Reformation. Münster 1961.

H. Bornkamm: Erasmus und Luther. In: Luther-Jb 25, 1958, S. 3ff.

J. Huizinga: Europäischer Humanismus: Erasmus. Deutsch v. W. Kaegi. Hamburg 1958 (rowohlts deutsche enzyklopädie Nr. 78).

O. J. Mehl: Erasmus' Streitschrift gegen Luther: Hyperaspistes. In: Zs f. Religions- u. Geistesgeschichte 12, 1960, S. 137ff.

Ders.: Erasmus contra Luther. In: Luther-Jb 29, 1962, S. 52ff.

W. Welzig: Der Begriff der christlichen Ritterschaft bei Erasmus v. Rotterdam. In: FuF 35, 1961, S. 76ff.

H. Schmidt: Die Satire des Erasmus v. Rotterdam und ihre Ausstrahlung auf François Rabelais, Alfonso de Valdes und Cristobal de Villalon. Diss. Frankfurt/M. 1965.
G. Gebhardt: Die Stellung des Erasmus v. Rotterdam zur römischen Kirche. O. O. 1966.
W. P. Eckert: Erasmus v. Rotterdam. Werk und Wirkung. 2 Bde. Köln 1967.
H. Rupprich: Erasmus v. Rotterdam. Versuch eines Wesensbildes im Rahmen einer Geschichte der deutschen Literatur. In: Gestalt u. Wirklichkeit, Festgabe f. F. Weinhandl. Berlin 1967, S. 359ff.

Franck, Sebastian (1499–1542):

Ausgaben:

Sebastian Franck: Chronica, Zeitbuch und Geschichtsbibel. Neudr. d. Ausgabe 1536. Darmstadt 1969.
Sebastian Franck: Sprichwörter. Neudr. d. Ausgabe 1548. Darmstadt 1972.
Sebastian Franck: Das Lob der Torheit, aus dem Latein des Erasmus v. Rotterdam verdeutscht. Hg. v. E. Goetzinger. Leipzig 1884.
Sebastian Francks lateinische Paraphrase der Deutschen Theologie und seine holländisch erhaltenen Traktate. Hg. v. A. Hegler. Tübingen 1901.
Sebastian Franck: Paradoxa. Hg. v. H. Ziegler. Jena 1909; v. S. Wollgast. Berlin 1966.
Eine unbekannte Schrift Sebastian Francks (Zweintzig Glauben oder Secten). Hg. v. Th. Sipell. In: Theolog. Studien u. Kritiken 95, 1923/24, S. 147ff.
Zwei satirische Gedichte von Sebastian Franck. Hg. v. J. Bolte. In: Sitzungsberichte d. Preuß. Akad. d. Wiss., phil.-hist. Kl. 1925, S. 89ff.
Sebastian Franck v. Donauwörth: Kriegsbüchlein des Friedens wider den Krieg. Hg. v. V. Klink. Schwäbisch-Gmünd 1929.
Zwei geistliche Lieder. Hg. v. A. E. Berger, Lied-Spruch- u. Fabeldichtung, S. 188ff.

Literatur:

H. Kurz: Sebastian Franck. In: Ders.: Deutsche Dichter u. Prosaisten. Bd. 1, Leipzig 1863, S. 240ff.
O. Haggenmacher: Sebastian Franck, sein Leben und seine religiöse Stellung. Eine Studie aus der Reformationszeit. In: Theolog. Zs aus d. Schweiz 3, 1886, S. 23ff. u. 65ff.
A. Hegler: Geist und Schrift bei Sebastian Franck. Freiburg i. B. 1892.
H. Ziegler: Sebastian Francks Bedeutung für die Entwicklung des Protestantismus. In: Zs f. wiss. Theologie 50, 1907, S. 118ff. (s. a. ebda S. 383ff.)
W. Glawe: Sebastian Francks unkirchliches Christentum. Leipzig 1912.
A. Hauffen: Sebastian Franck als Verfasser freichristlicher Reimdichtungen. In: ZfdPh 45, 1913, S. 389ff.
A. Reimann: Sebastian Franck als Geschichtsphilosoph. Berlin 1921.

E. Teufel: Luther und Luthertum im Urteil Sebastian Francks. In: Festgabe f. K. Müller z. 70. Geburtstag. Tübingen 1922, S. 132ff.
Ch. H. Littauer: Sebastian Francks Anschauungen vom politischen und sozialen Leben. Diss. Leipzig 1923, Masch.
K. Gruber: Die Staats- und Gesellschaftsauffassung Sebastian Francks. Diss. Heidelberg 1925, Masch.
R. Stadelmann: Vom Geist des ausgehenden Mittelalters. Studien zur Geschichte der Weltanschauung von Nicolaus Cusanus bis Sebastian Franck. Halle 1929.
R. Kommoss: Sebastian Franck und Erasmus v. Rotterdam. Diss. Berlin 1934.
H. Körner: Studien zur geistesgeschichtlichen Stellung Sebastian Francks. Diss. Breslau 1935.
K. Klemm: Das Paradoxon als Ausdrucksform der spekulativen Mystik Sebastian Francks. Leipzig 1937.
W.-E. Peuckert: Sebastian Franck. Ein deutscher Sucher. München 1943.
A. Kreiner: Die Bedeutung Hans Denks und Sebastian Francks. In: Mitteilungen d. Vereins f. Geschichte d. Stadt Nürnberg 39, 1946, S. 155ff.
G. Müller: Sebastian Francks „Kriegs-Büchlin des Friedens" und der Friedensgedanke im Reformationszeitalter. Diss. Münster 1954, Masch.
K. Goldammer: Friedensidee und Toleranzgedanke bei Paracelsus und den Spiritualisten. II.: Franck und Weigel. In: ArchRG 47, 1956, S. 180ff.
M. Zelzer: Sebastian Franck. In: Lebensbilder aus d. Bayer. Schwaben Bd. 6, 1958, S. 217ff.
J. Lefebvre: Sebastian Franck et l'Idée de tolérance. In: EG 14, 1959, S. 227ff.
D. Rieber: Sébastian Franck 1499–1542. In: Bibliothèque d'Humanisme et Renaissance 21, 1959, S. 190ff. (mit Bibliographie).
M. Barbers: Toleranz bei Sebastian Franck. Bonn 1964.
H. Weigelt: Sebastian Franck und die lutherische Reformation. Gütersloh 1972 (Schriften d. Vereins f. Reformationsgeschichte Bd. 186).

Gengenbach, Pamphilius (ca. 1480–1525):

Ausgaben:

Pamphilius Gengenbach. Hg. v. K. Goedeke. Hannover 1856. Neudr. Amsterdam 1966 (Enthält auch in G.s Offizin gedruckte, aber ihm nicht mit Sicherheit zuzuschreibende Texte, nämlich: Die Totenfresser, auch hg. v. R. Froning, Drama d. Ref.zeit, S. 1ff. u. v. J. Schmidt, Reclambücherei, Stuttgart 1969; Nouella, auch hg. v. J. Scheible, Das Kloster, Bd. 8, S. 675ff.; Das Mönchskalb vor Papst Hadrian, neu hg. v. H. Koegler, Zs f. Bücherfreunde XI, 1907/8, S. 1ff.; Der Pfaffenspiegel; Der Laienspiegel; Der Ewangelisch Burger; Das Gespräch von drien Christen).
Pamphilius Gengenbach an Karl V. Hg. v. S. Singer. In: Neues Berner Taschenbuch auf das Jahr 1903, Bern 1902, S. 241ff.

Literatur:
R. Lössl: Das Verhältnis des Pamphilius Gengenbach und Niklaus Manuel zum ältern Fastnachtspiel. Programm Gablonz 1900.
S. Singer: Die Werke des Pamphilius Gengenbach. In: ZfdA 45, 1902, S. 154ff.
H. König: Pamphilius Gengenbach als Verfasser der Totenfresser und der Novella. In: ZfdPh 37, 1905, S. 40ff. u. 207ff.
Ders.: Zu Gengenbach. In: ZfdPh 43, 1911, S. 457ff.
F. Stütz: Die Technik der kurzen Reimpaare des Pamphilius Gengenbach. Mit einem kritischen Anhang über die zweifelhaften Werke. Straßburg 1912.
K. Lendi: Der Dichter Pamphilius Gengenbach. Beiträge zu seinem Leben und zu seinen Werken. Berlin 1926. Neudr. Nendeln 1970.
W. Schein: Stilistische Untersuchungen zu den Werken Pamphilius Gengenbachs. Jena 1927.
R. Raillard: Pamphilius Gengenbach und die Reformation. Heidelberg 1936.
D. M. v. Abbé: Development of dramatic form in Pamphilius Gengenbach. In: MLR 45, 1950, S. 46ff.

Hätzer, Ludwig (vor 1500–1529):

G. Goeters: Ludwig Hätzer, Spiritualist und Antitrinitarier. Eine Randfigur der frühen Täuferbewegung. Gütersloh 1957.

Hubmaier, Balthasar (1485–1528):

Ausgaben:
Balthasar Hubmaier: Schriften. Hg. v. G. Westin u. T. Bergsten. Gütersloh 1962 (Quellen u. Forschungen z. Reformationsgeschichte Bd. 29).

Literatur:
H. C. Vedder: Balthasar Hubmaier. The leader of the anabaptists. New York, London 1905.
C. Sachsse: D. Balthasar Hubmaiers Anschauungen von der Kirche, den Sakramenten und der Obrigkeit. Diss. Bonn 1913.
W. Wiswedel: Balthasar Hubmaier, der Vorkämpfer für Glaubens- und Gewissensfreiheit. Kassel 1939.
R. A. Mackoskey: The Life and Thought of Balthasar Hubmaier (1485–1528). Diss. Edinburgh 1956, Masch.

Hutten, Ulrich v. (1488–1523):

Ausgaben:

Opera Omnia Hutteni. Hg. v. E. Böcking. 5 Bde. u. 2 Suppl.bde., Leipzig 1859/70. Neudr. Aalen 1963. (Bd. 4: Dialogi u. Pseudohuttenici).

Ulrich v. Hutten: Dichtungen. Hg. v. G. Bahlke. DNL 17, 1, Stuttgart 1890. Neudr. Darmstadt 1974.

Hutten, Müntzer, Luther Werke. Hg. u. eingeleitet v. S. Streller. Bd. 1, Berlin, Weimar 1970.

Ulrich v. Hutten. Deutsche Schriften in Auswahl. Hg. v. P. Ukena. München 1970.

Huttens deutsche Schriften. Ausgewählt u. hg. v. H. Mettke. 2 Bd, Leipzig 1972/74.

Gespräche mit Ulrich v. Hutten. Übers. u. erläutert v. D. F. Strauß. Leipzig 1860 (Bd. 3 d. Huttenbiographie).

Gesprächbüchlein. Hg. v. R. Zoozmann. Dresden 1905; hg. v. K. Kleinschmidt, Leipzig 1957 (Reclambücherei).

Literatur:

E. Böcking: Index bibliographicus Huttenianus. Leipzig 1858.

D. F. Strauß: Ulrich v. Hutten. 3 Bde., Leipzig 1858/60. Bd. 1 u. 2 neu hg. v. O. Clemen. [3]Leipzig 1938.

H. Kurz: Ulrich v. Hutten. In: Ders.: Deutsche Dichter u. Prosaisten Bd. 1, Leipzig 1863, S. 134ff.

S. Szamatolski: Huttens deutsche Schriften. Straßburg 1891. Neudr. Darmstadt 1967.

J. Freund: Huttens Vadiscus und seine Quelle. Marburg 1899.

K. Wernecke: Ulrich v. Hutten als deutscher Schriftsteller. Eine sprachgeschichtliche Betrachtung. Beilage z. Jahresbericht d. Herzogl. Friedrichs-Realgymnasiums zu Dessau. Dessau 1899/1900.

H. Rott: Ulrich v. Huttens Streit mit den Straßburger Kartäusern. In: Neue Heidelberger Jahrbücher 12, 1903, S. 184ff.

W. Lucke: Die dt. Sammlung d. Klagschriften Huttens. Programm Suhl 1905.

G. Voigt: Hutten in der deutschen Literatur. Leipzig 1905.

L. Kuchanny: Die Synonyma in Huttens „Vadiscus". Greifswald 1915.

A. Bauer: Der Einfluß Lucians von Samosata auf Hutten. In: Philologus 75, 1919, S. 435ff.; 76, 1920, S. 192ff.

P. Kalkoff: Ulrich v. Hutten und die Reformation. Leipzig 1920. Neudr. New York, London 1971 (Quellen u. Forschungen z. Reformationsgeschichte Bd. 4).

Ders.: Der geschichtliche Ulrich v. Hutten in seinem Verhältnis zu Luther. In: Lutherjb 5, 1923, S. 22ff.

Ders.: Zu Hutten und Sickingen. In: Korrespondenzbl. d. Gesamtvereins d. dt. Geschichts- u. Altertumsvereine 71, 1923, Sp. 71ff.

Ders.: Huttens Vagantenzeit und Untergang. Der geschichtliche Ulrich v. Hutten und seine Umwelt. Weimar 1925.

Ders.: Die Crotus-Legende und die deutschen Triaden. In: ArchRG 23, 1926, S. 113ff.
Ders.: Hutten als Humanist. Ein Nachtrag zur Huttenlegende. In: Zs f. d. Geschichte d. Oberrheins 81, 1928, S. 3ff.
K. A. Werner: Studien über Huttens deutschen Stil. Diss. Greifwald 1922. Masch.
E. Zimmermann: Ulrich v. Huttens literarische Fehde gegen Herzog Ulrich v. Württemberg. Diss. Greifswald 1922, Masch.
O. Gewerstock: Lucian und Hutten. Zur Geschichte des Dialogs im 16. Jahrhundert. Berlin 1924. Neudr. Nendeln 1967 (Germanische Studien Bd. 31).
W. Kaegi: Hutten und Erasmus. Ihre Freundschaft und ihr Streit. In: HVjs 30, 1925, S. 20ff. u. 461ff.
K. Buchholtz: Huttens lateinische Schriften und die Dunkelmännerbriefe. Frankfurt/M. 1926.
P. Held: Ulrich v. Hutten. Seine religiös-geistige Auseinandersetzung mit Katholizismus, Humanismus und Reformation. Leipzig 1928 (Schriften d. Vereins f. Reformationsgeschichte Bd. 144).
F. Walser: Die politische Entwicklung Ulrichs v. Hutten während der Entscheidungsjahre der Reformation. München, Berlin 1928.
O. Flake: Ulrich v. Hutten. Berlin 1929.
H. Holborn: Ulrich v. Hutten. Leipzig 1929. Neudr. Göttingen 1968 (Kleine Vandenhoeck-Reihe Bd. 266).
A. Becker: Das Hutten-Sickingen-Bild im Zeitenwandel. Heidelberg 1936.
H. Röhr: Ulrich v. Hutten und das Werden des deutschen Nationalbewußtseins. Hamburg 1936.
R. Newald: Ulrich v. Hutten (1946). In: Ders.: Probleme u. Gestalten des dt. Humanismus. Berlin 1963, S. 151ff.
R. H. Fife: Ulrich v. Hutten as a literary problem. In: GR 23, 1948, S. 18ff.
R. C. Goodell: Ulrich v. Hutten as a orator-poet. A study in rhetoric. Columbia Univ. Diss., Diss. Abstr. 12, 1952.
H. G. Keller: Hutten und Zwingli. Aarau 1952.
H. Fechter: Ulrich v. Hutten. Ein Leben für die Freiheit. Pähl 1954.
K. Kleinschmidt: Ulrich v. Hutten. Berlin 1955.
J. Benzing: Ulrich v. Hutten und seine Drucker. Eine Bibliographie der Schriften Huttens im 16. Jahrhundert. Wiesbaden 1956 (Beitr. z. Buch- u. Bibliothekswesen Bd. 6).
M. Seidlmayer: Ulrich v. Hutten. In: Ders.: Wege u. Wandlungen des Humanismus. Göttingen 1965, S. 197ff.
M. Meyer: Hutten und Luther. In: 450 Jahre Reformation. Berlin 1967, S. 102ff.
Th. W. Best: The humanist Ulrich v. Hutten. A reappraisal of his humor. Chapel Hill, Univ. of North Carolina, 1969.
F. E. Walker: Rhetorical and satirical elements in Ulrich v. Hutten's Gesprächbüchlein. Harvard Univ., Diss. Abstr. 31, 1970/71.

H. M. v. Aufsess: Ulrich v. Hutten. In: Deutsche Publizisten des 15. bis 20. Jahrhunderts, Hg. v. H.-D. Fischer. München, Berlin 1971, S. 51ff.

E. E. Ploss: Akzente politischer Dichtung. Von Walther v. d. Vogelweide bis Ulrich v. Hutten. In: Dichtung, Sprache, Gesellschaft. Akten des IV. Internationalen Germanistenkongresses 1970 in Princeton. Hg. v. V. Lange u. H.-G. Roloff. Frankfurt/M. 1971, S. 163ff.

H. Scheuer: Ulrich v. Hutten, Kaisertum und deutsche Nation. In: Daphnis 2, 1973, S. 133ff.

P. Ukena u. K. Uliarczyk: Deutschsprachige populäre Hutten-Literatur im 19. und 20. Jahrhundert. Eine bibliographische Übersicht. In: Ebda, S. 166ff.

Karlstadt (Bodenstein), Andreas (ca. 1480–1541):

Ausgaben:

Von Abtuhung der Bilder. Hg. v. H. Lietzmann. Bonn 1911 (Kleine Texte f. theol. Vorlesungen u. Übungen Bd. 74).

Karlstadts Schriften aus den Jahren 1523–25. Ausgewählt u. hg. v. E. Hertzsch. Neudrucke Nr. 325 (2 Bde.), Halle 1956/57.

Literatur:

C. F. Jäger: Andreas Bodenstein von Carlstadt. Stuttgart 1856.

E. Freys u. K. Barge: Verzeichnis der gedruckten Schriften des Andreas Bodenstein von Karlstadt. In: Zentralbl. f. Bibliothekswesen 21, 1904, S. 153ff., 209ff., 305ff. Neudr. Nieuwkoop 1965.

H. Barge: Andreas Bodenstein von Karlstadt. 2 Bde., Leipzig 1905. Neudr. Nieuwkoop 1968.

Ders.: Der Streit über die Grundlagen der religiösen Erneuerung in der Kontroverse zwischen Luther und Karlstadt. In: Studium Lipsiense, Leipzig 1909, S. 192ff.

M. Wähler: Die Einführung der Reformation in Orlamünde. Zugleich ein Beitrag zum Verständnis von Karlstadts Verhältnis zu Luther. Erfurt 1918.

E. Hertzsch: Karlstadt und seine Bedeutung für das Luthertum. Gotha 1932.

Ders.: Luther und Karlstadt. In: Luther in Thüringen. Hg. v. Landeskirchenrat d. Ev.-Luth. Kirche Thüringen. Berlin 1952, S. 87ff.

G. Fuchs: Karlstadts radikal-reformistisches Wirken und seine Stellung zwischen Müntzer und Luther. In: Wiss. Zs d. M. Luther-Univ. Halle-Wittenberg 3, 1953/54, S. 523ff.

Lemnius, Simon (1511–1550):

Ausgaben:

Die Schutzschrift des Dichters Simon Lemnius gegen das gewaltsame Verfahren der Wittenberger Akademie wider ihn 1538. Hg. u. eingeleitet v. C. Ritter v. Höfler. Prag 1892.

Simon Lemnius: Monachopornomachia, der Mönchshurenkrieg. – Threni, Klaggesang. – Von der Sardoa. Hg. v. G. Vorberg. München 1919.

Literatur:

H. Holstein: Simon Lemnius. In: ZfdPh 20, 1888, S. 481 ff.

E. Michael: Luther und Lemnius. In: Zs f. kathol. Theologie 19, 1895, S. 450ff.

P. Merker: Simon Lemnius. Ein Humanistenleben. Straßburg 1908.

G. Ellinger: Simon Lemnius als Lyriker. In: Festgabe f. F. v. Bezold. Bonn 1921, S. 221 ff.

Linck, Wenzeslaus (1483–1547):

Wenzel Lincks Werke. Gesammelt und hg. v. W. Reindell. 1. Hälfte Marburg 1894.

W. Reindell: Doktor Wenzeslaus Linck aus Colditz 1483–1547. Nach ungedruckten und gedruckten Quellen dargestellt. 1. T. Marburg 1892.

J. Lortz: Bibliographie der gedruckten Schriften Dr. Wenzeslaus Lincks. Nieuwkoop 1974.

Luther, Martin (1483–1546):

Ausgaben:

D. Martin Luthers Werke. Kritische Gesamtausgabe Weimar 1883 ff. Bisher liegen vor: 1. Abt.: Schriften Bd. 1–58 (Bd. 55 unvollständig); 2. Abt.: Tischreden Bd. 1–6 (abgeschlossen); 3. Abt.: Die deutsche Bibel Bd. 1–12; 4. Abt.: Briefe Bd. 1–14 (abgeschlossen).

Ausgewählte Werke. Hg. v. H. H. Borcherdt u. G. Metz. [3]München 1948/57 (6 Bde. u. 7 Erg.bde.).

Luther Deutsch. Die Werke Luthers in neuer Auswahl für die Gegenwart. Hg. v. K. Aland. Berlin, Stuttgart 1948 ff. 10 Bde u. 2 Erg.bde.

Luthers Werke in Auswahl. Hg. v. O. Clemen. 8 Bde, [5]Berlin 1959/62.

M. Luther: Pädagogische Schriften und Äußerungen. Hg. v. H. Keferstein. Langensalza 1888.

Grundzüge evangelischer Lebensformung. Ausgewählte Schriften Luthers. Hg. v. A. E. Berger. DLE R. Reformation Bd. 1, Leipzig 1930. Neudr. Darmstadt 1967.

Martin Luther. Ausgewählte Deutsche Schriften. Hg. v. H. Volz. ²Tübingen 1966 (Deutsche Texte Bd. 3).
Die Vorstellung von Zwei Reichen und Regimenten bei Luther. Hg. v. U. Duchrow u. H. Hoffmann. Gütersloh 1972 (Texte z. Kirchen- u. Theologiegeschichte Bd. 17).
An den christlichen Adel deutscher Nation. Hg. v. W. Braune. Neudrucke Nr. 4, Halle 1877 (Flugschr. aus d. Ref.zeit Bd. 1).
Sendbrief an Papst Leo; Von der Freiheit eines Christenmenschen; Warum des Papsts und seiner Jünger Bücher . . . verbrannt seien. Hg. v. J. K. F. Knaake. Neudrucke Nr. 18, Halle 1879 (Flugschr. aus d. Ref.zeit Bd. 2). 2. Aufl.: Von der Freiheit eines Christenmenschen. Hg. v. L. E. Schmitt. Halle 1953.
Wider Hans Worst. Hg. v. J. K. F. Knaake. Neudrucke Nr. 28, Halle 1880 (Flugschr. aus d. Ref.zeit Bd. 3).
Von der Winkelmesse und Pfaffenweihe. Hg. v. G. Kawerau. Neudrucke Nr. 50, Halle 1883 (Flugschr. aus d. Ref.zeit Bd. 5).
Luther und Emser. Ihre Streitschriften aus dem Jahre 1521. Hg. v. L. Enders. 2 Bde., Neudrucke Nr. 83/84 u. 96/98, Halle 1890/92 (Flugschr. aus d. Ref.zeit Bd. 8 u. 9).
Eyn brieff an die Fürsten zu Sachsen von dem auffrurischen geyst zu Wittenberg. Hg. v. L. Enders. In: Aus dem Kampf der Schwärmer gegen Luther. Neudrucke Nr. 118, Halle 1893 (Flugschriften aus d. Ref.zeit Band 10).
Luthers 95 Thesen samt seinen Resolutionen sowie den Gegenschriften . . . u. den Antworten Luthers darauf. Hg. v. W. Köhler. Leipzig 1903.
Luthers Fabeln. Hg. u. eingeleitet v. E. Thiele. Neudrucke Nr. 76, Halle 1911. Neu hg. v. W. Steinberg. Halle 1961.
Sendbrief vom Dolmetschen. Hg. v. K. Bischoff. ²Tübingen 1965.
An den christlichen Adel; Von der Freiheit eines Christenmenschen; Sendbrief vom Dolmetschen. Hg. v. E. Kähler. Stuttgart 1960 (Reclambücherei Nr. 1578/78a).
Martin Luther. Sämtliche deutsche geistliche Lieder. Hg. v. F. Klippgen. Neudrucke Nr. 230. Halle 1912.
Luthers Lieder und Gedichte. Hg. v. W. Stapel. Stuttgart 1950.
Die deutschen geistlichen Lieder. Hg. v. H. Hahn. Neudrucke NF Nr. 20, Tübingen 1967.
Biblia/das ist/die gantze Heilige Schrifft Deudsch. Faksimile-Ausgabe der ersten vollständigen Lutherbibel von 1534. 2 Bde. mit einer Einführung v. E. Lauch. ²Leipzig 1935.
D. Martin Luther: „Die ganze Heilige Schrifft Deudsch 1545. Auffs new zugericht." Faksimileausgabe, hg. v. H. Volz. 2 Bde. mit 1 Beiheft München 1972.
Das Newe Testament Deutzsch. Faksimileausgabe mit Begleittext v. I. Ludolphy. Leipzig 1972.
Septembertestament. Marcus-Evangelion Mart. Luthers. Nach der Septemberbibel mit den Lesarten aller Originalausgaben und Proben aus den

hochdeutschen Nachdrucken des 16. Jahrhunderts. Hg. v. A. Reifferscheid. Leipzig 1889.
Der deutsche Psalter. Hg. v. F. Schmitt. Nürnberg 1948.
Frühneuhochdeutsche Bibelübersetzungen. Texte von 1400–1600. Hg. v. G. Eis. Frankfurt/M. 1949.
Vom Spätmittelhochdeutschen zum Frühneuhochdeutschen. Synoptischer Text des Propheten Daniel in sechs deutschen Übersetzungen des 14.–16. Jahrunderts. Hg. v. H. Volz. Tübingen 1963.
1200 Jahre deutsche Sprache in synoptischen Bibeltexten. Hg. v. F. Tschirch. 2Berlin 1969.

Bibliographien und Hilfsmittel:

G. Kawerau: Luthers Schriften nach der Reihenfolge der Jahre verzeichnet mit Nachweis ihres Fundortes in den jetzt gebräuchlichen Ausgaben. Leipzig 1917. Neudr. In: Ders.: Verzeichnis von Luthers Schriften. Leipzig 1929.
J. Benzing: Lutherbibliographie. Verzeichnis der gedruckten Schriften Luthers bis zu dessen Tod. Baden-Baden 1966.
O. Wolff: Die Haupttypen der neueren Lutherforschung. Stuttgart 1938.
Lutherforschung heute. Referate u. Berichte d. 1. Internationalen Lutherforschungskongresses Aarhus 1956. Hg. v. V. Vajta. Berlin 1958.
H. J. Grimm: Luther research since 1920. In: Journal of modern history 32, 1960, S. 105ff.
(Periodische Lutherbibliographie in: Lutherjahrbuch 24, 1957ff.)
K. Aland: Hilfsbuch zum Lutherstudium. 2Berlin 1957.
Ph. Dietz: Wörterbuch zu Dr. Martin Luthers deutschen Schriften. Leipzig 1870/72. Neudr. Hildesheim 1961 (A-Hals).
G. Bebermeyer: Stand und Aufgaben der sprachgeschichtlichen Lutherforschung. In: Lutherjahrbuch 13, 1931, S. 69ff.
F. Tschirch: Probeartikel zum Wörterbuch der Bibelsprache Luthers. In: Nachrichten d. Akad. d. Wiss. in Göttingen, phil.-hist. Kl. 1964, Nr. 3, S. 151ff.
H. Beintker: Zum Stand der lexikalischen Erfassung von Luthers Wortschatz. In: FuF 40, 1966, S. 21ff.
H. U. Delius: 450 Jahre Reformation – 450 Jahre Lutherausgaben. In: FuF 41, 1967, S. 336ff.

Allgemeine Darstellungen u. Literatur zu einzelnen Problemen u. Schriften:

V. Hasak: D. Martin Luther und die religiöse Literatur seiner Zeit bis zum Jahre 1520. Regensburg 1881. Neudr. Nieuwkoop 1967.
C. Wendeler: M. Luthers Bilderpolemik gegen das Papsttum. In: ArchL 14, 1886, S. 17ff.
A. E. Berger: Martin Luther in kulturgeschichtlicher Darstellung. 4 Bde., Berlin 1895/1921.
Ders.: Luthers religiöser Charakter, seine Bedeutung für die deutsche Gei-

stesgeschichte und Dichtung. Berlin 1941 (Von deutscher Art in Sprache u. Dichtung Bd. 3).
W. Köhler: Luthers Schrift „An den christlichen Adel deutscher Nation“ im Spiegel der Kultur- und Zeitgeschichte. Halle 1895.
Ders.: Luther und das Luthertum in ihrer weltgeschichtlichen Auswirkung. Leipzig 1933.
Ders.: Zwingli und Luther. Ihr Streit über das Abendmahl nach seinen politischen und religiösen Beziehungen. Bd. 1, Leipzig 1924, Neudr. New York-Gütersloh 1971; Bd. 2, hg. v. E. Kohlmeyer u. H. Bornkamm, New York-Gütersloh 1953.
O. Albrecht: Studien zu Luthers Schrift „An die Ratsherren aller Städte“. In: Theologische Studien u. Kritiken 70, 1897 S. 687ff.
J. W. Lyra: D. M. Luthers deutsche Messe und Ordnung des Gottesdienstes in ihren liturgischen Bestandteilen ... erläutert. Gütersloh 1904.
E. Körner: Luther im Urteil seines Schülers Er. Alber. In: Neue kirchliche Zs 29, 1918, S. 553ff.
G. Roethe: D. Martin Luthers Bedeutung für die deutsche Literatur. Berlin 1918.
H. Grisar u. F. Heege: Luthers Kampfbilder. 4 Bde, Freiburg 1921/23.
E. Kohlmeyer: Die Entstehung der Schrift Luthers „An den christlichen Adel deutscher Nation“. Gütersloh 1922.
M. Burgdorf: Luther und die Wiedertäufer. Neumünster 1928.
H. Dannenbauer: Luther als religiöser Volksschriftsteller 1517–1520. Ein Beitrag zu der Frage nach den Ursachen der Reformation. Tübingen 1930.
H. Obendiek: Der Teufel bei Martin Luther. Berlin 1931.
A. F. Cohrs: Martin Luther, dargestellt von seinen Freunden und Zeitgenossen. Berlin 1933.
J. Luther: Vorbereitung und Verbreitung von Luthers 95 Thesen. Berlin 1933 (Greifswalder Studien z. Lutherforschung u. neuzeitl. Geistesgeschichte Bd. 8).
G. Baesecke: Luther als Dichter. Halle 1935 (Hallesche Universitätsreden Bd. 65).
K. Bauer: Luthers Aufruf an den Adel, die Kirche zu reformieren. In: ArchRG 32, 1935, S. 167ff.
R. Frick: Luther als Prediger, dargestellt auf Grund der Predigt über 1. Kor. 15 (1532/33). In: Lutherjb. 21, 1939, S. 28ff.
A. Centgraf: Martin Luther als Publizist. Diss. Frankfurt/M. 1940.
J. Hessen: Luther in katholischer Sicht. Bonn 1947.
K. Holl: Luther. Gesammelte Aufsätze zur Kirchengeschichte Bd. 1. [7]Tübingen 1948.
W. Maurer: Von der Freiheit eines Christenmenschen. Zwei Untersuchungen zu Luthers Reformationsschriften 1520/21. Göttingen 1949.
E. Seeberg: Luthers Theologie in ihren Grundzügen. [2]Stuttgart 1950.
E. W. Zeeden: Martin Luther und die Reformation im Urteil des deutschen Luthertums. 2 Bde, Freiburg 1950/52.
H. Barge: Luther und der Frühkapitalismus. Gütersloh 1951.

H. Bluhm: Das Diesseits in Luthers „Von der Freiheit eines Christenmenschen". In: MDU 43, 1951, S. 93ff.
H. Böhmer: Der junge Luther. [5]Leipzig 1952.
C. Hinrichs: Luther und Müntzer. Ihre Auseinandersetzung über Obrigkeit und Widerstandsrecht. Berlin 1952.
G. Wingren: Luthers Lehre vom Beruf. München 1952.
L. Stern: Martin Luther und Philipp Melanchthon – ihre ideologische Herkunft und geschichtliche Leistung. Berlin 1953.
E. Hirsch: Lutherstudien. Gesammelte Aufsätze. 2 Bände. Gütersloh 1954.
H. Fausel: Martin Luther, der Reformator im Kampf um Evangelium und Kirche im Spiegel eigener Zeugnisse. [2]Stuttgart 1955.
R. H. Fife: The revolt of Martin Luther. New York 1957.
H. Bornkamm: Erasmus und Luther. In: Lutherjb. 25, 1958, S. 3ff.
Ders.: Luthers geistige Welt. Gesammelte Aufsätze. [4]Gütersloh 1960.
Ders.: Luther als Schriftsteller. Heidelberg 1965 (Sitzungsberichte d. Heidelberger Akad. d. Wiss., phil-hist. Kl. 1965, 1).
Ders.: Luthers Lehre von den zwei Reichen im Zusammenhang seiner Theologie. [3]Gütersloh 1969.
Ders.: Luther im Spiegel der deutschen Geistesgeschichte. Mit ausgewählten Texten. [2]Heidelberg 1970.
J. Grimm: The human element in Luther's sermons. In: ArchRG 99, 1958, S. 50ff.
G. Heintze: Luthers Predigt von Gesetz und Evangelium. München 1958.
F. Lau: Luther. Berlin 1959.
G. Ritter: Luther. Gestalt und Tat. [6]München 1959.
H. Volz: Martin Luthers Thesenanschlag und dessen Vorgeschichte. Weimar 1959.
S. v. Kortzfleisch: Die publizistische Bedeutung von Luthers Thesenanschlag. In: Publizistik 5, 1960, S. 131ff.
W. v. Loewenich: Luther und Lessing. Tübingen 1960.
H. Wernle: Allegorie und Erlebnis bei Luther. Bern 1960.
I. Asmyte: Luther's Sermons as a Mirror of His Time. Diss. North Carolina. Diss. Abstr. 21, 1961.
P. Althaus: Luthers Haltung im Bauernkrieg. [2]Darmstadt 1962.
Ders.: Die Theologie Martin Luthers. Gütersloh 1962.
Ders.: Die Ethik Martin Luthers. Gütersloh 1965.
H. O. Burger: Luther als Ereignis der Literaturgeschichte. In: Ders.: Dasein heißt eine Rolle spielen. Studien z. deutschen Literaturgeschichte. München 1963, S. 56ff.
G. Ebeling: Luther. Einführung in sein Denken. Tübingen 1964.
R. Müller-Streisand: Luthers Weg von der Reformation zur Restauration. Halle 1964.
M. Greschat: Luthers Haltung im Bauernkrieg. In: ArchRG 56, 1965, S. 31ff.
H. Steitz: Martin Luthers Ablaßthesen von 1517. Bericht über die Diskus-

sion 1957–1965. In: Geschichte in Wissenschaft u. Unterricht 16, 1965, S. 661 ff. (weitere Aufsätze zu diesem Thema im gleichen Heft).
G. Fesser: Luthers Stellung zur Obrigkeit, vornehmlich im Zeitraum von 1525–1532. In: 450 Jahre Reformation. Berlin 1967, S. 146ff.
S. Hoyer: Luther und die Häresien des Mittelalters. In: Ebda, S. 89 ff.
E. Schott: Die theologische Bedeutung der 95 Thesen. In: Ebda, S. 70ff.
R. Friedenthal: Luther. Sein Leben und seine Zeit. München 1967.
M. L. Baeumer: Luthers Schrift an den Adel und die Formulierungen der „Bill of Rights“. In: Monatshefte 60, 1968, S. 40ff.
Der Durchbruch der reformatorischen Erkenntnis bei Luther. Hg. v. B. Lohse. Darmstadt 1968 (Wege der Forschung Bd. 123).
Die Lehre Luthers von den zwei Reichen. Hg. v. H. H. Schrey. Darmstadt 1969 (Wege der Forschung Bd. 107).
H. Junghans: Der Einfluß des Humanismus auf Luthers Entwicklung bis 1518. In: Lutherjahrbuch 37, 1970, S. 37ff.
E. H. Erikson: Der junge Mann Luther. Eine psychoanalytische und historische Studie. Reinbek 1970.
G. E. Stoll: Martin Luther. In: Deutsche Publizisten des 15. bis 20. Jahrhunderts. Hg. v. H.-D. Fischer. München, Berlin 1971, S. 43 ff.
Luther und die Obrigkeit. Hg. v. G. Wolf. Darmstadt 1972 (Wege der Forschung Bd. 85).
M. Rössing-Hager: Syntax und Textkomposition in Luthers Briefprosa. Köln 1972.

Bibelübersetzung:
W. Grimm: Kurzgefaßte Geschichte der lutherischen Bibelübersetzung bis zur Gegenwart, mit Berücksichtigung der vorlutherischen deutschen Bibel und der in der reformierten Schweiz gebrauchten deutschen Bibeln. Jena 1884.
E. Riehm: Luther als Bibelübersetzer. In: Theolog. Studien u. Kritiken 57, 1884, S. 239ff.
H. Platzhoff: Luther's erste Psalmenübersetzung sprachwissenschaftlich untersucht. Diss. Halle 1887.
G. Keyssner: Die drei Psalterbearbeitungen Luthers von 1524, 1528 und 1531. Diss. München 1890.
W. Walther: Die Unabhängigkeit der Bibelübersetzung Luthers von den im Mittelalter gedruckten deutschen Bibeln. In: Neue kirchliche Zs 1, 1890, S. 359ff.
Ders.: Luthers deutsche Bibel. FS zur Jahrhundertfeier der Reformation. Berlin 1917.
B. Lindmeyr: Der Wortschatz in Luthers, Emsers und Ecks Übersetzung des Neuen Testamentes. Diss. München 1899.
H. Byland: Der Wortschatz des Zürcher Alten Testaments von 1525 und 1531 verglichen mit dem Wortschatz Luthers. Berlin 1903.
A. Risch: Die deutsche Bibel in ihrer geschichtlichen Entwicklung. Berlin 1907.

Ders.: Luther als Bibelübersetzer in dem Deutschen Psalter von 1524–1545. In: Theolog. Studien u. Kritiken 90, 1917, S. 273ff.
Ders.: Luthers Bibelverdeutschung. Leipzig 1922 (Schriften d. Vereins f. Reformationsgeschichte Bd. 40).
O. Reichert: D. Martin Luthers Deutsche Bibel. Tübingen 1910.
Ders.: Der Deudsch Psalter D. Luthers zu Wittenberg 1531–1931. In: Lutherjb 13, 1931, S. 29ff.
H. Zerener: Studien über das beginnende Eindringen der Lutherischen Bibelübersetzung in die deutsche Literatur. Leipzig 1911 (ArchRG, Texte u. Untersuchungen, Erg.bd. 4).
E. H. Bauer: Luther's Translation of the Psalms in 1523/24. In: JEGP 14, 1915, S. 1ff.
P. Feine: Luther und die Bibel. Berlin 1917.
D. O. Brenner: Zur Geschichte von Luthers Bibelübersetzung. In: Neue kirchliche Zs 29, 1918, S. 369ff., 496ff., 536ff.
M. Freier: Luthers Bußpsalmen und Psalter. Kritische Untersuchung nach jüdischen und lateinischen Quellen. Leipzig 1918.
K. Burdach: Die nationale Aneignung der Bibel und die Anfänge der Germanischen Philologie. In: FS f. E. Mogk. Halle 1924, S. 231ff.
A. Freitag: Die Zainerbibel als Quelle der Lutherbibel. In: Theolog. Studien u. Kritiken 100, 1927/28, S. 444ff.
E. Hirsch: Lutherbibel und Zainerbibel (1928). Neudr. in: Ders.: Lutherstudien Bd. 2, Gütersloh 1954, S. 261ff.
H. W. Beyer: Luthers Bibelübersetzung. In: Theolog. Rundschau NF 1, 1929, S. 313ff.
H. Vollmer: Die Psalmenverdeutschung von den ersten Anfängen bis Luther. Potsdam 1932/33 (Bibel u. deutsche Kultur Bd. 2 u. 3).
Ders.: Die deutsche Bibel. In: Lutherjahrbuch 16, 1934, S. 27ff.
Ders.: Die Bibel im deutschen Kulturleben. Salzburg, Leipzig 1938.
P. Althaus: Der Geist der Lutherbibel. In: Lutherjahrbuch 16, 1934, Seite 1ff.
O. Clemen: Die Entstehung der Lutherbibel. [2]Zwickau 1934.
J. M. Reu: Luther's German Bible. 2 Bde., Columbus, Ohio 1934.
H. Volz: Melanchthons Anteil an der Lutherbibel. In: ArchRG 45, 1954, S. 196ff.
Ders.: 100 Jahre Wittenberger Bibeldruck. 1522–1626. Göttingen 1954.
Ders.: Neue Beiträge zu Luthers Bibel- und Psalmenübersetzung. In: ZfdPh 73, 1954, S. 291ff.; PBB Tübingen 77, 1955, S. 393ff.
Ders.: Bibel und Bibeldruck in Deutschland im 15. und 16. Jahrhundert, Mainz 1960.
I. Becker: Luthers Evangelienübersetzung von 1522 und 1546. Diss. Köln 1935.
G. Bruchmann: Luther als Bibelverdeutscher in seinen Wartburgpostillen. In: Lutherjahrbuch 17, 1935, S. 111ff.
Ders.: Luthers Bibelverdeutschung auf der Wartburg in ihrem Verhältnis zu mittelalterlichen Übersetzungen. In: Lutherjahrbuch 18, 1936, S. 47ff.

R. Newald: Von deutscher Übersetzerkunst. In: Zs f. dt. Geistesgeschichte 2, 1936, S. 190ff.
W. Ettinghausen: Luther: Exegesis and Prose Style. In: German studies, pres. to H. G. Fiedler. Oxford 1937, S. 174ff.
H. Bornkamm: Die Vorlagen zu Luthers Übersetzung des Neuen Testamentes. In: Theolog. Literaturzeitung 72, 1947, S. 26ff.
H. Bluhm: Luthers translation of Luke 22, 5. In: MLN 65, 1950, S. 405ff.
Ders.: The evolution of Luther's translation of the twentythird Psalm. In: GR 26, 1951, S. 251ff.
Ders.: Luther's translation and interpretation of the Ave Maria. In: JEGP 51, 1952, S. 196ff.
Ders.: Martin Luther: Creative Translator. St. Louis, Missouri 1965.
Ders.: The Literary Quality of Luther's Septembertestament. In: PLMA 81, 1966, S. 327ff.
Ders.: Martin Luther and the pro-Lutheran Low German bibles. In: MLR 62, 1967, S. 642ff.
S. Krüger: Zum Wortschatz des 16. Jahrhunderts. Fremdbegriff und Fremdwort in Luthers Bibelübersetzung. In: PBB Halle 77, 1955, S. 402ff.
H. F. Rosenfeld: Erasmus, Luther und wir. Eine quellenkritische Betrachtung zu Luthers Übersetzung des Neuen Testamentes. In: FuF 29, 1955, S. 313ff.
W. Schwarz: Principles and Problems of Biblical Translation. Some Reformation Controversies and their Background. Cambridge, New York 1955.
O. J. Mehl: Luthers Übersetzung der Synonyma im Neuen Testament und Psalter. In: Lutherjahrbuch 29, 1962, S. 77ff.
S. Raeder: Voraussetzungen und Methode von Luthers Bibelübersetzung. In: Geist u. Geschichte d. Reformation. FS f. H. Rückert. Berlin 1966, S. 152ff.
E. Arndt: Um die rechte deutsche Bibel. In: 450 Jahre Reformation. Berlin 1967, S. 221ff.
G. F. Merkel: Vom Fortleben der Lutherischen Bibelsprache im 16. und 17. Jahrhundert. In: Zs f. dt. Sprache 23, 1967, S. 3ff.
K. E. Schöndorf: Die Tradition der Deutschen Psalmenübersetzung. Untersuchungen zur Verwandtschaft und Übersetzungstradition der Psalmenverdeutschung zwischen Notker und Luther. Köln, Graz 1967.
Th. Süss: Über Luthers „Sieben Bußpsalmen". In: 450 Jahre lutherische Reformation 1517–1967. FS f. F. Lau. Göttingen 1967, S. 367ff.
W. Kolb: Die Bibelübersetzung Luthers und ihre mittelalterlichen Vorgänger im Urteil der deutschen Geistesgeschichte von der Reformation bis zur Gegenwart. Diss. Saarbrücken 1972.

Die deutsche Bibelübersetzung vor und neben Luther:

Die erste deutsche Bibel. Hg. v. W. Kurrelmeyer. 10 Bde, Stuttgart 1904/15 (BLV Bd. 234, 238, 243, 246, 249, 251, 254, 258, 259, 266).

Frühneuhochdeutsche Bibelübersetzungen. Texte von 1400–1600. Hg. v. G. Eis. Frankfurt/M. 1949.
Vom Spätmittelhochdeutschen zum Frühneuhochdeutschen. Synoptischer Text des Propheten Daniel in sechs deutschen Übersetzungen des 14.–16. Jahrhunderts. Hg. v. H. Volz. Tübingen 1963.
1200 Jahre deutsche Sprache in synoptischen Bibeltexten. Hg. v. F. Tschirch. ²Berlin 1969).

J. J. Mezger: Geschichte der deutschen Bibelübersetzungen in der schweizerisch-reformierten Kirche von der Reformation bis zur Gegenwart. Basel 1876. Neudr. Nieuwkoop 1967.
W. Walther: Die Deutsche Bibelübersetzung des Mittelalters. 3 Teile, Braunschweig 1889–1892. Neudr. Nieuwkoop 1966.
Ders.: Die ersten Konkurrenten der Bibelübersetzung Luthers bis 1525. Leipzig 1917.
E. Brodführer: Untersuchungen zur vorlutherischen Bibelübersetzung. Halle 1922.
W. Hadorn: Die deutsche Bibel in der Schweiz. Leipzig 1925.
F. Maurer: Studien zur mitteldeutschen Bibelübersetzung vor Luther. Heidelberg 1929.
H. Vollmer (Hg.) Bibel und deutsche Kultur. 11 Bde, Potsdam 1931/41.
G. Baring: Die Wormser Propheten, eine vorlutherische evangelische Prophetenübersetzung (1527). In: ArchRG 31, 1934, S. 23ff.
H. Rost: Die Bibel im Mittelalter. Beiträge zur Geschichte und zur Bibliographie der Bibel. Augsburg 1939.
F. Schulze: Deutsche Bibeln. Vom ältesten Bibeldruck bis zur Lutherbibel. Leipzig 1943.
L. F. Brossmann: Die Mathäusübersetzung von Johann Lang im Jahre 1521. Diss. Heidelberg 1955, Masch.
M. E. Schild: Abendländische Bibelvorreden bis zur Lutherbibel. Gütersloh 1970.
L. C. Green: The Bible in the 16th century humanist education. In: Studies in the Renaissance 19, 1972, S. 112ff.
(s. a. unter Eck, Emser u. Müntzer)

Die Fabeln:

K. Franke: Luthers Fabel vom Löwen und Esel und ihre politische Bedeutung. In: Theolog. Studien u. Kritiken 92, 1919, S. 322ff.
W. v. Both: Luther und die Fabel. Diss. Breslau 1927.
A. Schirokauer: Luthers Arbeit am Äsop. In: MLN 62, 1947, S. 73ff.
K. Doderer: Über das „betriegen zur Warheit“. Die Fabelbearbeitungen M. Luthers. In: WW 14, 1964, S. 379ff.

Die Lieder:

A. J. Rambach: Über M. Luthers Verdienst um den Kirchengesang. Hamburg 1813. Neudr. mit einer Einführung v. K. Ameln, Hildesheim 1972.

J. Bachmann: Zur Entstehungsgeschichte der geistlichen Lieder Luthers. In: Zs f. kirchl. Wissenschaft u. kirchl. Leben 5, 1884, S. 151ff., 294ff.; 6, 1885, S. 42ff.

J. Knapp: Luther als Kirchenliederdichter. Stuttgart 1884.

K. Budde: Luthers Verskunst. In: MGK 1, 1896/97, S. 175ff.

O. Albrecht: Luthers deutsches Gloria. In: MGK 3, 1898, S. 139ff.

H. Grössler: Wann und wo entstand das Lutherlied ‚Ein feste Burg ist unser Gott'? Magdeburg 1904.

F. Spitta: ‚Ein feste Burg ist unser Gott.' Die Lieder Luthers in ihrer Bedeutung für das evangelische Kirchenlied. Göttingen 1905.

Ders.: Studien zu Luthers Liedern. Göttingen 1907.

Ders.: Die Lieder Luthers. Zur Feier des Reformationsjubiläums. In: MGK 22, 1917, S. 117ff., 165ff., 209ff., 249ff.

Th. Kolde: Zur Geschichte des Liedes ‚Erhalt uns Herr bei deinem Wort'. In: Beiträge zur bayerischen Kirchengeschichte 15, 1909, S. 227ff.

P. Althaus: Luther als der Vater des evangelischen Kirchenliedes. Leipzig 1917.

Grohmann: Der Subjektivismus in Paul Gerhardts und Luthers Liedern. In: Neue kirchliche Zs 28, 1917, S. 557ff.

W. Lucke: Aus meinen Voruntersuchungen zur Ausgabe von Luthers Liedern. In: Lutherstudien z. 4. Jahrhundertfeier d. Reformation. Weimar 1917, S. 79ff.

O. Schröder: Luther und Joh. Walther als Begründer des evangelischen Gemeindegesangs. In: MGK 22, 1917, S. 71ff., 97ff., 135ff.

R. Günther: Luthers Lied von der christlichen Kirche. In: MGK 25, 1920, S. 257ff.

H. Grisar: Luthers Trutzlied ‚Ein feste Burg' in Vergangenheit und Gegenwart. Freiburg 1922.

G. Stuhlfauth: Tatsachen und Hypothesen zum Lutherlied (Ein feste Burg). In: MGK 33, 1928, S. 304ff.

J. Kulp: Luthers Leben im Spiegel seiner Lieder. Leipzig, Hamburg 1935.

H. J. Moser: Die Melodien der Lutherlieder. Leipzig, Hamburg 1935.

Ders.: ‚Nun freut euch, lieben Christen gmein.' Die wahrscheinliche Vorgeschichte des Lutherliedes. In: Gestalt u. Glaube. FS f. O. Söhngen. Witten 1960, S. 137ff.

Ch. Müller: Luthers Lieder. Theologische Auslegungen. Göttingen 1936.

G. Wolfram: Ein feste Burg ist unser Gott. Die Entstehungszeit und der ursprüngliche Sinn des Lutherliedes. Berlin 1936.

W. Friedensburg: Der Türkeneinbruch von 1529 und die Entstehung des Lutherliedes ‚Ein feste Burg ist unser Gott'. In: Luther, Mitteilungen der Luther-Gesellschaft 19, 1937, S. 4ff.

F. Messerschmidt: Das Kirchenlied Luthers. Metrische und stilistische Studien. Diss. Tübingen 1937.

G. Baesecke: Luthers deutscher Versbau. In: PBB 62, 1938, S. 60ff.

K. Range: Entstehung und Bedeutung von ‚Ein feste Burg ist unser Gott'.

In: Nach Gesetz und Zeugnis 38, 1940, S. 216ff., 257ff.; 39, 1941, S. 17ff., 100ff.
Ch. Schneider: Luther, poète et musicien et les Enchiridien de 1524. Genf 1942.
O. Schlisske: Handbuch der Lutherlieder. Göttingen 1948.
R. A. Schröder: Luther und sein Lied. In: Ders.: Gesammelte Werke Bd. 3. Berlin, Frankfurt/M. 1952, S. 508ff.
K. Ameln: Luthers Liedauswahl. In: JbLiturg 5, 1960, S. 122ff.
J. Mittenzwei: Luthers musikalisch-volkstümliche Reform des Kirchengesangs. In: Ders.: Das Musikalische in der Literatur. Halle 1962, S. 20ff.
L. Wolff: Zu Luthers Lied ‚Nun freut euch, lieben Christen gemein.' In: JbLiturg 7, 1962, S. 99ff.
O. Brodde: ‚Ein neues Lied wir heben an.' Martin Luther als „Phonascus". In: Luther, Zs d. Luther-Gesellschaft 34, 1963, S. 72ff.
H. U. Delius: Luther und das Salve Regina. In: FuF 38, 1964, S. 249ff.
M. Jenny: Neue Hypothesen zur Entstehung und Bedeutung von ‚Ein feste Burg'. In: JbLiturg 9, 1964, S. 143ff.
E. Sommer: Die Metrik in Luthers Liedern. In: Ebda., S. 29ff.
G. Hahn: ‚Christ ist erstanden gebessert.' Zu Luthers Stellung in der Geschichte des deutschen Gemeindeliedes. In: Werk-Typ-Situation. H. Kuhn z. 60. Geburtstag. Stuttgart 1969, S. 326ff.
S. A. Schulz: Ein feste Burg ist unser Gott. Luther's treatment of the 46th Psalm. In: Colloquia Germanica 3, 1969, S. 302ff.
J.-J. Laubach: Luthers Tauflied. In: JbLiturg 16, 1971, S. 134ff.

Luther und die deutsche Sprache des 16. Jahrhunderts:

P. Pietsch: Martin Luther und die hochdeutsche Schriftsprache. Breslau 1883.
D. F. Malherbe: Zum Wortschatz des 16. Jahrhunderts. Das Fremdwort im Reformationszeitalter. Diss. Freiburg 1906.
K. Bachmann: Der Einfluß von Luthers Wortschatz auf die schweizerische Literatur des 16. und 17. Jahrhunderts. Diss. Freiburg 1909.
C. Franke: Grundzüge der Schriftsprache Luthers. 3 Bde, ²Halle 1913/22. Neudr. Hildesheim 1973.
E. Giese: Untersuchungen über das Verhältnis von Luthers Sprache zur Wittenberger Druckersprache. Diss. Halle-Wittenberg 1915.
Kinast: Luther ein Meister deutscher Prosa. In: Neue kirchliche Zs 29, 1918, S. 22ff. u. 83ff.
F. Kluge: Von Luther bis Lessing. Aufsätze und Vorträge zur Geschichte unserer Schriftsprache. Leipzig 1918.
K. v. Bahder: Zur Wortwahl in der frühneuhochdeutschen Schriftsprache. Heidelberg 1925.
W. Stammler: Zur Sprachgeschichte des XV. und XVI. Jahrhunderts. In: FS f. G. Ehrismann. Berlin, Leipzig 1925, S. 171ff.
P. Hankamer: Die Sprache. Ihr Begriff und ihre Deutung im 16. und 17. Jahrhundert. Bonn 1927.

H. Gumbel: Deutsche Sonderrenaissance in deutscher Prosa. Strukturanalyse deutscher Prosa im 16. Jahrhundert. Frankfurt/M. 1930 (Deutsche Forschungen H. 23).
L. Meyer: Luthers Stellung zur Sprache. Diss. Hamburg 1930.
E. R. Wessels: Studien zur deutschen Reimsprache des 16. Jahrhunderts. Diss. Göttingen 1931.
G. Baesecke: Die Sprache der Lutherbibel und Wir. Halle 1932 (Hallesche Universitätsreden Bd. 53).
H. Bach: Laut- und Formenlehre der Sprache Luthers. Kopenhagen 1934.
W. Kohlschmidt: Luther und unsere Sprache. In: ZDU 49, 1935, S. 165ff.
R. Petsch: Luther als Meister der Sprache. In: Lutherjahrbuch 17, 1935, S. 87ff.
P. Lorentz: Die Anschaulichkeit in Luthers Bildersprache. In: Luther, Mitteilungen der Luther-Gesellschaft 20, 1938, S. 81ff.
A. Daube: Der Aufstieg der Muttersprache im deutschen Denken des 15. und 16. Jahrhunderts. Frankfurt/M. 1940.
A. E. Berger: Luther und die neuhochdeutsche Schriftsprache. In: Deutsche Wortgeschichte. Hg. v. F. Maurer u. F. Stroh. Bd. 2, Berlin 1943, S. 37ff.
Th. Frings u. L. E. Schmidt: Der Weg zur deutschen Hochsprache. In: Jb d. dt. Sprache 2, 1944, S. 67ff.
A. Schirokauer: Der Anteil des Buchdrucks an der Bildung des Gemeindeutschen. In: DVjs 25, 1951, S. 317ff.
Ders.: Frühneuhochdeutsch. In: Deutsche Philologie im Aufriß Bd. 1. 2Berlin 1957, Sp. 855ff.
J. Erben: Grundzüge einer Syntax der Sprache Luthers. Berlin 1954 (Dt. Akad. d. Wiss. Berlin, Institut f. dt. Sprache u. Literatur Bd. 2).
Ders.: Die sprachgeschichtliche Stellung Luthers. In: PBB Halle 76, 1954/55, S. 166ff.
Ders.: Luther und die neuhochdeutsche Schriftsprache. In: Deutsche Wortgeschichte. Hg. v. F. Maurer u. F. Stroh. Bd. 1, 2Berlin 1959, S. 439ff.
E. Hirsch: Luthers Predigweise. In: Luther, Mitteilungen d. Luther-Gesellschaft 1954, S. 1ff.
R. Wellmer: Sprache und Stil in Luthers reformatorischen Schriften. Diss. Berlin 1954. Masch.
A. Bach: Geschichte der deutschen Sprache. 8Heidelberg 1965.
H. Moser: Deutsche Sprachgeschichte. 3Stuttgart 1957.
Ders.: ‚Fromm' bei Luther und Melanchthon. Ein Beitrag zur Wortgeschichte in der Reformationszeit. In: ZfdPh 86, 1967, Sonderheft S. 161ff.
E. Kähler: Der Niederschlag kirchengeschichtlicher Bewegungen in der deutschen Sprache. In: Das Problem d. Sprache in Theologie u. Kirche. Referate v. dt. ev. Theologentag 1958, Berlin 1959, S. 68ff.
P. Meinhold: Luthers Sprachphilosophie. Berlin 1958.
F. Tschirch: Die Sprache der Bibelübersetzung Luthers damals. Eine notwendige Auseinandersetzung mit den Thesen A. Schirokauers. In: Ders.: Spiegelungen. Untersuchungen zum Grenzraum zwischen Germanistik u. Theologie. Berlin 1966, S. 53ff.

Ders.: Geschichte der deutschen Sprache. Bd. 2, Berlin 1969.

G. Kahlo: Luther als Vater des Neuhochdeutschen. In: Wiss. Zs d. K. Marx Univ. Leipzig, gsR 10, 1961/62, S. 841 ff.

E. Arndt: Luthers deutsches Sprachschaffen. Ein Kapitel aus der Vorgeschichte der deutschen Nationalsprache und ihrer Ausdrucksformen. Berlin 1962.

Ders.: Der Große Bauernkrieg und die Reformation in der deutschen Sprachgeschichte. In: WB 11, 1965, S. 953 ff.

Ders.: Luther im Lichte der Sprachgeschichte. In: PBB Halle 92, 1970, S. 1 ff.

O. Mann: Luthers Anteil an der Gestaltung der neuhochdeutschen Schriftsprache und Literatur. In: Luther, Zs d. Luther-Gesellschaft 34, 1963, S. 8 ff.

B. Stolt: Die Sprachmischung in Luthers Tischreden. Studien zum Problem der Zweisprachigkeit. Stockholm, Göteborg, Uppsala 1964.

Dies.: Studien zu Luthers Freiheitstraktat. Mit besonderer Rücksicht auf das Verhältnis der lateinischen u. deutschen Fassung zueinander und die Stilmittel der Rhetorik. Stockholm 1969.

Dies.: Docere, delectare und movere bei Luther. Analysiert anhand der „Predigt, daß man Kinder zur Schulen halten soll". In: DVjs 44, 1970, S. 433 ff.

M. M. Buchmann: Der Weg zur deutschen Nationalsprache. 2 Bde, Berlin 1965/69.

H. Beintker: Zu Luthers Anteil an der Sprachwerdung des Neuhochdeutschen und dessen möglicher Ermittlung durch lexikalische Untersuchungen. In: Muttersprache 76, 1966, S. 288 ff.

F. Depken: Martin Luther und die deutsche Sprache. Zum 450jährigen Gedächtnis an den Tag der Reformation. In: Muttersprache 77, 1967, S. 321 ff.

G. Kettmann: Die kursächsische Kanzleisprache zwischen 1486 und 1546. Studien zum Aufbau und zur Entwicklung. Berlin 1967.

Ders.: Zur Soziologie der Wittenberger Schreibsprache in der Lutherzeit. In: Muttersprache 78, 1968, S. 353 ff.

H. Eggers: Deutsche Sprachgeschichte. Bd. 3, Reinbek 1969 (rowohlts deutsche enzyklopädie Bd. 270/71).

G. Fendel: Luthers Ausspruch über seine Sprache (WA Tischreden 1, 524) – Ideal oder Wirklichkeit. In: PBB Halle 92, 1970, S. 61 ff.

J. Schildt: Zur Sprachreform der Predigten und Tischreden Luthers. In: Ebda, S. 137 ff.

K. A. Simon: A syntactic analysis of Luther's Adventspostille. Univ. of Southern California 69, Diss. Abstr. 31, 1970/71.

A. v. d. Lee u. O. Reichmann: Die Erbauungsliteratur des späten Mittelalters und der frühen Neuzeit als Quellengrundlage für die Erforschung der Herausbildung der deutschen Nationalsprache. In: Jb f. Internationale Germanistik 4, 1972, S. 109 ff.

Manuel, Niklaus (Deutsch) (1484–1530):

Ausgaben:

Niklaus Manuel. Hg. v. J. Bächtold. Frauenfeld 1878 (Bibliothek älterer Schriftwerke d. dt. Schweiz u. ihrer Grenzgebiete Bd. 2).

Dichtungen des Niclaus Manuel. Hg. v. F. Burg. In: Neues Berner Taschenbuch auf das Jahr 1897. Bern 1896, S. 1ff.

Ein Rufer im Streit. Niklaus Manuels erste reformatorische Dichtungen, erneuert in Hochdt. u. Berndt. v. F. Vetter. Bern 1917.

Niklaus Manuels Spiel evangelischer Freiheit. Die Totenfresser (= Vom Papst u. seiner Priesterschaft). Hg. u. eingeleitet v. F. Vetter. In: Die Schweiz im deutschen Geistesleben Bd. 16, Leipzig 1923; v. A. E. Berger, Die Schaubühne der Reformation, Bd. 1, S. 45ff.

Von Papsts und Christi Gegensatz. Hg. v. J. Tittmann, Schauspiele des 16. Jahrhunderts, Bd. 1, S. 1ff.

Der Ablaßkrämer. Hg. v. P. Zinsli. Bern 1960 (Altdt. Übungstexte Bd. 17); v. R. Froning, Das Drama d. Reformationszeit, S. 13ff.; v. W. Lenk, Die Reformation im zeitgenössischen Dialog, S. 224ff.

Krankheit der Messe. Hg. v. O. Schade, Satiren u. Pasquille Bd. 2, S. 252ff.

Krankheit u. Testament der Messe. Hg. v. G. Th. Strobel: Die kranke u. sterbende Messe, ein satyrisches Gedicht. In: Ders.: Neue Beyträge zur Literatur bes. d. 16. Jahrhunderts Bd. 1, 1790, S. 3ff.

Literatur:

K. Grüneisen: Niclaus Manuel. Leben und Werke eines Malers und Dichters, Kriegers, Staatsmannes und Reformators im 16. Jahrhundert. Stuttgart, Tübingen 1837.

S. Singer: Sprache und Werke des Niklaus Manuel. In: Zs f. hochdt. Mundarten 2, 1901, S. 5ff.

Ders.: Niklaus Manuels Ablaßkrämer. In: Blätter f. Bernische Geschichte u. Altertumskunde 24, 1928, S. 54ff.

F. Vetter: Über die zwei angeblich 1522 aufgeführten Fastnachtspiele Niklaus Manuels. In: PBB 29, 1903, S. 80ff.

Ders.: Niklaus Manuels Anteil an der Reformation in Basel. In: Theol. Zs 24, 1907, S. 217ff.

C. v. Mandach u. H. Koegler: Niklaus Manuel. Basel, Leipzig 1941.

W. Muschg: Niklaus Manuel. In: Große Schweizer. Zürich 1942, S. 62ff.

D. v. Abbé: Form and tradition in the Swiss Reformationsdrama (with special reference to Niklaus Manuel). Melbourne 1952.

Ders.: Change and tradition in the work of Niklaus Manuel of Berne. In: MLR 47, 1952, S. 181ff.

C. A. Beerli: Le peintrepoète Niklaus Manuel et l'évolution sociale de son temps. Genf 1953.

Mathesius, Johannes (1504–1565):

Ausgaben:

Johannes Mathesius, Ausgewählte Werke. Hg. v. G. Loesche. 4 Bde., Prag 1896–1904.
Mathesius' Predigten über Luthers Leben. Mit Erläuterungen d. evangelischen Volke dargeboten v. G. Buchwald. Stuttgart 1904.
Predigt aus den „Historien von Luthers Leben". Hg. v. A. E. Berger, Dt. Kunstprosa der Lutherzeit, S. 200ff.

Literatur:

G. Loesche: Die Predigten des Johann Mathesius. In: Theolog. Studien u. Kritiken 63, 1890, S. 687ff.
Ders.: Mathesius als Dichter. Ein Beitrag zu seiner Biographie und zur Hymnologie. In: Theolog. Studien u. Kritiken 66, 1893, S. 541ff.
Ders.: Johann Mathesius. Ein Lebens- und Sittenbild aus der Reformationszeit. Gotha 1895. Neudr. Nieuwkoop 1971.
H. Volz: Die Lutherpredigten des Johann Mathesius, Leipzig 1930 (Quellen u. Forschungen zur Reformationsgeschichte Bd. 12).
H. Wolf: Ein Mathesius-Wörterbuch. In: Zs f. Wortforschung 19, 1963, S. 138ff.
Ders.: Die Sprache des Johannes Mathesius. Untersuchungen frühprotestantischer Predigten. Einführung und Lexikologie. Köln, Wien 1969.

Melanchthon (Schwarzerd), Philipp (1497–1560):

Ausgaben:

Philippi Melanchthonis Opera. Hg. v. C. G. Bretschneider u. H. E. Bindseil. CR Bd. 1–28, Halle, Braunschweig 1834/60. Neudr. New York, London, Frankfurt/M. 1963/64.
Supplementa Melanchthoniana. Werke Philipp Melanchthons, die im CR vermißt werden. Hg. v. d. Melanchthon-Kommission d. Vereins f. Reformationsgeschichte. 4 Bde, Leipzig 1910/26. Neudr. Frankfurt/M. 1968.
Melanchthon. Werke in Auswahl. Hg. v. R. Stupperich u. a. 7 Bde, Gütersloh 1951ff. (noch nicht abgeschlossen).
Melanchthon. Werke in Auswahl, lateinisch u. deutsch. Hg. v. H. J. Rogge. Berlin 1962ff.
Melanchthons Gedichte. Ausgewählt u. übersetzt von Ch. Oberhey. Halle 1862.
Confessio Augustana, lateinisch u. deutsch. Hg. v. P. Tschackert. Leipzig 1901; v. H. Bornkamm, Hamburg 1965 (Furche-Bücherei Bd. 228).
Apologia Confessionis Augustana. Übers. u. hg. v. H. G. Pöhlmann. Gütersloh 1967.
Melanchthons Schrift wider die 12 Artikel der Bauernschaft. Hg. v. K. Kaczerowsky, Flugschriften des Bauernkrieges, S. 125ff.

Literatur:

K. Virck: Melanchthons politische Stellung auf dem Reichstag zu Augsburg. In: ZfKg 9, 1888, S. 67ff. u. 293ff.

K. Hartfelder: Philipp Melanchthon als Praeceptor Germaniae. Berlin 1889 (mit einer Bibliographie der Schriften Melanchthons). 2. Neudr. Nieuwkoop 1972.

W. Beyschlag: Philipp Melanchthon und sein Anteil an der deutschen Reformation. FS zum vierhundertjährigen Geburtstag des Reformators. Freiburg i. B. 1897.

K. Sell: Ph. Melanchthon und die deutsche Reformation bis 1531. Halle 1897.

G. Ellinger: Philipp Melanchthon. Ein Lebensbild. Berlin 1902.

P. Joachimsen: Loci communes. Eine Untersuchung zur Geistesgeschichte des Humanismus und der Renaissance. In: Lutherjahrbuch 8, 1926, S. 27ff.

H. Engelland: Melanchthons Bedeutung für Schule und Universität. In: Luther, Mitteilungen d. Luthergesellschaft 31, 1960, S. 24ff.

R. Nürnberger: Kirche und weltliche Obrigkeit bei Melanchthon. Würzburg 1937.

F. Hildebrandt: Philipp Melanchthon. Cambridge 1946.

M. Dorn: Melanchthons Antrittsrede von 1518, ein Bekenntnis und ein Appell zum Fortschritt. In: 450 Jahre Martin-Luther-Universität Jena Bd. 1, 1952, S. 141ff.

H. Volz: Melanchthons Anteil an der Lutherbibel. In: ArchRG 45, 1954, S. 196ff.

C. L. Manschreck: Philipp Melanchthon the quiet reformer. New York 1958.

W. Maurer: Melanchthons Anteil am Streit zwischen Luther und Erasmus. In: ArchRG 49, 1958, S. 89ff.

Ders.: Der junge Melanchthon zwischen Humanismus und Reformation. 2 Bde, Göttingen 1967/69.

A. Sperl: Melanchthon zwischen Humanismus und Reformation. München 1959.

O. Beuttenmüller: Vorläufiges Verzeichnis der Melanchthondrucke des 16. Jahrhunderts. Halle 1960.

H. Bornkamm: Philipp Melanchthon. [5]Göttingen 1960.

Ph. Melanchthon 1497–1560. Gedenkschrift z. 400. Todestag des Reformators. Hg. v. G. Urban. Bretten 1960.

H. J. Rogge: Philipp Melanchthon. Berlin 1960.

L. Stern: Philipp Melanchthon. Humanist, Reformator, Praeceptor Germaniae. Halle 1960.

R. Stupperich: Melanchthon, der Mensch und sein Werk. In: Luther, Mitteilungen d. Luthergesellschaft 31, 1960, S. 1ff.

Ders.: Melanchthon. Berlin 1960 (Sammlung Göschen Nr. 1190).

Ders.: Der unbekannte Melanchthon, Wirken und Denken des Praeceptor Germaniae in neuer Sicht. Stuttgart 1961.

Philipp Melanchthon. Forschungsbeiträge zur vierhundertsten Wiederkehr seines Todestages. Hg. v. W. Elliger. Göttingen 1961.
E. Wolf: Philipp Melanchthon. Evangelischer Humanismus. Göttingen 1961 (Göttinger Universitätsreden Bd. 30).
W. Goosmann: Philipp Melanchthons politisches Denken und Handeln in den Jahren 1518–1525. Diss. Berlin 1964.
W. Hammer: Die Melanchthonforschung im Wandel der Jahrhunderte. Ein beschreibendes Verzeichnis. 2 Bde, Gütersloh 1967/68.
K. Haendler: Wort und Glaube bei Melanchthon. Gütersloh 1968.

Menius, Justus (1499–1558):

Deutsche Übersetzung v. Th. Naogeorgs „Pammachius". Hg. v. R. Froning, Das Drama der Reformationszeit, S. 183 ff.
G. L. Schmidt: Justus Menius, der Reformator Thüringens. 2 Bde, Gotha 1867. Neudr. Nieuwkoop 1968.

Müntzer, Thomas (ca. 1490–1525):

Ausgaben:

Thomas Müntzer. Schriften und Briefe. Kritische Ausgabe. Hg. v. G. Franz u. P. Kirn. Gütersloh 1968 (Briefe. Kritisch hg. v. H. Böhmer u. P. Kirn, zuerst erschienen Leipzig, Berlin 1931).
Thomas Münzer. Nach alten Drucken neu eingerichtet v. A. Ehrentreich. Hamburg 1925.
Thomas Müntzer. Sein Leben und seine Schriften. Hg. u. eingeleitet v. H. O. Brandt. Jena 1933.
Politische Schriften. Hg. v. C. Hinrichs. Halle 1950.
Politische Schriften, Manifeste, Briefe 1524/25. Eingeleitet, kommentiert u. hg. v. M. Bensing u. B. Rüdiger. Leipzig 1970.
Hutten, Müntzer, Luther Werke. Hg. u. eingeleitet v. S. Streller. Bd. 1, Berlin, Weimar 1970.
Schriften und Briefe. Hg. v. G. Wehr. Frankfurt/M. 1973 (Fischer-Bücherei).
Die Fürstenpredigt und andere politische Schriften. Hg. v. S. Streller. Leipzig 1958 (Reclambücherei).
Hochverursachte Schutzrede; Fürstenpredigt; Manifest an die Bergknappen. Hg. v. K. Kaczerowsky, Flugschriften des Bauernkrieges, S. 85 ff.
Die Fürstenpredigt. Hg. v. G. Franz. Stuttgart 1967 (Reclambücherei).
Hochverursachte Schutzrede. Hg. v. L. Enders in: Aus d. Kampf der Schwärmer gegen Luther. Neudrucke Nr. 118, Halle 1893 (Flugschr. aus d. Ref.Zeit Bd. 10).
Deutsche Messe und Kirchenämter. Hg. v. J. Mehl. Grimmen 1937.

Literatur:

H. Nietschmann: Thomas Münzer. Ein Zeit- und Charakterbild aus dem 16. Jahrhundert. Halle 1900.
R. Smend: Die evangelischen deutschen Messen bis zu Luthers deutscher Messe. Göttingen 1896. Neudr. Nieuwkoop 1967.
P. Wappler: Thomas Müntzer in Zwickau und die „Zwickauer Propheten". Zwickau 1908. Neudr. Gütersloh 1966.
R. Herrmann: Müntzers „Deutsch-evangelische Messe" verglichen mit Luthers drei liturgischen Schriften 1523–26. In: Zs d. Vereins f. Kirchengeschichte d. Provinz Sachsen 9, 1912, S. 57ff.
K. Kautsky: Die deutsche Reformation und Thomas Münzer. In: Ders.; Vorläufer des neueren Sozialismus Bd. 2. Stuttgart 1913, S. 1ff.
E. Bloch: Thomas Müntzer als Theologe der Revolution. München 1921. Neudr. ³Frankfurt/M. 1962 (Bibliothek Suhrkamp Bd. 77).
H. Böhmer: Studien zu Thomas Müntzer. Leipzig 1922.
Ders.: Thomas Müntzer und das jüngste Deutschland. Gesammelte Aufsätze. Gotha 1927.
L. G. Walter: Thomas Müntzer et les luttes sociales à l'époque de la réformation. Paris 1927.
K. Schulz: Thomas Müntzers liturgische Bestrebungen. Leipzig 1928.
A. Lohmann: Zur geistigen Entwicklung Thomas Müntzers. Leipzig, Berlin 1931.
O. Clemen: Das Prager Manifest Thomas Müntzers. In: ArchRG 30, 1933, S. 73ff.
E. Jammers: Thomas Müntzers deutsche evangelische Messen. In: ArchRG 31, 1934, S. 121ff.
G. Franz: Bibliographie der Schriften Müntzers. In: Zs d. Vereins f. thüring. Geschichte u. Altertumskunde NF 34, 1940, S. 161ff.
O. J. Mehl: Thomas Müntzer als Bibelübersetzer. Diss. Jena 1942, Masch.
Ders.: Thomas Müntzer als Liturgiker. In: Theolog. Literaturzeitung 76, 1951, Sp. 75ff.
M. M. Smirin: Die Volksreformation des Thomas Müntzer und der große Bauernkrieg (1946). Aus dem Russischen übers. v. H. Nichtweiß. ³Berlin 1962.
Ders.: Thomas Müntzer und die Lehre des Joachim von Fiore. In: Sinn u. Form 4, 1952, S. 69ff.
C. Hinrichs: Luther und Müntzer. Ihre Auseinandersetzung über Obrigkeit und Widerstandsrecht. Halle 1950. Neudr. Berlin 1962.
H. Bender: Die Zwickauer Propheten, Thomas Müntzer und die Täufer. In: Theolog. Zs 8, 1952, S. 262ff.
G. Born: Geist, Wissen und Bildung bei Thomas Müntzer und Valentin Icklsamer. Diss. Erlangen 1952, Masch.
K. Kleinschmidt: Thomas Müntzer, die Seele des deutschen Bauernkrieges von 1525. Berlin 1952.
A. Meusel: Thomas Müntzer und seine Zeit. Berlin 1952.
F. Lau: Die prophetische Apokalypse Thomas Müntzers und Luthers

Absage an die Bauernrevolution. In: Gedenkschr. f. W. Elert, Beitr. z. systematischen Theologie. Berlin 1955, S. 163ff.
J. Macek: Thomas Müntzer. Prag 1955.
M. Steinmetz: Zur Entstehung der Müntzer-Legende. In: FS f. A. Meusel. Berlin 1956, S. 35ff.
Ders.: Das Müntzerbild von Martin Luther bis Friedrich Engels. Berlin 1971.
W. Elliger: Müntzers Übersetzung des 93. Psalms im „Deutsch Kirchenampt". In: Festgabe f. R. Hermann z. 70. Geburtstag. Berlin 1957, S. 56ff.
Ders.: Thomas Müntzer. Berlin 1960.
Ders.: Zum Thema Luther und Müntzer. In: Lutherjb 34, 1967, S. 90ff.
M. Pianzola: Thomas Müntzer ou la guerre des paysans. Paris 1958.
G. Baring: Hans Denck und Thomas Müntzer in Nürnberg 1524. In: ArchRG 50, 1959, S. 145ff.
P. Wachsmuth: Luther und Müntzer, Reformator und Revolutionär. In: Urania, Monatsschr. f. Natur u. Gesellschaft 22, 1959, S. 121ff.
Th. Nipperdey: Theologie und Revolution bei Thomas Müntzer. In: ArchRG 54, 1963/64, S. 145ff.
H. J. Goertz: Innere und äußere Ordnung in der Theologie Thomas Müntzers. Göttingen 1964.
M. Bensing: Thomas Müntzer. Leipzig 1965.
Ders.: Thomas Müntzer und der Thüringer Aufstand 1525. Berlin 1966.
K. Honemeyer: Thomas Müntzers Allstedter Gottesdienst als Symbol und Bestandteil der Volksreformation. In: Wiss. Zs d. Univ. Leipzig, gsR 14, 1965, S. 473ff.
S. Bräuer: Die erste Gesamtausgabe von Thomas Müntzers Schriften und Briefen. Ein erfülltes Desiderat der Reformationsforschung. In: Lutherjb 38, 1971, S. 121ff.
H. O. Spillmann: Untersuchungen zum Wortschatz in Thomas Müntzers deutschen Schriften. Berlin, New York 1971.
G. Wehr: Thomas Müntzer in Selbstzeugnissen und Bilddokumenten. Reinbek 1972 (Rowohlts Bildmonographien Bd. 188).

Murner, Thomas (1475–1537):

Ausgaben:

Thomas Murners deutsche Schriften. Hg. v. F. Schultz u. a. 9 Bde., Straßburg, Berlin, Leipzig 1918/31 (Bd. 1a: Von den fier ketzeren; Bd. 2: Die Narrenbeschwörung; Bd. 3: Die Schelmenzunft; Bd. 6–8: Streitschriften gegen Luther; Bd. 9: Von dem Großen Lutherischen Narren).
Thomas Murner: Dichtungen. Hg. v. G. Balke. DNL 17, 2, Stuttgart 91.
Thomas Murner und seine Dichtungen. Eingeleitet, ausgewählt u. erneuert v. G. Schuhmann. Regensburg 1915.
An den großmächtigsten ... Adel. Hg. v. E. Voss. Neudr. Nr. 153, Halle 1899 (Flugschr. aus d. Ref.zeit Bd. 13).

Von Dr. M. Luthers Lehre u. Predigen. Hg. v. E. Voß. In: JEGP 6, 1907, S. 341ff.

Antwort u. Klag mit Entschuldigung D. Murners wider Bruder M. Stifel. Hg. v. E. Voß. In: PLMA 11, 1896, S. 336ff.; v. O. Clemen in: Alemannia 26, 1898, S. 183ff.

Ob der Künig usz engelland ein lügner sey oder der Luther. Hg. v. J. Scheible, Das Kloster, Bd. 4, S. 893ff.

Mendatia Lutheri. Hg. v. P. Scherrer. In: Basler Zs f. Geschichte u. Altertumskunde 29, 1930, S. 145ff.

Die gottesheilige Messe von Gott allein erstiftet. Hg. v. W. Pfeiffer-Belli. Neudr. Nr. 257, Halle 1928 (Flugschr. aus d. Ref.zeit Bd. 19).

Von dem Großen Lutherischen Narren. Hg. v. H. Kurz. Zürich 1848. Teildr. v. A. E. Berger, Satirische Feldzüge, S.37ff.

Ein neu Lied vom Untergang des christlichen Glaubens. Hg. u. a. v. Ph. Wackernagel: Das deutsche Kirchenlied Bd. 5, Nr. 1130; A. E. Berger: Lied-Spruch- u. Fabeldichtung, S. 206ff.

Kirchendieb- u. Ketzerkalender. Hg. v. G. E. Waldau. Nürnberg 1804; v. J. Scheible, Das Kloster, Bd. 10, S. 201ff.; v. E. Götzinger: Zwei Kalender vom Jahre 1527. Schaffhausen 1865, S. 36f.

Des alten christlichen Bären Testament. Hg. v. P. Scherrer. In: Anzeiger f. Schweizer. Geschichte 50, 1919, S. 6ff.

Des jungen Bären Zahnweh. Hg. v. J. Lefftz. In: Arch. f. elsäss. Kirchengeschichte 1, 1926, S. 141ff.

Thomas Murner im Schweizer Glaubenskampf. Hg. v. W. Pfeiffer-Belli. Münster 1939 (CC Bd. 22).

Literatur:

W. Röhrich: Dr. Thomas Murner, der Barfüßer-Mönch in Straßburg. In: Zs f. d. histor. Theologie 18, 1848, S. 587ff.

B. Hidber: Doktor Thomas Murner's Streithandel mit den Eidgenossen von Bern und Zürich, mit Urkunden. In: Arch. f. Schweizer. Geschichte 10, 1855, S. 272ff.

H. Kurz: Thomas Murner. In: Ders.: Deutsche Dichter und Prosaisten Bd. 1. Leipzig 1863, S. 78ff.

F. J. Schiffmann: Über Dr. Thomas Murners Flucht nach Lucern und speziell über eine bisher unbekannte, von ihm daselbst herausgegebene Schrift. In: Der Geschichtsfreund 27, 1872, S. 230ff.

Ders.: Zu den Anfängen des Buchdrucks und Buchhandels in der Stadt Luzern. 1.: Dr. Thomas Murner. In: Der Geschichtsfreund 44, 1889, S. 257ff.

W. Kawerau: Thomas Murner und die Kirche des Mittelalters. Halle 1890.

Ders.: Thomas Murner und die deutsche Reformation. Halle 1891.

M. Riess: Quellenstudien zu Murners satirisch-didaktischen Dichtungen. 1. Teil. Diss. Berlin 1890.

G. Schuhmann: Wetterzeichen der Reformation nach Murners Satiren aus

der vorlutherischen Zeit. In: Römische Quartalschr. f. christl. Altertumskunde u. f. Kirchengeschichte 25, 1911, S. 162ff.
Ders.: Die Berner Jetzertragödie. Freiburg i. B. 1912.
Ders.: Zur Beurteilung der neuesten Murnerforschung. In: Zs f. Schweizer. Kirchengeschichte 16, 1922, S. 81ff.
Th. v. Liebenau: Der Franziskaner Thomas Murner. Freiburg 1913 (Mit einem Verzeichnis der Schriften Murners).
J. Lefftz: Die volkstümlichen Stilelemente in Murners Satiren. Straßburg 1915.
N. Scheid: Der Franziskaner Dr. Thomas Murner im Lichte der heutigen Forschung. In: Stimmen der Zeit 91, 1916, S. 89ff.
P. Merker: Murnerstudien. Einführung in die Reformationssatire „Von dem großen Lutherischen Narren“. Straßburg 1917.
E. Fuchs: Thomas Murners Belesenheit, Bildungsgang und Wissen. In: Franziskanische Studien 9, 1922, S. 70ff.
F. Landmann: Thomas Murner als Prediger. Eine kritische Nachprüfung. In: Arch. f. elsäss. Kirchengeschichte 10, 1935, S. 295ff.
P. Scherrer: Zum Kampfmotiv bei Thomas Murner. In: FS f. G. Binz. Basel 1935, S. 201ff.
E. Schmidt: Zum 400. Todestage Murners. In: Franziskanische Studien 24, 1937, S. 279ff.
R. Newald: Wandlungen des Murnerbildes. In: Beitr. z. Geistes- u. Kulturgeschichte d. Oberrheinlande. FS f. F. Schulz. Frankfurt/M. 1938, S. 40ff.
Ders.: Thomas Murner als Tagesschriftsteller. In: Beiträge z. Sprachwissenschaft und Volkskunde. FS f. E. Ochs. Lahr 1951, S. 190ff.
Ders.: Thomas Murner. In: Ders.: Probleme u. Gestalten des deutschen Humanismus. Berlin 1963, S. 387ff.
R. Gruenter: Thomas Murners satirischer Wortschatz. In: Euph. 53, 1959, S. 24ff.
B. Könneker: Wesen und Wandlung der Narrenidee im Zeitalter des Humanismus. Brant-Murner-Erasmus. Wiesbaden 1966.
J. Schutte: „Schympf und ernst vermischet schon.“ Die Rechtfertigung der Satire bei Thomas Murner. In: Jb f. Internationale Germanistik 3, 1971, S. 42ff.
Ders.: „Schympff Red.“ Frühformen bürgerlicher Agitation in Thomas Murners „Großem Lutherischen Narren“. Stuttgart 1973.

Naogeorg (Kirchmaier), Thomas (ca. 1506–1563):

Ausgaben:

Thomas Naogeorgus: Werke. Hg. v. H.-G. Roloff. 9. Bde u. 1 Realienbd. Berlin, New York 1974ff. Bisher erschienen: Bd. 1: Tragoedia nova Pammachius mit der deutschen Übersetzung des Johann Tyrolff.
Pammachius. Hg. v. E. Schmidt u. J. Bolte. Lat. Lit.denkmäler Bd. 3, Berlin 1891; I Akt. Hg. v. A. E. Berger, Die Schaubühne im Dienste der Refor-

mation, Bd. 1, S. 221 ff.; Dt. Übersetzung v. J. Menius. Hg. v. R. Froning, Das Drama der Reformationszeit, S. 183 ff.
Mercator. Hg. v. J. Bolte in: Drei Schauspiele vom sterbenden Menschen. BLV Bd. 269/70. Stuttgart 1927; dt. Übersetzung v. Jacob Rulich 1595. Hg v. H. Wiemken in: Vom Sterben des Reichen Mannes. Bremen 1965 (Sammlung Dieterich Bd. 298).

Literatur:
W. Scherer: „Pammachius." In: ZfdA 23, 1879, S. 190 ff.
H. Holstein: Dramen und Dramatiker des 16. Jahrhunderts. In: ZfdPh 18, 1886, S. 406 ff., insbes. S. 436 ff.
J. Bolte: Eine niederdeutsche Übersetzung von Naogeorgs Mercator. In: Jb d. Vereins f. niederdt. Sprachforschung 11, 1885/86, S. 151 ff., 176.
L. Theobald: Thomas Naogeorgus, der Tendenzdramatiker der Reformationszeit. In: Neue kirchliche Zs 17, 1906, S. 764 ff; 18, 1907, S. 65 ff., 327 ff., 409 ff.
Ders.: Das Leben und Wirken des Tendenzdramatikers der Reformationszeit Thomas Naogeorgus seit seiner Flucht aus Sachsen. Leipzig 1908.
Ders.: Zur Lebensgeschichte des Thomas Naogeorgus. In: Zs f. bayer. Kirchengeschichte 6, 1931, S. 143 ff.
F. Wiener: Naogeorgus im England der Reformationszeit. Diss. Berlin 1907.
F. Roth: Die Beziehungen Thomas Naogeorgus (Kirchmaiers) zu dem Rate von Augsburg. In: Beitr. z. bayer. Kirchengeschichte 14, 1908, S. 183 ff.
A. Hübner: Studien zu Naogeorg. 1. Pammachius. – 2. Mercator. – 3. Incendia seu Pyrgopolinices. In: ZfdA 54, 1913, S. 297 ff.; 57, 1920, S. 193 ff.
P. H. Diehl: Die Dramen des Thomas Naogeorgus in ihrem Verhältnis zur Bibel und zu Luther. Borna, Leipzig 1915.
P. Vetter: Thomas Naogeorgs Flucht aus Kursachsen. In: ArchRG 16, 1919, S. 1 ff., 144 ff.
H. Levinger: Die Bühne des Naogeorg. In: ArchRG 32, 1935, S. 145 ff.
B. Könneker: Wesen und Wandlung der Narrenidee im Zeitalter des Humanismus. Wiesbaden 1966, S. 333 ff.
B. R. Jenny: Basler Quellen zur Lebensgeschichte des Thomas Naogeorgus. In: Basler Zs f. Geschichte u. Altertumskunde 69, 1969, S. 205 ff.
H.-G. Roloff: Thomas Naogeorg's Judas. Ein Drama der Reformationszeit. In: Arch. f. d. Studium d. neueren Sprachen 208, 1971, S. 81 ff.

Oekolampad, Johannes (1482–1531):

J. J. Herzog: Das Leben Johannes Oekolampads und die Reformation in Basel. 2 Bde, Basel 1843.
E. Staehelin: Oekolampad-Bibliographie. Verzeichnis der im 16. Jahrhundert erschienenen Oekolampaddrucke. Basel 1918 (Erg. in: Basler Zs f. Geschichte u. Altertumskunde 27, 1928, S. 191 ff.
Ders.: Das theologische Lebenswerk Johannes Oekolampads. Leipzig 1939.

Osiander, Andreas (1496–1552):

Andreas Osiander d. Ä. Gesamtausgabe. Hg. v. G. Müller. Bd. 1: 1522–1525. Gütersloh 1974 (Auf 8 Bde. geplant).
Ein ungedrucktes Gutachten A. Osianders von der rechten Gestalt des weltlichen Regimentes (1525). Hg. v. A. Jegel. In: ArchRG 40, 1943, S. 62ff.
W. Möller: Andreas Osiander. Leben und ausgewählte Schriften. Elberfeld 1870. Neudr. Nieuwkoop 1965.
G. Seebaß: Bibliographia Osiandrica. Bibliographie der gedruckten Schriften Andreas Osianders. Nieuwkoop 1971.

Paracelsus, Theophrastus (v. Hohenheim) (1493–1541):

Ausgaben:

Paracelsus: Sämtliche Werke. 1. Abt.: Medizinische, naturwissenschaftliche und philosophische Schriften. Hg. v. K. Sudhoff. 14 Bde, München 1922/33. – 2. Abt.: Theologische und religionsphilosophische Schriften. Hg. v. K. Goldammer. 14 Bde, Wiesbaden 1955ff. (noch nicht abgeschlossen).
Paracelsus: Werke. Hg. v. W.-E. Peuckert. 5 Bde, Darmstadt 1965/68.
Paracelsus: Sozialethische und sozialpolitische Schriften. Hg. v. K. Goldammer. Tübingen 1952.
Paracelsus: Vom Licht der Natur und des Geistes. Eine Auswahl. Hg. v. K. Goldammer. Stuttgart 1960 (Reclambücherei Nr. 8448/49).
Das Buch der Erkanntnuss. Hg. v. K. Goldammer. Berlin 1963.

Literatur:

J. Hartmann: Theophrastus von Hohenheim, sein religiöser Standpunkt und seine Haltung zur Reformation. In: Blätter f. Württemberg. Kirchengeschichte 9, 1894, S. 1ff., 17ff., 25ff.
K. Sudhoff: Bibliographia Paracelsica. 2. Bde, Berlin 1894/99. Neudr. d. 1. Bandes, Graz 1958.
J. F. v. Petzinger: Über das reformatorische Moment in den Anschauungen des Theophrastus von Hohenheim. Diss. Greifswald 1898.
R. Netzhammer: Theophrastus Paracelsus. Das Wissenswerte über dessen Leben, Lehre und Schriften. Einsiedeln 1901.
R. J. Hartmann: Theophrast von Hohenheim. Stuttgart 1904.
W. E Peuckert: Der Schwärmer Paracelsus. In: Dt. Rundschau 221, 1929, S. 122ff.
Ders.: Theophrastus Paracelsus. [3]Stuttgart, Berlin 1944.
F. Spunda: Das Weltbild des Paracelsus. Wien 1941.
G. Goldammer: Friedensidee und Toleranzgedanke bei Paracelsus und den Spiritualisten. In: ArchRG 46, 1955, S. 20ff.; 47, 1956, S. 180ff.
A. Vogt: Theophrastus Paracelsus als Arzt und Philosoph. Stuttgart 1956.
G. Eis: Zum deutschen Wortschatz des Paracelsus. In: Zs f. dt. Wortforschung 19, 1963, S. 146ff.

K. H. Weimann: Paracelsus-Bibliographie 1932–1960. Wiesbaden 1963.
Ders.: Paracelsus und der deutsche Wortschatz. In: Dt. Wortforschung in europäischen Bezügen. FS f. W. Mitzka z. 70. Geburtstag. Bd. 2, Gießen 1963.
G. v. Boehm-Bezing: Stil und Syntax bei Paracelsus. Wiesbaden 1966.
E. Kaiser: Paracelsus in Selbstzeugnissen und Bilddokumenten. Reinbek 1969 (Rowohlts Monographien Bd. 149).

Pirckheimer, Wilibald (1470–1530):

R. Hagen: Wilibald Pirckheimer in seinem Verhältnis zum Humanismus und zur Reformation. In: Mitteilungen d. Vereins f. Geschichte d. Stadt Nürnberg 4, 1882, S. 61 ff.
P. Drews: Wilibald Pirckheimers Stellung zur Reformation. Leipzig 1887.
J. Schlecht: Pirckheimers zweite Komödie gegen Eck. In: HJb 21, 1900, S. 402 ff.
F. X. Thurnhofer: Wilibald Pirkheimer und Hieronymus Emser. In: Beitr. z. Geschichte d. Renaissance u. Reformation. München 1917, S. 335 ff.
E. Reicke: Wilibald Pirckheimer. Jena 1930.
W. P. Eckert u. C. v. Imhoff: Wilibald Pirkheimer, Dürers Freund, im Spiegel seines Lebens, seiner Werke und seiner Umwelt. Köln 1971.

Rebhun (lat. Perdix), Paul (ca. 1505–1546):

Ausgaben:

Dramen. Hg. v. H. Palm. Stuttgart 1859. Neudr. Darmstadt 1969 (BLV Bd. 49).
Susanna: Hg. v. J. Tittmann, Schauspiele d. 16. Jahrhunderts Bd. 1, S. 19 ff.; v. R. Froning, Das deutsche Drama der Reformationszeit, S. 101 ff.; v. W. Zitzenbacher. Graz, Wien 1961 (Stiasny-Bücherei Bd. 77); v. H.-G. Roloff. Stuttgart 1967 (Reclam-Bücherei Nr. 8787/88).

Literatur:

H. Palm: Paul Rebhun. In: Ders.: Beitr. z. Geschichte d. dt. Literatur d. 16. u. 17. Jahrhunderts. Breslau 1877, S. 84 ff.
R. Pilger: Die Dramatisierungen der Susanna im 16. Jahrhundert. In: ZfdPh 11, 1880, S. 129 ff.
J. Müller: Eine Predigt Paul Rebhun's nebst Bemerkungen über seine Schriften. In: Mitteilungen d. Altertumsvereins zu Plauen i. V. 6, 1887, S. 65 ff.
K. Hahn: Biographisches von Rebhun und Ackermann. In: Neues Arch. d. sächs. Geschichte u. Altertumskunde 43, 1922, S. 80 ff.
R. Kreczy: Paul Rebhuns Reform der deutschen Verskunst. Wien 1938.

Rhegius (Rieger), Urbanus (1498–1541):

G. Uhlhorn: Urbanus Rhegius, Leben und ausgewählte Schriften. Elberfeld 1861. Neudr. Nieuwkoop 1968.
O. Seitz: Die theologische Entwickelung des Urbanus Rhegius. Gotha 1898.
O. Clemen: Das Pseudonym Symon Hessus. In: Zentralbl. f. Bibliothekswesen 17, 1900, S. 565ff.
A. Goetze: Urban Rhegius als Satiriker. In: ZfdPh 37, 1905, S. 66ff.
J. Studer: Urbanus Rhegius und die päpstliche Bulle gegen Luther. In: Schweizer. Theolog. Zs 32, 1915, S. 31ff., 81ff., 134ff.

Sachs, Hans (1494–1576):

Ausgaben:
Hans Sachs Werke. Hg. v. A. v. Keller u. E. Goetze. 26 Bde, Stuttgart 1870/1908. 1908. Neudr. Hildesheim 1964 (BLV 102–106, 110, 115, 121, 125, 131, 136, 140, 149, 159, 173, 181, 188, 191, 193, 195, 201, 220, 225, 250). Darin: Bd. 6: Die Wittembergisch Nachtigall, Spruchfassung; Bd. 22: Die Reformationsdialoge.
G. Stuhlfauth: Drei zeitgeschichtliche Flugblätter des Hans Sachs. In: Zs f. Bücherfreunde NF 10, 1918, S. 233ff.
Vier Dialoge von Hans Sachs. Hg. v. R. Köhler. Weimar 1858.
Die Prosadialoge von Hans Sachs. Hg. v. I. Spriewald. Leipzig 1970.
Die geistlichen Lieder. Hg. v. Ph. Wackernagel, Das deutsche Kirchenlied, Bd. 2, Nr. 1403ff, Bd. 3, Nr. 80ff.; Teildr. v. A. E. Berger, Lied-Spruch u. Fabeldichtung, S. 232ff. (Spruchgedicht „Wittembergisch Nachtigall“: ebda S. 212ff.)
Disputation zwischen einem Chorherren und Schuchmacher. Hg. v. A. E. Berger, Sturmtruppen, S. 281ff.; v. W. Lenk, Die Reformation im zeitgenöss. Dialog, S. 197ff.
Hans Sachs Studies I. Das Walt got: A Meisterlied. With Introduction, Commentary, and Bibliography hg. v. F. Hankemeier Ellis. Bloomington 1941 (die Meisterliedfassung d. „Wittembergisch nachtigall“).

Literatur:
G. E. Waldau: Geschichte und Beschreibung eines sehr merkwürdigen, zur Zeit der Reformation in Nürnberg gedruckten Buchs (Wunderbarliche Weissagung 1527). In: Ders.: Vermischte Beyträge z. Geschichte d. Stadt Nürnberg 2, 1787, S. 350ff.
O. F. Schönhut: Die Wittembergisch Nachtigall des Hans Sachs. Stuttgart 1846.
K. Th. Odebrecht: Hans Sachs, ein Mahner und Warner der Deutschen. Diss. Berlin 1860.

F. Schultheiss: Hans Sachs in seinem Verhältnis zur Reformation. München 1879.
F. Roth: Die Einführung der Reformation in Nürnberg 1517–1528. Würzburg 1885.
Ch. Schweitzer: La vie et les œuvres de Hans Sachs. Nancy 1887.
W. Kawerau: Hans Sachs und die Reformation. Halle 1889 (Schriften d. Vereins f. Reformationsgeschichte Bd. 26).
A. Nicoladoni: Hans Sachs und die Reformation. In: Monatshefte d. Comenius-Gesellschaft 3, 1894, S. 279ff.
L. Mettetal: Hans Sachs et la réformation. Thèse Paris 1895.
A. Bauch: „Barbara Harscherin", Hans Sachsens zweite Frau. Nürnberg 1896 (enthält im Anhang Urkunden zu Sachs' Verhältnis zur Reformation).
Th. Hampe: Meistersang und Reformation. Neudr. eines Aufsatzes v. 1898 In: Der deutsche Meistersang. Hg. v. B. Nagel. Darmstadt 1967, S. 87ff. (Wege d. Forschung Bd. 148).
R. Genée: Hans Sachs und seine Zeit. Leipzig 1902.
E. Edert: Dialog und Fastnachtspiel bei Hans Sachs. Kiel 1903.
R. Zoozmann: Hans Sachs und die Reformation. Dresden 1904.
J. Beifus: Hans Sachs und die Reformation bis zum Tode Luthers. T. 1 Nürnberg 1910. T. 2 in: Mitteilungen d. Vereins f. Geschichte d. Stadt Nürnberg 19, 1911, S. 1ff.
K. Schottenloher: Hans Sachs und Hieronymus Höltzel. Ein Beitrag zur Geschichte der Nürnberger Flugschriften vom Jahre 1524. In: Beitr. z. Bibliotheks- u. Buchwesen. P. Schwencke gewidmet. Berlin 1913, S. 235ff.
S. Wernicke: Die Prosadialoge des Hans Sachs. Berlin 1913.
H. Moser: Die wittembergisch Nachtigall. In: Luther, Mitteilungen d. Luther-Gesellschaft 7, 1925, S. 87ff.
H. Kulp: Hans Sachs und das deutsche evangelische Kirchenlied. In: MGK 39, 1934, S. 251ff.
Th. Siegfried: Luthers Botschaft bei Hans Sachs. In: Christliche Welt 52, 1938, Sp. 650ff.
R. H. Bainton. Eyn wunderliche Weyssagung. In: GR 21, 1946, S. 161ff.
M. Beare: The later dialogues of Hans Sachs. In: MLR 53, 1958, S. 197ff.
H. U. Wendeler: Hans Sachs. Einführung in Leben und Werk. Leipzig 1953.
A. Blaschka: „Wittenbergische Nachtigall", Sternenstunden eines Topos. In: Wissenschaftl. Zs d. Martin-Luther-Universität Halle-Wittenberg, gsR 10, 4, 1961, S. 897ff.
B. Könneker: Hans Sachs. Stuttgart 1971 (Sammlung Metzler Bd. 94).
B. Balzer: Bürgerliche Reformationspropaganda. Die Flugschriften des Hans Sachs in den Jahren 1523–25. Stuttgart 1973 (Germanistische Abhandlungen Bd. 42).

Salat, Hans (1498–1561):

Ausgaben:

Der Tanngrotz, die Zwinglilieder, Triumphus Herculis Helvetici. Hg. v. J. Bächtold. In: Ders.: Hans Salat.
Die Zwinglilieder. Hg. v. R. v. Liliencron, Die historischen Volkslieder der Deutschen Bd. 4, Nr. 429f.
Hans Salats Drama vom verlorenen Sohn: Hg. v. J. Bächtold. In: Der Geschichtsfreund 36, Einsiedeln 1881, S. 1ff.; v. C. v. Arx. In: Schweizerische Volksspiele H. 3, Glarus 1934.
Chronik der Schweizerischen Reformation. Hg. v. F. Fiala u. a. In: Arch. f. schweizer. Reformationsgeschichte 1, Solothurn 1868, S. 1ff.

Literatur:

J. Bächtold: Hans Salat, ein Schweizerischer Chronist und Dichter aus der ersten Hälfte des XVI. Jahrhunderts. Basel 1876.
H. S. Rochholz: Hans Salat. In: ArchL 7, 1878, S. 260ff.
F. Kümmerli: Der Luzerner Reformationsdichter Hans Salat. In: Zur 400-jährigen Erinnerung an die Schlacht bei Kappeln. Kalender der Waldstädte 7, 1931, S. 69ff.
Ders.: Hans Salats „Triumphus Herculis Helvetici". In: Literar. wiss. Jb d. Görresgesellschaft 6, 1931, S. 25ff.
P. Cuoni: Hans Salat. Leben und Werke. In: Der Geschichtsfreund 93, Stans 1938, S. 98ff.
Ders.: Hans Salat. In: Innerschweizer. Jb f. Heimatkunde 3, 1938, S. 68ff.
W. Tomei: Die Reformationschronik des Hans Salat. In: Der Geschichtsfreund 119, Stans 1966, S. 103ff.
Ders.: Betrachtungen zu Hans Salats Leben und Werk. In: Ebda, S. 118ff.
K. Müller: Das abenteuerliche Leben des Luzerner Dichters Hans Salat, 1498–1561. Luzern 1967 (Luzern im Wandel der Zeiten H. 41).

Schwenckfeld, Kaspar v. (1489–1561):

Ausgaben:

Corpus Schwenckfeldianorum. Hg. v. Ch. D. Hartranft u. a. 19 Bde, Leipzig u. Pennsburg 1907/61.

Literatur:

A. F. H. Schneider: Zur Literatur der Schwenkfeldischen Liederdichter bis Daniel Sudermann. Berlin 1857.
O. Kadelbach: Ausführliche Geschichte Kaspar v. Schwenckfelds und der Schwenckfelder in Schlesien, der Ober-Lausitz und Amerika, nebst ihren Glaubensschriften von 1524–1860. Lauban 1860.

C. F. Arnold: Zur Geschichte und Literatur der Schwenckfelder. In: Zs d. Vereins f. Geschichte Schlesiens 43, 1909, S. 291ff.
K. Ecke: Schwenckfeld, Luther und der Gedanke einer apostolischen Reformation. Berlin 1911.
Ders.: Kaspar Schwenckfeld: Ungelöste Geistesfragen der Reformationszeit. Gütersloh 1952.
R. M. Jones: Kaspar Schwenckfeld und die Reformation des „Mittelweges“. In: Ders.: Geistige Reformen des 16. u. 17. Jahrhunderts. Berlin 1925, S. 79ff.
E. Hirsch: Zum Verständnis Schwenckfelds. In: Festgabe f. K. Müller. Tübingen 1922, S. 145ff.
E. Lohmeyer: Caspar Schwenckfeld. In: Schlesische Lebensbilder Bd. 4, 1931, S. 40ff.
S. G. Schultz: Caspar Schwenckfeld. Norristown 1946.
W. Knörrlich: Kaspar Schwenckfeld und die Reformation in Schlesien. Diss. Bonn 1957.

Spengler, Lazarus (1479–1534):

E. Engelhardt: Lazarus Spenglers Leben. Bielefeld 1855.
Th. Pressel: Lazarus Spengler. Nach gleichzeitigen Quellen. Elberfeld 1862.
P. Kalkoff: Die Reformation in Nürnberg nach den Flugschriften ihres Ratsschreibers Lazarus Spengler. Halle 1926.
H. v. Schubert: Lazarus Spengler und die Reformation in Nürnberg. Hg. v. H. Holborn. Leipzig 1934 (Quellen u. Forschungen z. Reformationsgeschichte Bd. 17).
O. Tyszko: Beiträge zu den Flugschriften Lazarus Spenglers. Gießen 1939 (Gießener Beiträge zur dt. Philologie Bd. 71).

Vadianus (v. Watt), Johannes (1484–1551):

Ausgaben:

Joachim von Watt. Deutsche historische Schriften. Hg. v. E. Götzinger, 3 Bde, St. Gallen 1875–79.

Literatur

A. Götze: Eine Vadianische Flugschrift. In: PBB 28, 1903, S. 236ff.
P. Merker: Der Verfasser des anonymen Reformationsdialogs „Eyn Wegsprech gen Regenspurg“. In: Studien z. Literaturgeschichte, A. Köster überreicht. Leipzig 1912, S. 18ff.
T. Schieß: Hat Vadian deutsche Flugschriften verfaßt? In: Festgabe d. Zwingli-Vereins z. 70. Geburtstage v. H. Escher, Zürich 1927, S. 66ff.
W. Näf: Vadian und seine Stadt St. Gallen. 2 Bde, St. Gallen 1944/57.

Waldis, Burkard (ca. 1490 – ca. 1556):

Ausgaben:

Parabel vom verlorenen Sohn. Kritisch hg. v. G. Milchsack. Neudrucke Nr. 30, Halle 1881; v. A. Hoefer. Denkmaeler niederdt. Sprache u. Literatur Bd. 2, Greifswald 1851; v. R. Froning, Das Drama der Reformationszeit, S. 31ff.; A. E. Berger, Die Schaubühne im Dienste der Reformation, Bd. 1, S. 143ff. (mit ausführlicher Einleitung); erneuert v. A. Müller. Münchener Laienspiele H. 1, München 1924.

Geistliche Lieder u. Psalter. Hg. v. Ph. Wackernagel, Das deutsche Kirchenlied Bd. 3, Nr. 741ff.

Streitgedichte gegen Herzog Heinrich d. Jüngeren v. Braunschweig. Hg. v. F. Koldewey. Neudrucke Nr. 49, Halle 1883 (Flugschr. d. Ref.zeit. Bd. 4).

Esopus. Hg. v. H. Kurz. Deutsche Bibliothek Bd. 1 u. 2, Leipzig 1862; v. J. Tittmann. Deutsche Dichter d. 16 u. 17. Jahrhunderts, Bd. 16 u. 17, Leipzig 1882; ausgewählt u. erneuert v. K. Pannier, Leipzig 1929 (Reclambücherei).

Literatur:

G. Buchenau: Leben und Schriften des Burkard Waldis. Marburg 1858.

H. Kurz: Burkard Waldis. In: Deutsche Dichter u. Prosaisten Bd. 1. Leipzig 1863.

G. Milchsack: Burkard Waldis. Halle 1881.

Ders.: Zu Burkard Waldis. In: ArchL 11, 1882, S. 171ff.

A. Hoefer: Zu B. Waldis' Fastnachtspiel. In: Germania 28, 1883, S. 119ff.

F. Koldewey: Heinz von Wolfenbüttel. Ein Zeitbild aus dem Jahrhundert der Reformation. Halle 1883 (Schriften d. Vereins f. Reformationsgeschichte Bd. 2).

A. L. Stiefel: Zu den Quellen des „Esopus“ von B. Waldis. In: Arch. f. d. Studium d. neueren Sprachen u. Literatur 109, 1902, S. 249ff.

Ders.: Über den Esopus des Burkhard Waldis. In: Studien z. vergleichenden Literaturgeschichte 3, 1903, S. 486ff.

E. Martens: Die Entstehungsgeschichte von Burkard Waldis „Esop“. Diss. Göttingen 1907.

K. Kleinstück: Die Rhythmik der kurzen Reimpaare des Burkard Waldis. Weida i. Thüringen 1910.

M. Horn: Der Psalter des Burkard Waldis. Ein Beitrag zur Geschichte des deutschen Kirchenliedes im XVI. Jahrhundert. Diss. Halle 1911.

L. Arbusow: Die Einführung der Reformation in Liv- Est- und Kurland. Leipzig 1921 (Quellen u. Forschungen z. Reformationsgeschichte Bd. 3).

H. Lindemann: Studien zur Persönlichkeit des Burkard Waldis. Jena 1922.

P. Karge: Die religiösen, politischen und sozialen Strömungen in Riga 1530–35. In: Mitteilungen aus d. Livländischen Geschichte 23, 1924/26, S. 296ff.

A. Leitzmann: Zu Burkard Waldis. In: PBB 52, 1928, S. 291ff.

E. Schröder: Über die Herkunft des Burkard Waldis. In: AfdA 51, 1932, S. 89ff.
L. Mackensen: Gedanken über die Rigaer Zeit des Burkard Waldis und die deutsche Literatur Alt-Livlands im 16. Jahrhundert. In: Ders.: Zur deutschen Literatur Altlivlands. Würzburg 1961.
R. Riordan: The Status of Burkard Waldis Studies. In: MLQ 2, 1941, S. 279ff.
G. Franz: Zwei unbekannte Schriften von Burkard Waldis. In: Werraland 5, 1953, S. 25ff.

Wickram, Jörg (ca. 1505 – ca. 1562):

Ausgaben:

Georg Wickrams Werke. Hg. v. J. Bolte u. W. Scheel. 8 Bde, Tübingen 1901/6 (BLV Bd. 222, 223, 229, 230, 232, 236, 237, 241).
Sämtliche Werke. Hg. v. H.-G. Roloff. 14 Bde Berlin 1967ff. (Es liegen vor: Bd. 1–5, 8, 9 u. 12).
Die Zehn Alter der Welt. Hg. v. J. Benzing. Wiesbaden 1961 (Faksimiledruck).

Literatur:

W. Scherer: Die Anfänge des deutschen Prosaromans und Jörg Wickram v. Colmar. Straßburg 1877.
G. Fauth: Jörg Wickrams Romane. Straßburg 1916.
E. Schultz: Die Theaterstücke Jörg Wickrams. Diss. Wien 1931.
M. Spenlé: Elsässische Bauern und Geistliche des 16. Jahrhunderts in der Darstellung Jörg Wickrams. In: Colmarer Jb 4, 1938, S. 97ff.
G. Naumann: Erziehung und Lehre in den Romanen Jörg Wickrams. Diss. Berlin 1942.
W. Metz: Jörg Wickram und die Anfänge des deutschen Romans im 16. Jahrhundert. Diss. Heidelberg 1945.
H.-J. Geerdts: Das Erwachen des bürgerlichen Klassenbewußtseins in den Romanen Jörg Wickrams. In: Wiss. Zs d. F. Schiller-Universität Jena, gsR 2, 1952/53, S. 117ff.
K. Stocker: Die Lebenslehre im Prosawerk Jörg Wickrams und in der volkstümlichen Erzählung des 16. Jahrhunderts. Diss. München 1956.
H. Christ: Literarische Texte und historische Realität. Jörg Wickrams „Knabenspiegel" – und „Nachbarn" – Roman. Düsseldorf 1974 (Literatur in der Gesellschaft Bd. 22).

Witzel, Georg (1501–1573):

G. Richter: Die Schriften Georg Witzels bibliographisch bearbeitet. Fulda 1913. Neudr. Nieuwkoop 1963.
O. Clemen: Georg Witzel und Justus Jonas. In: ArchRG 17, 1920, S. 132ff.
L. Pralle: Georg Witzel, seine Stellung in der Geschichte der liturgischen Wissenschaft und der liturgischen Reformbestrebungen. Diss. Freiburg 1940, Masch.
P. L. Sauer: Der Dialog bei Georg Witzel in seiner zeitgeschichtlichen und entwicklungsgeschichtlichen Bedeutung. Diss. Frankfurt/M. 1956, Masch.
W. Trusen: Um die Reform und Einheit der Kirche. Zum Leben und Werk Georg Witzels. Münster 1957 (Katholisches Leben u. Kämpfen im Zeitalter der Glaubensspaltung Bd. 14).

Zwingli, Ulrich (1484–1531):

Ausgaben:
Huldreich Zwinglis sämtliche Werke. Hg. v. E. Egli, G. Finsler u. a. 14 Bde, Leipzig 1905/59 (CR Bd. 88–101).
Ulrich Zwingli. Eine Auswahl aus seinen Schriften. Übersetzt u. hg. v. G. Finsler u.a. Zürich 1918.
Zwinglis Hauptschriften. Bearb. v. F. Blanke u. a. 11 Bde, Zürich 1940ff.
Huldrych Zwingli. Auswahl seiner Schriften. Hg. v. E. Künzli. Zürich, Stuttgart 1962.
Von Freiheit der Speisen. Hg. v. O. Walther. Neudrucke Nr. 173, Halle 1900 (Flugschr. aus d. Ref. zeit Bd. 16).
Ulrich Zwingli: Von göttlicher und menschlicher Gerechtigkeit. Sozialpolitische Schriften. Hg. v. L. v. Muralt u. O. Farner. Zürich 1934.
Aus Zwinglis Predigten. Ausgewählt u. bearb. v. O. Farner. 2 Bde, Zürich 1957.

Literatur:
G. Weber: Der Reformator Ulrich Zwingli in seinen Liedern. In: Theol. Zs aus d. Schweiz 1884, S. 53ff.
R. Staehelin: Huldreich Zwingli. Sein Leben u. Wirken nach den Quellen dargestellt. 2 Bde, Basel 1895/97.
G. Finsler: Zwingli-Bibliographie. Verzeichnis der gedruckten Schriften von und über Zwingli, Zürich 1897. 2. Neudr. Nieuwkoop 1968.
E. Egli: Zwinglis Cappelerlied nach Johannes Kesslers Sabbata. In: Zwingliana 1 1897/1904, S. 252ff.
F. Humbel: Ein Gedicht gegen Zwingli aus dem Jahre 1526. In: Ebda, S. 400ff.
Dies.: Ulrich Zwingli und seine Reformation im Spiegel der gleichzeitigen schweizerischen volkstümlichen Literatur. Leipzig 1912.

F. Spitta: Zwinglis Reformationslied. In: MGK 2, 1898, S. 196ff. u. 320ff.
A. Walther: Zwinglis Pestlied. In: Neue kirchliche Zs 12, 1901, S. 813ff.
W. Köhler: Zwingli und die Reformation in der Schweiz. Tübingen 1919.
Ders.: Die Geisteswelt Zwinglis. Christentum u. Antike. Gotha 1920.
Ders.: Huldrych Zwingli, ²Stuttgart 1952.
Ders.: Zwingli und Luther. Ihr Streit über das Abendmahl nach seinen politischen und religiösen Beziehungen. Bd. 1 Leipzig 1924. Neudr. New York, Gütersloh 1971. Bd. 2 hg. v. E. Kohlmeyer u. H. Bornkamm. New York-Gütersloh 1953.
J. C. Gasser: Vierhundert Jahre Zwingli-Bibel 1524–1924. Zürich 1924.
R. Henggeler: Eine Parodie des Te Deums auf Zwingli. In: Zs. f. Schweizer. Kirchengeschichte 21, 1927, S. 232f.
A. Farner: Die Lehre von Kirche und Staat bei Zwingli. Tübingen 1930.
W. Meister: Volksbildung und Volkserziehung in der Reformation Huldrych Zwinglis. Diss. Zürich 1939.
O. Farner: Huldrych Zwingli. 4 Bde Zürich 1943/60 (Bd. 4 hg. v. R. Pfister).
Ders.: Der Reformator Huldrych Zwingli. Sein Leben und seine Schriften. Zürich 1949.
Ders.: Huldrych Zwingli und seine Sprache. In: Zwingliana 10, 1954/58, S. 70ff.
O. Vasella: Ulrich Zwingli und Michael Gaismair, der Tiroler Bauernführer. In: Zs f. schweizer. Geschichte 24, 1944, S. 338ff.
R. Ley: Kirchenzucht bei Zwingli. Zürich 1948.
M. Huber: Zu Zwinglis Schrift: Von göttlicher und menschlicher Gerechtigkeit (1523). In: Zwingliana 9, 1949/53, S. 59ff.
A. Rych: Die Anfänge der Theologie Huldrych Zwinglis. Zürich 1949.
H. G. Keller: Hutten und Zwingli. Aarau 1952.
F. Schmidt-Clausing: Zwingli als Liturgiker. Berlin 1952.
Ders.: Zwingli. Berlin 1965 (Sammlung Göschen Bd. 1219).
S. Rother: Die religiösen und geistigen Grundlagen der Politik Huldrych Zwinglis. Erlangen 1956.
H. Schmid: Zwinglis Lehre von göttlicher und menschlicher Gerechtigkeit. Diss. Zürich 1959.
J. v. Pollet: Huldrych Zwingli et la Réforme en Suisse. Paris 1963.
M. Jenny: Die Lieder Zwinglis. In: JbLiturg 14, 1969, S. 63ff.
H. Warner: Zu Zwinglis Psalmenübersetzung. In: Zwingliana 13, 1969/70, S. 63ff.

ABKÜRZUNGEN

AfdA	Anzeiger für deutsches Altertum und deutsche Literatur
ArchKg	Archiv für Kulturgeschichte
ArchL	Archiv für Literaturgeschichte
ArchRG	Archiv für Reformationsgeschichte
Bd.	Band
BLV	Bibliothek des Literarischen Vereins in Stuttgart
CC	Corpus Catholicorum
CR	Corpus Reformatorum
DLE	Deutsche Literatur in Entwicklungsreihen
DNL	Deutsche National-Litteratur
DVjs	Deutsche Vierteljahrsschrift für Literaturwissenschaft und Geistesgeschichte
EG	Etudes Germaniques
Euph.	Euphorion
FS	Festschrift
FuF	Forschungen und Fortschritte
GR	Germanic Review
GRM	Germanisch-Romanische Monatsschrift
g(s)R	gesellschafts- (u. sprach)wissenschaftliche Reihe
H.	Heft
Hg.	Herausgeber
HistZ	Historische Zeitschrift
Hjb	Historisches Jahrbuch der Görres-Gesellschaft
HVjs	Historische Vierteljahresschrift
Jb	Jahrbuch
JbLiturg	Jahrbuch für Liturgik und Hymnologie
JEGP	Journal of English and German Philology
MDU	Monatshefte für deutschen Unterricht
MGK	Monatsschrift für Gottesdienst und kirchliche Kunst
MLN	Modern Language Notes
MLQ	Modern Language Quarterly
MLR	Modern Language Review
Monatshefte	Monatshefte. Journal devoted to the study of German language and literature
MPh	Modern Philology
Neudr.	Neudruck
Neudrucke	Neudrucke deutscher Literaturwerke des 16. und 17. Jahrhunderts
NF	Neue Folge
PBB	Beiträge zur Geschichte der deutschen Sprache und Literatur
PLMA	Publications of the Modern Language Association
R.	Reihe

TheolZs	Theologische Zeitschrift
WB	Weimarer Beiträge
WW	Wirkendes Wort
ZdU	Zeitschrift für deutschen Unterricht
ZfdA	Zeitschrift für deutsches Altertum und deutsche Literatur
ZfDkde	Zeitschrift für Deutschkunde
ZfdPh	Zeitschrift für deutsche Philologie
ZfKg	Zeitschrift für Kirchengeschichte
Zs	Zeitschrift

NAMENREGISTER

WERKREGISTER

[illegible]

[illegible]MANISTIK

[illegible]

[illegible] und [illegible]

[illegible] 301 Seiten

[illegible] Expression [illegible] 131 Seiten

[illegible] 192 Seiten

[illegible] Kommentar 2 [illegible] W[illegible]

[illegible] Band 1 [illegible] Band 2 [illegible] und [illegible] Schaffen und [illegible]

[illegible] von [illegible] Band 2 [illegible] und [illegible] 128 Seiten

[illegible] Kommentar, Band 1 [illegible] Band 2 [illegible] und [illegible] Seiten

[illegible] Kommentar zu sämtlichen Erzählungen [illegible]

[illegible] Kommentar, Band 1 [illegible] 218 Seiten [illegible] und [illegible] 270 Seiten

[illegible] Einführung von [illegible] 198 Seiten

[illegible] Band 1 [illegible] Band 2 [illegible] und [illegible]

[illegible] Kommentar [illegible] Werken 210 Seiten

[illegible] und [illegible] 170 Seiten

[illegible] und Methoden

[illegible] Theorie des Romans, Band 1 [illegible] Band 2 [illegible]

Der vorliegende Band erscheint in der Reihe

WINKLER-GERMANISTIK

die bisher folgendes Programm umfaßt:

Kommentare zu Dichtern und Epochen

Cowen: Der Naturalismus. 301 Seiten.

Viviani: Das Drama des Expressionismus. 191 Seiten.

Rötzer: Der Roman des Barock. 192 Seiten.

Marsch: Brecht-Kommentar z. lyrischen Werk. 388 Seiten.

Hillach/Krabiel: Eichendorff-Kommentar. Band 1: Zu den Dichtungen, 230 Seiten. Band 2: Zu den theoretischen und autobiographischen Schriften und Übersetzungen. 224 S.

Viviani: Grillparzer-Kommentar. Band 1: Zu den Dichtungen. Mit einer Einführung von Johannes Kleinstück. 288 Seiten. Band 2: Zu den theoretischen und autobiographischen Schriften. 128 Seiten.

Vordtriede/Schweikert: Heine-Kommentar. Band 1: Zu den Dichtungen, 148 Seiten. Band 2: Zu den Schriften zu Literatur und Politik. 192 Seiten.

Binder: Kafka-Kommentar zu sämtlichen Erzählungen. 346 Seiten.

Mann/Straube-Mann: Lessing-Kommentar. Band 1: Zu den Dichtungen und ästhetischen Schriften, 218 Seiten. Band 2: Zu den kritischen, antiquarischen und philosophischen Schriften. 178 Seiten.

Wiese/Unger: Mörike-Kommentar. Einführung von Benno von Wiese. 196 Seiten.

Wiese/Koopmann: Schiller-Kommentar. Band 1: Zu den Dichtungen. Einführung von Benno von Wiese, 270 Seiten. Band 2: Zu den historischen, philosophischen und vermischten Schriften. 116 Seiten.

Urbach: Schnitzler-Kommentar zu den erzählenden Schriften und dramatischen Werken. 210 Seiten.

Clemen u. a.: Shakespeare-Kommentar. Zu den Dramen, Sonetten, Epen und kleineren Dichtungen. Einführung von Wolfgang Clemen. 180 Seiten.

Modelle und Methoden

Bruno Hillebrand: Theorie des Romans. Band 1: Von Heliodor bis Jean Paul. 232 S. Band 2: Von Hegel bis Handke. 296 S.

Edgar Marsch: Die Kriminalerzählung. Theorie – Geschichte – Analyse. 296 Seiten.

Reihe Schnittpunkt

Ingrid Kreuzer: Entfremdung und Anpassung. Die Literatur der Angry Young Men im England der fünfziger Jahre. 136 Seiten.

Studien

Manfred Frank: Das Problem „Zeit" in der deutschen Romantik. Zeitbewußtsein und Bewußtsein von Zeitlichkeit in der frühromantischen Philosophie und in Tiecks Dichtung. 488 Seiten.

Bruno Hillebrand: Mensch und Raum im Roman. Studien zu Keller, Stifter, Fontane. Mit einem einführenden Essay zur europäischen Literatur. 332 Seiten.

Paul Michael Lützeler: Hermann Broch – Ethik und Politik. Studien zum Frühwerk und zur Romantrilogie „Die Schlafwandler". 192 Seiten.

Judith Ryan: Umschlag und Verwandlung. Poetische Struktur und Dichtungstheorie in R. M. Rilkes Lyrik der Mittleren Periode (1907–14). 172 Seiten.

Helmut Scheuer: Arno Holz im literarischen Leben des ausgehenden 19. Jahrhunderts (1883–1896). Eine biographische Studie. 336 Seiten.

Hans Rudolf Vaget: Dilettantismus und Meisterschaft. Zum Problem des Dilettantismus bei Goethe: Praxis, Theorie, Zeitkritik. 262 Seiten.

Texte

Briefwechsel zwischen Schiller und Körner. Hrsg. und komment. von Klaus L. Berghahn. 360 Seiten.

Gottfried Keller: Aufsätze zur Literatur. Hrsg. und komment. von Klaus Jeziorkowski. 111 Seiten.

Lessing/Mendelssohn/Nicolai: Briefwechsel über das Trauerspiel. Hrsg. und komment. von Jochen Schulte-Sasse. 250 Seiten.

L. Tieck und die Brüder Schlegel: Briefe. Hrsg. und komment. von Edgar Lohner. 275 Seiten.

Bitte fordern Sie Prospekte an vom Winkler Verlag, 8000 München 44, Postfach 26

Bitte beachten Sie auch das literaturwissenschaftliche Programm des **Artemis Verlages:**

Neue Zürcher Beiträge zur deutschen Literatur- und Geistesgeschichte

Charbon: Die Naturwissenschaften im modernen deutschen Drama. Zürcher Beiträge Nr. 41. 282 Seiten.
Im Zentrum dieser Arbeit steht die Untersuchung von Brechts „Galilei" und Dürrenmatts „Physikern"; es wird gezeigt, welchen Stellenwert Naturwissenschaften und Techniken in diesen beiden und weiteren Dramen des 20. Jahrhunderts besitzen.

Wettstein: Die Prosasprache Joseph von Eichendorffs – Form und Sinn. Zürcher Beiträge Nr. 43. 104 Seiten.
Das Interesse an Eichendorffs Werken konzentrierte sich ein Jahrhundert lang auf deren Inhalt und Stimmung. Erst seit etwa 20 Jahren hat auch deren sprachliche Form Beachtung gefunden. Der Autor versucht beide Aspekte richtig zu sehen und zum letzten Sinn der untersuchten Form zu gelangen.

Zimmermann: Repräsentation und Intimität – Zu einem Wertgegensatz bei Thomas Mann. Mit besonderer Berücksichtigung der Werke aus den Jahren vor und während des ersten Weltkriegs. Zürcher Beiträge Nr. 44. 76 Seiten.
Die Arbeit untersucht die Ethik im Werk des jüngeren Thomas Mann anhand der „Buddenbrooks", von „Tonio Kröger" und besonders von „Königliche Hoheit" und den „Betrachtungen eines Unpolitischen".

Literaturwissenschaft und Literaturgeschichte

Binder: Literatur als Denkschule. Eine Vorlesung. Mit zwei Kapiteln von Klaus Weimar. 332 Seiten.
„Neu ist, wie Binder, ebenso in der Geschichte der Philosophie wie der Literatur und Literaturwissenschaft zu Hause, das Instrumentarium philosophischen und germanistischen Arbeitens so miteinander verbindet, daß der Zuhörer, der Leser, der Autor selbst einen undogmatischen, doch zuverlässigen Ansatzpunkt gewinnt, um den Stellenwert der Literaturwissenschaft für uns heute beurteilen zu können." Stuttgarter Zeitung

Fringeli: Dichter im Abseits. Schweizer Autoren von Glauser bis Hohl. 183 Seiten.
„Das Buch schließt die wichtige Lücke schweizerischer Literaturgeschichte zwischen C. F. Meyer und Frisch/Dürrenmatt". Germanistik, Tübingen

Prospektwünsche an: Artemis Verlag, 8 München 44, Postfach 104